中央銀行的崛起

The Rise of Central Banks
State Power in Financial Capitalism

貨幣寬鬆與通膨危機的金融有形之手

Leon Wansleben
李昂·韋斯勒班——著
呂佩憶——譯

獻給蕾赫兒（Rabel）

目次

好評推薦——008
作者序——010
導論——020
新自由主義批評中缺少的部分——024
研究方法——027
政策創新的比較研究——029
金融的鬥士——033
本次研究——036
章節概述——037

Chapter 1
新自由主義與中央銀行的崛起——042
如何解釋中央銀行在新自由主義中的主導性角色？——049
走向新的中央銀行社會學：官僚行為者、
政策工具和金融體系就是治理的基礎結構——062
一九七〇年以來中央銀行治理技術的創新——072
央行崛起的問題是什麼？——075

合併比較——079
解說：中央銀行是什麼？——082

Chapter 2
貨幣主義與貨幣政策的發明——085
貨幣主義是什麼？——090
瑞士國家銀行：從精英調解到統合主義的貨幣學派理論——094
英格蘭銀行：以「私人影響力」為政策操縱桿與致命的策略選擇——105
本章討論：一九七〇年代貨幣主義實驗——116

Chapter 3
主導金融市場的預期——123
柴契爾的貨幣主義與金融化政治的矛盾——128
沃克的原始通膨目標——135
英國的通膨目標之路——141
減少金融市場的意外驚喜——148
本章討論：創新的通膨目標制——152

Chapter 4

貨幣市場！全球金融與中央銀行的基礎結構——158
現代貨幣市場制度的美國起源——163
英國貨幣市場的美國化——169
貨幣市場創新如何瓦解貨幣主義——176
一個建構全球市場的計畫——182
本章討論：新貨幣政策的設計者——185

Chapter 5

無知的組織，央行官員如何放棄監管——189
瑞士：從君子監管到良性忽視——196
英格蘭銀行：從非正式領導到結構性保密——206
本章討論：央行在貨幣政策的監管上扮演什麼角色？——213

Chapter 6

白忙一場的金融化管道疏通——二〇〇八年以後的中央銀行——220
二〇〇八年後的央行業務——227
結構失修的金融市場——231
金融化，一個消耗殆盡的成長動力——235

透過金融業成長和金融化無法實現的福利政策——239

結語——243

利益和思想之外：央行崛起及其影響的新解釋——244

經濟決策制訂中的官僚——249

制度維護的邏輯——256

附錄——259

檔案與訪談——259

註釋——263

參考書目——325

好評推薦

「比起美國總統，美國央行（聯準會）主席握有影響經濟的權力要大得多。從疫情以來，通膨肆虐全球。但聯準會藉由貨幣政策，成功化解了四十年以來最大的通膨危機。本書透過歷史的觀點，看央行的崛起、貨幣市場的基礎、以及金融系統的管道。內容深入淺出，值得一讀。」

——廖啟宏，加州政府研究首席、加州大學經濟系客座教授、「一口經濟學」Podcast主持人

「《中央銀行的崛起》闡明了官僚機構的作用，並呼籲社會和民選領導人引導其努力實現更具發展性的目標。」——《今日政治》（*Politics Today*）

「一項值得稱讚的事業……韋斯勒班正開闢新天地。他可以提供一些你在主流經濟文獻中找不到的東西。」——尼爾斯．布內曼（Niels Bünemann），著有《中央銀行》（*Central Banking*）

「本書雄心勃勃且深入研究。韋斯勒班剖析中央銀行在比以往任何時候都更加強大的世界中，貨幣主義管理技術、金融市場擴張和新自由主義經濟政策之間日益增長的運作糾葛。其結果是金融領域變得

臃腫，並且危險地依賴央行的行動來保持其爆發力。這是一個令人毛骨悚然但極其重要的解釋。」

——瑪麗恩·佛凱德（Marion Fourcade），著有《經濟學家與社會：一八九〇年代至一九九〇年代美國、英國和法國的學科與專業》（*Economists and Societies: Discipline and Profession in the United States, Britain, and France, 1890s to 1990s*）

「《中央銀行的崛起》是一本高明的、經過深入研究的書，講述了中央銀行在當今金融化資本主義時代的重要地位。韋斯勒班出色地將許多事件、情節和細節編織成一個連貫的故事。對聯準會、央行、經濟政策和金融化感興趣的讀者肯定會想讀這本書。」

——布魯斯·卡拉瑟斯（Bruce G. Carruthers），社會學家

「這是一部令人印象深刻的著作，它大大地增進了我們對現代中央銀行在學術上的理解，以及為什麼它們對我們的日常生活產生如此重大的影響。」

——凱瑟琳·R·麥克納馬拉（Kathleen R. McNamara），喬治城大學（Georgetown University）政治與外交事物教授

「當今的經濟深受央行的行為、決策和盲點的影響。韋斯勒班這本精彩的書，為這些重要組織的研究帶來了新的深度、學術性和複雜性。」

——唐納德·麥肯齊（Donald MacKenzie），愛丁堡大學（The University of Edinburgh）社會學教授

作者序

十年前，當我決定研究中央銀行時，一位政治學系的同事說了一句很簡單的話打發我：「我們已經知道中央銀行幾乎所有的事了。」我怎麼能不同意這句話？我知道在社會學對經濟與金融市場的研究中，不知為何忽略了央行。但是我也知道經濟學與政治學針對這個主題所做的研究汗牛充棟，可以填滿好幾座圖書館。一個社會學家還能對這麼大量的文獻做出什麼貢獻？

我想，我的領域有一個獨特的強項，那就是把中央銀行當成組織機構來觀察、研究央行裡的人們，以及與外部團體如何互動；央行的員工如何思考如何做出決策。更精確來說，我最初的焦點是中央銀行如何變得「科學化」，也就是央行如何變成過度生產、利用及推廣總體經濟學知識的一種組織。有了這個想法後，我就在二〇一三年向瑞士國家科學基金會（Swiss National Science Foundation, SNSF）申請補助金。在聽證會上，委員會的一位成員說了一個非常具有挑戰性的評語。這樣的研究要如何回答關於新自由主義（neoliberalism）和資本主義的大問題？關於資本家的利益對影響經濟與金融政策所扮演的角色，我有什麼看法？同樣的，我沒有好的答案。雖然我很幸運地獲得補助，並致力於關注參與者以及聚焦於組織的流程，但是這個關於中央銀行工作的觀點能帶來什麼額外的價值，在當時仍然不清楚。

驚人的是，當我開始這個專案時**並沒有**將中央銀行和全球金融危機（Great Financial Crisis）連結在一起。身為一個親身經歷的參與觀察者，我知道金融市場的交易員非常注意中央銀行、觀察央行官員的記者會，並猜測他們未來的利率決策。在我的第一本有關貨幣市場的拙作中，我討論過決策官員與金融參與者之間的這些「鏡子遊戲」。但是這些互動如何造成更廣泛的影響，包括與二〇〇八年金融危機有關的事件，我在當時仍不清楚。

接下來的幾年，我花了很多時間在中央銀行的檔案室裡，我所知的大部分資訊都是來自閱讀紀錄、決策草稿、會議草案等等深埋在這些地方的檔案。一開始所讀的是研究部門如何從一九七〇年開始發展、如何成為新型政策專業知識的發展地，以及這些部門的參與者如何與決策官員溝通。住在瑞士（Switzerland）時，我會定期前往位於蘇黎士（Zurich）的瑞士國家銀行（Swiss National Bank, SNB），以及位於巴塞爾（Basel）的國際清算銀行（Bank for International Settlements）。在瑞士國家銀行，與檔案館主任派屈克・海別森（Patrick Halbeisen）、還有館中許多其他成員長時間的談話令我受惠良多，隨著關係日漸密切，我後來受邀在瑞士國家銀行的研究研討會上（和馬修・藍古魯柏〔Matthieu Leimgruber〕一起）介紹初步研究發現。二〇一四年時，我成為倫敦政治經濟學院（London School of Economics and Political Science）的社會學助理教授。我之前就已經選擇了英格蘭銀行（Bank of England）作為我專案的另一個研究對象，而這個新的工作給了我機會定期深入針線街①的地下室，翻閱數千頁以打字機繕打成的文件，有趣的是，我發現英格蘭銀行官員寫了很多信件。舉例來說，一九七〇年代，英格蘭銀行經濟學家查爾斯・古德哈特（Charles Goodhart）曾和代表不同學派的許多厲害同僚（其中幾位包括法蘭克・

① 編者註：針線街（Threadneedle Street），英格蘭銀行的所在地。

哈恩〔Frank Hahn〕、約翰・希克斯〔John Hicks〕、卡爾・布洛納〔Karl Brunner〕，以及大衛・萊德勒〔David Laidler〕）交換意見。更重要的是，我從這些信件中可以看出官員們如何評論其他官員的政策提議或研究報告、他們如何對重要議題進行共同審議、以及他們如何與其他機構的參與者溝通，尤其是財政部（在英國稱為Treasury）。值得注意的是，有些最有意思的信件從來沒有被寄出。

主要是在透過對英國央行的研究時，我逐漸發現到，雖然科學化的確改變了央行的內部運作與面貌，但是另一個領域轉變的結果更為重要。從一九七〇年代開始，央行與金融界的關係已經澈底改變了，藉由重新定義央行在新興的金融資本主義制度中的角色，這些組織使自己的地位獲得提升。也許正是因為這個關聯是如此明顯，所以我一開始忽視了這些議題，學術討論——特別是更具批判性的——更是這麼認為。瑞士國家科學基金會的委員會成員之前認為央行受制於金融業的利益，而這些利益在金融全球化的時代中具有主導地位，他們會這麼認為並非偶然。

但是透過歸檔的檔案，我發現央行和金融界的關係，比標準觀點認為的還要有問題意識，而且有意思。諸如在貨幣市場的政策實施以及央行參與主權債務管理，包含這類看似無聊議題的文件揭露出，在一九七〇年代到一九九〇年代這段期間，央行都極為關切、且非常努力重新定義自己在快速變化的金融體系中的角色。新工具的發明、非銀行的金融公司（「影子銀行」〔shadow banks〕）興起，以及資產負債表與金融市場交易量的大幅成長，開始挑戰著官員對於權威的傳統觀點和管理措施。因此，接受並最終利用市場主導式的金融來獲利，是央行地位提升的重要、甚至是困難的一步。

我只提供一個例子。在英格蘭銀行為金融大改革（Big Bang，英國於一九八六年所做的金融業改革）做準備而進行內部商議時，一位官員問同事：「至今為止我們的傳統方法……傾向機構專業化……原則上來說，我們是否準備好看到由一間企業集團提供完整的各類金融服務？」[1]這個問題顯示央行的員工非常憂心金融大改革，因為這些改革被預期將會瓦解央行非常喜歡的倫敦金融業的結構與文化（清算銀行〔clearing banks〕、貼現公司〔Discount Houses〕等等這些企業聯合組織）。因此，央行官員一開始並不歡迎會跟隨金融大改革的美國及其他海外投資銀行來到倫敦，事實上，有相當長的一段時間，央行官員很迷惘，因為他們不知道如何調整自己的貨幣管理能力以因應這些產業的發展。現在回顧當時，我們知道金融全球化已協助英格蘭銀行和其他國家的央行提升他們的政策角色以及政策權威，但是從重要的歷史轉折點參與者的角度來看，當時並沒有那麼清楚這是個「雙贏」的情境。

因此我逐漸看出來我的研究內容會是什麼。我還是會注意央行如何在總體經濟專業能力的幫助下重塑自己的角色，也會根據廣泛的政治發展以及結構性的經濟變化，來看待央行變化中的角色。但是我所研究的特定問題，後來變成了各國央行為了制訂政策如何重新劃定與金融業的關聯。說到底，中央銀行就是「銀行的銀行」，一個在金融體系內部運作的國家機構。問題在於，各國央行如何利用這個特定的角色，以保障、還有提升麥克・曼恩（Michael Mann）所稱的「基礎建設的權力」——「透過」以市場為工具來影響整個經濟體系的管理權力。在這個過程的另一面，我也想要解釋央行與市場之間這些具體關聯的重新設定，如何影響金融界的結構以及內部的動態。我已在先前的研究中確認了央行對於金融參與者來說極為重要，但是當時尚不清楚特定的協作模式如何形塑市場的結構、預期以及冒險的行為。此外，我想要更詳細了解諸如銀行間貨幣市場等領域的情形，在這個領域中，幾乎不可能區分「公共」（中央銀行的工作）與「私人」（商業銀行的工作）這兩者。第二組問題是關於金融業內部的後續效應，最後幫助我更了解二〇〇八年發生的事件——我是以金融民族誌學者的角度親身經歷這場金融危機，但更深層的起源以及後果我卻完全不了解。

我還要說一點，案例比較是發現和分析中央銀行與金融關係中的意外事件和問題的重要方法。瑞士國家銀行用於與英格蘭銀行對比，尤其是在一九七〇年代和一九八〇年代。例如，在瑞士國家銀行的檔案中，我發現了一份協議，記錄一九八〇年代初期，央行官員和私人銀行家之間的一次會議，雙方在會議中都同意，他們希望阻止貨幣市場的出現——正是貨幣市場推動了當時的金融全球化，其發展促進了美國和英國的政策創新。這紀錄向我顯示的是，至少在一九九〇年代之前，瑞士央行所依賴的基礎結構根基與英美央行截然不同。為了進一步探討這個線索，我在分析中加入了德國的案例當作另一個背景，這個強大的中央銀行因為與仍然相對受監管的保守銀行業在營運上連結，而從大通膨（the Great Inflation）中崛起。當我在二〇一八年四月對這些制度差異提出初步思考時，我很幸運，因為德國政治經濟學專家菲利普・馬諾（Philip Manow）當時是我的座上佳賓。菲利普的評論促使我將薪資結算的作用以更好的方式納入我的分析，政治學家羅柏・弗朗茲斯（Robert Franzese）、托本・艾弗森（Torben Iversen）等人已經研究過這個主題。但是菲利普也幫助我看到，這些學者雖然已經確定了談判機構之間的差異如何影響貨幣政策，但奇怪的是，他們忽視了金融，這是我可以在我熟悉的學術背景之外做出的貢獻。我政治學系的同事曾以學術界對央行的研究已經飽和為由，建議我不要研究中央銀行，但他錯了。

在二〇一七年十二月的一次採訪中，央行前副總裁保羅・塔克（Paul Tucker）給了我另一個很好的建議。他說，如果不明確納入美國的情況，我只能研究整個狀況的一部分。事實上，正如我自己所知，英格蘭銀行的官員在一九八〇年代曾明確談論過倫敦金融城的「美國化」，並據此調整了他們的政策。

因此，我把塔克的建議銘記在心，並研究美國的狀況，這些狀況帶來了工具、技術和組織形式，並在隨後塑造了英國和國際市場。此外，我發現我需要再次審視可能是央行歷史上被研究最多的事件：沃克衝擊（The Volcker shock）。透過仔細閱讀歷史記載和檔案文件發現，在一九八〇年代初期，聯準會（Federal Reserve）主席保羅・沃克（Paul Volcker）創新利率設定和市場資訊信號的做法，為市場體系中的政策解決方案提供了藍圖，後來在英國和其他地方被採用（並加以完善）。二〇〇八年之後也出現了類似的情況。聯準會再次成為重大政策創新的發源地，這些創新隨後在國際上傳播開來。正如塔克所建議的，分析這些創新及其前提條件和後果，成為我研究中的關鍵元素。

這一切的結果是對中央銀行自一九七〇年代以來的比較研究，這個研究主要（但不完整）著眼於四個形成性案例：英格蘭銀行、德國聯邦銀行（Bundesbank）、聯準會和瑞士國家銀行。本研究提出的問題是，央行如何以經濟政策決策者的身分獲得更多權力，特別是央行與金融的不同關係在這種優勢中發揮了什麼作用。我還探討了特定形式的央行工作，如何促成和支援以市場為主的金融體系的發展，我們現在在多數發達經濟體中發現這種體系（有不同的形式）。

如前所述，在進行這項研究和撰寫這本書時，我尋找新的見解，但我也不斷挑戰自己的思維和先前的觀點。在我的研究小手冊中，我反覆重新提出研究問題，闡明暫定的論點，並根據這些思考調整我的研究策略。與菲利普・馬諾和保羅・塔克的相遇塑造了我的研究，因為除了這些特定人物的意圖之外，他們對我的思考造成很長遠的影響，並且影響了我選擇的方向。還有許多緊張而難忘的相遇，尤其是與我在投資銀行會議室、養老院、私人住宅、機場或我在倫敦政治經濟學院小小的辦公室裡，與許多訪談對象的相遇，提供我寶貴的見解，縮短了我的學習時間。

這個專案始於瑞士，在倫敦繼續進行，並在德國科隆（Cologne）的馬克斯普朗克社會研究所（Max Planck Institute for the Study of Societies）結束。我要感謝這個研究所，因為它現在已經成為我追尋知識的家園，我非常感謝研究所現任所長嚴斯・貝克特（Jens Beckert）和路西歐・巴卡羅（Lucio Baccaro）將經濟社會學和政治經濟學結合在一起，以促進這些領域間隙的研究（就像我自己的研究一樣）。我也與這裡的許多同事進行高標準的知識交流，從中受益良多；班傑明・布勞恩（Benjamin Braun）就是其中之一，自二〇一三年以來，我一直在與他討論中央銀行的議題。我也受惠於研究所前任所長和現任名譽教授費里茲・夏普夫（Fritz Scharpf）廣泛而深入的知識。喬治・利靈傑（Georg Rillinger）為緒論和第四章的草稿提供有益的評論。我自己的研究小組成員在這個專案中扮演特殊的角色，包括亞真・汎德海德（Arjen van der Heide，目前在萊頓大學〔University of Leiden〕）、凡妮莎・恩雷賈（Vanessa Endrejat）、艾汀・伊布羅維奇（Edin Ibrocevic）、卡蜜拉・洛卡特利（Camilla Locatelli）和托比・艾波葛斯特（Toby Arbogast）。我多次「劫持」研究小組會議，以獲得對各章節草稿的意見回應，這在寫這本書的最後階段對我的幫助很大。最後，我對完成這個專案的信心來自研究所在情感和後勤方面的支援。研究助理尼爾斯・紐曼（Nils Neumann）和法比安・帕維爾奇克（Fabian Pawelczyk）收集了我在寫作階段需要的最後證據；雪倫・亞當斯（Sharon Adams）與詹姆斯・派特森（James Patterson）合作，對所有草稿章節進行文稿編輯；我所有的同事一起在研究所創造了一個我喜歡工作的環境。

在加入馬克斯普朗克研究所之前，我在康斯坦茲大學（University of Konstanz）高級研究所工作了幾個月，在那裡認識了菲利浦・馬諾、波里斯・霍爾澤（Boris Holzer）和克里斯欽・邁爾（Christian Meyer）。我非常感謝在康斯坦茲湖的那幾個月，這是本研究的轉捩點。在此之前，在倫敦政治經濟學院，我與社會學系的同事一起受益於保護工作，特別是法比恩・艾科密諾提（Fabien Accominotti，現任職於威斯康星大學麥迪森分校〔University of Wisconsin, Madison〕）、耐傑・達德（Nigel Dodd）、蕾貝卡・艾略特（Rebecca Elliott）、莫妮卡・克勞斯（Monika Krause）、胡安・帕布羅・帕鐸古拉（Juan Pablo Pardo-Guerra，現任職加州大學聖地牙哥分校〔University of California at San Diego〕）和麥克・薩維奇（Mike Savage）。正是因為這些同事有不同的研究興趣，我一次又一次地受到挑戰，將我的發現轉化為更廣泛的社會學論點。同樣令我受益的是，當我在倫敦政治經濟學院時，查爾斯・古德哈特仍然積極從事學術研究，我與他以及跟倫敦政治經濟學院及其周邊地區的其他（前）央行官員和學者的對話，使這個研究得以完成。我想特別提到鄧肯・尼漢（Duncan Needham）和安東尼・霍特森（Anthony Hotson），他們都是劍橋大學的經濟歷史學家，我從他們那裡學到了最多關於英國金融和中央銀行的知識。最後提到但也很重要的是，倫敦政治經濟學院提供我資金，讓我對英格蘭銀行的監管角色進行探索性的研究，這是我與研究助理安德利亞斯・格魯特（Andreas Grueter）共同展開的專案，與他討論為我提供了一個探索研究方向的背景，我們的討論充實了這個研究的內容。

如前所述，這項工作始於瑞士路瑟恩大學（University of Lucerne），我於二〇一一年成為該校的博士後研究員。科妮莉亞・波恩（Cornelia Bohn）促成了這項研究的早期階段；更廣泛地說，她在支援我的智識和專業發展方面扮演著重要的角色。瑞士國家科學基金會的資助，幫助我得以完成這個研究，當時我甚至還沒有確定一個能令人信服的研究課題。我與蘇黎世大學的馬修・萊姆格魯伯（Matthieu Leimgruber），一起探索了卡爾・布洛納這位作為最有影響力的貨幣主義（monetarists）者之一的奇特角色，並且向他學到很多關於瑞士經濟和金融史的知識。馬丁・懷斯（Martin Wyss）是我的第一位研究助理，對瑞士總體經濟學的發展進行了廣泛的研究。針對瑞士的背景，我還對央行官員進行了大量富有成效的採訪，我非常感謝他們。

與許多同事在會議、研究研討會和其他知識交流中令我受益良多，比我在這裡一一列舉的要多。我與提莫・華特（Timo Walter）密切合作，並定期與馬帝亞斯・提曼（Matthias Thiemann）就這個主題進行交流。在整個過程中，李察・布朗克（Richard Bronk）、布魯斯・卡路瑟斯（Bruce Carruthers）、克里斯欽・喬普奇（Christian Joppke）、奧利佛・凱斯勒（Oliver Kessler）、卡琳・克諾・斯提納（Karin Knorr Cetina）、安德利亞斯・朗諾（Andreas Langenohl）、唐諾・麥肯奇（Donald MacKenzie）、亞歷斯・普雷達（Alex Preda）和托拜亞斯・威倫（Tobias Werron）提供了非常有用的意見回應；莫里茲・舒拉里克（Moritz Schularick）非常好心地幫我處理資產負債表的資料。我與哈佛大學出版社（Harvard University Press）的伊恩・瑪律科姆（Ian Malcolm）一起將這個專案寫成了一本書，他充滿自信地指導我完成了出版過程。我還想提一下喬・查米特—路西亞（Joe Zammit-Lucia），他是我的朋友，也是經常和我討論央行主題的對象，他的學識淵博且思維敏銳。

最後要提到、而且也很重要的是，我要感謝那些不知名的審稿人工作，他們對於我的手稿和論文的評論，為本書奠定了初步的基礎。第二章借用發表於期刊《理論與社會》中的文章〈期望如何變得可治理：制度改變和中央銀行的執行力〉（"How Expectations Became Governable: Institutional Change and the Performative Power of Central Banks," *Theory and Society* (2018) 47: 773–803）中首次提出的觀點。第三章由與提莫・華特（Timo Walter）共同撰寫並發表在《社會經濟評論》的文章〈中央銀行官員如何學會熱愛金融化：聯準會、銀行和在貨幣政策行為中加入不受約束的市場〉（"How Central Bankers Learned to Love

Financialization: The Fed, the Bank, and the Enlisting of Unfettered Markets in the Conduct of Monetary Policy," coauthored with Timo Walter and published in *Socio-Economic Review* (2020) 18(3):625–53）為本研究提供資訊。第四章延伸探討期刊《理論與社會》中的文章〈金融化資本主義中的正式制度建設：附買回協議市場案例〉（"Formal Institution Building in Financialized Capitalism: The Case of Repo Markets," *Theory and Society* (2020) 49:187–213）。最後，第五章推進了〈新監管國家的監管勞動分工、機構關閉和結構保密：市場化銀行業中被忽視的流動性風險案例〉（*Regulation and Governance* (2020)）中提出的研究。我所提出的主題獲得深入的意見回饋，對於本研究的推進極為重要。

大約在我開始為這本書進行研究的時候，蕾赫兒（Rahel）成為了我生活的一部分。到目前為止，我們已經一起度過了緊張、極其豐富、有時充滿挑戰的十年。二〇一八年二月，我們心愛的兒子詹尼斯（Janis）早產去世，他將永遠是我們家庭的一員。最出色的女孩克蕾莉雅（Clelia）於二〇二〇年四月來到我們的家庭。再過約一個月，我們將再迎接一個孩子。本書是獻給蕾赫兒的，因為她無比的勇氣、個人的力量和愛，實現了這一切。

導論

隨著一九七〇年代初通貨膨脹迅速上升，西方國家政府不知所措。一九七二年七月，德國財政部長、後來的總理赫穆特·許密特（Helmut Schmidt）宣稱，更高的通貨膨脹是可以容忍的，因為人們更關心的是保住工作。[1]但是就在兩個月後，許密特就對他自己聲明的基本經濟學提出了質疑，他承認「我們的經濟政策比過去的舊教科書說的要有限得多」。[2]確實，隨著一九七〇年代持續前進，越來越多領導人接受我們需要採取行動來遏止物價不斷上漲。問題是，這要怎樣才能辦到呢？一九七四年十月，美國總統福特（Gerald Ford）在國會公布了一整套全面措施。但是，在承諾對「我們的頭號公敵」採取有力行動的同時，福特戴著「立即打擊通膨」（Whip Inflation Now）的縮寫徽章「WIN」，藉此建議美國同胞種植蔬菜、減少浪費、減少駕駛，並接受「通貨膨脹鬥士」的角色，而因此遭到嘲諷訕笑。[3]

央行官員提出解答。一九七四年十二月，德國聯邦銀行單方面宣布將對貨幣供給額設定一個限制，才「不會出現新的通貨膨脹壓力」，[4]到了一九七八年，德國的通貨膨脹率已降至百分之二。一九七九年七月，保羅·沃克成為美國的中央銀行聯準會（Fed）的主席，十月他發起了一項政策轉向，以迅速而大幅度地消除過度通貨膨脹；在接下來的四十年，政策都沒有恢復。正如約翰·辛格頓（John Singleton）所指出的，「大通膨和反通膨，使中央銀行在經濟政策界重新占據重要的地位。現在幾乎每個人都接受貨幣政策的重要性，而央行官員則是這個領域的專業人士。」

但是事情還沒有結束。從一九九〇年代到二〇一〇年代，中央銀行承擔了更廣泛的責任。一九九九年二月，在東南亞和俄羅斯發生金融危機後，聯準會主席艾倫・葛林斯班（Alan Greenspan）登上了《時代》（*TIME*）雜誌的封面，位於財政部長羅伯特・魯賓（Robert Rubin）和魯賓的副手（兼繼任者）羅倫斯・桑默斯（Lawrence Summers）的中間。《時代》雜誌稱這三人為「拯救世界的委員會」（committee to save the world）。確實，一九九八年到一九九九年相互關聯的危機充滿了戲劇性，但與十年後發生的事相比，這些事件根本微不足道，當時紐約和華府的聯準會辦公室再次成為救援行動的控制室，這次是為了拯救北大西洋金融體系，使之不至於崩潰。[5]這些通宵的會議為流動性不足（以及無償債能力）的公司和已解散的市場，設計了數十億美元的計畫，並建立了跨國網路，將國際美元資金分配給世界主要金融機構。但聯準會並沒有在大火被撲滅後撤出，而是繼續創新「量化寬鬆」（quantitative easing, QE），這是歷史上最具實驗性、擴張性的貨幣政策實踐。民選的領導人縮減財政計畫越多，聯準會和其他央行就越能加強量化寬鬆干預，以應對持續的停滯和失業。此時一些觀察家指出，在總體經濟政策（macroeconomic policy）方面，中央銀行仍然是「這場遊戲唯一的參與者」。[6]

我們目前的狀況仍不明朗。二〇二〇年十月，在新冠肺炎大流行的第二波主要疫情爆發前不久，《金融時報》（*Financial Times*）的克里斯・賈爾斯（Chris Giles）認為，與新冠肺炎相關的公衛和供給端問題，最終將貨幣當局的重要性降到了第二位：財政政策和其他形式的政府指導的需求更高。[7]另一份親商業報紙《經濟學人》（*Economist*）在二〇二〇年七月二十五日寫道：「在一九九〇年代和二〇〇〇年代，出現了凱因斯主義（Keynesianism）和傅利曼主義（Friedmanism）的結合。最後終於提出了一個政策制度，大致被稱為『靈活的通膨目標制』……。將財政政策當成管理商業循環的方式被擱置一旁……。現在看來，這種占主導地位的經濟典範已經達到了極限……。設計恢復充分就業的新方法，再次成為經濟學家的首要任務。」[8]儘管如此，央行官員仍然是危機管理的核心，他們對疫情的金融和經濟影響的反應比過去任何時候都來得更積極。英國央行在二〇二〇年的資產購買規模，超過了之前所有量化寬鬆的總和；聯準會採取獨特的緊急行動，在短短幾天內購買了一兆美元的美國政府公債；如果沒有歐洲央行（ECB）的積極購債行動，義大利和希臘在二〇一〇年代初經歷的債務問題就會捲土重來。隨著公共和私人債務增高、金融市場日益脆弱和臃腫以及通貨膨脹回復，看不出來央行主導的時代何時才會結束以及將如何真正結束。

但是本書不是對未來的推測，而是遵循社會科學中從事歷史探究的悠久傳統。我重建了從一九七〇年到二〇二〇年半個多世紀以來中央銀行崛起的故事，並提供解釋。因此，本書仔細研究一個不同的國家組織，以了解其角色和政策是如何變化的。這個特殊的解釋屬於一個更廣泛的問題，這個問題多年來一直困擾著社會科學家：國家機構和經濟政策如何與資本主義的轉型共同發展？以卡爾．普蘭尼（Karl Polanyi）的研究為基礎，約翰．魯吉（John Ruggie）[9]對這個問題進行的研究相當著名，並將兩次世界大戰之後的時期確定為「鑲嵌式自由主義」（embedded liberalism）；其他學者將同一時期描述為「福特主義」（Fordism）。[10]無論如何，這幾十年見證了有組織的工業資本主義的強化、受管制的北方對北方貿易、需求驅動的成長以及國家內部不平等的程度極低。這套體系帶來了一套獨特的政策和制度：不斷擴大的福利國家、積極的財政穩定、強大的工會、固定（但可調整的）匯率和（選擇性的）資本管制。中央銀行管理國際貨幣秩序的身分很重要，但並不是這套體系的關鍵推動者和權力中心。

進入一九七〇年代，我們可以將中央銀行的優勢直接置於更廣泛的程序中，這導致了內嵌式自由主義或福特主義的消滅和新秩序的出現。金融、價值鏈和企業組織的全球化越來越限制國家在財政、監管和其他領域的行動，但是一些特定的國家行為者，將從全球化中受益並加強全球化，[11]而中央銀行也在其中。隨著工業資本主義的社會和制度基礎建設的削弱，協調企業利益與社會政治需求的社會機制枯竭。央行官員利用這場危機**擴大了**自己的協調能力，特別是與快速成長的金融業和市場之間的協調能力。即使是戰後凱因斯主義的一些關鍵目標並沒有被完全拋棄，例如產出的穩定性，相對的優先次序也發生了變化，用於實現這些目標的工具種類也發生了澈底的變化。中央銀行越來越將貨幣政策用於這些目的，而不是用於再分配稅收政策和公共支出，「新自由主義」是這些奧妙改變的不完美標籤。但是，如果我們想了解一九七〇年後資本主義結構、國家機構和經濟政策之間的重新調整，我們就應該特別留意中央銀行所發生的事情。

將對中央銀行的研究納入這些更廣泛的轉型中，也使我們能了解為什麼央行的崛起很重要。因為當貨幣當局獲得權力時，資本主義變得更加不平等、不穩定且不可持續。[12]一九八〇年代的大反通膨（Great Disinflation）在任何經濟體中都造成了痛苦，而且在大多數國家，中央銀行官員決定了社會要付出的代價。德國聯邦銀行以無視其政策對勞動市場的影響而聞名，一九七〇年代初後，持續的高失業率成為西德的主要政治經濟問題。[13]沃克在一九八〇年代初期同樣努力維持高利率，當時美國經濟正陷入自一九三〇年代以來最嚴重的衰退；人們把用消費性貸款購買的汽車鑰匙寄給他，以表達現在他們再也支付不起利息了。[14]一些國家的反通膨加劇了傳統產業迅速而殘酷的衰落，產業的衰落永遠改變了這些國家的經濟結構。在一九九〇年代和二〇〇〇年代，央行官員在他們所謂的「大緩和」（Great Moderation）

中看到了努力的成果，這是一個經濟產出和通貨膨脹低波動的時期。然而，在這段時期，全球化的新模式、企業重組及高端服務業（尤其是金融業），與其他經濟產業相比的薪資差距越來越大，都導致了不平等迅速加劇，私人信貸成長加速，這個情況最後導致二〇〇八年的金融危機。在這場危機的風暴中，央行官員施以巨大的影響力，決定了企業的生存（或償債能力），而在歐洲國家，這甚至決定了國家的生存。這引起人民廣泛的憤怒，因為非民選領導者所做的選擇明顯對分配效果造成了影響，他們似乎偏袒最大、關係最密切的經濟行為者，而不是那些掙扎著過活的人。然後我們看到金融市場在崩盤後又迅速復甦，而「真正的」經濟體幾乎沒有出現任何生產率成長；薪資體面的工作變得越來越少。正如研究所表明的那樣，量化寬鬆在二〇一〇年代支持了這種模式，因為其大部分收益都流向了股票和其他資產市場。[15]人們發現情況不太對勁，在二〇二〇年十二月的一項調查中，百分之七十的法國受訪者和百分之五十的美國人、英國公民和德國人表示，他們的經濟體系需要進行重大或澈底改革。[16]

新自由主義批評中缺少的部分

由於中央銀行在資本主義、國家機構和總體經濟管理實踐的更廣泛轉型中承擔著如此關鍵的地位，因此我不是第一個注意到央行重要性的人，確實，幾乎沒有任何研究新自由主義的社會科學家忽視央行的關鍵角色。但正如我將在本書中說明的，要將央行在這些更全面的進程中定位時，值得更詳細地研究央行這個官僚組織的行事、央行的治理實踐有什麼獨特之處，以及這些實踐如何與特定的資本主義制度和結構融合在一起。以這個重點為基礎，我特別分離出兩個顯著的研究方向，這兩個方向研究政治經濟學中的關鍵力量，同時將它們從權力結構出現的具體實踐和過程中脫離出來。

第一部分著重於資本主義民主國家中不同群體相互衝突的經濟政策利益。從這個角度來看，我們觀察到一九七〇年代資本家和勞工間，關於相對收入占比的分配不均愈演愈烈，[17]資本家總是會得逞，因為他們擁有更大的機構和結構性權力——他們可行使「發言權」並威脅要「退出」國民經濟。[18]因此，政府在屈服於資本家的要求前只是暫時訴諸通貨膨脹政策，中央銀行成為「硬通貨」政策的宣導者和執行者。在隨後的數十年，隨著全球化、去工業化和看似不可避免的放鬆管制浪潮，加深了資本家優於勞工的主導地位，使得他們的地位仍然沒有受到挑戰。

可以肯定的是，這個研究捕捉到自一九七〇年代以來「政權更迭」的大致輪廓，但是仍有幾個缺陷。首先，透過著重於利益衝突，我們無法解釋中央銀行如何以及何時成為經濟決策的主導者。在德國和瑞士，這個轉變發生在一九七〇年代中期。一九七九年時，保羅・沃克大幅提升了聯準會的重要性；但美國央行只是在一九八〇年代末至一九九〇年代初在艾倫・葛林斯班領導下，才真正鞏固了央行在新自由主義中的角色。[19]在英國，英格蘭銀行則是要等到一九九三年才開始對貨幣政策行使實質上的（儘管還不是法律上的）權力。我們不清楚硬通貨利益的主導地位如何解釋這種模式，此外「硬通貨」一詞在貨幣政策的實施方式上，有著相當大的差異。在德國和瑞士的背景下，中央銀行使用貨幣供給目標，向統合主義機構傳達其穩定意圖，而這種特殊版本的「務實貨幣主義」（practical monetarism）並不是美國或英國中央銀行崛起的一部分。相反的，在柴契爾（Thatcher）夫人時代，一位著名的英國財政大臣指出，在英國重要的是加強和維護「總體經濟政策的可信度和聲譽［在全球金融市場］②，如此一來［這

② 編者註：作者在全書引用文字中補充的說明均以［］標示。

些」市場就能以一種普遍支援它的方式運作。」[20]最重要的是，雖然以利益為基礎的文獻中，學者們從群體在允許或抑制通膨的政策上掙扎的角度來描述核心衝突，但他們無法捕捉到過去幾十年的擴張性政策，未能產生通貨膨脹或改善工人的結構性條件的程度有多大，同時在促進金融成長和增加財富集中度方面發揮了重要的角色。[21]為了理解這些模式，需要對中央銀行及其與資本主義結構和制度的關係進行更詳細的研究。

類似的問題也滲透到政治經濟學的第二個顯著部分，聚焦於總體經濟政策思想的演變。這些文獻典型地認為，「在一九七三年石油輸出國家組織（OPEC）石油危機開始時……凱因斯主義遭到質疑，經濟學家和決策官員尋找答案，更保守的方法受到青睞，通常被稱為新自由主義或市場基本主義」。[22]有些人對思想變革的具體載體進行了一些討論。在某些版本中，學者們認為，瑪格麗特・柴契爾（Margaret Thatcher）等政客在新自由主義的基礎上打造了新的競選承諾，並在選舉勝利後改變了政策和制度的配置。[23]在其他版本中，學者們優先考慮經濟專家在國際組織、認識社區、「思想集體」以及／或是國家技術官僚機構中的影響。[24]此外，一些作者發現，在新自由主義的廣泛概念下，從一九七〇年代和一九八〇年代的貨幣主義，到一九九〇年代和二〇〇〇年代的新凱因斯主義有著很大的意識形態差異。[25]但是，儘管存在這些內部差異，我們還是可以發現這第二個政治經濟學分支中一些普遍的缺點。首先，任何熟悉中央銀行等機構的政策程序和組織過程的學者，都知道經濟思想的有限性和有限的相關性。一個顯著的例子是柴契爾，她在一九七〇年代後期成功推動嚴格實施貨幣主義，但很快就發現到這種方法在實踐中是不可行的。然而，不可否認的是，總體經濟學的概念、模型和推理風格在中央銀行中很重要，並幫助這些組織創新政策並重新定義其角色。然而，意識形態學者沒有適當的工具，以分析央行官員如何用有創意的方式利用這些認識要素來支援特定的治理技術。我們必須做更多研究以理解這如何運作。

總而言之，在政治經濟學中研究新自由主義的主要方法，可以幫助我們確定中央銀行崛起的實質／政治條件，並描述這種崛起發生的二十世紀後期的廣泛知識環境。但是這既沒有充分說明央行官員在這個過程中的能動性（agency），也沒有說明中央銀行如何在實際治理層面上與經濟中的制度和結構交織在一起。由於這些原因，各國央行崛起的時機和機制、有利於這些程序的具體條件，以及特定版本的貨幣政策主導地位的後果仍不清楚。

研究方法

為了解決這些缺點，我對中央銀行採取獨特的分析視角，根據社會學和政治經濟學的最新研究，並且以對這些組織的特殊性理解為基礎。[26]因為中央銀行位於國家機器和金融體系的交叉點上。央行是在私人市場運作的官僚機構和銀行組織。[27]馬克斯・韋伯（Max Weber）在區分以脅迫的權威為主和以利益權勢為主的權威時，已經認識到了這種特殊性。韋伯認為，中央銀行是後者的一個突出例子：「每一個中央銀行……透過在資本市場上的壟斷地位施展支配性的影響。」[28]

以這些概念為基礎，我們可以研究中央銀行的崛起，這是特定機會結構中創新過程的結果，這些過程使中央銀行能夠利用其特定的治理能力。這代表幾件事，第一，中央銀行已經學會了將其銀行職能用於經濟政策目的，中央銀行的特定工具和方法因環境和時間而異。但傳統上，貨幣當局將準備金借給銀行，進行附買回操作，並直接在市場上買賣資產。這些結合一些特定的規定，就定義了合格的抵押品、購買資產的類別和準備金要求等。重要的是，雖然金融交易（與法規結合）提供了貨幣政策的操作基礎，但是並不清楚中央銀行如何有效地利用這些操作來影響通貨膨脹或經濟產出等總體經濟變數。為這種目的而使用金融交易，會引起嚴重的執行和傳輸問題。貨幣當局需要與交易對手建立穩定的交易慣例，並了解其自身和私人銀行業務的政策影響。此外，中央銀行要依靠私人行為者和市場，將地方業務轉移到更廣泛的金融和經濟體系，以影響整個經濟。正如我在本書中要說明的，在這種看似平凡的操作層面的政策上的創新，對貨幣政策如何制度化以及中央銀行如何獲得「基礎結構權力」（infrastructural powers）產生了決定性的影響，也就是央行如何在自己的操作中招募私人行為者和市場，以提升央行的治理能力。[29]

但是，中央銀行運作治理行為的有效性還取決於另一個因素：其歸屬意義。經濟行為者、政治決策官員以及第三方觀察員對這些行動及其後果的預期，可能會削弱或大大提高效率。如果市場參與者不相信央行上調再融資利率能夠抑制通膨，那麼升息就仍不會達到預期的效果。因此，央行面臨的挑戰是獲得更廣泛的信念和預期的認可，並使其與自己的決策意圖維持一致。為此，中央銀行需要特殊的期望管理工具（expectation-management tools），而這些工具的開發本身就是另一個關鍵的創新領域。[30]然而需要注意的是，這些創新並非憑空發生的，人們如何看待金錢、他們如何協調期望、哪些版本的政治權威對他們有吸引力，特別是中央銀行如何通過策略溝通來接觸他們，這一切全都取決於政體和經濟中的結構和制度配置。從這個意義上來說，中央銀行的預期管理工具與其金融市場運作一樣，都深植於資本主義結構和制度中。的確，唯有當操作技術和預期管理構成一個連貫的整體時，我們才能說央行治理的基礎穩定。一旦我們觀察到這種連貫性，我們就可以假設中央銀行已經成功地將其政策和制度角色融入目前的資本主義秩序中。

簡而言之，本書在政治經濟學和社會學的交叉點上尋找一個新的分析途徑，突顯官僚如何創新工具、[31]這些工具如何融入到經濟結構中並為特定的國家組織產生基礎結構力量，[32]以及這種融合如何產生有意和無意的效果。[33]

政策創新的比較研究

正如我想要說明的，我們可以從這個角度更清楚描述和解釋自一九七〇年代以來中央銀行的崛起。我的說明有賴於對幾個案例的詳細和比較研究，從這個分析中得出以下的內容。

從一九七〇年開始，高通膨的問題促使央行官員進行政策實驗，以弄清楚該如何獲得控制通膨的產出合法性。但貨幣當局進行這些實驗時一開始的條件卻大不相同，這影響了他們的操控、策略選擇和特定試驗的結果。只有在能夠將現有體制結構重新用於貨幣政策，並成為其基礎結構根基的國家，貨幣當局才能在政策上取得成功並設法加強其權威。德國聯邦銀行和瑞士國家銀行尤其從這種配置中受益，他們在各自的銀行體系中使用穩定的信貸和流動性管理程式，對貨幣供給的可控性提出權威性的主張，也就是實行一種適應制度的實用貨幣主義。銀行業的穩定性與另一個關鍵特徵結合，也就是薪資談判機構的連續性。這些機構幫助各自的中央銀行協調相關經濟團體對貨幣目標的期望，使穩定性成為一個自我實現的預言。

在其他國家，一九七〇年代新的問題壓力和顛覆性的結構程序破壞了現有的政策慣例，使尋求新解決方案變得複雜。我們在英國最能清楚看到這些困難，在英國一些實際貨幣主義的實驗失敗了，集中的總體經濟管理提出了嚴重的協調問題，特別是在成長率下降和勞資衝突加劇的情況下。但是對英格蘭銀行來說，同樣存在問題的是英國銀行業的快速結構性變化，這使得貨幣和金融管理如何運作變得不明朗。我們發現美國也有一個類似的情況，美國的央行官員享有更高的獨立性，但沒有看到他們如何利用聯準會的干預工具以可接受的成本控制通膨。因為有這些令人沮喪的經歷，聯準會主席亞瑟·伯恩斯（Arthur Burns）在一九七〇年代末期退休時指出：「若只靠央行，就只能勉強應對我們這個時代的通膨。」[34]

但伯恩斯的繼任者保羅·沃克在尋找有效解決方案的過程中偶然發現，在美國的環境下，期望公民自願減少消費或仰賴國會或總統來解決貨幣不穩定問題，只是徒勞無功。同樣地，採用德國和瑞士採取的貨幣政策也是不可能的。工會不會像與德國聯邦銀行和瑞士國家銀行那樣與聯準會協調；貨幣和金融發展也不夠穩定，無法實質上進行貨幣主義。相反的，聯準會的解決方案在於利用美國金融體系的市場化性質，因此需要從貨幣主義轉向特別利用聯準會對貨幣市場短期利率（short-term interest）的影響。的確，金融全球化和創新強化了這個特殊工具的基礎結構力量，這在一九八〇年代逐漸變得清楚，因為聯準會透過調整利率發出的價格訊號在市場中波及得更快，而這些市場對價格更敏感，關係更緊密。此外，隨著勞工權力的剝奪和工會的解散，聯準會可能採取不同版本的預期管理，這種管理不是留意薪資談判者，而是留意資本市場。基於在這些市場中實現穩定通膨的可信度，美國央行設法對長期利率施加有條件的影響，進而決定經濟更廣泛的金融狀況。此外，隨著市場規模更大、更脆弱，聯準會的利率變化對金融參與者具有直接信號價值，這使得一九九〇年代和二〇〇〇年代的反周期穩定政策變得可能實現。

英格蘭銀行一直對干預的有效性及擔任獨立政策權威的可能性，抱持悲觀的態度，但很快就發現，聯準會的這些創新可能可以解決央行在一九七〇年代和一九八〇年代初，貨幣主義實驗中遇到的特定問題。英國央行看到了效仿聯準會的潛力，因為很明顯，放鬆對國內金融業的管制和英國經濟更深層次的金融化（主要透過抵押貸款債務），提高了政策利率操縱的有效性。那麼問題就在於如何有目的地引導這些利率，並將價格信號有效地傳遞到更廣泛的制度中。第一個先決條件是重新設計與貨幣政策實施和傳導直接相關的市場（尤其是政府公債和短期貨幣市場）；第二個障礙是央行（而不是政府）如何獲得與市場進行預期協調的權力。在一九九二年時，獲得對預期管理影響力的機會出現了，當時英國非自願退出歐洲匯率機制，政府失去了合法性，尤其是財政部。聰明的央行官員利用這個機會引入了通膨目標制（inflation targeting），這種特殊的技術將利率決策連結起央行提出的通膨預測。新採用的通膨報告是一個決定性的新工具，因為除了服務財政部的政策審議之外，報告還以明確的方式與金融市場互動；透過這些報告，市場更容易發現央行希望如何引導利率，並對債券市場的預期變化做出反應。結果，財政大臣被置於防禦地位，因為他不得不說明自己的利率偏好，反對央行（及其複雜的預測）和市場。即將上任的工黨財政大臣葛登・布朗（Gordon Brown）在一九九八年授予央行獨立性時，承認了這種事實上的權力轉移。

德國和瑞士的央行官員抗拒將美國的負債管理技術和工具引入他們的國內市場，而這些技術和工具早就已經在倫敦應用了。這種抗拒是因為，以市場為基礎的銀行業務將破壞成功實施實際貨幣主義所需的條件，這也確保了貨幣當局與綜合銀行之間的歷史性和解。但隨著這些銀行中最大的銀行在國際市場——尤其是美元市場——上變得更加活躍，貨幣目標的基礎結構的根基瓦解了。因此，德國央行和瑞士國家銀行在一九九〇年代末轉向英美式的政策實施和傳導方案。這不只是改變了政策的運作基礎，也重新定義了央行官員與金融的關係。從一九九〇年代後期開始，新成立的歐洲中央銀行和瑞士當局沒有堅持貨幣市場政治的獨特傳統，而是成為全球市場建設專案的支持者，鞏固了通貨膨脹目標技術的基礎結構的基礎，同時加強了以市場為基礎的融資條件。在此期間，聯準會主席艾倫・葛林斯班（Alan Greenspan）登上了《時代》雜誌的封面，央行官員確立了他們身為國家行為者的地位，為金融全球化帶來的錯綜複雜的治理問題提供解決方案。

儘管全球金融危機使危機前中央銀行發展軌跡中的基本假設受到質疑，但我們觀察到危機後和危機前模式的驚人連續性。在這個歷史性時刻，央行官員利用他們的行動自由來創新新的政策工具，以適應危機後的金融和經濟狀況，進而確保和鞏固自己的權威。聯準會量化寬鬆政策的創新就是一個很好的例子，這個政策加深了中央銀行與金融市場的關聯，超越了「傳統」銀行業務。但與此同時，在二〇一〇年代時，這種總體經濟政策方法的基礎結構局限性變得越來越明顯，加強金融化進程不再產生二〇〇八年之前支撐該政權合法性的總體經濟效益。因此，本書以一個困境作總結：中央銀行的權力地位根深柢固，但其產出合法性卻被削弱。

一九七四到一九七六年德國聯邦銀行和瑞士國家銀行；一九七〇到一九八二年、一九九三年，以及二〇〇八到二〇〇九年在聯準會；一九九二年至一九九三年在英格蘭銀行的創新，幫助貨幣當局推出在特定金融內部和更廣泛的政治經濟條件下有效運作的政策。因為成功引入利用特定環境基礎結構權力的治理實踐，央行官員後來在各自的政治組織中獲得更大的影響力和合法性。尤其是在英美的環境中，這些創新集中在以市場為主的金融。透過將他們自己的銀行和預期管理技術與這些普遍的結構性趨勢連結起來，美國和類似國家的央行官員學會了如何為貨幣政策目的，產生以金融為根據的基礎結構力量。在金融全球化的條件下，越來越多的央行官員轉向這些英美的解決方案。在此需要注意的是，關注這種政策創新、其背景和基礎結構根基，並不表示其他因素並不重要。可以確定的是，成長率下降、資本主義反革命、新的選舉聯盟，以及戰後凱恩斯主義中懸而未決的思想問題，都對中央銀行在新自由主義政權中占據重要地位有深遠的影響。相反地，我的論點是，透過從中央銀行的角度來看待這些因素，並詳細研究這些組織如何將更大的結構性力量轉化為具體的政策解決方案，我們可以更清楚地了解特定國家的軌跡、貨幣政策主導的相關條件及其不同的影響。

金融的鬥士

因此，值得從實際政策創新的角度更精確地重建這些過程的一個原因是，這種分析為我們提供一個關於央行崛起後果的獨特觀察。正如我在前面所討論的，回顧半個世紀以來不斷加劇的不平等、嚴重的金融危機和不斷增加的債務，回顧對新自由主義的觀點，不乏許多悲觀的看法。但是，中央銀行在這一切中的角色到底是什麼？從現有的政治經濟說明來看，貨幣當局犯了兩個錯誤。關注經濟政策利益的學者，特別注意中央銀行在二〇〇〇年代之前的通貨緊縮傾向。這種傾向可以說支援了金融業不可持續的成長，因為隨著家庭的薪資收入相對損失，他們轉向了不可持續的信貸融資消費。有證據支撐這個論點，尤其是針對美國的情況更是如此，這裡的局限性在於，央行的通貨緊縮傾向在某個時候消失了，而金融化仍在繼續。第二個論點是，央行官員一直是金融放鬆管制直言不諱和有影響力的宣導者。沒有新政法律或「金融抑制」（financial repression）的束縛，金融公司沉迷於積極尋求收益，這助長了自一九七〇年代以來的景氣循環。[35]同樣地，這個觀點有很多值得稱頌之處。但目前尚不清楚的是，央行官員為什麼以及何時支援（何種）放鬆管制，以及何時不贊成；例如，將聯準會在附買回市場上的立場（贊成）與一九八〇年代英格蘭銀行的立場（反對）進行比較；或英格蘭銀行在一九九〇年代初期在同一個市場上（贊成）與德國和瑞士央行官員（反對）的相同市場。更重要的是，放鬆管制的觀點忽略了一個事實，那就是央行官員不僅實現了金融自由化，他們還協助共同建構一些重要的部分。

因此，我從另一個角度來看待中央銀行崛起的後果，也就是透過中央銀行與金融體系在治理技術層面的具體連結來解釋。首先，從這個角度來看，我們可以為中央銀行對於積極負債管理和相關貨幣市場工具興起的貢獻提供新的視角，這些工具為金融擴張提供了必要的基礎結構。確實，如果我們回顧一九七〇年代，大多數央行官員將引入這種做法和工具視為威脅。戰後銀行業監管遭到破壞，現存的貨幣管理慣例被跨境和離岸交易流動性的公司打亂。但是，隨著當局透過採用新的操作技術來掌握這些新方法，他們的貨幣市場政治發生了變化，最後，貨幣當局成為這些市場更正式的制度基礎的設計者，幫助鞏固和穩定一個全球一體化的體系。例如，在許多國家，官員幫助發展附買回協議市場，將其作為市場化金融體制中流動性借貸的核心部分。可悲的是，這些特殊的交易流動性場所發展成為金融體系的致命弱點，當美國房地產出現問題時，資產支援商業票據和附買回協議等貨幣市場充當超級傳播者，將資產估值的局部「修正」放大為整個北大西洋金融網路的下跌趨勢。因此，出於其獨特的政策利益，當局共同建構了金融結構，隨著一九九〇年代末期和二〇〇〇年代初期的金融周期（暫時）停止，這些結構被證明是極其脆弱的。央行已經存在對於這些系統性風險的預期，證明效率市場的信念並非總是會發生，但貨幣當局決定脫離審慎監管，因為戰略性地脫離這個領域有助於維護其貨幣政策權威，以及與市場化融資的互利和解。

中央銀行支援金融擴張的一個補充機制，是中央銀行為使其貨幣政策有效而建立的認知預期結構。尤其是，對金融受眾來說，隨著通膨目標制的採用變得可預測，成為主要的政策問題。可預測性被認為很重要，因為當市場能夠預測即將到來的官方利率決定時，短期和長期利率之間的潛在管理關係（所謂的收益率曲線）的中斷就會減少。但是，正如嚴斯·貝克特和李察·布朗克合理地指出，使政策可預測代表淡化資本主義制度中存在的實質不確定性。[36]行為者適應了對未來的虛構願景，當他們的幻想失敗時就會更加失望，可以說，我們在二〇〇八年看到的部分是：系統性穩定幻覺的塌陷。金融公司突然意識到，只是計算政策利率的預期邊際變化，並不足以了解其真正的流動性風險。更重要的是，二〇〇八年後長期停滯的現實，導致各國央行和金融公司在通膨、利率和經濟成長方面不斷犯錯，這迫使各國央行變得越來越傾向擴張性的政策，以維持對未來報酬的不合理預期的資產價值。

更廣泛來說，正如在量化寬鬆政策下最明顯，當代央行工具是透過金融市場運作的。正如歐洲央行總裁馬利歐·德拉吉（Mario Draghi）在二〇一三年的一次記者會上所說，在希臘青年失業率達到百分之五十的時候，金融市場「是貨幣政策傳遞的唯一必要管道」。[37]如果有此情況，當代中央銀行透過對金融市場價值的影響來影響「實體」經濟，希望這種影響可以改善公司的融資條件並增加家庭財富。量化寬鬆使得情況特別清楚，這樣的央行操作在實現預期目標之前會產生相當大的影響，例如加強財富集中度和金融化企業策略。透過了解貨幣政策的這些實施和傳導效應，我們可以更了解央行的主導地位如何導致金融體系臃腫和低成長的不平等經濟。

本次研究

我在本書中詳細研究一些案例，因為我對於我認為是中央銀行創新的形成性實例感興趣。因此，德國聯邦銀行和瑞士國家銀行是成功的實用貨幣主義的典範，而聯準會和英格蘭銀行則是通膨目標制的重要創新者。比較幾個案例和更長的期間，也會顯示央行官員對情況做出反應的精確順序；情境特徵如何成為政策創新的相關（限制或有利）條件；以及特定的貨幣政策實踐產生了什麼後果。除了利用比較以確定這些有利條件和不同的影響外，我還以綜合敘述的方式將這些案例連結起來。因為在我研究的案例樣本中，特定中央銀行組織的創新引發了更廣泛的學習過程和政策調整。此外，如果不考慮美國金融機構的形成作用和實踐對已開發國家其他金融體系的影響，我們就無法理解一九九〇年代和二〇〇〇年代貨幣政策技術的集合。我借用菲利普．麥可麥克（Philip McMichael）的**合併比較概念**來發展這種特殊的比較方法。

我使用的資料是在為期七年的研究工作中收集的，包括多次造訪中央銀行和國家檔案館，以及對現任和前任官員、其他相關行為者的三十多次口述歷史訪談。檔案工作很重要，可以讓我看到不只是已完成的政策設計的精美陳述，進入實際工作的現場，官員們在工作現場會表達不確定性、協商衝突，並做出務實的判斷。這些訪談是補充性來源，為中央銀行的內部生活提供了寶貴的見解，使我能更詳細地重建治理技術建構和運用的組織流程。身為非專業人士，我還透過訪談來了解中央銀行的複雜性，並測試我在研究過程中提出的命題。名氣不是我選擇訪談對象的標準，我比較關注的是那些真正參與開發央行工具的參與者。我應該說，請求採訪的回復率非常高——在我所有的採訪請求中，只有一個沒有得到回答。我不認為這是因為我自己有多聰明，也不是因為我研究的特殊相關性，而是因為央行官員普遍為他們所取得的成就感到自豪。檔案和受訪者名單及其資歷的資料皆記錄於附錄中。

更廣泛來說，我認為將檔案資料和口述歷史訪談結合起來是一種可行的策略，以研究中央銀行的工作，作為我研究中理論和分析的核心單位，包括貨幣市場管理實踐、建模和預測實踐、高階決策機構利率設定實踐、策略性公共傳播實踐等等。雖然民族學工作較適合進行這種分析，但為了觀察參與者而進入中央銀行的核心領域（高階決策環境、交易檯等）根本是不可能的。此外，民族學還有一個額外的問題，那就是即使研究人員在「現場」花費了很長時間，他們也只能觀察到較長的變革過程的一隅。當被問到的研究問題是關於政策、制度和資本主義結構的相互關聯的變化時，這就會是一個問題。因此，我也把這項研究看作是一種質化社會學的一個測試案例，突顯出官僚的做法、他們的（重新）配置，以及在更廣泛的政治和市場領域之間的位置變化，當作解釋總體轉型的關鍵因素，例如中央銀行的崛起。

章節概述

第一章〈新自由主義與中央銀行的崛起〉發展本書的理論支柱。我認為中央銀行新治理技術的發展，是新自由主義政策和制度改變的關鍵驅動力之一。因此，本書的方法與關於新自由主義和貨幣政策主導地位的主導意識形態、以利益為基礎和制度的觀點不同，並探討這些問題。本章開發一個新的詞彙，以分析治理技術是如何在中央銀行與金融的操作牽連，以及與經濟預期的反射性參與的基礎上建構的。最後，我會說明我的比較研究設計和案例選擇的合理性。

第二章〈貨幣主義與貨幣政策的發明〉描述一九七〇年至一九八〇年代初期，廣泛進行貨幣主義實驗的時代。現代貨幣政策起源於這段高通膨的時期，這在很大程度上是無可爭議的。但是流行的觀念、以利息為主或機構的說法，都無法理解這一時期中央銀行的成功和失敗模式。只有在德國、瑞士，以及在某種程度上日本也是，才將貨幣目標制當成一種有效的操作技術和溝通策略來固定通膨預期；在大多數其他國家，務實貨幣主義失敗了。本章的主要部分比較瑞士和英國，以解釋這些不同的結果。我使用原始數據指出，這兩個國家的貨幣目標在基本不確定性下發展為政策實驗，但是這種實驗只有在瑞士才遇到有利的條件，使新的治理工具得以創新。這些條件是：（1）中央銀行有很大的試驗空間；（2）中央銀行相對於統合主義機構的信託角色；以及（3）銀行業的穩定例行程序，支撐了央行干預、銀行負債和通貨膨脹之間的明顯因果關係。英國並不存在以上任何條件，英國的總體經濟管理仍然集中，英格蘭銀行仍然與「倫敦金融城」以外的地區脫節，銀行業在一九七〇年代經歷了一段快速創新和轉型的時期。本章的最後部分轉向遵循相似和不同軌跡的案例，我討論德國和日本與瑞士的情況相似，加拿大也遇到了和英國相同的問題，法國則提供另一個失敗的故事。這些比較有助於加強本章的主要主張。

第三章〈主導金融市場的預期〉，本章轉向美國和英國這兩個重要的發展環境中通膨目標制的發展。我以三個步驟來描述這個發展。首先，我解讀柴契爾主義是為了證明她的政府支援金融化的政策，以及她的貨幣主義總體經濟管理框架之間的不連貫性。然後，我轉向美國，以展示聯準會主席保羅・沃克發現了一種更適合在全球化和一體化市場中管理金融和貨幣關係的政策技巧。這種技術涉及聯準會對債券市場走勢的反應，這被解釋為對利率決策適當性的權威判斷。我在最後一步回到英國，並指出雖然債券市場的美國化和期貨市場的建立，為沃克式政策創造了結構性先決條件，但英格蘭銀行在一九九二年英國退出歐洲匯率機制後，克服了集中總體經濟管理的障礙。在這次事件後，央行利用財政部失去獨立預測能力的權力，繼續發布自己的通膨報告。以這些報告為關鍵手段，央行可以讓金融市場參與協調遊戲，導致政策權力從財政部非正式地轉移到中央銀行；由此可以理解一九九八年時央行的業務獨立性。本章的最後一部分討論德國和瑞士拒絕英國央行和其他通膨目標制定者對利率變動可預測性的渴望，以強調貨幣目標和通膨目標之間顯著的差異。在本章的最後一節，我還討論了紐西蘭和瑞典早期採用通膨目標的情況，以支持我在另一個形成性環境中分析的主要發現。

第四章〈貨幣市場，全球金融與中央銀行的基礎結構〉，則是轉向值得特別注意的通膨目標制發展和鞏固的補充。對於通膨目標制定者來說，流動性充裕的貨幣市場，彼此之間以及與金融的其他部分（例如資本和股票市場）高度相互關聯，是透過利率訊號實施，以及傳遞政策的重要先決條件。因此，正如我在本章中所討論的，通膨目標制定者一直是市場化金融體系的政治宣導者和實際設計師。我透過討論新自由主義時代央行對貨幣市場的態度和行動的轉變來展示這個重要的角色。直到一九六〇年代為止，當局仍然將目標訂在對歐洲美元（Eurodollar）的擴張和銀行的積極負債管理施加監管限制，而一九七〇年代至一九八〇年代時的限制則不一致。但隨著一九九〇年代至二〇〇〇年代通膨目標制的廣泛採用，這些監管擔憂消失了，各國央行成為主要貨幣市場擴張的積極支援者，尤其是「附買回協議」（repo）。德國聯邦銀行和瑞士國家銀行等貨幣目標支持者，最初仍對這些事態發展持批評態度，並成功地抑制自己國家的金融體系中的貨幣市場創新，直到一九九〇年代。但是，維持這種立場日益嚴重的實際和政治上的困難，最終導致放棄貨幣主義，並促使整個歐洲大陸採用通貨膨脹目標制。

第五章〈無知的組織，央行官員如何放棄監管〉，審視二〇〇七到二〇〇九年危機下的貨幣政策與金融和銀行監管之間的關係。這個事件嚴重扭曲了危機前的觀點，也就是如果「中央銀行在短期內成功穩定通膨……經濟將能普遍地照顧好自己」，雖然關於監管失敗和危機教訓的討論很多，但本章借用瑞士和英國案例的原始資料，做出兩個貢獻。[38]首先，我超越了正式的監管政策以顯示，直到一九七〇年代之前，中央銀行官員對監管事務擁有非正式權力，各國央行隨後退出這個角色，留下了真空。第二，本章指出這種真空特別影響到銀行負債管理的監管，而不是資本要求。由於中央銀行與銀行業進行日常業務的聯繫，以提供流動性並擔任最後貸款人，因此央行自然擁有制定這一領域監管的能力和權力。金融監管與貨幣政策的區分導致中央銀行放棄這些責任，這是一場災難，決策官員也未能將與流動性相關的監管問題，納入巴塞爾國際銀行審慎規則框架。由於這些原因，流動性問題和貨幣市場的監管落空了。二〇〇七到二〇〇九年的危機是全球銀行擠兌，也就是以市場為主的流動性崩潰，顯示這樣的忽視為什麼會有重大的影響。

在第六章〈白忙一場的金融化管道疏通——二〇〇八年以後的中央銀行業務〉，本章轉向後危機時代並認為由於貨幣政策管理總體經濟是建立在金融化的基礎上，所以中央銀行在成長緩慢、債務積壓和金融脆弱的情況下，忙著「修復」金融化以重建治理能力是白忙一場。這適用於兩個層面：（1）金融內部機構和市場結構的水準，以及（2）總體經濟的層面，金融應該是成長的管道。這些金融取向特別反映在央行的量化寬鬆操作中。本章最後詳細分析這些有問題的政策，認為隨著金融化的資本主義發展成一種不可持續的制度，中央銀行可能失去其優勢所依據的產出合法性。

最後，結論重新審視本書的核心發現，並將這些發現與兩個更廣泛的議程連結起來：（1）提出以國家為中心的研究經濟政策的傳統，這種傳統可以追溯到瑟達・斯科波（Theda Skocpol）和瑪格麗特・維爾（Margaret Weir），以及（2）將金融化資本主義中的中央銀行的情況與福特主義的情況進行比較，福特主義是一種制度、政策和資本主義結構，首先相互加強，然後進入內生性的自我毀滅惡性循環。

Chapter 1

新自由主義與中央銀行的崛起

為什麼可以透過貨幣政策的手段來管理經濟？*

——班傑明．布勞恩（Benjamin Braun）

本書探討相對於國家其他組成部分，特定國家機構的權力如何變大、這與政策變化有何關係，以及相對於這些機構和政策相關的轉變，資本主義的演變結構扮演的是什麼角色。這個分析的出發點是政治學、經濟史和社會學的一個公認的發現：過去五十年來，我們看到已開發的資本主義經濟體在所有這些方面都發生了重大、變革性的變化。[1]工業資本主義（Industrial capitalism）[2]及其組織基礎結構都已經被削弱，[3]這個過程持續降低了實際成長率。[4]我們還看到企業策略的巨大變化，導致生產、消費和融資活動根據「價值」[5]和「財富鏈」（wealth chains）[6]進行重組。此外，自一九七〇年代以來是金融活動大規模擴張，以及根據金融邏輯對重要經濟流程和福利體系進行「重新編碼」的時期，[7]結果金融危機變得更加頻繁和嚴重。[8]最後，或許也是最重要的一點是，收入和財富的不平等加劇，[9]破壞了戰後的成長模式以及支撐西方政治穩定的階級妥協。[10]

除了對資本主義轉型以及在各不同國家和地區不同的成果所做的診斷外，我們也看到了國家干預、監管和治理經濟的方式發生了重大的變化，有些作者根據新自由主義的概念，觀察到國家的角色縮小以及市場崛起的過程。[11]更微妙的解讀是，政府繼續實施積極的經濟和社會政策以及市場監管。然而，儘管各國放棄或減少在某些領域的政治權力（例如重新分配財富和限制收入不平等），[12]但卻採取越來越多行動以打造、強化和保障市場這個具有特權的工具，以解決經濟和各種社會、環境和其他方面的疑慮。[13]此外，特定的任務越來越清楚地定義國家機構的目標與活動，並由獨立的技術官僚機構成為主要的制度工具。[14]與此相關的是國家內部權力中心的轉變，從橫向協調單位和民選官員，轉向那些能最有效地與強大的社會和經濟參與者合作的組織，例如與金融市場和跨國公司有關係的執行機構。[15]

因此，我的分析是根據觀察西方國家對新資本主義結構、新自由主義政策的採用，以及以市場為導向的執行機構的崛起之變革。毫無疑問，自一九七〇年代以來，貨幣政策的重要性越來越大，而且央行的影響力擴大就是一個很好的例子。但是，既然關於這個廣泛主題的研究汗牛充棟，為什麼還要再做研究？寫作本書的原因在於，儘管人們普遍接受了資本主義形態、政策和制度同時發生變化的診斷，但是政治經濟學和社會學的學者相對較少關注當局如何精確地建立新的資本主義方式的問題。政府的治理已經經歷了重大結構變化的資本主義經濟，公共當局如何與不斷變化的關注對象進行接觸，以便國家干預真正產生可靠的、政治上期望的效果？換句話說，一些國家組織（例如中央銀行）怎麼可以宣稱有效地產生了賦予其合法性的結果？這不只是一個關於引發和解決誰可以決定什麼事的政治爭奪動機和力量的問題。本書也提出了國家組織如何與市場、產業、行為者建立和穩定（認知、物質、社會）關係的問題，這些市場、產業和參與者所做的各種選擇，創造出當局宣稱自己造成的總體經濟結果。

* Benjamin Braun, "Central Banks Planning: Unconventional Monetary Policy and the Price of Bending the Yield Curve", 196.

我在本書引用的研究忽略了這個問題，因為政治經濟學和大多數社會學中普遍採用的分析策略，幾乎沒有提供任何研究治理的手段。相反地，大多數研究所引用的基本機制與決定政策，與制度選擇的觀念或利益相關力量有關。舉例來說，許多社會學的學者認為，立法者和當局已經採用新自由主義為一種新的意識形態，因為他們了解到以前的政策典範沒有用，也因為他們相信放鬆管制和貨幣主義思想的展望。通常的替代解釋是，改變選舉聯盟的要求或企業和富裕集團使用策略和結構性權力資源的要求，已經改變了決策官員和國家內部權力中心的計算。更微妙的解釋，則是引入制度路徑依賴來詮釋一系列的約束和機會，在這些約束和機會下，想法或利益能夠造成變革。[16]但是這些不同的解釋策略並沒有讓我們觸及治理問題的核心，因為政策理念或要求，與政策實踐和實施這些政策的組織形式是不同的。書面提案或民選官員提出的主張，與實質總體經濟干預措施的「工具化」[17]和「基礎結構」[18]之間存在很大的差距，而且我們都知道，許多政策主張和訴求實際上都失敗了。提議的措施最終產生了意外的結果，使當局陷入相當尷尬的處境。葛莉塔．克里普納（Greta Krippner）在其知名的著作《利用危機》（*Capitalizing on Crisis*），就是根據這個意外的後果建構她的整個論點。[19]目的在於為更廣泛的經濟提供資金並抑制通貨膨脹的措施，結果卻放鬆了金融化的管制，決策官員措手不及，但他們接受了這個意想不到的結果，因為這使得原本促使他們改革的問題變得看不見了。

但是，除了隱晦但不切實際的政策和制度變革的線性理論（從想法以及／或是利益到實施），或根據對意外後果和權宜之計的研究的改進概念之外，還有另一種可能的方法，我們可以藉以分析這些問題。若要了解這個替代選項，我們需要將注意力轉向實際的經濟政策實施，以及對政策負責的行為者，這些通常是執行的組織內部官員，他們設計並實施特定的干預措施。在社會學和政治學領域，我們有著很深的學術傳統，著眼於這些國家當局、他們的利益和理由以及他們的行動模式，[20]有很多理論可以用來回答國家官員如何利用空間操作，以及他們實際上追求什麼利益這類的問題。舉例來說，一些學者認為官僚試圖在國家機器內部或外部發展他們的個人事業。[21]有一些人則認為，官員的首要目標是表達對領導者和政黨的忠誠；或是官僚制度在國家機構配置中占主導地位的意識形態和文化模式；[22]或是國家官僚遵循其精英團體的**團隊精神**。[23]

我自己對政府官員的看法大致遵循丹尼爾・卡本特（Daniel Carpenter）的官僚自治概念。[24]我認為，由於官僚有一定的決定權並控制著重要的組織資源，他們會試著擴大這些資源並加以利用，以提高組織的影響力和合法性。這通常（但不排除其他可能性）表示尋找他們組織可以宣稱政策成功的條件，不論他們如何定義成功。因此，官員們調動他們控制的工具積極解決他們面臨的治理問題，[25]目標是找到可行的解決方案，[26]在不確定的條件下以及／或是面臨新的困境時，這種探索會帶來實驗和創新。決策官員重新調整其工具並進行政策試驗，以尋找新的方法來使其干預措施有效且合法，這需要從（有時是無意的）成功和失敗中不斷學習，[27]並且會導致有助於有效決策的新技術的開發。當國家行為者有能力創新這類技術並保留唯一的控制權時，他們的組織就會在國內獲得相當大的影響力以及合法性。[28]

透過突顯官僚行為者的作用及其治理技術，讀者可能會認為我只聚焦與新自由主義政策變革相關的一部分問題：官僚能力和實施的技術問題，而不是典範轉移及其相關的問題到整體結構轉型。畢竟，官僚制的核心理念是，其官員在多重政治和國家結構約束下行事，這些約束表現為預先確定的授權和職責以及機構勞工、等級制度和正式責任的分工。但我的目的是挑戰政策制定的委託代理觀點，這種觀點常常提供對各自的制度特徵和行為者進行理論化的觀點，因為政策的成功或失敗不僅在於實際治理層面，還需要在該層面進行實驗和實務學習。如果決策官員能夠經由實驗證明，他們能夠實現目標並解決其負責人或其他官員沒有現成答案的問題；如果他們能夠在內部以及向相關大眾傳達這種作用，那麼他們就可以在國家內部發揮影響力。[29]這通常需要重新定義授權委任和任務，以及重新定義成功的條件，一段時間下來，政策實驗可以導致對在資本主義某些條件下被視為可行和合法的國家權威進行根本的重新評估。因此，所提出的反向因果關係遍布，從政策實施的實驗，到新治理技術的法規編纂、到政策管轄權的重新定義、再到不同官僚行為體之間在國內影響力的重新分配。

然而，重要的是我並不認為，這種反向因果關係是官僚之間為尋求最佳解決方案而進行的精英競爭，運用麥克・曼恩的**基礎結構權力**（infrastructural power）概念，有助於理解為什麼這樣的解釋會被誤導。[30]曼恩提出這個概念是為了區分國家透過滲透公民社會的能力對致命武力的壟斷控制，以及透過塑造社會行為者的行動環境和他們在日常生活中利用的資源，來讓社會行為者參與治理過程的能力。舉例來說，街道、車道、紅綠燈、分界線等基礎建設，為公民提供從A點到B點所需的環境和資源，使交通變得可管理。由於整個地區都被這種基礎建設所滲透，因此可以管理大量交通，交通運輸變得可行。此外，曼恩認為，支撐基礎結構權力的資源其實可能不是由公共機構發明或產生的，這些資源也可以來自民間社會。各國經常透過將自己的治理項目納入新興的社會結構、慣例和技術中，投機地開發基礎結構權力來源。[31]

曼恩的觀點與國家緊縮的文獻相反，他認為西方國家及其基礎結構權力在一九七〇年後的「全球化」世界中仍然強大。[32]但是我認為，如果把他的概念更充分地應用到新自由主義中，資本主義經濟的變化，已經重新配置和重新分配國家不同部分和不同治理項目可用的基礎結構權力來源。在某些領域，具有特定責任和機構地位的官僚機構可能會發現，他們可以透過使用干預工具來使政策成功並利用自己的影響力，這些工具有效地參與新的公司形式、計算和市場化的新技術以及市場秩序和制度的轉變。[33]在其他領域，資本主義變革削弱了以前可用的基礎結構的權力，例如強大的組織工會[34]以及／或是有凝聚力的企業精英網絡，[35]對於福特時代的凱因斯主義以及／或是統合主義（corporatism）的管理非常重要，但這些在新自由主義的時代已經無法再使用了。

可以確定的是，所提出的概念只是對影響政策和制度重新制定的眾多相關因素，提供了選擇性的視角。不可否認的是，金融資本主義中權力資源的重新分配、[36]新選舉聯盟的形成[37]以及／或是更廣泛的親新自由主義以及中央銀行的崛起、精英之間的「社會學習」過程[38]也發揮了作用。然而，我認為在某些範圍條件下，政策和制度的具體變化主要是由治理實踐的創新所帶動，並透過特定官僚組織在特定技術的制定中吸收強大的市場選民的能力加以鞏固。從另一個領域的案例為例來說明，讀者可以想一想二十一世紀的國防政策，配備致命武器的遙控無人機，再加上越來越精準的地理定位資訊，不僅改變了負責人決定攻擊和戰爭行動的一連串選項，而且還改變了決策官員的選擇。這些其實改變了國防決策的整個過程，控制技術的行政機關有更多的決定權，戰爭與和平之間的界限變得非常模糊，這表示沒有必要以發動重大的致命行動來正式宣戰。

我在本書中使用的經驗案例雖然沒那麼致命，但仍然具有非常重要的意義，我分析了中央銀行的崛起和貨幣政策與日俱增的重要性。毫無疑問，近幾十年來，這些特定的決策機構變得越來越重要，而且其決策也越來越受到關注，一些學者甚至極端地認為，貨幣政策主導地位是新自由主義總體經濟政策制度的決定性特徵。[39]一九七〇年代開始的過程導致這個結果，當時國際貨幣秩序崩潰、通膨率高。自一九九〇年代起，隨著通膨目標制的普及[40]以及採用運作獨立性的霸權制度形式，[41]中央銀行的權力更加持續成長。這使得薩斯基亞・薩森（Saskia Sassen）認為「在過去的十年中，[中央銀行]已成為國家內貨幣政策的機構所在地，這些政策對於進一步發展全球資本市場以及更廣泛的全球經濟而言是必要的系統。」[42]隨後不穩定的日子——從二〇〇七年至二〇〇九年的金融危機，到二〇二〇年新冠肺炎的爆發——只是強化了這些趨勢。事實上，多年來，央行官員似乎是「這場遊戲唯一的參與者」。[43]

為何選擇央行和貨幣政策這個主題？回答這個問題將使我有機會更詳細地闡述我對於三十位官員的政策實驗、治理技術的制度化和基礎結構權力的論點，並將更精確的論點，以及關於其他研究領域的新自由主義和貨幣的命題和論點區分出來。因此，本章將繼續回顧關於中央銀行如何受益於新自由主義變革並為其做出貢獻的重要觀點。根據對這些學術研究的批評，我認為只有透過研究和解決中央銀行高度具體的治理工具及其與金融的獨特基礎設施關係，我們才能理解這些組織如何成為當代資本主義秩序中主導的治理機構。我將進一步指出，對央行治理技術的詳細研究並非鼓勵對更廣泛的結構性發展的忽視，而是為政治經濟變化提供一個具體的視角。這些技術高度依賴於具體情況——貨幣當局工具依賴於金融體系的結構，以及影響經濟預期動態的更廣泛的制度配置。確認中央銀行如何成功利用一九七〇年代以來金融基礎結構的廣泛發展，以及央行如何將其政策納入霸權的「預期政治」，[44]我們可以分析中央銀行日益增長的權力，是如何與資本主義更廣泛的蛻變交織在一起。這將為我們提供比較特定國家發展軌跡的工具，並最終解決深植於金融化資本主義的新自由主義治理問題。本章最後討論中央銀行主導地位的問題，並介紹我在本書中運用的一種特殊方法：「合併比較」（incorporated comparison）。[45]

如何解釋中央銀行在新自由主義中的主導性角色？

本書的核心論點是，新自由主義時期中央銀行的崛起，是貨幣當局成功將金融當成有效治理的基礎結構工具的產物，這個結果需要中央銀行官員本身進行大量的政策實驗。這種觀點與政治經濟學的主流觀點形成強烈的對比，政治經濟學通常依賴利益、思想和制度作為概念，來解釋貨幣政策的變化及其在新自由主義政權中的地位，而且本書不同於大多數社會學著作中的中央銀行技術官僚概念。以下我將介紹並批評這些不同的方法。

分配衝突與金錢政治

第一種研究類型的假設是這樣的：每一種「關於金錢的政治選擇都反映了政治競賽的結果」。[46]這種政治競爭被認為包含了眾多「大型團體」之間的競爭，[47]這些團體在貨幣議題上的利益互相競爭，並且有不同的社會權力來源可影響政治。相關的社會行為者可以是社會階層[48]或產業團體，[49]無論哪些團體在這些競爭中勝出，都會因為有利於自己財務的政策決定、法規和制度安排的形式而獲益。由於主要的貨幣政治、主要的利益和社會權力的來源相互加強，[50]我們可以在資本主義社會中找到或多或少持久的貨幣政策制度，並具有特定的分配效應。

這就是這個論點的架構。然後這被指定為貨幣政治的兩個相互關聯的方面：影響本國貨幣相對於其他貨幣相對價值的決策；以及影響貨幣（未來）商品價值的決策。舉例來說，匯率政策被認為取決於出口導向型產業相對於非貿易商品部門的相對重要性和力量，以及這些群體對匯率與價格穩定的相對權重。[51]因此，在更加依賴出口的成長模式中，與債務驅動型政權相比，主導利益團體預計會支持防止本國貨幣相對於外國貨幣升值的政策（例如德國），而在以債務帶動的政權中，匯率政策不是無關緊要（例如美國）就是造成資本外逃的壓力，在這種情況下，強大的金融利益團體就會要求制定防止本國貨幣貶值的政策。

但由於匯率穩定措施被認為效果不彰，近年來大多數的注意力都集中在（反）通貨膨脹的政策。確實，傑夫瑞．基斯．英恩（Geoffrey Keith Ingham）[52]指出，「硬」貨幣（即穩定）與「軟」貨幣（即通膨）的衝突，以及對債權人和債務人的分配影響，在資本主義國家中最古老、影響最深刻。除此之外，學者們關注通膨的一個關鍵原因在於總體經濟管理中既有的假設權衡，換句話說，有關未來通膨率的決定，應該表示著對價格穩定與其他政策目標（特別是就業和成長）的相對權重的政治選擇。不同的整體經濟穩定目標之間存在權衡，需要對優先目標做出困難的選擇，這導致受總體經濟發展不同影響的不同群體，期望不同的通膨（負成長）政策。[53]勞工和社會貧困階層被視為硬貨幣通膨負成長政策首先的受害者，因此如果通膨有助於確保就業和再分配成長，他們就傾向於接受通膨；相較之下，資本基金所有者則被認為支持硬貨幣政策。富裕的團體顯然也從成長中受惠，他們擁有可以保護自己不受通貨膨脹影響的實質資產，但是他們的金融財富（例如他們持有的公債）會隨著價格上漲而貶值，因為抱持懷疑的態度，他們傾向於採取穩定其財富貨幣價值的措施。

在這種分配衝突和貨幣政策框架的基礎上，我們可以大致敘述央行的崛起及其在新自由主義中越來越高的重要性。敘述的內容將最近的情況發展描述成資本家的結構性權力凌駕於民主要求之上，他們在新自由主義時代透過真的可能「退出」的威脅和行使「發言權」以運用這種優勢。[54]結果硬貨幣的政策因此勝出。這不只是強化了資本的主導地位，而且與已開發資本主義國家內部的權力轉移同時發生，相對於優先事項充滿矛盾的民選政府而言，央行身為硬貨幣的倡導者和執行者，其影響力和權力都已大增。由於央行權力與資本主義霸權相輔相成，西方資本主義世界中，幾乎沒有哪個政府敢挑戰央行的權力、低通膨的教條以及流動的資金。

關於貨幣方法政策這種政治經濟學的解釋模式，有很多值得討論的地方。它將資本主義的整體結構變化——不斷增加的資本流動性、收入從勞動力轉向資本等等——與社會群體之間的偏好衝突，以及一九七〇年後廣泛觀察到的通膨負成長政策變化過程連結起來。[55]此外，最近的經濟學研究證明了貨幣政策的分配重點是正確的，並與新古典主義和新凱因斯主義的假設互相矛盾，即低通膨對長期成長的影響是中性的。[56]

但貨幣政治框架的一個關鍵問題是，粗略的版本無法解釋貨幣政策的作用和實質變化。舉例來說，如果「高層衝突導致精英團結和傳統經濟政策」[57]屬實，那麼英國將成為硬貨幣的政策興起的典型例子，而諸如德國等階級衝突不大的國家，將為軟貨幣的政策提供更肥沃的土壤。但一九七〇年代的情況則正好相反，我將在下一章更詳細地討論。德國央行比英格蘭銀行更快掌握權力，並且採取嚴格的通膨負成長措施。在以利率為基準的框架中，人們可以透過引入與團體利益相關的更精細、更複雜的區別來回答這個困難的問題。舉例來說，德國有大量的中產階級甚至工人階級儲蓄者，以及具有國際競爭力的生產者（他們想要的目標是國內低通膨），而一九七〇年代的英國則是房貸戶（想要較高的通膨）的比例迅速增加。[58]此外，與德國的銀行相比，英國的銀行在一定程度上未受通貨膨脹的影響，因為英國銀行業採浮動利率授與貸款，因此，雖然通膨偏高而且波動大，但主要的金融參與者幾乎沒有受到傷害，而且有時甚至可以從中獲利。

我在本書中採用另一種策略，以超越金錢政治和結構性權力的簡單框架。我從經驗觀察開始，認為對強勢群體在功能上有利的政策並非總是為此目的而被採用。事實上，有時各個群體甚至沒有充分了解自己的客觀利益，或是對政策的影響力仍然有限。[59]因此，彼得．強森（Peter A. Johnson）建議我們研究「主要行動者所了解的每個國家的機構、利益和目標之間的關係」，[60]也就是說，留意公共決策官員如何在發出標準不一且有時模糊信號的複雜環境中採取行動的。我遵循他的建議，以設法真正了解與貨幣政策相關的具體困境和衝突，並理解不同國家採取具體行動方針的原因。

然而，如果硬貨幣的文獻正確地識別總體趨勢，我們為什麼還要關心政策變化的實際動機和細節呢？需以超越硬貨幣與軟貨幣觀點來解釋的更重要原因是，硬貨幣限定了我們對通貨膨脹率及其背後利益發展的看法，但卻掩蓋了具體的政策、產生的後果及不同國家行為者在其政策中扮演的角色。[61]舉例來說，如果只是將硬貨幣與軟貨幣並列，我們很難理解為什麼英國的柴契爾推行的通膨負成長政策實際上與金融活動的快速擴張同時進行，[62]而英格蘭銀行在這個過程中卻相對無能為力；在美國，通貨緊縮是透過保羅．沃克於一九七九年發起的快速政策轉變發生的。要了解這個轉變的時機以及如何發生，就必須要知道在當時債券市場的核心作用及其在經濟中的「通膨恐慌」（inflation scares）。[63]相較之下，德國央行不太關心貨幣主義意識形態，也不擔心債券市場。德國央行在一九七〇年代中期透過採用一種統合主義貨幣目標來引發通膨負成長，這種目標需要強有力的薪資限制和財政支出限制。[64]在這些情況下，貨幣政治的視角看到了相同的結果（硬貨幣和通貨緊縮），同時忽視了政策模式和內容以及央行所扮演之角色的明顯差異。

更重要的是，自一九八〇年代中期以來，名目利率（nominal interest rates）和實質利率（real interest rates）皆已大幅下降。[65]消費性產品通膨仍低迷，但金融活動不只沒有因貨幣疲軟而受到抑制，反而呈現爆炸式的成長。此外，自二〇一〇年以來，央行實施了非常擴張性的政策，但這些干預措施主要使某些群體（擁有大量金融財富的富人）受益，根據本書所討論的文獻，這些群體通常需要硬貨幣並從中獲利。[66]只有克服對「央行運作細節」的忽視，[67]我們才有可能解釋這些軌跡，並解譯近期寬鬆貨幣、低通膨和狂暴式的金融成長模式。因此我的建議是，我們不僅應該完善地理解不同國家貨幣政策，還應該研究政策如何實施，並納入直接的金融和更廣泛的政治經濟環境的問題。

概念說明

正如新自由主義經常被描述為關於市場效率、監管無效以及「有紀律的」國家干預的優點等一連串的思想，[68]學者們以慣常的方式重建了貨幣政策的出現，以及意識形態變化導致越來越重要的地位。對這些學者來說，關鍵時刻是米爾頓・傅利曼（Milton Friedman）在一九六七年美國經濟學會年會上的主席演說，當時他澈底改變了凱因斯主義的觀點。傅利曼並沒有指出市場失靈時需要政府的積極干預，[69]反而是認為經濟是由效率市場所組成的，而這些市場會暫時被政府的通貨膨脹（以及適得其反的）措施所擾亂。這個基本理論「格式塔轉換」（Gestalt-switch）的政策含義是讓政府退出財政激進主義，並透過憲法制定貨幣供給規則。哈利・強森（Harry G. Johnson）[70]稱這個專案是反對凱因斯主義的「貨幣主義的反革命」（monetarist counter-revolution）；許多歷史學家、政治學家和社會學家都追隨他的腳步。舉例來說，布萊斯（Mark Blyth）、[71]霍爾（Peter Hall）、[72]瓊斯（Daniel Stedman Jones）、[73]傅卡德—古林查和貝布（Marion Fourcade-Gourinchas and Sarah Babb）[74]的著名研究，都在關注貨幣主義思想對於國家應付一九七〇年代通膨危機的影響。比較最近的是，經濟學家克魯曼（Paul Krugman）認為，總體經濟學家的想法對總體經濟政策產生了致命的影響，他感嘆主流經濟學遵循傅利曼的主要原則，假設經濟參與者的預期是理性，而且市場在長期內會達到均衡。[75]根據這些思想，貨幣政策的優先性高於財政政策，在實施貨幣政策時，各國央行的官員會優先考慮控制通貨膨脹，因為他們認為除了清倉大拍賣的價格之外，幾乎不需要其他任何東西來維持或使經濟恢復到最佳狀態。[76]這種總體經濟思維可以說也導致了在全球金融危機爆發前，忽視了金融領域的不平衡以及市場的不完善。[77]

可以肯定的是，引用的研究之間存在重要差異。霍爾[78]提出一種特殊的觀念改革模型。他認為，在結構性經濟和政治危機的同時，我們有時可以觀察到「三階」（third order）變化，這些變化導致從一種包羅萬象的典範轉向另一種典範。推動這種轉變的機制是舊典範中的認知不一致和矛盾，以及在激進的新思想幫助下成功的選舉動員。一九七〇年代末期，英國放棄凱因斯主義需求管理，轉而支持柴契爾的貨幣主義，霍爾將此視為一個恰當的例子。其他著作與霍爾的模型不同，強調官僚機構和國際組織內部的「機能性知識分子」（organic intellectual）以及／或是專家的作用，他們將思想轉化為服務策略利益以及／或是提供具體的政策解決方案。[79]這種轉換的前提是，從學術界傳播到政策制定環境時具有一定的可塑性和拼湊性。[80]

後續的分析將顯示，霍爾的典範轉移說法是錯的，即使對於他挑選出來的英國背景環境為自己的關鍵案例來說也是錯的。正如其他人已經指出的，[81]儘管柴契爾公開支持傅利曼的思想，但貨幣主義從未成為英國真正的總體經濟政策計畫。我們可以將這種失敗當成由行動者做出選舉承諾並推廣吸引大眾的政策理念這樣的政治領域，以及班・克利夫特（Ben Clift）[82]所說的「貨幣主義格言的『失敗的操作化』（thwarted operationalisation）」兩者之間的區別。正如經濟歷史學家鄧肯・尼漢[83]所說的，柴契爾政府未能實現自己的貨幣目標，而且很快就放棄了實現這些目標。柴契爾的貨幣主義承諾也未能贏得關鍵支持者的支持，無論是工會還是債券交易商都不夠認同政府的目標。如果我們按照貨幣主義思想，就會很難理解英國的新自由主義是如何出現的，以及英格蘭銀行如何在這個政權中找到自己的位置。

因此很明顯，科內爾・班恩（Cornel Ban）、班・克利夫特、陶德・泛根特（Tod Van Gunten）等人所提倡的「後典範」（post-paradigmatic）觀點對我的分析比較有幫助。舉例來說，他們提醒人們注意中央銀行內部經濟學家的翻譯工作，制定了具體的政策建議。他們還敦促我們試著了解，權威的新凱因斯主義概念和模型如何為通膨目標制的實踐提供資訊。然而我要再次強調，透過直接關注中央銀行官員在努力使其管理能夠運作時的認知問題，以及操作和政治問題，我們可以更了解貨幣政策及其對經濟學的運用。從這個角度來看，我們將看到德國央行等組織實施了一種與傅利曼的提議無關的貨幣主義，但這很大程度上歸功於吸引和約束統合主義機構的策略。我們還會看到，沃克雖然不是新凱因斯主義擁護者，但他透過與債券市場的互動，創新了一種非正式版本的通膨目標制。[84]想法在這些發展中很重要，但其方式無法在概念框架內完全體現。

制度主義者的觀點

觀念和利益以外的一項策略是引入制度，當作特定國家結構中的中介因素和穩定來源。確實，我們不應該只是假設制度正在穩定並成為國家差異的根源，正如社會學的新制度主義者警告我們的。但在討論第二個立場之前，讓我先討論一下更成熟的傳統制度概念，這個概念仍然享有強大的知識和經驗支持。從這個制高點來看，制度是依賴路徑的產物，制度穩定了過去政治困境和決策的結果，因而決定了當前和未來衝突的解決方式。[85]行為者可能以自身利益為導向，但假設這些行為者「**透過機構**」解釋他們的自身利益，進而定義他們的政策偏好」。[86]此外，機構還幫助這些行為者解決短期利益與長期利益之間的不一致問題，並解決集體行動問題。[87]制度還會引導與架構一致的概念選擇，行動者透過這個架構來解釋世界並接受看似合理的路線。舉例來說，積極總體經濟管理的提議可能在英國等擁有強大而集中的行政機構國家更有吸引力，而在德國等聯邦制國家中的多種制度制衡，則為秩序自由主義思想提供了更直觀的合理性。[88]

根據我的分析，這種制度概念很有用，但並不是中央銀行和貨幣政策研究所採用的主要方式。大多數情況下，這個領域的學者認為故事中的機構就是央行本身。這個觀點的理由是，央行這個政府機構將貨幣穩定的政治承諾奉為圭臬，結果這樣的承諾可能反映政府中的主導力量，[89]或表達關於最佳政策的專家意見。[90]中央銀行在追求貨幣政策時的正式獨立性，為這些選擇提供了可靠和持久的形式。[91]因此，獨立的中央銀行可以解決政客對於高經濟產出的短期利益，以及穩定貨幣的長期社會效益之間的不一致。這是許多經濟學和政治學文獻都認可的標準央行獨立性論點。[92]

但是央行並非制度本身，央行是在不確定條件下干預不斷發展的經濟決策組織。央行沒有可用的穩定的、最佳公式，無論這些決策官員決定做什麼，都會對他們所治理的經濟體產生分配和結構性後果。此外，正如大量學術研究所顯示的，傳統央行的獨立性論點未能將貨幣政策置於具有多個利益相關者的更大政體中。[93]就這個方面而言，重要的是（正式或非正式）制度化的互動條件，不只是與政府，而且還有與其他群體——商業銀行、薪資談判者、強大的公司、其他中央銀行以及對貨幣政策問題具有認知權威的專家團體。所有這些團體都很重要，因為它們不只是影響政府的偏好和方向，還影響政策實施的條件和央行的合法性。

就我所知，只有一類文獻對制度及其對貨幣政策的重要性進行如此廣泛的理解。利用博弈理論的基礎，資本主義類型論（VoC）學者提出，貨幣政策的精確程序和結果，取決於兩種制度之間的互補性。第一個是傳統變數，也就是在特定政體中，央行的獨立程度；第二個是薪資談判的協調程度。資本主義類型論學者與主流經濟學一致，都認為獨立央行比政府控制下的央行更有能力降低通膨，但他們補充說，這種優勢取決於薪資談判程序的集中程度。自主推行貨幣政策的中央銀行，依靠協調談判來與經濟參與者進行有效溝通，並促使他們將未來政策的預期效果納入目前的薪資結算中。[94]這種針對低通膨的溝通協調，有助於避免單邊通膨負成長政策可能導致的失業代價，而單邊通貨緊縮政策在純粹以市場為基礎的體制中變得必要。

因此，資本主義類型論的學術研究採用一種語言，使我們能夠探索更廣泛的制度配置，如何為央行特定政策干預提供有利或製造障礙的條件。因此，它提供了分析工具，以解釋為什麼獨立的貨幣政策在某些情況下比在其他情況下更成功，這個問題在主流經濟學中很大程度上被忽視，而且在貨幣政策和觀念變革的文獻中也被忽略。然而為了得出這些重要的見解，資本主義類型論學者採用過於嚴格的理論和實證框架。第一個問題是，在資本主義類型論的博弈論思維中，經濟主體必須對央行總裁的政策選擇和結果有理性預期。例如，工會被認為能夠理性地計算央行將如何應對薪資結算，並正確預測對就業和成長的影響。在本書中，我並不遵循理性預期觀點，因為我假設工會等集體行動者有社會條件和非最佳的預期形成策略。[95]第二，對於資本主義類型論框架來說，央行是否使用貨幣主義、通膨目標制或量化寬鬆技術來實施其政策並沒有什麼區別：在這個框架下，簡單的選擇是硬貨幣、通膨負成長和軟通膨這幾個選項。但這種政策執行的觀點有問題，因為它完全脫離了央行與金融業的關係，而這種關係決定了央行如何干預經濟以及會產生的後果（舉例來說，透過政策對信貸和資本市場的影響）。如果我們的目標是在金融化資本主義的背景下理解央行政策，那麼資本主義類型論方法的第二個侷限性就變得特別有問題，在**金融化**資本主義中，當局與金融的關係占據首要地位，而與薪資談判機構的關係則失去了重要性。雖然資本主義類型論框架提供了一種更有效的方式來使用制度主義視角，但事實證明，它在理論和經驗上都過於受限。

中央銀行技術官僚

我的評論最後討論一些社會學方法對中央銀行工作的研究。正如我將指出的，這些與我自己的方法重疊的部分比較多。但在轉向這些研究方向之前，首先值得注意的是，社會學對央行的興趣時有增減。我們的經典著作實際上對這些組織給予了相當多的關注，並在對現代國家和資本主義相互交織的制度化分析中，給予它們最重要的地位。[96]但在歷史的關鍵時刻（一九七〇年之後），中央銀行變得更加重要和強大，奇怪的是，社會學家後來卻對央行失去了興趣。新經濟社會學不再研究總體經濟及其制度調控，而是優先考慮市場、社會網路和經濟行為中的內生制度；金融社會學研究也沒有討論這個話題。這個領域的頂尖學者將金融概念化，將其視為一個獨特的市場領域，有著不同的實務類型（例如套利和投機）和市場內部治理機制（例如證券交易所的交易者聯合〔trader cartel〕）。[97]沒有人發展出任何概念來理解信貸資金的創造、資本主義循環以及國家權力在金融中的作用，政治社會學家同樣忽略了這點，整體來說，他們認為央行不屬於他們的研究範圍。

但是，幸好新的研究已補足這些缺漏。第一個新制度主義學術團體轉向中央銀行，因為一九九〇年代不同國家在法律框架、組織形式和貨幣政策策略方面，出現了相當奇怪且迅速的同化趨勢。舉例來說，新制度主義者已經展示了央行獨立性、[98]以及通膨目標制[99]如何迅速傳播到不同國家。這種同化的趨向引發一個問題：當具體的貨幣問題、優先解決方案的困境、文化傾向以及調解政治進程的國家結構，這些在每個國家的背景下都相當獨特，中央銀行如何在表面上變得如此相似。為了解釋這種趨同，新制度主義者關注國家在越來越整合的世界文化中獲得合法性。正如這些學者所說，這種文化是由來自知識社群（epistemic communities）和政府間組織的專家、以及來自私人部門的「合理化的他人」（rationalized others）建構和促進的。[100]新制度主義者認為政府接受這些「合理化的他人」的建議，並不是因為他們的建議對於當地貨幣問題很合理。其實正好相反，在這些觀察者眼中擁有合法性，這件事本身對於維持地位和展示理性、「代理的」特徵很重要。[101]此外，當局可能決定採用擬議的腳本，因為有助於說服金融市場參與者、國際組織或貿易夥伴做出正面的評估，以促進經濟貿易關係、公共借貸和私人投資。[102]簡而言之，根據新制度主義，中央銀行的崇高地位是結合了專家制定新自由主義政策腳本，以及這種科學化在越來越整合的政治和資本主義體系中不斷成長的力量所造成的綜合效應。[103]

社會學家最近針對央行技術官僚制度提出了兩種不同的觀點，以補充這個研究方向。首先，布迪厄傳統（Bourdieusian tradition）突顯了新制度主義的一個關鍵差距，因為這將衝突的概念重新引入新自由主義政策變化和國家重組的過程中。但與貨幣政治文獻相反的是，布迪厄主義者並不關注利益集團之間的衝突，而是關注國家精英之間，關於誰主導總體經濟政策的爭議。[104]因此，他們將央行的崛起解釋為成功的「場域策略」的結果，透過累積科學資本和其他權力資源，央行官員能夠以犧牲財政部等其他國家組織為代價，來制定自己的政策能力。相關領域的進程支持這個領域內部變化，例如經濟領域中權力從工業向全球金融的轉移，或是總體經濟學中從凱因斯主義者到新古典思想家的「換班」。這些過程結合起來，提高了技術官僚中央銀行治理相對於其他總體經濟政策策略的相對價值。[105]

但是布迪厄主義者與新制度主義者一樣，很少談論治理實踐，也就是中央銀行官員確保其行動真正實現支持政治權威主張的結果過程。幸好，第三種社會學研究出現並解決這個問題，這是關於中央銀行的展演性文獻。[106]根據這項研究，對於央行官員對學術概念、模型和計量經濟預測的廣泛運用，我們不能將其視為理性的政策執行方式，也不能將之視為象徵性的行為以獲得合法性，或在國家經濟政治領域中主導競爭對手的策略舉動。相反地，展演性學者將認知性要素的使用解釋為治理的工具，[107]鞏固了央行官員與相關大眾的反射性溝通。當這種溝通涉及經濟參與者**虛構**的預期和信念，進而產生貨幣穩定的展演性效果時，那麼這種溝通就是成功的：根據央行溝通採取行動的經濟主體將調整他們的薪資要求、產品價格、利率等，以便預期的結果實現——也就是貨幣穩定。[108]

我所使用的方法受這些概念的啟發，但根據的是本書所介紹的三個社會學研究領域的批判性評估。第一，我對政策變化並不採取新制度主義觀點，原因主要與我的實證焦點有關。正如新制度主義者自己所承認的，他們的理論不太適用於核心資本主義國家，這些國家不太關心世界文化的合法性，並且擁有相對持久的國家制度結構，不適合大量採用新腳本的用語。每當這些國家的央行官員或其他當局接觸國際專家團體的建議，以及其他國家的政策解決方案時，他們都會仔細考慮如何將各自的腳本轉化至國家的環境中。[109]此外，新制度主義者自己也承認，採用權威腳本並不能解決治理問題，因此他們引入的是，當局的儀式性採納與當地特殊實踐**脫鉤**的想法。但脫鉤的觀點對於理解新自由主義時代的中央銀行工作並沒有多大的幫助，事實上直到最近，央行官員的權威，還因為在實現低而穩定的通膨方面有明顯的成功而得到支持，這是一連串成功的「產出正當性」（output legitimacy），[110]而這很難用新制度主義工具來解釋。

我對政策和制度變化的看法與布迪厄主義者的觀點更接近得多，因為我關注央行在更大的國家總體經濟政策背景下，越來越大的影響力和權威。但是將此類發展概念化成為一種簡單的零和遊戲（zero-sum game），其中一個公共機構從另一個公共機構手中獲取了更多的能力，對此我們需要謹慎行事。事實上，央行官員通常不想對財政事務承擔公開、可見的責任；相反的，他們的目標是建立和保護他們可以控制的貨幣政策管轄權。[111]更重要的是，布迪厄主義者只注意行為者的動機和策略，而忽略了中央銀行已經完成的治理計畫、程序和技術。[112]

正如展演性學者所強調的，這些方案、程序和技術的發明和改造對於中央銀行的崛起極為重要，但往往無法實現當局的策略意圖。[113]我並不遵循展演性方法，因為它支持一種過於以行動者為中心和目的論的政策成功敘事，類似於央行官員內部話語中的敘事。[114]後者的討論普遍認為，央行只需要引入最先進的科學預期管理技術，就可以將大眾的預期與自身的總體經濟穩定目標保持一致。這種思考治理問題的方式，忽略了更廣泛的政治經濟條件如何定義哪些技術可以在哪些環境中發揮作用。由於展演性學術研究主要依賴中央銀行官員在臺上的報告，因此我們從這項研究中也無法了解到關於中央銀行的格局和作用，而這些被排除在支撐主流專家話語的總體經濟框架之外。

簡而言之，儘管社會學家對中央銀行業務的興趣越來越濃厚，但他們到目前為止都沒有挑戰貨幣政策運作方式的既定抽象概念。例如，這三個分支都沒有提供關於中央銀行如何利用相當明確且有限的干預工具（最終包括與銀行的金融交易），來管理總體經濟現象的見解。由於未能從社會學角度解釋支撐中央銀行治理的具體關係和程序，導致學者們忽視或誤解了中央銀行與金融的關係——在金融化的時代，這是值得充分關注的問題。在解決這些缺點以及占主導地位的政治經濟領域的缺點時，我將在下一節中發展我的概念基礎。

走向新的中央銀行社會學：官僚行為者、政策工具和金融體系就是治理的基礎結構

本書的主要宗旨是，為了理解中央銀行為何在當代資本主義形態中崛起，我們需要了解貨幣當局如何學會使用可用的特定干預工具，以實現政治上的合法性和期望的結果。這涉及利用央行專有的基礎結構權力來源，尤其是金融系統提供的權力。這也表示，基於央行對資本主義進程可治理性的主張，政策成功的目標和標準已經發生了變化。長時間下來，央行在更廣泛的總體經濟政策框架中占據了越來越重要的地位。

作為官僚行為者的央行官員

這個論點包含三個組成部分。首先，我認為貨幣政策絕對是由央行官員自己制定的，而不是由他們

的原則或是外部利益團體所決定。中央銀行官員是國家官僚，[115]暫且從重大的制度差異中抽離出來（例如，組織對其自身業務不同程度的控制），所有央行官員都享有一定的操作空間，並且他們的組織擁有不同的資源可供使用。用最抽象的術語來說，中央銀行官員利用這個操作的空間及其資源，以確保和加強其組織作為國家內相對自治實體的地位。[116]為了實現這個目標，他們的目標是創造和穩定條件，使他們能夠將自己的實踐與政治、以及社會認同的目標因果聯結起來——簡而言之就是建構一個有利的「產出正當性」框架。[117]為此，央行官員利用自己的操作空間來試驗和創新政策工具，這些工具不僅建構了傳統政策行為，還幫助央行官員將政策行動與結果因果連結起來——這體現了政治學家通常所說的實施經濟政策的能力。事實上，這些能力不僅是確定的，而且本身就是政策實驗和學習的結果，使得這成為保羅．皮爾森（Paul Pierson）[118]理論中的「政策意見回應」的例子。然而，值得注意的是，正如能力可以被建構一樣，產出的正當性也需要被定義。因此，中央銀行官員將試圖對賦予他們的任務的框架和定義、觀察者理解政策的因果框架，以及用於判斷失敗或成功的標準獲得或保持一定的影響力。這還涉及克服他們政策管轄的限制——控制任務之間的分離或關聯，以及控制其管轄範圍之外的直接或間接影響政策成功條件的機構和決策。

政策工具

我的方法的第二個要素是優先考慮中央銀行官員試圖回答以下問題的過程：我們如何（重新）設計、啟動和使用我們專有的工具，然後我們可以用這些工具來宣稱對經濟產生可靠的因果影響，以得到政治體系積極認可的結果？換句話說，在尋求目標責任之前、在界定其政策管轄範圍之前，央行官員需要了解自己的治理能力。正如我在後續幾頁中所示，回答這個問題並不簡單。央行官員如何聲稱他們自己的行動有助於穩定通膨、經濟產出以及／或是其他理想的經濟效果？因此，貨幣官員面臨的一個關鍵挑戰，包括將自己的組織實踐發展成為有效的治理工具。正如我會展示，經濟專家、貨幣市場營運商和中央銀行的其他官員，從一九七〇年代起就致力於以具有創造性的解決問題方法來完成這項任務。為了給本實證分析提供基礎，我在這裡採用兩個概念，將有助於我們比較不同的創新過程，並闡明中央銀行治理的獨特之處。[119]

第一，**操作技術**。在執行政策時，中央銀行在大多數情況下都是銀行的銀行。[120]事實上，央行有自己的資產負債表、可以發行國家支持的債務；正如亞歷山大．巴卡維（Alexander Barkawi）和賽門．柴德克（Simon Zadek）所寫的，央行是金融體系的核心，為中央銀行提供了「多種工具的廣泛工具箱」。這兩位作者指出，央行「不僅設定短期政策利率，而且利用大量干預措施。他們決定要部署多少資產負債表來購買資產；他們定義了哪些公共和私人資產有資格進行這類購買，以及如何在這之間分配資產負債表；他們決定要購買多少主權債券和公司債券、資產支持證券、交易所交易基金（ETF）和其他資產；他們設定了商業銀行可以向他們尋求再融資的條件，以及此類業務中哪些抵押品是合格的……。身為金融監管者，央行官員還定義了資本和流動性要求，並利用了一整套額外的監管措施。」[121]這顯示大多數中央銀行可以利用廣泛的法定權力和資產負債表交易來執行政策。但此處的問題不只是中央銀行控制哪些業務，還在於央行如何「功能化」（functionalize）[122]或「技術化」（technologize）[123]這些業務，以宣稱對更廣泛的金融和總體經濟過程具有治理能力。大多數的時候，大多數央行都會利用自己對銀行獲得再融資的影響力來實現這個目的。也就是說，中央銀行故意改變金融參與者取得國家支持的條件，這是最終結算的手段。[124]更精確來說，這表示當局改變自己的再融資條款，並影響商業銀行之間交易最終結算手段的私人市場條件。後者是非常短期（通常是隔夜）融資的銀行間市場；正如克勞迪歐・博里歐（Claudio Borio）指出的，這些是「金融市場中相對平淡且常常不起眼的［角落］，而中央銀行影響經濟活動的權力最終來源就是這些地方。」[125]

這類治理有兩個關鍵的操作問題。第一，央行如何能宣稱對私人參與者的再融資條件有足夠的影響力，作為操作控制的基礎？這就是貨幣技術專家所說的「實施問題」（implementation problem）。[126]第二，央行需要確保其地區性的運作足以影響更廣泛的金融體系和經濟狀況，進而影響總體經濟變量——傳播的問題。正如我們會看到的，這表示視貨幣市場、金融體系以及歷史上私人市場和國家之間出現的制度安排之特定形式而定，貨幣政策看起來會有所不同。這也表示，雖然金融體系內部的轉變（例如，新融資工具的發明）改變了中央銀行的運作條件，[127]但中央銀行也將試圖干預這些發展，以使市場結構與自己的實踐維持一致。[128]相關的選擇涉及央行與誰進行交易、接受什麼抵押品進行擔保貸款、干預哪些市場，以及對特定借貸特權附加哪些監管義務。正如我們將在本書稍後看到的，貨幣監管當局有時甚至至參與新市場的共同建構，以確保其運作效率以及適當的操作「傳遞」。

在此必須指出一點，雖然與銀行的再融資交易和對短期貨幣市場的控制，仍然是央行的核心操作技術，但是自二〇〇八年危機以來，當局嘗試一種新的獨特工具，也就是大規模購入資產，又稱為量化寬鬆。購入這些資產的措施不同於傳統的政策實施和傳播，因為這麼做的主要目的是要影響**非銀行**、而不是當局的傳統交易對手的金融狀況。此外，透過這些操作，央行不會影響信貸和貨幣發行的再融資條件；相反的，其目標是促使投資人在投資組合選擇中購買類似的、風險更高的資產。正如我們將看到的，量化寬鬆是對二〇〇八年後新政策困境的回應，並強化了影子銀行的崛起和金融體系傳統中心—外圍結構的瓦解。

但是央行也使用第二組與**預期管理**相關的工具。這些工具的重要性反映了一件事，那就是經濟行為者、政治行為者和觀察者，對貨幣秩序、經濟未來以及貨幣治理本身的過程抱持信念和期望。[129]這種意義建構具有回顧性，當行為者將當前狀況解釋為過去政策決定的結果，它具有**前瞻性**，也就是行為者透過解讀當局的意圖和行動來解釋未來的發展，並預測其影響。此外，以這種方式理解具有**反思性**，因為行為者了解到其他人的期望會對實際結果產生影響。[130]

經濟和貨幣政策對貨幣進程影響的預期可能會導致危機，舉例來說，當經濟主體集體對貨幣價值的未來穩定性失去信任時，或是當觀察者認識到政治目標或決策官員的目標與行動之間存在矛盾時。但中央銀行權力的成長這件事本身就顯示，這些組織已經找到了調動各自的信念和期望形成過程的方法，使其對自己有利，作為其本身治理權力的重要來源。[131]這就是為什麼展演性已成為中央銀行社會學中如此流行的概念，也是為什麼即使是固執的經濟學家也將預期管理、可信度和透明度視為任何成功的貨幣政策制度的關鍵組成要素。[132]但是，透過**哪些**過程讓行為者接受並認同增強權威的期望和信念呢？為了闡明這些過程，我使用嚴斯．貝克特的預期政治概念。[133]這個概念引起了人們關注霸權信念和期望在特定政治經濟環境中出現的困境，這個概念要我們重建一個由經濟和政治行為者以及專家和觀察員組成的領域，他們對特定貨幣區域的預期形成過程具有不同程度的影響力。在某些情況下，決定性的行為者可能是薪資談判機構；在其他情況下，債券交易員和金融分析師可能會購買更多。央行將採取不同的調動預期的策略，來應對霸權話語的制度變化。

操作技術和預期管理的概念是指中央銀行可以採取哪些具體的措施來干預經濟，這些顯示中央銀行的任何行動都與金融體系和更廣泛的經濟結構有關，並以這些為先決條件。因此，我認為政策工具是內生於央行所治理的結構和流程的，而不是單向因果關係。這暗指這種治理中有意和無意的影響，反映了交易和交流干預、有利條件以及（共同）產生的生態之間相當複雜的牽連。簡而言之，透過保羅・愛德華茲（Paul Edwards）所說的「基礎結構化」（infrastructuration），工具變得有效，也就是決策官員與其環境以及再現這些環境的相關慣例之間建立相對持久的關聯。正如我將在本書中描述的，這種情況是透過中央銀行及其實踐和工具與環境之間的相互適應而發生的。政策的成功在於利用這種穩定性，並根據合法和理想的結果（例如低而穩定的通貨膨脹）制定干預措施。

另一個重要的問題是運作技術和預期政治如何相互關聯。我在此區分兩種並列的狀態：穩定的治理技術預設中央銀行對金融基礎結構的操作干預，以及對預期政治的象徵性干預相結合，或是用大衛・萊德勒[134]提出的一個概念來說：兩者構成一個「連貫」的整體。連貫並不表示預期管理中使用的想像和認知框架真正代表央行如何實際干預金融基礎結構；這也不表示央行官員會如實執行他們宣稱或承諾會做的事情。相反的，治理的操作和象徵方面以互補的方式貢獻了有效技術的構成。從操作的角度來看，重要的是，在不同的情況下，央行可以決定高度可控制的金融干預措施，並將這些干預措施與預期的五十個政治上理想的結果連結起來，因此，這個領域存在「技術化」（technologization）和黑箱的趨勢。[135]如果操作控制按照預期發揮作用，不僅是外部觀察員，甚至連央行內部的資深決策官員也會對這些問題失去興趣。期望管理遵循不同的邏輯。如果重要的利益相關者共同期望當局承諾和預測的結果，就能對中央銀行有幫助，即使用於實現這些結果的操作尚未實施，或只會在幾年後才會產生重大後果。這就是為什麼中央銀行官員如此關注「可信度」以及他們對通膨預期的購買，因為治理的層面明確涉及未來的、想像中的狀態。連貫性表示操作控制和權威意義建構的這些不同但互補的方面相互加強，因而使各自的中央銀行獲得普遍的合法性，並且其治理技術在其宣稱控制的經濟中結構性地根深柢固。我們可以將這些國家與操作關係不穩定、期望和信念發生衝突、阻止霸權談話出現的情況進行對比，在這些危機的情況下，我們不只是觀察到經濟和貨幣政策目標方面的分歧，正如貨幣政治描述所強調的那樣。在更深的層次上，危機與無法建立這些治理的條件有關。

一九七〇年之後的機會結構

本書的實證主張以概念和思想為基礎，認為中央銀行已經能夠啟動、闡明以及整合其操作技術和預期管理工具，成為支撐其總體經濟治理能力的連貫技術，這就引導出我的理論方法的第三個要素。我在這裡要提出的問題是：是什麼造成央行的**崛起**？也就是，這些特定國家組織的地位和權力顯著的變化過程是什麼？為什麼中央銀行官員在一九七〇年後發起了政策實驗，最終幫助他們建構新版本的產出合法性，並更廣泛地重新定義總體經濟管理？我透過區分為中央銀行創造有利機會結構的兩個關鍵歷史發展來解決這個問題：凱因斯主義（或功能上相當的統合主義）方法的危機，以及特別為中央銀行提供基礎結構權力的經濟領域的強化部分。

關於凱因斯主義的危機，我同意人們普遍認為一九七〇年代是一個轉折點，貨幣危機、高通膨和停滯性通膨削弱其合理性與有效性。[136]雖然各國的情況皆不同，但選民和利益團體要求國家採取行動以降低和穩定通膨，高而不穩定的通膨率，不僅損害了有權勢團體和選民的經濟利益，[137]通膨還有非常破壞性的象徵性層面。政府顯然不再掌控一切，因而引發了一場信任危機，而當承諾的恢復貨幣穩定的措施未取得確實的效果時，信任危機就會加劇。正如許多作者所指出的，這是中央銀行的時代，在一九七〇年代之前，央行在總體經濟管理中僅扮演著從屬角色，身為貨幣的守護者，央行自然會覺得有權在歷史的這個時刻對抗通膨。[138]但值得注意的是，一九七〇年代的大通膨（the Great Inflation）一開始只不過是一個機會之窗，央行能否利用這場危機，取決於它們開發技術以及其技術制度化的能力，技術可以發揮穩定功能，這些在功能上相當於福特政權中凱因斯主義的功能，因此機遇便同時伴隨著「該如何治理」這樣巨大的不確定性。政策實驗是由這些情況的組合所造成的，並導致了不同的失敗和成功的模式。

凱因斯主義危機的第二個方面較不為人知。在高成長率、和平時期的紅利和積極的人口趨勢帶來的戰後繁榮結束後，西方政府陷入了財政困難。[139]這些破壞了一九七〇年代通膨時期之後，積極財政政策的合法性和有效性，[140]結果總體經濟穩定的主要工具變得無效。同樣的，央行官員對於是否要擔任財政決策官員時持謹慎的態度，他們的第一步是要先搞清楚自己的技術如何為總體經濟穩定提供基礎。然而，一旦通膨風險消退，各國央行將越來越致力於充當大規模總體經濟穩定器，並要求擴大政策管轄範圍，這個變化主要發生於一九九〇年代，使得近幾十年來央行權力的極端擴張成為可能。

簡而言之，戰後凱因斯主義危機在一九七〇年後為央行創造了有利的機會結構，讓央行在總體經濟政策上承擔更廣泛的責任，並為自己建構全面的產出合法性。但央行若要利用這些機會還需要有利的條件，將自己的做法發展成為有效的治理工具，這就是麥克．曼恩[141]的基礎結構權力概念有用的地方。這個概念幫助我們理解，央行官員的工具只有在經濟中遇到有利的結構和制度時，才能發揮作用。中央銀行很少使用強制措施，因此強烈依賴經濟參與者自願參與政策協調，原因是合作行為對央行來說是理性的，或是因為行為者抱持著激發這種合作的信念，或是因為某些情況只是讓他們當成例行公事而採取合作的態度。需要哪些相關行為者的合作，要視政治經濟情況以及央行採取的特定政策技術而定。

一般來說，我們可以區分中央銀行獲得有效干預所需的基礎設施權力的兩種情況。在第一個情況中，各自的經濟和政體已經為貨幣政策的實施提供了有利的條件，中央銀行面臨的挑戰「只是」透過利用自己的工具，啟動新的協調進程來利用凱因斯主義治理危機。這是央行崛起中破壞性最小的情況，因為央行將自己的工具納入現有秩序中。但由於許多原因，這也是一個不太可能的情況。第一，戰後秩序代表著凱因斯主義政策與支撐其有效性的制度條件之間，存在著一定的一致性。[142]中央銀行只能將自己的技術寫入戰後秩序，而這些一致性本來就很弱。[143]第二，正如一九七〇年代的歷史文獻所顯示，那個時期凱因斯主義治理能力的危機，正是削弱或破壞戰後制度秩序的解體過程和破壞的結果。[144]為此，為了恢復治理能力，國家行為者需要引入適應不斷變化的條件的技術。因此，更為普遍、重要的情況是，中央銀行透過一九七〇年後已開發資本主義經濟體發生的變化獲得了基礎結構的權力。正如我在本書中要說明的，在這方面具有決定性作用的發展，就是金融化（financialization）。這個概念有各種層面，[145]其中許多層面我不會在本書中明確探討，但金融崛起的兩個方面，對於理解央行及其新的基礎設施權力日益成長的重要性至關緊要。首先，家庭和企業越來越依賴債務融資（debt financing）以及／或是財務報酬（financial returns），[146]這也表示整體經濟活動對借貸條件的變化以及／或是資產價格的波動變得更加敏感，這擴大了央行官員潛在的基礎結構權力，其工具的主要目的在於影響金融活動。[147]研究金融的人，將這樣的變化描述為國家控制以及朝向以市場為基礎做法的聯合化部門的解體，這尤其改變了金融公司管理負債的方式。實現這個目標的新方法稱為主動負債管理，涉及為貨幣市場中特定的可交易部位尋求資金，[148]因此我們看到的是金融公司管理資產負債表的方式發生澈底的變化，以及這些公司獲取和提供流動性的市場相對應的成長。因此，短期借貸市場（例如資產支持商業票據和附買回協議）迅速成長。[149]這個現象有個重要的含義，那就是這些市場中可用的融資流動性與企業資產負債表上持有的證券之流動性和價值密切相關。因為在企業的資產負債表管理中，資產和負債被視為可銷售和市場定價的項目。此外，在擔保借貸中，銀行直接使用資產作為抵押品，表示這些資產的價值和流動性直接影響資金流動性的取得。轉型為以市場為基礎的銀行業務產生了重要的結構性後果，進一步模糊了銀行和非銀行間的界限；在各自的市場中，傳統存款機構可以與貨幣市場基金或經紀交易商進行交易。[150]正如央行官員在一九八〇年代末期到一九九〇年代初期的發現，這些金融體系核心的轉型實際上增強了央行的基礎結構權力：「有人擔憂……［金融市場的放鬆管制和創新］可能削弱了貨幣政策變化……影響總需求和通貨膨脹的機制……與［這些］擔憂相反的是，利率的影響……現在比過去更加強大。」[151]特別是央行官員發現，他們對銀行再融資成本的操縱向更廣泛的市場傳遞（政策實施和傳遞的過程），在以市場為主的體系中比在戰後監管體系中效果更好。[152]

簡而言之，我的理論方法的第三個組成部分涉及找出特定的機會結構（凱因斯主義總體經濟管理的危機和經濟政策制定的基礎結構的變化），這為央行官員創造了有利的條件，使他們自己的工具變得有效，並宣稱獨立且越來越廣泛的經濟政策管轄權。下一節簡要概述我在這個基礎上發展的歷史敘述，並包括一個表格，以便於比較不同央行的治理技術及其支持性政治經濟條件。

一九七〇年以來中央銀行治理技術的創新

一九七〇年代時，這個實驗過程始於**貨幣主義**——經濟合作開發組織（OECD）世界各國當局，試圖利用貨幣供給額的量化目標，重新利用中央銀行的操作技術以及／或是作為傳達其重建價格穩定意圖的符號，但成功運用實用貨幣主義的條件十分嚴苛。舉例來說，資本外逃、造成不穩定的金融創新、勞資衝突以及／或是總體經濟政策優先事項的衝突，使得這些實驗在大多數國家都失敗了。因此，正如我在第二章中所論證的，只有在維持統合主義薪資協調、銀行體系相對不受金融全球化早期浪潮影響的國家，貨幣目標制才能成功（請參閱表1—1）。簡而言之，與許多作者的假設相反，實用貨幣主義是一九九〇年代盛行的市場導向和親金融技術的解答。

這也表示在央行崛起的更廣泛背景下，少數國家貨幣目標的早期成功，僅以間接方式產生影響。舉例來說，德國央行和瑞士央行在一九七〇年代的聲名鵲起，顯示各國央行可以根據貨幣政策實踐，成功建立自己的管轄範圍。但德國和瑞士採取的特定路線，對大多數其他央行來說仍不可行。接下來要說明的是我在本書中要講述的主要故事，也就是在貨幣目標制失敗後，在截然不同的制度和結構條件下，**通膨目標制**如何出現。

表1—1　央行的總體經濟治理技術

央行的總體經濟治理技術	操作技術及其適當的條件	期望管理及其適當的條件	構成的案例
貨幣目標	央行協助維持、並依賴保守的銀行例行工作。	央行擔任薪資談判機構與財政決策者的獨立受託人。	德國、瑞士（日本）。
通膨目標	央行利用以市場為主的金融制度對價格的敏感度，以及改變資產價值的顯著影響。	央行利用透明的溝通與預測，來「固定」市場預期。	美國、紐西蘭、英國、加拿大。
量化寬鬆	央行推動非銀行投資人的投資組合選擇，並擔任最後造市者。	央行承諾支持資產升值，並避免市場趨勢有任何逆轉。	（日本）、美國、英國。

到了一九八〇年代，停滯性通膨問題、最初的新自由主義改革，以及權力平衡從勞動力到資本的轉變，對凱因斯的總體經濟管理造成了致命打擊。[153]特別是在英語系國家，央行可以透過自己的政策創新來利用這些發展，而政策創新則依賴新興的金融化資本主義當作基礎結構的基礎。中央銀行和金融之間的這種連結有兩個層面。首先，資本市場越來越大的權威為央行官員們定義了一種可行的預期協調博弈（coordination game），這種博弈可以在沒有統合主義機構的情況下發揮作用。債券和期貨利率中包含的通膨預期，成為央行官員最主要關切的事項。正如聯準會歷史學家羅伯特・赫澤（Robert Hetzel）寫道：

「沃克和葛林斯班主導的聯邦公開市場操作委員會（Federal Open Market Committee〔FOMC〕〔聯準會決策機構〕）透過長期債券利率的行為來衡量其可信度。」[154]這個目的使用的主要工具是發布通膨預測，揭示了央行對通膨風險的認識，更重要的是，這顯示貨幣當局將調整其短期融資利率來避免這些風險。決策的可預測性以及相對應地使用總體經濟模型來實現這個目標，對於這種特定的預期管理來說很重要。[155]

第二，央行官員學會了利用金融體系內不斷變化的基礎結構條件，特別是主動負債管理的興起。這些發展對貨幣政策的作用通常會被忽視，因為大多數人對政策的實施不感興趣，而那些關心這些「管道」（plumbing）問題的人，則帶著一些有問題的假設來看待這些問題。[156]但正如我的分析將顯示，這忽略了總體上的金融全球化，特別是批發貨幣市場的出現（從歐洲美元到附買回協議）如何導致中央銀行基礎結構發生重大變化。[157]政策改革的關鍵動力，包括央行官員了解新金融體制提供的特定操作控制選項，並將市場體系強加給他們的限制和機遇內化，更重要的是，當貨幣當局意識到在這樣的體系中可以獲得更大的力量時，他們就成為了其關鍵的制度工程師。[158]

繼貨幣主義和通膨目標之後，量化寬鬆是另一種獨特的央行技術。我在這裡將這個描述為二〇〇八年之後通貨膨脹目標制央行的漸進式創新，加強並擴大了央行與市場化金融的連結。在用盡了透過改變銀行再融資條件來支持成長和就業的可能性後，貨幣當局直接轉向影子銀行及其投資決策。大規模購買資產本來應該促使這些投資人購買風險較高的資產，以便在向央行出售政府證券後補充其投資組合，隨著越來越多的融資透過資本市場進行，越來越多的（也是非金融）公司參與投資組合管理，他們的想法是，這種推動可能會對更廣泛的金融體系產生擴張效應，改善公司的融資條件，並透過金融財富擴大家庭的購買力。與此同時，當局透過言語和行動，增強了金融市場參與者的信心，讓他們相信央行正在採取行動支持資產價值進一步升值，並防止出現任何不利的市場波動，這促成了二〇一〇年後相當顯著的金融市場繁榮。正如我會討論的，儘管量化寬鬆擴大並強化了央行與市場化金融的連結，但這也標誌著一場深刻的治理危機，而這場危機在二〇二〇年代又回來困擾著央行。

央行崛起的問題是什麼？

但那又如何呢？為什麼中央銀行能夠對大部分總體經濟管理擁有管轄權很重要？雖然中央銀行政策具有複雜的第一、二和第三層後果，但我的書特別關注的問題是：中央銀行的崛起（在我的分析中越來越以金融化為基礎）反過來又如何促進了不具有持續性的經濟與金融成長，包括建立過大的金融體系、臃腫的資產市場和過度的負債。

在我看來，我們可以辨別出央行自一九七〇年以來越來越占主導地位的政策，透過五種機制導致了這種不具有持續性的金融成長（請參閱表1—2）。正如我之前提到的，與硬貨幣相關的政治經濟學派已經將其中之一概念化。根據文獻，央行透過通貨緊縮政策的分配影響來產生債務成長，這個論點主要與一九八〇年代相關，並且必須針對兩種不同類型的經濟體進行不同的說明。[159]首先，在美國和英國這些透過債務和消費所帶動的成長體制中，過度限制性的貨幣政策造成中產階級和貧困家庭的勞動力收入損失，結果是這些家庭越來越依賴債務。[160]在德國和瑞士等第二組出口導向型成長體制中，限制性貨幣政策幫助各自的可貿易商品部門提高競爭力，並「捕捉」比較以消費為導向的經濟體越來越大的需求，包括依賴公共和私人債務來滿足這種需求的經濟體。結果，出口導向型國家陷入金融化的一個重要方式，就是這些國家對（通常是債務融資）外部需求的依賴以及銀行越來越投入美國市場。[161]

表1—2　中央銀行業務與不具持續性的金融成長

中央銀行業務與過度金融成長：各種機制	
通貨膨脹政策偏誤	透過分配作用造成家庭負債的成長。
解除管制	不斷尋求獲利、繁榮—蕭條的循環。
透過相互連結的資金市場，改善貨幣政策的「傳遞」	支持順循環流動性週期，並建立對無限流動性的信任（「流動性幻覺」）。
設定市場對穩定利率、成長和通膨的預期	鼓勵積極的延展以及部位增加（「穩定性幻覺」）。
央行支持資產市場／為（影子）銀行提供支撐	造成資產市場上漲偏誤、補貼擁有金融財產的人，並造成金融部門的道德風險問題。

第二個重要的討論集中於央行對金融放鬆管制的倡導和獨立決策。關於這個點的想法是，從戰後時期高度監管或「壓抑的」金融體系，朝向一九八〇年後的全球化體系的轉變，加劇了金融參與者之間的競爭，導致更積極地追求利潤和更高的槓桿率，結果這麼做又產生了更加不穩定的繁榮—蕭條循環。身為金融公司很自然的合作夥伴、身為控制一些關鍵監管工具的組織，以及／或是身為效率市場的信仰者，央行官員對這樣的變化負有一定的責任。舉例來說，聯準會很大程度上破壞了「格拉斯—斯蒂格爾法案」（Glass-Steagall Act），這個法案是在新政（New Deal）時期引入的，以避免銀行承擔過多風險，並

限制投資公司獲得融資的機會。[162]不過一定要補充一點，央行官員**並非**一直都主張放鬆管制，有時甚至成為限制放鬆管制的主要力量（例如，直到一九九〇年代，保羅．沃克在聯準會時或是德國央行）。這就提出了一個問題：央行官員何時以及為何支持或不支持放鬆管制？我想要透過介紹央行對基礎結構權力的追求來解答這個問題。此外，即使是以市場為主的金融也依賴於機構，[163]而央行官員可以說在其建構的過程中扮演著決定性的角色。同樣的，為了理解過程以及原因，就必須分析央行官員身為政策實施和傳遞工具的金融體系中的自身利益。

為了補充通貨緊縮偏誤的說法（這已經變得越來越不相關）和放鬆管制的觀點，本書討論了中央銀行對金融成長三個進一步的影響，這些影響是中央銀行與金融的深刻操作性和象徵性連結的直接後果。因此，除了央行的硬貨幣和放鬆管制偏見之外，我還加入第三種機制，其中包括貨幣市場全球擴張、央行官員發現這種擴張對貨幣政策有效性的良性後果，以及當局隨後對市場化銀行業務的支持之間的遞迴因果（recursive causality）關係。[164]舉例來說，附買回協議市場從一九八〇年代起開始大幅成長，部分原因是聯準會幫助市場參與者奠定法律基礎。附買回協議真正的**全球性**擴張出現在二〇〇〇年代，[165]當時所有主要經濟體的貨幣當局都加入了建構全球流動性架構的專案。[166]在這個過程中，控制或限制貨幣市場的想法被放棄了，結果形成了一個價值數兆美元（或歐元）的融資市場體系，其中一些公司使用順循環變化價值的抵押品，將其資產負債表四分之一的資產在一夜之間延展。眾所皆知，這些市場在二〇〇八年出了差錯，爆發金融危機的真正危險階段，[167]只有對附買回和其他市場的大規模公共干預，才拯救了這些市場，而自二〇〇八年以來，央行的支持已成為貨幣市場穩定的更普遍的額外條件。

第四，如上所述，通膨目標制有賴於央行和市場參與者之間針對通膨、成長和假設均衡（所謂的真正的自然）利率之預測的協調。若要使這種協調有效，央行官員盡可能讓金融界預測他們未來的行動（這個目標優先於「前瞻指引」），以便讓長期利率反映預期的未來政策變化，而且只按照「真正的」經濟衝擊而做出回應。結果，央行官員將低而穩定的通膨預期納入長期利率中，是其政策成功的最重要指標，但這種預期協調的結果是，整個體系越來越忽視資本主義發展所內在固有的根本不確定性，提高了經濟決策中預期可能會令人失望的可能性。一個不可預見的事件顯然是二〇〇七年至二〇〇九年的金融危機，造成貨幣市場利率暫時急遽上升。金融公司進行積極的延展（比較好的說法是「債務期限不一致」〔maturity mismatching〕），因為它們假設未來的再融資成本是可以計算的，根據對未來政策利率充滿自信的估計；即使是非常小的利差套利也變得有利可圖。[168]但當危機襲來時，數十億美元的金融交易突然變成赤字，正如海曼・明斯基（Hyman Minsky）[169]所預見的情況，過度自信會導致脆弱。不過更重要的是，自二〇〇八年以來，央行官員和市場參與者一直感到失望，因為經濟成長、通膨和無風險利率全都低於預期，內生性問題在此時變得真正系統化。央行在金融行為體中製造（過度）信心的政治行為變成搬磚砸腳，因為它產生了過大的信貸和債務，成為經濟體的結構性負擔。透過擴張性措施強化信心，只會讓經濟陷入更深的困境，這個狀況變成了經濟長期停滯，反過頭來困擾著央行官員。

第五點，這開啟了中央銀行的一個階段，這些組織本質上成為越來越脆弱、容易發生危機的金融化進程的政權維護者，這個角色在一九九〇年代艾倫・葛林斯班的領導下變得更加重要。[170]而且從那個時候開始，其他央行官員紛紛加入聯準會，開始維護金融資產的價值，並在危機迫切時於特別關鍵的市場中充當造市者，採取積極的干預措施。合理的普遍擔憂是，此樣的行為會產生道德風險，因為金融公司在知道下跌風險有限的情況下，對此類政策做出反應，但央行的「賣權」越來越超出這個範圍。研究顯示，隨著經濟金融化和家庭消費越來越依賴資產價值，資產價格下跌和信貸發行摩擦，其實會帶來重大總體經濟風險。[171]因此，除了「葛林斯班賣權」（Greenspan put）之外，量化寬鬆和相關政策代表央行要解決金融財富越來越大的問題，並努力確保整個經濟體系不受脆弱金融化的下跌風險影響。然而，正如我在最後一部分討論的，這種政權保護政策使不具有持續性的金融成長永久化，結果導致必須進行危機干預。

合併比較

這本書追溯我們是如何走到這個地步。為此，本書依賴社會科學家用來解釋「實質、高風險的結果」[172]的比較歷史方法的特定版本，這些結果是複雜因果關係的產物在較長的時期展開。[173]在我的框架中，案例是中央銀行，特別是在已開發資本主義經濟體中，利益過程由這些案例中貨幣政策主導的軌跡所組成。觀察國家內部的結構和制度長期下來的變化，[174]以及它們之間的差異，將有助於揭示這個過程的可能條件的多樣性和變化。但與經典的比較分析方法相反，我不會將案例視為用於控制變異和隔離因果因素的獨立單位。相反的，我採用的是菲利浦．麥克麥可[175]的**合併比較**方法，目的在於顯示各個中央銀行的發展系統地聯結在一起。這些相互聯結在國際政治經濟學中主要被理論化的方式，是單位和「體系」之間的結構性相互依賴：重要參與者的政策不只是反映而且塑造國際貨幣和經濟關係，不斷重新定義可能性的條件所有，參與者都是根據這個基礎運作。我自己將著重於央行官員在尋求國內解決方案時，如何觀察其他國家的貨幣政策發展。決策官員如何應對其他國家的成功實驗，取決於他們如何轉化自己認為可行、合法的政策解決方案。我們將會看到，在某些情況下向他人學習代表找到同等但根本上不同的干預方法。在其他情況下，模仿他人的技術預示著對各自金融體系和更廣泛的制度配置進行澈底的改變——換句話說，重塑治理的基礎結構。舉例來說，許多國家採用通膨目標制，需要進行重大的貨幣市場改革。的確，我們越接近二十一世紀，就越能觀察到第二種變化，也就是類似制度條件的積極產生而促進了幾乎相同技術的採用。

自一九七〇年代以來，央行獲得總體經濟治理權力的方法只有兩個：貨幣主義或通膨目標制（後來被量化寬鬆所取代），因此我著重於這些技術的開發中最具影響力的央行。此外，我利用了這兩種技術的適當條件截然不同的事實，使我們能夠透過比較各自的創新和實施路徑來揭示這些條件。首先是瑞士和德國，將這兩個國家歸為同一類的原因是，這兩國遵循非常相似的道路，瑞士國家銀行和德國央行是實踐貨幣主義制度化的先驅，在這兩個國家，貨幣主義仍然是主要的總體經濟治理手段，直到一九九〇年代末期，瑞士央行最終採用通膨目標制，德國央行加入歐元體系。許多人認為這種較晚才採用代表著落後，據稱德國和瑞士央行官員未體認到一九八〇年代和一九九〇年代總體經濟的進步，甚至在貨幣主義已經過時後卻仍堅持採取貨幣主義。但我要訴說的則是另一回事。這些出口導向型經濟體的貨幣主義有賴於、並支持非常獨特的制度配置：強大的統合主義、與銀行業的密切關聯，以及「保守」的銀行方法。因此，貨幣主義的逐漸瓦解，不能被視為是為了追趕上最新的總體經濟進展，而是反映出制度和結構條件的變化，尤其在金融領域更是如此。我最強調的因素是來自位於國內的國際銀行的壓力，要求將「現代」貨幣市場和「創新」融資做法引入國內市場（被歐洲一體化而加強）。因此，為了保持領先地位，瑞士和德國央行官員開始接受並支持改革，逐步將制度條件轉向金融一體化和通膨目標制。

第二組密切相關的案例是英國和美國。儘管這兩個國家的發展軌跡的差異很大，但兩者之間也有重要的相似之處，具有密切的歷史連結，並且擁有相互競爭的金融中心（紐約和倫敦），兩國在一九七〇年代都爆發了貨幣危機，直到一九八〇年代才解決。可以肯定的是，這些危機的根源不同，因為英國面臨著擁有全球準備金貨幣地位的美國霸權所不知道的國際收支問題。但是一個關鍵的相似之處在於，與凱因斯主義總體經濟管理相關的、無法抑制的產業衝突和協調困境，加上一波金融創新浪潮，使得貨幣主義解決停滯性通膨問題的努力變得無效。諷刺的是，這些問題導致盎格魯—撒克遜地區（Anglo-Saxon sphere，即英美）激進貨幣主義話語的興起，而卻沒有在德國或瑞士發生，這種意識形態使嚴厲的通貨膨脹措施合法化。但只有當各國央行轉向其他選擇時，才能找到解決各國治理問題的持久解決方法，尤其是沃克在識別金融化的有利特徵方面扮演著領導者的角色，這些特徵為管理預期和實現操作控制提供了獨特的機會。沃克受益於一個事實：美國金融業已經建立了主要的市場化機構來鞏固這些做法——各種相互關聯的貨幣市場和巨大的流動性無違約風險（即主權）債務市場。但是英國並沒有這些條件，這導致我特別關注這個國家，並將其視為一個特別的案例。英格蘭銀行最終將成為通膨目標制的關鍵設計者，在這個過程中，這不僅挑戰並重新定義了既定的國內政策程序，而且還為貨幣和主權債務市場的重新設計有所貢獻。簡而言之，由於中央銀行的創新涉及國家制度結構的徹底變革，因此英國是研究在金融化資本主義條件下，導致中央銀行主導的新自由主義政策的過程和條件的特別好用的案例。

當其他案例與「我的」央行之間的相互學習過程特別相關時，我會選擇性地參考這些案例，但這不應被誤解為涵蓋整個已開發資本主義國家央行業務的捷徑。我所介紹的仍然是根據內容加以解讀，[176]目的在於促進漸進的、以個別案例為主的過程來獲得大致的見解。

解說：中央銀行是什麼？

如果本書的分析策略是透過特定組織的視角來看待資本主義治理中更廣泛的轉變，那麼初步了解「這些組織是什麼」可能會有幫助。然而事實證明，確認中央銀行的工作內容是一件極為困難的事，而且許多現有的定義只會誤導我們。因此，我不是從定義開始，而是首先查看這些特定組織的歷史軌跡。然後，我將討論中央銀行的兩個顯著特徵，這些特徵將構成後續分析的框架：首先，中央銀行在國家和金融體系之間占據獨特的間隙位置（interstitial positions），並且在調節它們的相互依賴性方面扮演重要的角色。第二，中央銀行的特殊之處在於央行與銀行進行資產負債表操作，進而創造現代經濟體的最終結算手段——央行自己的負債。

有些中央銀行已經存在了幾百年，而大多數中央銀行成立於大約一百五十到一百年前。成立各央行的目的和動機，反映了這些不同時期普遍存在的特定政治和經濟問題。舉例來說，正如布洛茲[177]所強調的，直到十九世紀中期，所有中央銀行的成立都是在戰爭的環境中。由於這些戰爭需要更大的支出，統治者的反應不只是建立更有效的官僚機構，[178]他們還被迫與新興資產階級建立新的城鎮。[179]在歐洲，這個階級從中世紀早期開始逐漸發展現代金融技術，[180]從十七世紀末期開始，這些技術被認為對於擴大金融資源的取得，以及在激烈的軍事競爭中獲勝極為重要。但為了將信貸發行用於這種目的，統治者必須與控制現代信貸形式的階級進行「制度交易」（institutional bargains）。[181]中央銀行就是從這些協商中誕生的：不是為戰爭融資而新設立的，就是由現有商業銀行改造而成。統治者透過中央銀行推銷主權債務，提供資金的金融家將獲得對各自組織的控制權，重要的是，融資者透過中央銀行在其商業活動中獲得特權和策略競爭優勢。[182]其中最重要的是壟斷票據的發行，也就是發行以固定記帳單位計價的紙質債務，來為政府債權提供資金的專有權利。

在十九世紀後期和二十世紀初期，中央銀行的成立並不是為了戰爭金融的目的，例如統一分散的貨幣區域或當成國家主權的「象徵」。[183]然而，儘管存在相當大的差異，我們發現發行法定貨幣的特權，或是換句話說，中央銀行債務這種最終或倒數第二個「結算貨幣」（settlement money）（僅次於黃金）的特殊地位，賦予了各自組織暴露的政治角色。[184]隨著十九世紀和二十世紀初期信貸和貨幣流程變得更加廣泛和更加緊密的結合，金融業的系統性危機一再發生，並帶來了破壞性的影響。結果在這些危機中，金融公司及其客戶爭先恐後地購買結算貨幣——黃金，或者在擁有成熟中央銀行的國家，購買央行的「欠條」（proper）。因此，許多學者將中央銀行的興起視為「適當」的多層金融和貨幣體系的出現，其中央行接受以此為銀行業廣泛接受的流動性形式的反周期提供者角色。[185]

正是因為中央銀行是從國家與金融之間的制度安排中產生的，以調節彼此之間的各種相互依賴關係，所以在現代歷史大部分的時間裡，央行實際上所做的事情仍然是模糊和不確定的。[186]確實，從早期開始，央行官員就是財政紀律和審慎銀行業務的倡導者、推動者和受益者，就算只是因為政府過度赤字支出或銀行部門過度發行信貸，都會使央行自己的資產負債表面臨相當大的財務風險。此外，在十九世紀的過程中，透過英國的爭端，我們可以觀察到**貨幣**穩定（monetary stability）概念的萌芽，其根據是中央銀行應該謹慎管理國家的準備金。[187]但央行究竟應如何根據更廣泛的經濟發展和公共利益來管理貨幣，仍然不明確且定義不明，中央銀行只是部分且模糊地參與了一九三〇年代以來發展的總體經濟管理的實踐。因此，進入戰後時期，我們發現中央銀行經常被描述為模糊的法律授權（舉例來說，確保「貨幣的穩定性」）以及／或是包含多項未明確任務的「雜項清單」。辛格頓[188]列出至少十個，包括法定貨幣的發行、貨幣政策、公共債務管理、現金準備的保管、銀行監管，包括最後貸款、匯率管理和國家準備金保管、促進經濟發展、合作性國際貨幣安排、以及語焉不詳的「其他功能」。[189]

由於在本書中，我們討論一個歷史時期（一九七〇年以後），中央銀行在這個時期對總體經濟管理扮演著重要的角色——首先是透過貨幣政策的實施，並且越來越成為整個經濟的主要管理者，因此我們需要記住這些組織相當特殊的制度軌跡，這很重要，不只是因為其歷史。至於中央銀行**如何**治理、如何干預經濟，取決於央行歷史上在金融部門和國家之間所占據的間隙位置。說到底，對於中央銀行來說，治理意味著進行金融交易並依靠其負債的特權、國家支持的地位，擔任商業銀行的最終結算資金。[190]此外，由於中央銀行的間隙地位，央行繼續履行多種角色和任務，其中一些在政策討論中幾乎從未被提及。但正如我們將看到，必須要認識到中央銀行即使在執行總體經濟政策的同時，仍然深深地與金融結合在一起，正是因為透過這些結合，央行才能夠發展出成為當代政策制度核心的強大治理技術。

Chapter2

貨幣主義與貨幣政策的發明

我們需要澈底改變目前的經濟正統觀念，不要將通膨目標視為經濟行動者理性預期的永恆和非社會的基準，而是將其視為通膨遊戲的眾多可能的構成規則之一，而這些規則最終必須透過具體的社會和政治實踐來確立。*

——賈桂琳．貝斯特（Jacqueline Best）

一九六〇年代末期和一九七〇年代，社會科學中出現了一個新主題。資本主義還可治理嗎？馬克思主義社會科學家提出這個問題，認為西方政府已經耗盡了補償民主資本主義固有矛盾的能力。[1]他們的自由派同事認為，分配結果的政治化加劇，已經影響到國家的合法性和政策有效性，其症狀是稅收危機、通貨膨脹上升和總體經濟管理中的新困境，[2]社會民主主義與私人資本之間的凱因斯主義妥協似乎被打破了。

這些對危機的全面診斷與社會科學內外更廣泛的意識形態爭議有關，但這些與更有限的總體經濟管理領域的實際問題產生共鳴。戰後的經濟繁榮已經結束，[3]自我強化經濟成長的福特主義政權（the

* Jacqueline Best, "The Inflation Game: Targets, Practices and the Social Production of Monetary Credibility," 635.

Fordist regime）也隨之結束，[4]產出減少，加上「和平紅利」耗盡，為財政政策帶來了新的問題。[5]由於政府遭遇企業和私人納稅人的更強烈反對（參閱並比較加州的「稅收反抗」〔tax revolt〕），收入停滯不前，並似乎達到了上限。[6]繁榮時期承諾的支出開始對公共預算產生更大的壓力，並減少政客的財政轉圜空間。

政黨之間的預算衝突加劇，[7]對額外支出振興效果的樂觀預期仍未實現。同時，對於治理市場和非市場關係極為重要的「嵌入式自由主義」（embedded liberalism）[8]的監管和制度框架開始崩潰，這種瓦解在金融市場中表現得很明顯，規避規則的行為激增。[9]此外，越來越多的資本家轉向逃稅的行業，[10]以逃避國家財政合約。關於企業收入分配更激烈的產業衝突也造成了瓦解效應，[11]在國際間，布列敦森林制度（Bretton Woods）內緊盯匯率的壓力越來越增大，導致金融外交疲憊不堪而最終失敗。美國總統李察・尼克森（Richard Nixon）選擇了「軟貨幣」，而以德國為首的幾個「硬貨幣」國家仍然反對大幅調整匯率。在這種情況下，向決策官員建議如何在繁榮和充分就業與國內和外部貨幣穩定之間取得平衡的廣泛採用，或只是隱含共享的經濟治理概念，不再提供有效的解決之道。正如經濟學家羅伯・路卡斯（Robert Lucas）指出的，「一九六六年對許多人來說，我們似乎擁有一種理論，可以將財政政策與經濟表現量化連結起來，而且夠準確，可以負責任地應用於政策制定。到了一九七七年，我們知道，我們沒有任何理論。」[12]

貨幣議題是這些經濟政策困境的核心。事實證明，在布列敦森林制度的框架內，不僅不可能協調面臨貶值壓力的赤字國家所青睞的利益和政策解決辦法，與盈餘國家的利益和政策解決方案。即使在放棄國際管制匯率之後，決策官員仍然對解決貨幣弊病的選擇持高度懷疑態度，幾乎所有核心資本主義經濟體在一九六〇年代末期的通膨率都大幅上升，而且在一九七〇年代時仍持續上升。小型開放經濟體的央行官員認為，這種動態部分源於其無法控制的國際金融和貨幣力量。美國等較大型經濟體的決策官員越來越相信，國內通膨根深柢固，「光是憑中央銀行的力量，只能勉強應對我們時代的通膨」。[13]確實，中央銀行——如果央行擁有自主權——可以「乾脆拒絕供給足夠的貨幣」來為經濟提供融資，但是在民主國家，正如保羅・沃克在一九七六年所指出的，這樣的政策選擇將「[不只是]對特定政府的政治生命，而且對我們的政府本身的治理方式造成風險。」[14]

正如我們今天所知的，一九七〇年代並沒有結束總體經濟治理，國家對經濟的權力也沒有消退。相反地，所發生的事情可以用薩斯基亞・薩森[15]提出的「基礎調整」（foundational realignments）的概念來描述：核心資本主義經濟體進入了不同成長機制的後福特時代（post-Fordist period）；[16]避稅套利策略（arbitrage strategies）和規避金融市場規則的做法，成為國際化經濟秩序的構成要素；全球價值鏈進行重組；[17]勞工的談判能力下降。[18]在面對這些變革時，各國證明了它們可以保持相當大的治理能力，但這需要國家內部進行重大重組和權力重新分配。這些變化的受益者之一就是中央銀行，儘管一九七〇年代的匯率波動和通膨浪潮讓央行官員們不堪負荷，但他們最終還是會從大通膨引發的重組中受益。貨幣政策變得更加重要，有能力使用這種政策的組織遲早會獲得權力。[19]

我們該如何將我們對一九七〇年代危機時期的理解，與導致新自由主義採用和中央銀行崛起的後續進程連結起來？上一章討論以利益、觀念、制度和組織為主的觀點，都為這個問題提供了各自的答案。舉例來說，以利益為主的「貨幣政治」學者認為一九七〇年代分配衝突加劇是關鍵，正如他們所說的，中央銀行的崛起以及相關的從擴張性財政政策向限制性貨幣政策的轉變，反映出這些分配衝突中有利於資本的固有偏見。概念學者強調國家精英和有組織觀念的知識分子的重要性，並認為貨幣主義思想為這些精英提供了解決所遇到困境的新解決方案。[20]在這個故事中，央行官員的崛起就算不是擔任擁護者的角色，也是極具吸引力的新自由主義解決方案的執行者。相較之下，對於制度主義者來說，問題是哪些國家能夠克服停滯性通膨，並恢復貨幣穩定。他們發現，中央銀行地位的差異，尤其是央行的獨立性，加上一些其他因素，這些是必要的先決條件。[21]最後，諸如米歇爾・艾博拉費亞（Mitchell Abolafia）[22]等社會學家，將一九七〇年代視為央行技術官僚的誕生時期，貨幣主義湧入中央銀行，啟動了貨幣政策的科學化。

在本章中，我將對這個關鍵時刻發生的事情提供不同的解釋，為此，我利用的是一個經常被忽視的事實：在一九七〇年代末期和一九八〇年代，在大多數國家，貨幣政策是一個有問題、甚至可以說是很虛弱的經濟管理技術，而且只有極少數的中央銀行官員能夠直接利用危機。即使在發生通膨負成長的地方（例如，一九八〇年至一九八三年的英國），這些事態的發展也不一定會導致行動者向貨幣當局提供信貸，或認為貨幣政策優於其他實現反通膨的工具。[23]事實上，只有在少數情況下，央行不僅助長了通膨負成長，還根據新的政策制定而建立了獨特的政治權威，這種情況只持續發生在德國、瑞士，在某種程度上還有日本。所有其他國家必須等到一九八〇年代甚至一九九〇年代，才會發生央行的崛起和貨幣政策主導地位的制度化。

我在前面引用的現有方法很難解釋這種模式。舉例來說，如果我們假設分配衝突是一九七〇年代變革的關鍵驅動因素，那麼就很難解釋為什麼像英國這樣最激烈工業衝突的國家，中央銀行在解決這些有利於資本的衝突方面，並沒有發揮特別重要的作用。此外，針對貨幣主義進行強烈意識形態動員的國家，也**不是**貨幣主義為央行權力提供基礎的國家。根據機構變數③所做的解釋提供了更多空間，以說明為什麼只有少數央行利用這場危機，通常這些國家的中央銀行已經享有強大的機構地位。[24]但如果我們不進一步探討不同機構如何相互作用，為靈活匯率下新的、以前不知道的貨幣治理**實踐方法**，提供支援性的背景，那麼各自的分析仍然是不完整的。[25]最後，社會學家米歇爾．艾博拉費亞和道格拉斯．霍姆斯（Douglas Holmes）正確地指出一九七〇年代貨幣主義思想的大量湧入。然而這些學者無法解釋，為什麼貨幣主義思想的大量湧入，在不同國家造成極為不同的政策結果以及央行的角色。

因此我的建議是，與其挑出利益、想法、制度或技術官僚，不如認識到，如果中央銀行成功地建構了新的治理技術，而且這些技術根基於其具體操作中，並提供協調對更廣泛經濟的期望和信念的焦點，那麼它們就可以利用大通膨，通貨膨脹問題的顯著性，以及解決這一問題日益增長的政治壓力，為這些創新打開了一扇機會之窗。要使創新成功，制度就很重要，因為制度引導政策制定者找到可行的解決方案，並確定決定所選技術的有效性和合法性的（不）適當條件。但重要的不是各別的機構，而是如何支持或阻止央行實施新的操作和溝通干預措施，進而產生緊急的秩序效應。此外，正如我們將看到的，在嘗試建立新的治理技術時，總體經濟專業知識發揮了決定性的作用。如果不進行透過貨幣主義概念指導政策決策的實驗（這在中央銀行界是前所未見的做法），當局就不會了解到，宣布貨幣成長的預期目標有助於協調預期。然而，目標的有用性絕非不可避免，相反地，更困難的在於爭取在特定政治經濟環境中重要的支持者，接受貨幣目標是一種新的總體協調遊戲（macro-coordination game）。

③ 編者註：「機構變數」是指各國中央銀行在變革中的作用有所差異。

貨幣主義是什麼？

簡而言之，這裡的主張是惟有能將貨幣主義轉化成適合當地條件治理技術的央行，才有能力善用一九七〇年代通膨危機的機會。在其他情況下，危機引發對政策解決方案更複雜的探索，而貨幣主義對這種探索的影響，只是在於這仍然是失敗實驗的一個階段。這個主張使我必須澄清我所說的貨幣主義的涵義，並證明我對貨幣主義概念和技術實驗的關注是合理的。在正統的學術貨幣主義中，米爾頓．傅利曼和卡爾．布洛納等作者指出，從以數量衡量的貨幣到產出和通貨膨脹，有一條因果路徑。這些作者認為，與經濟產出有關的貨幣擴張會引起經濟中更多的需求；那麼問題就在於，過度貨幣創造所造成的過度需求會導致通膨率上升。[26]貨幣主義者進一步認為，中央銀行以某種方式控制著相關的貨幣總量。這可以透過控制自己的準備金（所謂的貨幣基數〔monetary base〕），[27]或透過影響消費、儲蓄傾向的利率變化[28]來實現。因此，堅定的貨幣主義者宣稱，過度通膨顯示央行無法利用現有的貨幣控制選擇。

自一九八〇年代以來，後凱因斯主義者、實踐者以及越來越多的主流經濟學家都放棄了這些想法，並令人信服地論證，為什麼正統的學術貨幣主義在實踐時無法產生作用。[29]這些文獻的共同點是，貨幣創造整體上是銀行業與各種客戶（家庭、公司、公共行動者）互動中發生的過程。因此，主要的貨幣形式不斷演變，以因應金融創新、客戶喜好的改變以及經濟結構的變化。這使得決策官員無法一致地定義貨幣，也無法依賴測量的貨幣數量、經濟產出和通貨膨脹之間的穩定關係。此外，與貨幣主義的控制概念相反，新的文獻認為中央銀行對貨幣擴張的實際影響受到嚴重限制。這是因為私人銀行首先擴大信貸和存款負債，然後才會去注意融資，因此央行必須滿足銀行在任何時候所需的準備金，如果不能滿足這個需求就會引發金融危機。故而內生貨幣（endogenous money，也就是銀行體系內創造的貨幣）推動了外生貨幣（exogeneous money）的發行，而不是反過來。也就是說，中央銀行執行貨幣政策的權力，**並非**源自其控制貨幣供給額的能力，而是源於它們影響信貸**價格**（也就是利率）的能力。[30]央行不是透過扣押貨幣，而是透過提高或降低貨幣成本，來影響總需求和整體物價水準。

最近的經濟文獻中對貨幣主義的批判性評價以及貨幣主義失敗的歷史經驗，使許多政治經濟學家認為，即使在一九七〇年代貨幣主義辯論的高峰，貨幣主義概念也與央行官員在現實世界的行動無關。如果有的話，諸如「太多的錢追逐太少的商品」或「關閉貨幣水龍頭」之類的貨幣主義常說的話，就像是利率實際選擇的意識形態面紗。[31]我在本書不採取這樣的觀點，不是回到傅利曼或布洛納的理論，而是對貨幣主義這種歷史現象進行社會學解釋。賈桂琳・貝斯特對這種方法做了簡潔的總結，她寫道：「量化規則或目標這種管理通膨的方式，本身並沒有什麼可信度[或無效]。為了使貨幣規則發揮作用，需要被理解並變得可信。這表示關鍵參與者需要了解這就是特定的通膨遊戲的運作方式，並採取一系列支持實踐來反映和再現這個信念。」[32]透過前一章介紹的央行治理的操作層面和預期層面的區別，我提出了分析這類「通膨遊戲」及其失敗或成功條件的具體方法。

因此，關鍵問題不在於貨幣主義原則上能否發揮作用。問題在於，在貨幣主義概念和規則提供了思考和闡明貨幣政策可用手段的時期，哪些中央銀行能夠將這些概念和規則轉化為使當局能夠管理貨幣過程，並對更廣泛經濟中的預期形成過程所產生影響。我認為，只有當中央銀行在一個以相對一致、集團化的銀行業為特徵的環境中運作時，才有可能實現這種貨幣主義的恰當運用，銀行業保守地管理準備金，並控制家庭和企業獲得信貸和儲蓄產品的機會。如果是這樣的話，貨幣統計數據就有可能為確定控制鬆散、但合理的貨幣政策目標提供基礎。這些目標是否在核心成員（constituencies）中獲得信賴，進一步取決於各自政治經濟中的預期政治結構，利益集團在多大程度上表達了不可比較或相容的主張和期望，以及央行相對於這些成員所扮演的角色。尤其對於成功的中央銀行來說，重要的是，企業參與者願意關注中央銀行的公告來協調薪資談判，[33]而且貨幣當局充當值得信賴的受託人，向他們可信地傳達其政策意圖。

實用貨幣主義及其（不）適當條件

因此，如果央行能夠利用保守的銀行結構來宣稱對貨幣供給擁有「專屬」控制權，並且如果央行能夠直接參與統合主義薪資談判，以協調對未來通膨率的預期，那麼貨幣目標就會發揮作用；這預示決策方面的一定自主權，或者更準確地說，是在更大的政體中擔任獨立受託人的能力。[34]相較之下，在許多國家，實際的貨幣主義無法發揮作用，就是因為貨幣主義概念的實驗沒有遇到這些適當的條件。舉例來說，在銀行已經轉為主動負債管理、銀行與更廣泛的金融體系之間的界限鬆動的情況下，貨幣目標無法從基礎貨幣和金融流程中提供合理的概念。此外，在大多數國家，缺乏擔任預期協調載體的強大的統合主義機構，或者激烈的勞資衝突削弱了它們有關未來通膨的共同預期進行協調的意願。最後，許多國家的央行無法宣稱擁有貨幣目標的專屬使用權，以及／或無法向相關群體傳達其意圖。

簡而言之，本章說明為什麼我們看到各國央行之間存在如此巨大的分歧，這些央行能否利用一九七〇年代的通膨危機。以下的分析將利用我在上一章介紹的兩個極端案例來論證這一點，也就是瑞士和英國。在這些深入的案例研究之後，我將轉向德國來說明與瑞士案例的廣泛相似之處，然後討論一些中間案例以強化我的主張，本節也將闡明我的分析的兩個重要含義。首先，與關於貨幣主義和新自由主義的許多爭論相反，[35]我將說明貨幣主義中央銀行其實與自由化、金融化的資本主義不相容，並且依賴於銀行和薪資談判領域非市場安排的連續性和穩定性。此外，在「成功的」貨幣主義案例中，中央銀行獨立性的實質意義並非技術官僚政治的同義詞，透過彼得．艾文斯（Peter Evans）[36]所說的「嵌入式自治」（embedded autonomy）反而更能捕捉其精神。強調適當的貨幣主義的這些方面，並不是要否認德國聯邦銀行或瑞士國家銀行在各自政體中的主導地位，所帶來有問題的政治影響，而是要明確指出，這些限制性政策和合法性來源，與一九九〇年代和二〇〇〇年代金融化與央行權力結合所必需的政策和合法性來源，是截然不同的。

第二個更重要的影響涉及到那些貨幣目標沒有用，而且**沒有**實施貨幣目標所需的支持條件的國家。在第二種情況下，貨幣目標的失敗促使人們尋找可以依賴不同基礎結構根基的替代技術。與大多數文獻相反的是，我並不認為這些國家的央行官員隨後轉向通膨目標制和利率政策，只是因為這些是實施貨幣政策的更理性、更直接方式。相反地，轉向通膨目標有其自身的支持背景、其自身的基礎結構，並且依賴於同樣要求嚴格的「通膨遊戲」（inflation game）。金融化經濟體及其新興的市場銀行體系，在這項新技術的發展中發揮塑造性的作用，透過一九七〇年代以來的金融轉型，央行學會利用市場化基礎結構當成政策干預的輸送帶，利用與資本市場的預期協調進行霸權遊戲。「自然利率」（natural rate of interest）等概念絕非為央行效能提供某種無條件、非偶然的基礎，而是為這個遊戲奠定了脆弱的象徵基礎。正是與第二種貨幣政策相關，我們可以談論金融化資本主義與央行權力之間的共謀。

我以一九七〇年左右社會科學家和決策官員所認為的治理危機為本章的開頭，我想從一開始就指出，貨幣主義實驗是在危機情況下並以基本不確定性為藉口發起的。在一九七〇年代初期，貨幣目標並不是一種明確定義的技術，而且可能有助於成功的條件也是未知的。因此，在不同環境中進行的試驗就像嘗試解開拼圖，每一片都不斷改變形狀，而最終的畫面仍是未知的。在某些情況下，這些部分可以完美地組合在一起，但在大多數其他情況下卻並非如此。我就是秉持著這樣的精神，開始研究經驗資料。

瑞士國家銀行：從精英調解到統合主義的貨幣學派理論

瑞士的環境在很多方面都有利於貨幣目標的採用。聯邦黨人（Federalist）在國家建設方面的努力，建立了一個具有強大獨立性的中央銀行；大量存款戶將通膨負成長視為廣泛共同的政治目標；出口部門具有凝聚力的生產者群體，為協調通膨預期提供了機構性的條件；整個一九七〇年代，綜合銀行業保持了穩定的例行活動，促進與中央銀行的業務協調。同時，在這十年剛開始時，行動者和觀察者還不知道目標的實踐、以及不同機構為支持政策效力而建立的方式。直到一九七〇年代中期，中央銀行業務主要是調節不同的精英利益，並且不包含前瞻性決策，當時並沒有協調期望所需的戰略溝通。此外，央行的權威可以來自用貨幣主義理論政策目標進行說服性的公共傳播，一直到一九七五年之前，任何瑞士央行官員都不熟悉這樣的想法。因此，以下分析將著重於貨幣目標發展成為一種治理技術具體且不可預測的過程，澈底融入瑞士政治經濟，使瑞士國家銀行成為一九七〇年代末期，第一批具有代理性和權威性的決策官員之一。

一九七〇年以前的瑞士國家銀行業務

瑞士國家銀行（SNB）是一個特殊的組織概念，其法律地位、外部治理和內部決策程序，反映了十九世紀和二十世紀瑞士國家形成的漫長而曲折的軌跡。[37]直到十九世紀末期，瑞士各州的銀行一直把持對紙幣發行的控制，直到一八九一年瑞士憲法修正案才將紙幣的發行集中起來。後來的計畫是建立一個國家機構，授予發行瑞士法郎（CHF，簡稱瑞郎）紙幣的壟斷權，但保守勢力和強大的貿易協會成功遊說反對這個提議，選民在一八九七年的全民公投中支持這些反國家主義的論點。因此，聯邦與州、公共與私人利益之間達成了妥協，其中包括建立瑞士國家銀行為私人股份公司，其所有權分配給三個群體：各州（百分之四十）、私人投資者（百分之四十）和以前發行鈔券的州銀行（百分之二十）。[38]由於這種複雜的法律形式，瑞士央行自一九〇七年成立以來一直享有相對於聯邦國家和政治的獨立性，政府的影響力僅限於提名央行官員（稱為董事），以及對憲法和法定權利提出修正案、監管瑞士央行公共角色的義務。然而，後者的權力受到嚴格限制，因為要改變法律就必須經過瑞士政體中的許多否決者（各種諮詢委員會、兩個議會院、全民公投的強大條款）。

但是另一個特徵確定了瑞士央行在瑞士政治和經濟中的地位。自成立以來，瑞士社會的強大利益一直體現在中央銀行的組織結構中，特別是瑞士央行的治理和監督機構——銀行理事會。在引入貨幣目標導致決策權更加集中於該組織的專家人員和執行機構（Direktorium）之前，央行的主要決策是在該委員會內審議和形成的，這些審議的重要性源於一個事實：即合法代表更廣泛政治和經濟利益的精英參與審議。舉例來說，各個行業協會的代表——一般行業協會「Vorort」或代表重要部門（機械、手錶製造、酒店）的代表——總是參與銀行理事會的討論，不同地方和聯邦商會的代表也出席了會議。然而，關鍵角色是瑞士主要銀行（瑞士信貸銀行〔Credit Suisse〕、瑞士銀行公司〔Swiss Bank Corporation〕、瑞士聯合銀行〔Union Bank of Switzerland〕；後兩者後來併入瑞士銀行）的執行長或董事長。這些精英代表了強大銀行業的利益，但也以大型工業公司的名義發言，他們是這些公司的董事會成員。[39]實際上，該機構中的各執行長和非執行董事約占瑞士股票公司總市值的百分之二十（一九四三年為百分之二十一點五；一九六〇年為百分之十八；一九八〇年為百分之十八點五）。自由主義者構成了政治家和國家代表中的主要群體。[40]

因此，一九七〇年代之前的中央銀行很大程度代表了經濟和金融精英之間的調解，這種統合主義治理最有力的體現就是經常使用「君子協定」（gentlemen's agreements）。[41]瑞士央行和瑞士銀行家協會（正式代表銀行業利益的機構）於一九二七年首次達成這樣的協議，以應對來自農業團體和工人階級政治家越來越大的國內政治壓力，他們指責銀行業因為在海外進行大量投資，而造成人為的資本稀缺。在接下來的幾十年，中央銀行官員和瑞士銀行家協會就一系列廣泛的問題締結許多這類自願協議，包括黃金和外幣的進出口、利率和最低存款，[42]這些協議的重要性與瑞士央行身為國家執行機構的相對弱勢有密切的相關性。官員擔任中等薪資的官僚職位，並且在貨幣事務方面沒有特殊的資格。[43]其他員工——從二百名（一九五〇年代）到四百名員工（一九六〇年代末期）——收集統計數據、管理準備金、與銀行進行交易並控制貨幣的發行。因此，正如那個時代的人所描述的，為瑞士央行工作很無聊，有抱負的人很快就另謀他就。[44]

中央銀行官員應該保護和去政治化的貨幣穩定核心是瑞士法郎的固定外部價值。[45]直到一九七〇年代，瑞士央行及其主要利益相關者從未質疑過保持匯率穩定的必要性，首先是黃金，然後是二戰後布列敦森林談判中形成的美元金本位制。瑞士匯率理論的力量在大蕭條時期就已經顯現出來，迫使西方國家放棄黃金。在這些國家中，瑞士是最後放棄金本位的國家，他們支持嚴格遵守貨幣紀律，認為貨幣是經濟的交易媒介，但是不應該被操縱用以實現經濟政策目標。[46]重要的是，儘管這些大蕭條政策造成了通貨緊縮的後果，但這個學說在戰後並沒有發生重大的突破。儘管一九四五年之後出現了擴大的福利國家，[47]瑞士聯邦國家並沒有冒險進行積極的總體經濟管理，[48]因此瑞士央行幾乎唯一關心的仍然是瑞士法郎的外部穩定，而瑞士法郎現在透過與美元和黃金的固定匯率來維持。[49]對這個原則有幫助的是，就像德國一樣，瑞士已經演變成馬汀・霍普納（Martin Höpner）稱之為「低估制度」（undervaluation regime）。[50]這種制度的特點是抑制貨幣相對於貿易夥伴的升值程度，使工業部門能夠透過更強勁的生產率成長，以及有更低的國內通膨以提高競爭力。意識到這些優勢的瑞士出口公司，在匯率穩定方面扮演著重要的角色，例如當德國人在一九六九年重估德國馬克時，瑞士引擎生產商聯合會說服政府，重估瑞士法郎將構成「瑞士工業的災難」；[51]銀行業同樣致力於固定匯率。[52]

然而，從一九六〇年代起，這個制度面臨的壓力越來越大，「軟」貨幣國家（美國、英國、義大利）與「硬」貨幣國家（德國、荷蘭、瑞士）的不同發展，以及與其相關的經常帳失衡的成長，呈現為升值壓力和硬貨幣國家的非自願美元準備擴張。這些壓力隨著貿易自由化和資本帳管制的削弱而增加。[53]瑞士是一個擁有龐大銀行業和避險貨幣的小型經濟體，因而受到這些壓力的嚴重影響，大銀行、私人合夥銀行和越來越多的外國銀行附屬機構，都非常積極地將資本引入該國。[54]舉例來說，一九六〇年代末期，大銀行的外債以百分之二十七至百分之四十三的年成長率增加，[55]這些負債大部分投資於國外，特別是歐洲貨幣市場——洛普夫（Loepfe）[56]估計瑞士銀行為其離岸客戶持有所有歐洲美元存款的百分之三十至百分之四十。但銀行出於貨幣重估的預期，以及定期的「財報窗飾」（window dressing）操作（也就是在報告日那幾天持有更多準備金），而將這些資金匯回國內。這些操作的貨幣擴張效應（從歐洲美元市場輸入的每一美元，都需要與央行資產負債表上的瑞士法郎負債相符），加上持續低估所提供的刺激，導致國內貨幣和經濟－政策問題互補，對勞動力、信貸、消費性產品和住房的需求激增，通貨膨脹壓力在一九六〇年代逐漸增大，[57]一些專家認為，通貨膨脹的上升與固定平價有著非常複雜的關係，[58]但主要決策官員和利害關係人拒絕將匯率重估視為一個嚴肅的政策選擇。[59]

如果一九六〇年代期間，瑞士央行內部的治理能力有所成長，那是為了保護布列敦森林制度和瑞士在其中的低估特權而共同努力的結果。[60]但隨著精英們逐漸認識到，國際央行合作只能延緩國際貨幣秩序的最終崩潰。一九七一年時，尼克森決定暫停黃金的兌換，並強迫瑞士進行令人感到不愉快的重估，而產生了一個巨大的裂痕，[61]精英們也開始意識到，對匯率穩定的新承諾（例如《史密松寧協定》〔Smithsonian Agreement〕）不會持續下去。[62]但瑞士放棄布列敦森林制度的最重要原因，來自於大量資本流入對央行資產負債表的影響，央行官員越來越擔心，央行不斷膨脹的美元準備正為國內通膨提供主要推動力，並帶來相當大的金融風險。隨著一九七二到一九七三年美元進一步大幅流入，以及美元進一步貶值的可能性越來越大，央行資產負債表風險開始顯得令人害怕。這不是預算的問題，應該是政治問題，中央銀行的損失由聯邦政府承擔，這個措施引發了有關中央銀行獨立性的政治爭議。[63]由於這些原因，一九七三年一月另一波大規模資本流入時，瑞士央行（而不是瑞士政府）決定放棄固定平價，[64]這並非偶然，除了擔心通膨壓力更大之外，央行也是想保護自己。

瑞士偶然的貨幣目標路徑

文獻報導稱，浮動利率的決定是瑞士央行朝著重新獲得貨幣政策自主權邁出的重要一步。[65]然而，在一九七〇年代初期，無論是央行官員還是瑞士的精英，都沒有從這個角度看待這個決定，[66]相反地，所有主要參與者都相信瑞士最終將恢復固定匯率。如上所述，維持瑞郎的外部穩定有助於協調強大的經濟和政治利益，而且幾十年來一直被視為確保貨幣穩定的合法方式，當時看不到其他一致的制度。因此，在經歷了幾次令人失望的事件後，官員們只是無奈地承認，恢復匯率穩定並不是一個務實的選擇。瑞士加入歐洲穩定匯率制度（蛇形匯率制〔the snake〕）④的計畫遭到法國阻止，[67]此外，布列敦森林制度結束後，減少但仍持續存在的外匯干預主義，有可能使通膨的問題擴大，通膨率已從一九七〇年的百分之三點五，上升到一九七三年的百分之九，並在一九七四年進一步提高到百分之十，央行持有的準備金也仍然存在損失的風險。

因此，注意力轉向國內政策選擇，但這些選擇似乎也受到很大的限制。自一九六〇年代末期以來，政府與瑞士央行一起試圖加強總體穩定政策的法律能力，主要目標是減少外國資本流入和國內信貸擴張。[68]這些努力在一九七〇年代初期得以強化，[69]但聯邦與統合主義國家分散權力的性質，以及由此導致的中央政策規劃能力的弱點構成了重大障礙。[70]舉例來說，銀行成功遊說反對賦予瑞士央行調整最低準備金和實施信貸配額法定權利的提案，[71]瑞士央行因此透過既定的統合主義路線訴諸危機管理。

④ 編者註：一九七二年以後，歐洲共同體成員國與其他一些歐洲國家共同實行「蛇形匯率制」，該制限制會員國彼此通貨價值的波動幅度。

但事實證明，君子協定同樣無效，銀行家僅接受對其貸款活動的高度有限的限制，不合規行為變得普遍。[72] 因此，新任命的瑞士央行總裁費里茲・洛特威勒（Fritz Leutwiler）在一九七五年宣布瑞士版「政府俱樂部」（club government）結束。[73]

瑞士央行的貨幣理論主義源自於這些失敗和戰略困境，在其推出之前，有兩個平行但獨立的發展。首先，對於瑞士精英以及瑞士央行官員來說，貨幣理論主義長期以來一直提供一種直觀且有吸引力的「民間」詞彙，用於表達他們強烈的反通膨主義信念。舉例來說，各黨派議員都強調他們對通貨膨脹的擔憂是「最優先的」國家問題，並廣泛借鏡原始貨幣理論主義對其原因的解釋，[74] 然而這些解釋的精確含義仍不清楚。財政部長尼洛・席利歐（Nello Celio）可以在一九七二年聲稱，政府已經在實行某種貨幣理論主義，反映了這種模糊性。[75] 當時的許多評論都暗示，信貸限制被視為這種廣泛理解的貨幣主義的一部分，[76] 央行內部也存在類似的態度。官員都是堅定的通膨鬥士，整體上考慮的是數量，而非利率方面對通膨負成長的貢獻，[77] 這也反映了在通膨壓力時期，外國資本流入在增加央行自身資產負債表方面的作用。但即使是這些央行高級官員對於如何實施前瞻性政策也沒有明確的想法，可以肯定的是，央行官員知道，他們購買的外匯準備和增加瑞士央行的負債越少，貨幣供給額的擴張就越少。然而，除了擔心此類決定對外匯的影響外，他們還沒有調整當時業務以實現控制通膨下降的標準，央行資產負債表的管理中沒有前瞻性的成分。[78] 確實，在一九七〇年代初期，官員們仍然懷疑是否能實施未來導向的政策，他們對計量經濟學計算和預測持有根深柢固的懷疑態度，並認為中央銀行業務過於複雜和不確定，無法接受此類專業知識的指導。[79]

因此，瑞士央行在一九七四年採用貨幣目標極為重要，在大眾貨幣主義情緒增強的同時，出現了更具技術性的版本，當時專家話語和實踐的決定性，轉變促進了這個發展。戰後時期，瑞士總體經濟學整體上仍是描述性和歷史性的，[80]但隨著一九七〇年代初美國科學貨幣理論主義的引入，情況發生了變化。在促進這個轉換的過程中，兩位出生於瑞士但居住在美國的經濟學家極為重要，[81]其中一位是瑞士人卡爾·布洛納，一九七一年在新成立的羅徹斯特大學（University of Rochester）商學院擔任教授；[82]另一位尤爾格·尼漢斯（Juerg Niehans）也是瑞士公民，他在約翰霍普金斯大學（Johns Hopkins）任教。[83]除了米爾頓·傅利曼之外，布洛納與艾倫·梅爾澤（Allan Meltzer）的團隊都是推進和推廣貨幣理論主義的傑出人物。[84]其實布洛納在瑞士擔任過這種美國培育的經濟學壟斷翻譯者。[85]儘管布洛納和尼漢斯未能直接說服高級決策官員，但這些傑出的經濟學家透過另種辦法施加強大的影響力。[86]尤其是布洛納，他透過教育和培訓幾位年輕的經濟學家來塑造總體經濟研究，這位「年輕衛士」（young guard）[87]隨後在央行周圍和內部為國內政策專業知識建立一個以前不存在的空間。舉例來說，一些學院派經濟學家開始向決策官員提出以前未知的政策技術討論，和以科學術語衡量的具體建議，更重要的是，布洛納在培訓於瑞士央行內部追求職業的經濟學家方面發揮的作用。一九七二年時，亞歷士·蓋利（Alex Galli）開始博士研究，為瑞士央行研究部門VOSTA開發瑞士第一個系統貨幣統計數據，[88]布洛納在蓋利的專案中扮演支持者，該專案的目的在於開發可以支持貨幣政策更全面的統計數據。寇特·希特內希特（Kurt Schiltknecht）成為VOSTA的第二位受過技術培訓的經濟學家，他在布洛納的鼓勵下開發貨幣供給預測和需求預測。蓋利和希特內希特後來撰寫第一份針對瑞士經濟的貨幣目標提議，他們建議瑞士央行可以透過控制央行的準備金供給（即所謂的「貨幣基數」）來實現Ｍ１目標。[89]為了實現各別的目標，經濟學家使用ＧＤＰ預測和貨幣流通速度的大致估計，成為經典數量公式（ＧＤＰ×通貨膨脹率＝

M１×流通速度），然後他們透過一個簡單的貨幣乘數公式，推導出多少M０供給額才適合滿足貨幣需求的預測值，目的是在接下來的幾年中適度降低通膨率。[90]

貨幣目標如何成為一種成功的治理技術

瑞士央行官員於一九七四年十二月採納這項提案，以及對應的M１目標，一九七五年一月，央行發布的新聞稿中公開宣布這個目標。[91]然而，從一開始，官員的承諾與蓋利和希特內希特所制定的技術貨幣主義策略建議相比，對各自目標的調整是基於不同的理由。事實上，央行高級官員仍然對預測以及精確的貨幣供給控制持高度懷疑態度，他們認為這種控制與平衡國內和外部穩定問題的需要是不相容的。就像其他央行官員一樣，瑞士央行官員也認為，透過控制央行負債來實施，將威脅瑞士央行和商業銀行之間既定的準備金管理慣例。[92]但對央行理事來說，供給目標還有另一個有用的目的，供給目標為瑞士央行提供了一條出路，以擺脫一九七三年以來面臨的政治上和策略上困境。央行可以指出，它已經制定了符合降低通膨的、更廣泛承諾的一致策略，同時避免和淡化與信貸控制和外匯業務相關的衝突和失敗，官員敏銳地意識到瑞士精英中流行的貨幣主義思想，因此主要依靠他們對貨幣供給控制的承諾所產生的「心理政治」影響。[93]

一些支撐條件使這項策略產生了有益的效果。在結構方面，瑞士央行受益於以下事實：自一九七三年以來央行減少的外匯干預和瑞士法郎的加速升值，導致一九七四到一九七五年的經濟衰退，[94]這次經濟衰退阻止了布列敦森林制度在最後幾年引發的國內通膨螺旋上升。同時，實質GDP下降百分之五所造成的大部分經濟困難，可能會外化到沒有社會保障保護的義大利工人身上，這些工人在一九七四至一九七七年間大量離開瑞士（約二十五萬人）。[95]此外，隨著一九七三年後外匯干預的規模逐漸減少，並且沒有明顯的貶值威脅，央行能夠恢復與商業銀行穩定的準備金管理模式。這些銀行通常直接在瑞士央行持有大量準備金以作為客戶提款的緩衝，這代表了審慎的銀行業務，也因為不存在允許銀行在國內節省超額準備金的國內貨幣市場。儘管計量經濟計算和預測（例如貨幣乘數〔money multipliers〕）經常不準確，但各自的慣例使貨幣目標具有一定程度的合理性，因為從某一年到隔年的M0和M1成長率並沒有太大的變化。

在這些適當的條件下，瑞士央行官員能夠推動貨幣供給目標，成為協調各利害關係人期望的新焦點，這種協調有一部分依賴於新的、更主動的公共溝通。當時的公關工作已經專業化。但央行官員也動員他們長期的精英關係來推廣新的政策。金融、經濟和政治領域內部，以及之間的穩定網路、[96]強大的統合主義機構[97]為這種協調提供了基礎。舉例來說，央行理事讓高峰協會的代表參與貨幣目標制定，進而將央行政策納入現有的流行貨幣主義信念。以這個為基礎，更廣泛的政治經濟中的總體協調過程得到加強和提升，特別是工業勞工和雇主利用目標來實現薪資結算，以維持出口產品的競爭力；在此期間，勞工和平依然異常強勁。這種將目標更具體地轉化為集體薪資談判的做法，再加上積極的公開言論，將瑞士央行穩定「貨幣供給」與國內貨幣穩定連結起來。[98]瑞士仍然缺乏自己的總體經濟政策工具，但位於伯爾尼（Berne）的中央政府官員和政客很快就吸收貨幣主義的訊息；財政政策開始附屬於瑞士央行的新貨幣主義。[99]

因此，瑞士央行從一九六〇年代末期到一九七〇年代中期的貨幣危機中脫穎而出，成為瑞士政體內部制定政策的獨立受託機構。[100]這樣做的方式有賴於現有的穩定來源（銀行業和工業界），並符合反通膨傾向和流行的貨幣主義信念。正如洛特威勒在這些實驗過程中所發現的，這種中央銀行治理版本，甚至可以在貨幣總量發展變得更加不穩定的時期中倖存下來。在一九八〇年代初期，他指出：

瑞士貨幣總量的波動性比美國更大。同時，美國貨幣當局面臨比瑞士貨幣當局更嚴厲的批評。如果你尋找這個悖論的解釋，重要的是要知道，貨幣目標的結果在瑞士比總體波動所暗示的更有利……。我們必須承認**心理學**的重要性，但無論貨幣目標是百分之三、百分之四或百分之五，心理學的重要性都是次要的。**更重要的是，與總量一起發出的訊息被正確理解**：這個訊息包含了認真對抗通貨膨脹的明確意願，因此首要問題是可信度，正如美國的例子所示，**可信度**很容易被摧毀，但很難重建。

的確，瑞士央行的目標紀錄仍然好壞參半，在一九八〇年代和一九九〇年代為了保住面子而必須改變目標貨幣總量，央行有時會將重點從通膨控制轉向外匯管理，以抵擋出口利益的壓力。[101] 但整體來說，貨幣目標有助於增強瑞士央行的治理權力和政治權威。[102] 在國際舞臺上，瑞士央行自豪地宣傳其貨幣主義，以解決仍困擾其央行官員同儕的政策問題的解決方案。在一九八一年進行的一項調查中，瑞士受訪者表達了他們對央行的高度信任，[103] 瑞士央行內部的自信如此之高，以至於其官員認為央行是該國唯一的權威政策機構。[104]

英格蘭銀行：以「私人影響力」為政策操縱桿與致命的策略選擇

對於一九七〇年代末期的英格蘭銀行來說，情況完全不同。正如該銀行的一位官員在一九七七年指出的，該銀行「近年來一直遭到惡意批判、扭曲、貶低等行為」。[105]左派將央行視為「國中之國」，據稱其目的是提升狹隘的金融菁英、保守派、貨幣主義學者的利益，而著名的倫敦金融城分析師不斷將一九七三至一九七五年的通貨膨脹過度、以及一九七六年的經常帳危機歸咎於英國央行。[106]當柴契爾於一九七九年執政時，英國完全沒有具有中央銀行業務權威的機構，這位新的首相將更多決策權集中在首相官邸，並將英格蘭銀行總裁葛登・理查森（Gordon Richardson）視為下屬；柴契爾曾經稱理查森為「那個管理英格蘭銀行的傻子」。[107]柴契爾在貨幣供給控制方面的失敗嘗試，以及她的利率集中決策選擇，使得英格蘭銀行身為貨幣決策官員的地位在接下來的十年中一直不確定，一直到一九九二年為止。儘管一九八〇年代初通貨膨脹率有所下降，但直到一九八七年與德國聯邦銀行相比，英格蘭銀行仍然覺得「尚不具有同樣的信譽」。[108]一九七〇年代的大通膨，以及與之相關的凱因斯主義困境、分配衝突和意識形態動員，並沒有直接導致央行主導的時代。

到大通膨結束時，與瑞士央行相比，英國央行為何會陷入如此不同的處境？正如以下敘述將顯示，文獻廣泛認同導致這個結果的一些條件，特別是英格蘭銀行缺乏獨立性和凱因斯主義總體經濟管理的相互衝突的要求。但最終權力掌握在行政部門，這件事本身並沒有妨礙有效的貨幣政策制定，正如英格蘭銀行在一九九二至一九九七年期間所證明的，當時英格蘭銀行仍缺乏正式的獨立性，但成功地釋放其政策方針，並成為權威的中央銀行。因此，一九七〇年代面臨的問題更加具體，並且與危機十年期間選擇的解決方案有關，尤其是一九七一到一九七三年和一九七六到一九七九年的貨幣主義實驗。這些實驗之所以失敗，是因為強化了身為緊縮倡導者的央行，與身為總體經濟管理仲裁者的政府之間的傳統分工，而這種分工在不同選民的相互衝突的要求間陷入了困境。央行在一九七六年時刻意重申這個分別，當時央行選擇不將其角色「外部化」（externalizing），而是將貨幣目標當成限制財政政策的策略。央行選擇這個角色不只是因為這種選擇重申了路徑依賴機構，另一個原因是央行官員不知道如何促進、更不用說追求獨立的貨幣政策。一九七〇年代全球金融的復甦，擾亂並改變了國內銀行結構、信貸實踐和貨幣市場，這種轉變部分是由於英格蘭銀行本身做出的放鬆管制政策選擇造成的，結果貨幣政策操作的不穩定性加劇。由於貨幣總量的高度波動，貨幣目標並沒有提供可行的實際解決方案，這些執行問題加上普遍存在的制度化，導致一九七一到一九七三年，以及一九七六到一九七九年兩次不成功的貨幣目標制。

一九七〇年代以前的英國央行業務

我們是如何走到這一步的？要了解英格蘭銀行在政府和金融方面的特殊作用，必須追溯到央行於一六九四年的成立，當時央行以「輝格黨金融公司」（a Whig finance company）的身分成立，[109]也就是說，身為一個社會、政治和金融基礎建立在倫敦自由金融寡頭政治的組織。[110]這樣的起源代表銀行的股東透過中央銀行追求金錢利益，而中央銀行只是不情願地發展為一個公共機構（透過在十九世紀末期擔任最後貸款人的責任）。[111]但央行與倫敦金融城的密切關聯，也對央行在英國政體中的地位、治理模式和組織結構有深遠的影響。例如，進入二十世紀一段時間後，央行的關鍵權力中心是董事會，它的成立是為了召集央行的「擁有者」（Proprietors），這些人通常是商業銀行家，央行總裁和副總裁也都是，他們全都是來自董事會。[112]

一九三〇年代金本位制的失敗帶來一個關鍵的改變，可以肯定的是，著名的總裁蒙特古·諾曼（Montagu Norman）已經在一九一〇年代和一九二〇年代開始對英格蘭銀行進行現代化改造，加強其執行部門，[113]但諾曼仍然是金本位制堅定的捍衛者，並且澈底反對激進的經濟政策。[114]一九三一年，英國央行無意中打破了這個原則，當時央行不再關注黃金，因為央行（錯誤地）相信由此導致的英鎊貶值和通貨膨脹爆炸將推翻工黨政府，並導致採取更嚴厲的內部貶值（也就是實質薪資的減少）。但其實情況正好相反，政客和民眾意識到，擴張性財政政策不受黃金的約束，就有更大的空間可以支持經濟成長。[115]第二次世界大戰強化了這樣的趨勢（例如金斯利·伍德〔Kingsley Wood〕一九四一年的預算），最終導致央行國有化的決定，[116]這種國有化是針對國內福利目標組織經濟政策並利用需求管理，是更大規模嘗試的一部分。財政部精心策劃這個行動當作主要手段，以實現這個目標。[117]

然而，重要的是要認識到，儘管與央行的金融寡頭起源有所背離，但其併入政府機構的情況仍然是部分的。一九四五年之後，針線街老婦人⑤保留了「對日常事務的相當程度的獨立性」，[118]確保了自己的收入來源，並保持了其「班長」（head-boy）的歷史角色。[119]干預英國公債（長期政府債券）和貨幣市場的能力與權力仍然保留在央行內部，特別是貼現辦公室和總出納（Chief Cashier），他們構成了營運部門戰後英國財務管理的核心。英格蘭銀行也維持根據與直接（貼現行）、間接交易對手（清算銀行）的交易和社會聯繫的既定監管實踐（請參閱第四章和第五章）。政府無法控制這些監管事務，這些事務

⑤ 編者註：針線街老婦人（Old Lady of Threadneedle Street），即英格蘭銀行。

有靠金融精英之間的妥協，[120]這解釋了為什麼戰後銀行雖然實施國有化，卻仍認為自己與其他國家相比，在銀行事務上具有獨特的獨立性：「無論是在德國還是在美國，也許在任何其他國家，中央銀行在監管和監督銀行體系方面的獨立性和權力都與我們不相上下。我們在管理政府內債和外債方面所發揮的作用……在其他國家也是無與倫比的。」[121]

以這個為基礎，英格蘭銀行在戰後時期從一個倫敦金融城機構演變為一個官僚機構，在西邊的白廳和唐寧街，以及東邊的倫敦金融城之間占據獨特的地位。在政府機構內，央行與金融城的排他性連結，使其對政策具有獨特的影響力。[122]可以確定的是，這種影響力自一九三一年以來已大大減弱，一九四五年後又再次減弱，戰後英國金融和經濟政策的首要任務是減少巨額債務負擔，[123]並透過技術官僚政策規劃流程管理國內需求。[124]查爾斯・古德哈特回憶道：「財政大臣現在被視為設定利率決定的絕對仲裁者」，財政部告知「預測構成了貨幣和財政政策方面政策決策的量化基礎」，[125]儘管角色有所減弱，央行仍能夠保持相當大的影響力，因為央行對市政府事務擁有專屬權力並擁有「市場專業知識」。[126]當英國央行對政府的龐大再融資需求所依賴的金邊債券市場（gilt-edged markets）表示擔憂時，央行尤其具有影響力，[127]央行也會向政府轉達有關外匯情況的資訊，這對於一個經常帳結構性赤字的國家來說極為重要。最後，由於政府無法直接干預銀行業，因此在實施對民間借貸的限制時，需要與央行合作並聽取央行的意見——只要排除升息，這是對抗通膨的首選方法。[128]戰後長期擔任總裁的卡麥隆・科博爾德（Cameron Cobbold），用以下的話闡述央行在更廣泛的政府機構中所產生的影響力和獨立地位：「如果銀行和財政部公開進行討論和爭論，而不是在我們之內進行，那麼銀行與政府的關係肯定會變得難以容忍。」，[129]正如一位副總裁說的，在大多數情況下他們完全避免公開聲明，影響力是「閉門、私下、不是透過報紙頭條」施加的。[130]這些話反映出，戰後時期的央行並不像人們所說的是「財政部的東區分支」，[131]而是擁有強大的影響力，且有著明確使命感的傑出英國國家機構（雖然是非正式的）。

但是從一九五〇年代末期開始，這種戰後秩序逐漸瓦解。以總體經濟來說，英國由於布列敦森林制度規則下根深柢固的結構性赤字，而面臨越來越大的壓力，國內經濟的「需求過剩」（需求超過國內產出）[132]部分是由於擴張性財政政策造成的，而擴張性財政政策反過來又對英國與貿易夥伴相比較低的生產力成長做出反應，這對英國的外匯存底帶來壓力，而大英國協外匯存底撤資的過程又加劇了這種壓力。[133]在固定匯率和日益鬆懈的資本管制下，英國完全面臨經常帳失衡的危機。而擴張性財政政策和國內信貸擴張再加上供給短缺，造成了普遍存在的通貨膨脹問題，則是助長經常帳失衡的情況。這種情況給政府帶來了嚴重的困境，本來可以選擇讓英鎊貶值，以緩解經常帳赤字問題，並避免內部通貨緊縮，但大幅貶值不僅會有損害金融業利益的危險，還會透過外匯進口管道帶來通膨壓力加大的直接威脅。

相反地，英國在一九六〇年代採取的政策方針是「且戰且走」的干預措施，這種不穩定的性質反映了「總體經濟執行機構」內部的困難，一方面是擴張性利益，另一方面是經濟擴張的迫切性，通膨上升、長期貿易逆差和外匯準備金壓力等問題需要解決。[134]但即使在危機時期，各國政府普遍仍抵制提高央行利率；財政大臣巴特勒（Chancellor Butler）於一九五一年十一月重新啟動貨幣政策仍然是該規則的例外。無論如何，人們不知道這種升息將如何影響經濟產出和通貨膨脹，唯一的政治確定性是，較高的利率意味著政府、企業和不斷增加的抵押貸款持有者階層的借貸成本更高。[135]另一方面，英國央行對私人信貸發行上限越來越不滿，而私人信貸發行上限是政府首選的政策選擇。此外，隨著英國金融的國際化以及資本管制中的各種漏洞被利用，使得實施這種上限變得越來越困難。

一九七〇年代英國兩次失敗的貨幣主義實驗

一九六七年時出現了解決這些困境的巨大壓力，當時國際貨幣基金組織（IMF）在另一場嚴重的經常帳危機後向英國提供了支持性貸款，並要求採取措施減少過剩的國內需求，[136]但英國官員拒絕對英國經濟政策進行任何外部干預。相反的，他們協商了一個量身訂制的解決方案，也就是限制所謂的「國內信貸擴張」，[137]英國就是因為這個情況而採取貨幣主義。央行官員現在公開反對銀行業的任何量化信貸上限，在他們眼中，干預措施已經「達到了極限」。[138]因此，央行抓住了危機時刻和貨幣主義思想（也在國際貨幣基金組織〔IMF〕內部）越來越流行的機會，制定了替代計畫。[139]為此，央行在內部成立了一個新的研究小組（後來稱為貨幣政策小組），根據對現有美國文獻的批判性評估和英國的首次計量經濟學計算，這個小組於一九七〇年得出結論，貨幣政策變化可能會影響貨幣供給額，而貨幣供給額的變化將引發價格和ＧＤＰ的調整。[140]

這項謹慎的調查結果支持了央行高級官員倡導的信貸上限替代策略，結果形成了共同承諾：透過廣義貨幣總量Ｍ３目標來限制信貸擴張，重要的是，這個協議沒有明確指示如何實現這種貨幣限制。選擇Ｍ３為相關貨幣總量，表示可以使用不同政策工具以達成這個目的，因為Ｍ３是對銀行部門負債（客戶的支票和儲蓄帳戶）的廣泛衡量，其規模直接受到政府借款的影響是銀行的主要資產狀況。因此，財政政策和債務管理及貨幣政策或銀行監管，提供了潛在的工具以抑制Ｍ３成長，[141]故而英國官員對貨幣主義的解讀與瑞士截然不同，他們創造一個貨幣目標框架，該框架與其決策機構的高度集權，以及英國銀行體系中公共債務與貨幣成長之間的密切互動一致。[142]

但是由於這種具體的轉換，貨幣政策的角色仍然不明確、不確定，尼漢談到「央行、財政部和希斯政府之間的理解不一致」。[143]在央行和財政部的某些部門，人們普遍希望M3目標能鼓勵對信貸融資的政府支出進行限制（透過減少財政赤字以及／或是向非銀行公眾出售更多政府公債），同時調高銀行利率，但限制性貨幣政策或減少借貸仍然是不可能的。相反的，首相和財政大臣在一九七〇年代初決定英國需要另一次「衝刺成長」，對政府和私人企業來說，廉價的融資條件對這項政策仍是極為重要，[144]因此沒有嘗試提高貨幣政策的地位以實現內部同意的目標。

在接下來的幾年間，通膨率上升至百分之二十五，導致許多學術和政治觀察家將英國的經濟政策與戰後繁榮前的凱因斯主義問題連結起來，這些問題源自於大眾政治的迫切需求所引導的政治算計，[145]以及／或是財政部官員對總體經濟指導的錯誤觀念。[146]雖然「衝刺成長」確實可以用這些術語來解釋，但重要的是，要知道金融業的互補發展（英格蘭銀行對此負有一定責任）對一九七〇年代初期英國貨幣的急遽擴張有著重要的貢獻。這就是競爭和信貸管制（Competition and Credit Control，CCC），是英格蘭銀行針對英國銀行機構，面對邊緣銀行（fringe banks）和歐洲美元（Eurodollar）銀行等不受監管的競爭對手越來越大的壓力而採取的應對措施。一九七一年，央行決定幫助受監管的銀行提供公平的競爭環境，允許銀行採取積極的負債管理並減少準備金，這項決定引發了貸款熱潮，這在很大程度上導致了一九七二年首次商定的M3目標設定過高。[147]

此外，重要的是要知道，在一九七〇年代中期通膨飆升，和一九七五到一九七六年另一次英鎊危機之後，凱因斯主義需求管理在一九七〇年代後半期發揮的作用逐漸減弱並受到嚴重限制。英國再次獲得國際貨幣基金組織的援助，但是這一次，政府以重大的政策變化做出回應。[148]卡拉漢（Callaghan）政府（一九七四—一九七九）採取嚴厲的撙節政策，並致力於實現英鎊M3的貨幣目標，與一九七一年不同的是，這些目標是公開的；例如一九七八年，財政大臣丹尼斯．希利（Dennis Healey）宣布希望M3擴張百分之十二，諷刺的是，正是這個策略選擇困擾著、且最終損害了政府和央行的聲譽，並於一九七九年以柴契爾勝選告終。

一九七六至一九七九年第二次貨幣主義實驗戲劇性失敗的一個原因是，政府選擇公開承諾貨幣目標，而此時這些目標已具有越來越大的意識形態意義，而它們為決策提供資訊的實際價值卻已經惡化。這些目標的象徵意義源自於保守黨政客、智庫、一些股票經紀人和少數激進的貨幣主義經濟學家，如何界定一九七四到一九七五年的通貨膨脹飆高？[149]這群人認為，一九七〇年代中期的通膨大爆發，是因為政府和央行未能限制貨幣供給額。[150]更嚴重的是，在這些專家和市場參與者評估政府持續努力降低通膨的過程中，對M3統計數據的觀察變得越來越重要，而政府對英鎊M3目標的公開承諾強化了這種做法。[151]因此，觀察家利用英格蘭銀行定期發布的M3統計資料，來觀察政府的經濟政策是否在正軌上，[152]當時央行的總出納後來說明，市場和重要觀察家不斷進行的可信度測試，如何導致金融和貨幣進程的不穩定：

在一九七六年之前的時期，還沒有公布貨幣目標時，沒有公開可見的措施來衡量滿足貨幣目標所需的額外債務銷售。從一九七六年開始就有了……一旦實際數字偏離［M3成長］的目標路徑，就會形成這樣的預期：市場上的債務銷售水準將發生補償性變化，導致收益率發生變化。如果超出目標，需求就會受到抑制，如果低於目標，需求就會受到刺激，進而可能導致收益率和利率出現爆炸性偏離以及相對應的波動。[153]

安東尼・科勒比（Anthony Coleby）的解釋是，政府越來越因為是否達到自己的英鎊M3目標而被評價。然而問題是，相關統計數據並不穩定，尤其是在短期內更是如此。此外，正如英格蘭銀行的經濟學家在一九七六年之前就已經發現，英鎊的M3幾乎沒有提供任何有關經濟中價格或產出發展的資訊。古德哈特在一九七四年為一次會議撰寫的一篇論文中就指出，「英國不可能清楚看出改變貨幣總量擴張率對經濟的影響。」[154]他在後來證實了這個評估，並指出「沒有其他地方……之前的（短期）貨幣需求函數穩定性表現出，像英國在一九七二到一九七三年的英鎊M3那樣全面崩潰。」[155]簡而言之，政府的評估目標是一個高度不穩定且極不可靠的目標，而這個目標只能導致失敗。雖然這次明顯的失敗，令柴契爾在一九七九年競選期間大幅受惠，但她後來也遭遇到同樣的問題。那麼為什麼工黨在一九七六年展開第二次致命的貨幣主義實驗，儘管事實上公共目標使政府暴露在右翼反對者和債券市場參與者的面前，他們將注意力集中在包含大量「噪音」？央行的高級官員在這項決定中扮演重要的角色，他們是說服財政大臣丹尼斯・希利在一九七六年公布英鎊M3目標的關鍵人物。正如一位財政部官員在一九七七年所寫的，「自一九七六年七月以來，[央行]理事即不斷推動財政大臣逐漸接受M3目標成長。」[156]那麼，由於央行官員本身對貨幣主義理論持嚴重保留態度，並收集了足夠的計量經濟學證據來質疑其適用性，因此這種主張不可能建立在，央行官員關於如何以貨幣主義實踐經濟政策的任何一致想法的基礎上。相反的，英格蘭銀行總裁選擇提倡M3目標，因為他們希望宣布的目標能夠「給財政大臣套上一條更緊的繩子」。[157]換句話說，貨幣主義被選為央行利用其對貨幣和財政政策的內部影響力的手段，透過促使財政大臣採取自我限制性貨幣目標，央行官員希望能夠促使他限制支出，並讓他的內閣同僚相信財政緊縮是無法避免的。央行的論點指出，英國公債市場開始關注已公布的貨幣數據，將此視為政府政策的關鍵訊息，使央行的提議具有分量。[158]因此，在倡導貨幣目標時，央行再次發揮了市場專家的經典角色，向財政大臣權威地傳達金融市場中普遍存在的「意見、預期和態度的氣氛」。[159]

然而，央行選擇透過金融市場論點向財政大臣施加貨幣目標來最大化其內部影響力，使得制定連貫的經濟政策變得更加困難。由於數量統計的不可靠性和貨幣主義的意識形態包袱，貨幣主義不足以實現這個目的。還有一個問題是，貨幣主義宣言並沒有向英國經濟中的非市場成員提供有意義的訊號，而英國經濟中的非市場成員，在貨幣穩定過程中扮演著決定性的角色。舉例來說，公共部門及其他產業的工會，並沒有將貨幣目標視為調整薪資要求的焦點。因此，工黨政府對通貨膨脹的薪資要求採取截然不同的反應，也就是加強收入政策的失敗嘗試。[160]這個想法是，適度的薪資解決方案將有助於貨幣穩定，為即將面臨選舉的政府提供更多喘息的空間，[161]但這些薪資談判耗盡了政府剩餘的大部分政治資本，破壞性罷工（「不滿的冬季」〔Winter of Discontent〕）⑥以及最初薪資目標和最終協議之間的明顯差異，加劇了公眾對政府維持經濟正常運作能力的不信任。

由於央行繼續依賴內部影響力而被捲入了這場治理危機，這場危機為柴契爾在一九七九年的勝選具有重大貢獻，結果即將上任的政府將銀行視為問題的一部分，而不是解決方案。但因為央行缺乏正式的獨立性，是否還有其他策略選擇可以在經濟政策上留下自己的印記？內部文件顯示，當時至少考慮過另一種可能的方法，這需要公開表達對利率決策獨立的立場。正如高級官員所討論的，這可能涉及尋求與議會和統合主義參與者（例如工會大會和英國工業聯合會）的直接接觸，透過總體經濟分析傳達銀行的立場，[162]正如一位官員所想的，這樣的公關活動會「將[與財政部]的戰爭公開化，這**可能**是正確的做法。」[163]然而，對這種「外部化」策略的反對占了上風，因為央銀內部有很大一部分人認為，「央行的聲譽和影響力取決於我們所有業務中最高的專業能力和效率」，而且「公開談論政策可能會嚴重損害私人對政府的影響力。」[164]簡而言之，這段時期央行的主要決策者認為，央行應該保留其在政府內部的非正式權威，並利用官僚政治的槓桿，貨幣目標的慘淡經驗使他們對自己是否有可以公開宣傳的獨立政策概念缺乏信心。此外，值得注意的是，一九七〇年代央行的本質上仍是倫敦金融城機構，其政策的策略是以央行在倫敦貨幣市場的運作角色，及其與金融城公司的密切關係為基礎。[165]因此，對於央行官員來說，他們因採取獨立的政策立場而獲得更廣泛大眾的認可和合法性似乎是不可能的，舉例來說，在一九七〇年代總裁和副總裁發表的三十二場演講中，其中有二十九場是針對不同的銀行家團體，只有三場是針對非金融聽眾。在激烈的工業衝突時期，這並不能保證對參與貨幣政策並受其影響的重要選民有很大的影響力。

⑥ 編者註：一九七〇年代末，為抗議薪資連年降低，工會召集工人舉行大規模罷工。

以上分析顯示，為什麼瑞士國家銀行能夠在一九七〇年代將貨幣主義轉變為強大的治理技術，而英格蘭銀行則不能。總而言之，瑞士的案例揭示了央行如何能夠讓不同的機構針對透過貨幣目標闡明的穩定預期，進行自我確認協調。這項策略的想法源自於瑞士央行年輕經濟學家的內部專家工作，儘管對科學貨幣主義持保留態度，官員們還是在一九七四年底採取了這個策略，因為他們持有自己的「民間」貨幣主義觀念，而且宣布新的目標策略轉移了瑞士非自願退出固定匯率後，人們對央行未能解決信貸成長和外匯波動問題的注意力。這種貨幣目標選擇證明很成功，因為在經濟衰退導致瑞士經濟萎縮之後，目標為央行的低通膨政策方針提供了看似合理的概念。特別是，銀行在瑞士央行保留了大量且定期波動的準備金，並繼續壟斷客戶的儲蓄和信貸供給。在這種情況下，基礎貨幣和M1的目標為貨幣穩定的象徵，維持了一定的可信度，即使在央行沒有嚴格控制的情況下（正如當今貨幣主義的批評者正確指出的那樣，這在實務上是不可行的）。結果，包括薪資談判者在內的各種利害關係人都採用了貨幣主義語言，並接受了瑞士央行的基本主張：通膨仍將受到央行的控制。儘管瑞士央行的獨立性和貨幣問題上，缺乏選舉競爭為央行提供足夠的空間來引入貨幣目標，但是中央政府軟弱的聯邦官僚機構，很快就默許財政和其他政策隸屬於瑞士央行設定的目標。

相較之下，英格蘭銀行未能利用一九七〇年代的通膨危機，問題不只是在於央行缺乏必要的獨立性來根據貨幣目標制定利率決策，政府也不願意接受任何限制。這些的確是問題，但這些只是清楚地影響了針對「追求成長」事件的政策發展。另一個更重要的問題是，英國央行一九七一年的「競爭和信貸管制」改革引發了信貸的大規模擴張，並為英國國內銀行業帶來積極的負債管理，結果導致貨幣目標變得不可靠。由於對如何在不穩定的結構性條件下實施貨幣政策沒有明確的想法，央行選擇在總體經濟行政部門內提高審慎貨幣和財政政策的態度，利用央行的市場專家角色向卡拉漢政府施壓實行撙節政策。儘管央行對公開目標的遊說相對成功。並提升了央行在內部的影響力，但是這個策略選擇使政府面臨市場和保守派專家的信譽考驗，最終未能倖存。此外，由於其主要功能是將財政決策與債券市場預期連結起來，英國貨幣主義從未發展成為整體總體經濟政策的一致框架，這個問題在「不滿的冬季」中，政府有關收入政策的困境中變得非常明顯。結果，隨著一九七〇年代的結束，央行發現自己處於一個非常不適的處境，政治左派繼續將央行視為促進緊縮政策和金融部門利益的「國中之國」，更重要的是，右翼專家、市場專家和即將上任的保守黨政府認為，葛登・理查森和其他高階央行官破壞了貨幣主義這種萬靈丹的一貫措施，進而導致過度通貨膨脹。

整體而言，我在這兩個案例研究中強調的是，這兩個國家在「漫長的一九七〇年代」[166]期間應對危機的結果，是在不同結構和制度條件下進行政策創新和實驗的結果。在瑞士試驗成功，但其結果是本世紀初行動者沒有預見到的，包括一種真正新的治理做法，它重新界定了不同利益攸關方的作用和關係，統合主義機構和保守銀行成為瑞士央行執政所依賴的基礎結構根基。相較之下，在英國的例子中，政策實驗中使用的貨幣主義概念與決定成功貨幣穩定可能性的條件之間不一致。此外，儘管貨幣主義思想從一九六〇年代末期開始滲透到英格蘭銀行，但這些思想並沒有幫助行動者承擔新的代理政策角色，而是重新確認傳統的認同和影響力來源。簡而言之，由於貨幣目標未能為英格蘭銀行產生新的基礎設施權力，央行官員儘管擁有相當大的影響力，他們仍認為不可能重新定義該組織在更廣泛政體中的地位。

我對不同條件下的搜尋過程和實驗的關注超越現有文獻，現有文獻通常假設結構變數、制度條件或思想傳播可以解釋結果。所有這些因素都很重要，但只有在遵循政策實驗的路徑及其（通常是意想不到的）結果時才會變得明顯。我的分析也提出了實用貨幣主義的獨特概念，這既不是一套經濟理論或教條，也不是一種證明高利率合理性的政治意識形態，相反地，實用的貨幣主義是從當地特定的翻譯過程中產生的。在瑞士的案例中，這種轉變產生了新的央行官員身分和以前不存在的預期協調模式——用賈桂琳・貝斯特[167]的話來說，這是一種新的「通膨遊戲」（inflation game）。在英國的案例中，對應的轉換與金融領域正在進行的結構性變革相衝突，並重申了傳統的勞動分工；這加劇了危機的升高，而行動者不知道該如何避免。

即使我的說明強調在不同條件下在當地進行的實驗，但與其他情況（尤其是「成功」的情況）卻有驚人的相似之處，這使我們能夠從上面提出的發現中汲取更多一般的想法。例如，就像瑞士國家銀行一樣，德國聯邦銀行「痴迷於固定匯率的想法」，[168]直到國際貨幣安排最終崩潰，且大量資金流入威脅國內貨幣的穩定。[169]就像在瑞士一樣，由於許多秩序自由主義（ordoliberal）經濟學家之間根深柢固的反對通貨膨脹（anti-inflationism）與積極回應，使貨幣主義思想獲得某種初步的支持。[170]但是在一九七〇年代初期，德國聯邦銀行並不熱衷於承諾傅利曼風格的貨幣供給控制。正如海默特・施勒辛格（Helmut Schlesinger）和費德李奇・柏凱曼（Friedrich Bockelmann）在一九七一年國際清算銀行的一次聚會上說的：「嚴格遵守傅利曼的貨幣規則——如果要考慮到這一點——將遇到嚴重的實際困難。」[171]彼得・強森[172]記錄了新的專業知識的引入，如何逐步導致中央銀行的高級官員改變態度，並越來越依賴貨幣主義概念為政策審議的基礎。但是一九七四年十二月宣布第一個貨幣供給目標的決定取決於不同的理由，德國聯邦銀行在那一年未能灌輸自願的薪資限制，並決定向工會發出明確的警告：不會配合高薪資，如果有必要，將透過讓失業率升高的方式來打壓通膨。[173]重要的是，這個舉動並沒有偏離統合主義，而是對統合主義協調過程的修改，轉向強森所說的「貨幣統合主義」（monetarist corporatism）[174]或政府官員被標記為「偽造的收入政策」。[175]實際上，德國聯邦銀行本身明確要求所有機構參與者都共同加入，以穩定通貨膨脹並實現中央銀行的諾言。正如當局在貨幣政策的關鍵時刻（在德國統一那一年）所寫的：「中央銀行在任何情況下都期望所有負責**經濟、預算和收入政策**負責的人都將與央行合作，以實現維持德國馬克的國內購買力。」[176]根據羅柏．弗朗茲斯的描述，在德國聯邦銀行領導下的這種更廣泛的協調，是透過以下方式運作的：「德國聯邦銀行……引導其政策公告專門針對薪資談判者及政府，因此明顯威脅到貨幣緊縮，這是為了因應即將到來、且被央行視為通貨膨脹結算或預算。」[177]成功期望協調的一個方面是，反對這個由中央銀行主導、強烈的反通膨的總體經濟政策協調仍然溫和。工會將中央銀行對低通貨膨脹的承諾納入薪資談判中，因而重新確立了根據德國低估制度出現的生產者聯盟。[178]儘管激進的經濟政策在德國的發展更為強烈，而且比瑞士更加政治化，但政府很少公開反對德國聯邦銀行的決定，就算提出反對也經常沒有用，[179]在因應央行威脅的關鍵時刻，財政支出受到限制。[180]最後，類似於瑞士的情況，德國的金融結構有利於貨幣目標。「德國馬克貨幣市場特別不發達」[181]和「金融中介機構基本上沒有透過投資組合類型、商業類型、地理位置或客戶類型來區別」。[182]雖然德國聯邦銀行經常無法像任何其他國家央行一樣，但這麼做仍給予貨幣目標一定程度的合理性。

乍看之下並不容易看出來德國和瑞士的情況，以及德國與日本的情況兩者之間的相似處，因為日本央行在法律上並不獨立，當時的金融體系需要「以銀行和市場為主」。[183]但是在經過仔細查看後，與瑞士和德國案件的相似之處非常明顯。首先，在一九七〇年代時日本央行能夠將其準備金管理與信貸發行量連結起來，因為「存款銀行的貸款率不如銀行間利率靈活……因此，隨著銀行間市場的利率[在日本央行干預時上升]，銀行便減少給客戶的貸款，並且[開始]在銀行間市場中借出或償還債務。日本央行透過出售公債[吸收]產生的超額資金。當銀行間利率下降時，則會發生相反的情況。日本央行行使『窗口指南』⑦，以鼓勵對銀行的投資組合調整」。[184]結果，就像在德國和瑞士一樣，貨幣目標（此處定義為M2加上定存）提供了基礎金融業務看似可信的概念。此外，中央銀行沒有直接宣布目標，因為這種目標將需要與政府協調，但是央行使用不同的策略來透過「預測」貨幣成長以傳達其政策意圖。對央行預測的貨幣主義前提普遍的信念（也就是穩定的通膨率是根據穩定的貨幣成長），再加上協調的薪資談判，[185]為這種信號產生自我確認的預期動態提供了條件。

那麼失敗的情況又如何？失敗的情況顯然更多元。但是到目前為止，金融業的自由化是最常被引用來指出破壞貨幣目標實驗的因素，並使預測的數量目標變得不可信。[186]關於加拿大的情況，大衛・萊德勒認為「金融部門的大規模放鬆管制，導致任何貨幣或信貸總額的行為相關的資訊完全不足。」[187]另一個失敗的案件則是在法國（與義大利相似），法國央行能夠有效地控制信貸發行量，因為（國有化的）銀行業透過中央銀行的貼現直接為此類發行提供資金。[188]此外，由於央行能夠區分不同類型貸款的貼現條款，央行可以控制資金的**分配**。一九七三年，央行決定制定信貸政策的一種方法，就是設定擴大銀行業負債（M2）的目標；從一九七七年起公開這些目標。但是，儘管央行對信貸進行強而有力的控制，但貨幣目標並沒有加強貨幣政策的實施，也無助於重新穩定法郎的內部價值。由於信貸管制的高效率，中央銀行繼續與工業和社會決策密切相關，在這種情況下，央行無法利用其貨幣目標來傳達其貨幣政策意圖，因為具體的分配選擇否決了全球目標數字。而補充的方式，也就是與薪資談判機構的溝通仍然薄弱，因為工會從信貸提供和分配的角度來理解貨幣供給，而不是與薪資結算相關的資訊。[189]此外，對於法國工會來說，國家本身是他們薪資要求的主要目標，因此這些要求是否得到滿足和合理性的問題，將由民選政府回答而不是央行。在這種情況下，儘管民眾對貨幣過程有相當大的控制權，在瑞士和德國的情況中，那種期望的協調卻遭到抑制。

美國的情況則是眾所皆知卻沒有人討論，我將在下一章中討論聯準會在一九七〇年代失敗的政策，以及沃克著名的轉向「非借入準備金目標」（non-borrowed reserves targeting）的作用。但我對其他案例的初步討論顯示，保守的銀行結構將貨幣總量當作政策實施的目標具有一定的合理性，統合主義機構則支援由中央銀行指導的預期協調，而中央銀行享有內部自主權，這通常都會成功。在試驗失敗的情況下，由於金融創新，缺乏使用貨幣目標為政策執行指南的操作條件；以及／或是薪資談判者和央行總裁之間的預期協調沒有發現支援性的制度條件。

這點出了我想在本章中提出的最後一點，也就是一九七〇年代貨幣主義實驗對後續發展的影響，預示後續幾頁中涉及的問題。我們需要分別討論這個問題，分別討論貨幣目標成功的國家和貨幣主義失敗的國家。在貨幣主義政策成功的國家，他們所流傳下來的政績非常模糊，一方面，正如許多學者所指出的，德國聯邦銀行、瑞士央行和日本央行在各自國家的總體經濟政策中占據主導地位，這在一九八〇年代和一九九〇年代導致過分強調以實際社會和經濟成本的價格穩定，對國內公民是如此，但是對國際也

⑦ 編者註：窗口指南（window guidance），透過指導商業銀行的貸款方向和利率水準來影響整體經濟。

是，因為這些國家大量出口過剩的負面影響。[190]央行的主導地位也導致了限制性的**財政**政策——各國央行對政府決策施加重大影響，並可能威脅提高政府的借貸成本。一九九〇年代時，這種限制性偏見被證明是致命的，當時這三個經濟體——德國、瑞士和日本——都經歷了低成長和失業率上升的時期。[191]但我們也可以看到貨幣目標一些正面的結果。首先，除了英國或美國之外，各自國家的通膨負成長過程並沒有摧毀統合主義和工會主義，這些機構反而在中央銀行主導的政策協調中發揮了戰略作用。[192]其次，由於中央銀行依靠保守的銀行結構來成功設定目標，他們抵制並延後一些最終會變成不穩定根源的金融創新。

因此，採取貨幣主義的中央銀行比人們所知的要多，但正如我在本章開頭所指出的，無法利用對應制度條件的中央銀行，將是推動進一步發展的中央銀行。在英國，統合主義制度和經濟決策官員之間的連結從一開始就很弱，[193]但在「不滿的冬季」之後就瓦解了。正如紀錄所顯示，央行仍然是一個倫敦金融城的機構，不能獨立地引入統合主義者，英國選擇了另一條路線，由競爭和信貸管制（一九七一）發起，並且柴契爾繼續放鬆對銀行業和更廣泛的金融市場的管制，進一步加深了這個路線。在這種自由化金融的背景下，需要的是「沒有貨幣的貨幣政策」，[194]也就是一種政策制定和實施技術，將有關價格穩定預期的協調與調節準備金，以及／或是穩定的信貸發行模式分開。正如我將在第三章中討論的，保羅．沃克偶然發現了一個滿足這些要求的解決方案，並帶來通貨膨脹目標的發展，英格蘭銀行是最早接受這個創新的銀行之一，利用金融化資本主義的新興制度和調整版的貨幣政策。

Chapter3

主導金融市場的預期

抑制通膨預期是我們的工作中重要的事。*

——費德里克．密許金（Frederic Mishkin）

在聯準會的期間，由於有關通膨懸而未決問題的範圍和深度，我開始擔心通膨預期對貨幣政策有非常大的影響。**

——丹尼爾．塔魯洛（Daniel Tarullo）

諷刺的是，正如我在第二章中所指出的，正是因為缺乏當代形式的金融化資本主義，使一些中央銀行的早期貨幣政策實驗成功了。從大通膨時期直接獲得收益的少數貨幣當局，是那些在這段期間設法採取實用貨幣主義的貨幣當局，使用貨幣目標作為與統合主義機構進行不對稱溝通的工具，並作為他們與保守銀行業營運關係的合理概念。另一方面，金融化在一九七〇年代已經充分發展的地方以及／或是其

* 費德里克．密許金於聯邦公開市場委員會的會議，二〇〇七年十二月十一日。

** 丹尼爾．塔魯洛，引述克里斯．賈爾斯於《金融時報》二〇一七年十月十一日的文章〈隨著模型失敗，央行官員面臨信心危機〉（"Central bankers face a crisis of confidence as models fail"）。

他障礙，阻礙了中央銀行官員和定價支援者之間的預期協調，實用貨幣主義失敗了。

我在本章中繼續實證敘述，深化我的分析視角以及擴大歷史、比較範圍，因為儘管一九七〇年代只有極少數央行崛起，但事情並沒有就這麼結束。從一九八〇年代中期開始，大多數經合組織（OECD）國家的貨幣當局獲得了合法性和影響力，這種發展的一個明顯跡象是各國廣泛採用中央銀行獨立性為正式框架，鞏固了貨幣政策與其他經濟政策的分離，並將對該領域的獨家控制權移交給貨幣主管當局。[1]如果一九七〇年代標誌著中央銀行權力的不確定開端，那麼我們可以將一九九〇年代和二〇〇〇年代視為中央銀行官員的黃金時代，貨幣主義那時已經在大多數核心資本主義國家中嘗試和放棄。從一九九〇年的紐西蘭開始，然後是加拿大和英國，越來越多國家的央行轉而將通膨目標當成一種新的、大有可為的政策實施方式。確實，這個策略的實施被證實非常成功，以至於個別的央行官員和許多專家很快聲稱，通膨目標制比貨幣主義還要好太多了，因為這提供了一種更有效、更可靠和更負責任的方式來實現低通膨和穩定的通膨。舉例來說，二〇〇七年時馬文・古佛蘭德（Marvin Goodfriend）滿懷自信地寫道：「除了通膨目標之外沒什麼其他選擇，黃金和貨幣目標當成貨幣政策的名目基準（nominal anchor）已經不受到青睞了，[而且]在國際資本日益流動的時代，固定匯率不再是一個可行的名目基準。」[2]到了二〇一七年，超過四十間央行以各種不同的形式採用通膨目標。[3]

在本章和第四章中，我將重建通膨目標的歷史根源，為了將這種分析嵌入文獻中，我要簡要介紹政治經濟學家和社會學家討論該主題的主要方式，以及我的方法如何與這些文獻不同，並做出貢獻。首先值得注意的是，許多政治經濟學家錯誤地認為通膨目標的獨特性，舉例來說，很大一部分研究將貨幣主義和通貨膨脹目標等同於迎合資本利益的「硬通貨」政策。[4]以思想為導向的學術，有時也將貨幣主義和通貨膨脹目標視為更廣泛的新自由主義意識形態中無法區分的元素。[5]確實，這些觀點抓住了新自由主義政策變化的大致輪廓，特別是貨幣政策與勞工力量減弱之間的相互關係，但未能將通膨目標與貨幣主義區分開來，導致分析師忽略了央行權力條件及其影響的差異。舉例來說，正如我在前一章中所說明的，貨幣主義央行官員不僅依賴統合主義機構，還依賴保守的銀行和受監管的貨幣市場，以維持貨幣目標的可信度。相較之下，通膨目標制定者通常依靠靈活的勞動市場，並促進高度互聯、完全市場化的金融體系作為價格信號快速傳遞的基礎結構根據。

如果通膨目標制與實際貨幣主義不同，那麼我們如何重建這種技術的歷史？政治學和社會學中有兩種方法可以為這個問題提供答案。第一種觀點認為，通膨目標制是一種全球規範，規定政府和央行官員如何組織和實施經濟政策。雖然這些文獻提到了專家、央行官員和國際組織身為開發者和推動者，但學者們的主要問題是通膨目標如何在制度不同的國家之間擴展。對這個問題的解釋類似於中央銀行獨立性研究中提供的解釋，[6]這裡的關鍵想法是，雖然一些早期採用者可能出於內在的政策原因選擇了通膨目標，但後來採用是因為國家和中央銀行官員向國際資本市場、官方貸款人（如國際貨幣基金組織）、國內選區和跨國專家社區，發出可信度和合法性信號的動機。[7]麥克·金恩（Michael King）[8]為英國的情況驗證了這些論點，他認為英國採用中央銀行獨立性和通膨目標的關鍵動力，是專家們對這些規範的優越性達成了共識，這個共識使工黨相信，給予英格蘭銀行運作獨立性並鞏固其通膨目標方法，是工黨向選民表達該黨經濟政策能力的最佳方式。

本章講述的是一個不同的、互補的故事，我的重點是通貨膨脹目標制的發明，及其在核心資本主義國家的早期部署。我說明推動通貨膨脹目標的發明和首次採用的，與其說是專家之間的共識和對合法性的渴望，不如說是在金融化經濟體中實施經濟政策的政治和操作問題。我特別強調保羅・沃克所扮演的角色，他在貨幣政策規範沒有專家共識的時候，開發了通膨目標的原型。沃克的關鍵發現是，他可以透過改變聯準會的操作目標，也就是所謂的聯邦基金利率，直接影響美國債券市場的通膨預期。[9]同樣地，但與金恩[10]相反的是，我認為英國制度和政策變化的主要驅動力不是認識論（epistemic）的業界共識，相反地，利用金融業的結構性變化，以及國家官員對貨幣主義和外匯政策的挫敗感，英格蘭銀行創新了一個正式的通膨目標框架，以加強央行在政體中的權力地位。關鍵的變化不是在一九九七年工黨贏得選舉時發生的，而是在英國非自願退出歐洲匯率機制（Exchange Rate Mechanism, ERM）之後的一九九二到一九九三年。在這段期間，央行實際上控制了定義通膨目標的關鍵溝通關係，也就是央行透過預測發出訊號與市場形成通膨預期之間的相互作用，這表示央行在一九九八年獲得正式獨立之前已經成為英國事實上的權威貨幣決策者。

關於溝通中央銀行和預期管理的文獻，[11]更符合我對通膨目標的理解，本文獻從兩個互補的角度解釋這項政策。首先，道格拉斯・霍姆斯和其他人強調，有了通膨目標制，央行官員們開始更明確、更反射性地將預期作為他們治理的主要目標，這可以說導致了從交易到溝通的轉變，成為定位價格形成行為的主要工具。像這樣強調溝通，再加上第二個見解（也就是新凱因斯主義經濟學），為新的預期治理提供了道具和設備。[12]特別是，動態隨機一般均衡（DSGE）模型等工具，使自然實質利率（r-star）和經濟體產出缺口等不可觀察的變數變得可計算。如果央行能夠帶有權威地預測這些變數，市場參與者就能輕易理解並預測央行的決策，將其作為共同認知框架內的適當行動。因此，通膨目標制的成功不僅取決於採用廣泛接受的規範，還取決於中央銀行在具體政策制定中獲得「認識權威」的能力。[13]

本章所介紹的歷史根源擴展了這些想法，但也轉移了重點。我首先看到通膨目標較少的新核心特徵是發現預期，德國央行的貨幣主義者和通貨膨脹目標的擁護者一樣清楚，經濟主體對貨幣政策的理解和預期對其干預政策的成功極為重要。[14]但通膨目標與貨幣主義不同，因這是一種針對金融市場預期管理的實踐，其成功的關鍵標準是讓長期利率對央行操作目標（短期貨幣市場利率）的操縱做出可預測的反應，進而確認通膨預期仍為定義的目標水準（例如每年百分之二）。正如柏南奇（Ben Bernanke）所解釋的：「一般大眾不太關注央行的聲明，因此即使只有金融市場參與者密切關注，穩健的政策也應該設計得有效。」[15]這就是通膨目標所實現的，促進「與金融市場的合作遊戲」。[16]諷刺的是，這個協調過程的框架也為央行積極支援成長和失業開闢了空間，特別是在當局和市場一致認為此類行動符合「產出缺口」（output gaps，產能利用率低於均衡水準）假設的情況下，故而不會對未來通膨構成風險。[17]因此，在通貨膨脹目標制下，貨幣政策占主導地位不僅是應對過度通貨膨脹的體制答案，而且是全球化經濟體系中總體經濟管理更廣泛問題的制度答案。本章透過強調決策者重新集中精力獲得相對於金融信譽的結構和體制條件，來重建這個過程，在我的歷史根源中討論這些有利條件，將通膨目標的出現，融合到發明和採用這種技術的國家。金融化和制度變革的更廣泛敘述中。

因此，本章開始更直接地討論本書更廣泛的問題，那就是為什麼中央銀行在金融化大幅發展的時代持續擴大其治理權力。本書的答案是，在一九八〇年代至二〇〇〇年代，在高度流動性和一體化的貨幣和資本市場眼中，使政策具有可預測性成為一種強大的治理技術，不只是為了抑制通貨膨脹，也是為了支持成長。我將首先回到我在第二章結束的地方——一九七九年的英國。我想說明的是，當時即將上任的柴契爾政府如何將注意力從工人轉向金融市場選民，並試圖透過可信目標的預期協調來強化政策。但柴契爾的問題是，貨幣主義被證明不適合這個專案。然後，我轉向通膨目標制的發展，其起源在於沃克對一九八〇年代美國債券市場「通膨恐慌」的強力反應，再從這裡前往英國和其他經濟體。通膨目標制被編制為一種技術，其核心是對感受到的通膨風險的預期反應，以及積極穩定成長的行為被與金融市場共同決定的政策空間所限制。相較於沃克的非正式、初期版本的通膨目標，關鍵的新要素是通膨預測，這使得央行能夠將其營運目標的變化與對市場的前瞻性訊號連結起來。英格蘭銀行在一九九二到一九九三年獲得發布所謂「通貨膨脹報告」的權力時，朝著發展這種做法邁出了重要的一步。根據透過這些報告影響預期的能力，央行獲得了對財政部的認識權威並且創造了條件，使中央銀行獨立的機構改革只是合乎邏輯的下一步。然後是中央銀行的黃金時代，其特點是中央銀行市場政策的高度可預測性，以及中央銀行越來越活躍的總體經濟政策活動。一個意外的不良後果是，央行—市場協調如此緊密，助長了系統性風險的增加，正如一些貨幣主義者在一九九〇年代提出的警告，也正如二〇〇七—二〇〇九年的金融危機所顯示的，透過製造虛構的市場利率、成長和通膨長期穩定，中央銀行助長了金融業的過度冒險行為。

柴契爾的貨幣主義與金融化政治的矛盾

正如第二章所討論的，高度集中的總體經濟管理沒有明確貨幣政策的作用，再加上勞動力不穩定、意識形態爭論和金融的破壞性變化，使英國的貨幣目標在一九七〇年代成為一種澈底令人失望的經歷。英格蘭銀行在兩次失敗的貨幣主義實驗中發揮了重要作用，因為在第一階段（一九七一—一九七三），央行首先試圖將受監管的銀行業從競爭劣勢中解放出來，而在第二階段（一九七六－一九七九），央行再次確認了身為撙節政策內部聲音的角色。柴契爾於一九七九年當選是因為解決通貨膨脹問題的政治承諾，她透過承諾不惜一切代價致力於通膨負成長，為這個專案帶來了政治力量。雖然這種意識形態貨幣主義受到了很多關注，[18]但經常被忽視的是，柴契爾時代的早期標誌著英國貨幣主義的最終失敗，[19]柴契爾執政時期也未能解決英國貨幣政策的根本結構和制度問題。

這些懸而未決的問題中，第一個就是在一個高度集中的決策機構中，貨幣政策的作用仍然不確定且未被充分規定。這個問題在柴契爾的領導下加強，因為她在官邸時進一步將決策權集中，她一開始為了通膨負成長，利用這種集中化來採用貨幣和財政措施，但是很快的，高利率變得難以忍受，因為高利率推高了匯率，並對企業施加懲罰性的借貸成本，導致政府不再升息。早在一九八〇年，柴契爾的財政大臣傑佛瑞．豪伊（Geoffrey Howe）就因此轉向限制性的財政措施，[20]利率降低，而且通膨負成長的挑戰透過順循環（procyclical）支出和稅收政策而得以解決。這個策略轉向的關鍵時刻，是惡名遠播的一九八一年預算計畫，在經濟衰退期間，並引起了眾多經濟學家的抗議，[21]政府修改了早期的一些減稅措施，實際上就是對經濟實施撙節政策。當時的財政部官員瑞秋．洛麥斯（Rachel Lomax）用以下的話描述這種轉變的理由：「當我們在非常痛苦的高匯率時（在一九八〇年代初），人們的想法是，我們必須透過緊縮財政政策來減輕利率的壓力，這將使我們能夠在貿易商品類受到較少損害的情況下，實現英鎊貨幣目標。」[22]因此，貨幣政策沒有獨立的作用，仍然是總體經濟穩定較弱的工具，這種情況加強了英格蘭銀行在沒有獨立授權的情況下擔任顧問和遊說者。柴契爾夫人不願意改變央行的這種尷尬局面，並拒絕了專家和政治家（最知名的就是她的財政大臣奈傑．勞森〔Nigel Lawson〕）提出的央行獨立性建議，她比較傾向保持對利率決策的嚴格控制，她利用這種權力來迎合越來越多的房屋抵押貸款持有人，[23]其繼任者約翰・梅傑（John Major）首相維持這個政治立場。

英格蘭銀行經濟學家已經很理解的貨幣政策和英格蘭銀行的第二個困境，就是Ｍ３統計數據高度波動，與通貨膨脹沒有可預測的關係。正如我在第二章中所討論的，查爾斯・古德哈特早在一九七四年就發現了這一點。然而，一九七九年時，新政府忽視這些見解，堅持使用Ｍ３目標框架來實現其選舉時的貨幣主義承諾，但早在柴契爾執政的最初幾個月，這種針對目標的不足之處就變得顯而易見。貨幣主義者陷入了真正的困境，當經濟陷入深度衰退，而信貸繼續快速成長時。面對通膨降低與貨幣持續成長之間不斷擴大的差距，即使是最堅定的貨幣主義信徒也不得不承認，Ｍ３目標為經濟決策提供了誤導性的訊號。[24]

柴契爾在銀行和信貸領域的措施出現一個相關的困境，保守黨政府從上任的第一天起，就盡其所能支持信貸擴張，抵押貸款和消費金融更是如此。在一九七〇年代，英國版的消費貸款（租購）仍然受到限制，抵押貸款幾乎完全由建築協會提供，這些建築協會只是逐漸擴大資產，其負債不計入Ｍ３。[25]但柴契爾政府取消這些限制，一九七九年取消外匯管制和一九八〇年取消特別補充存款（所謂的「束腹」〔Corset〕），消除了對銀行剩餘的貸款限制，結果剩餘的貸款限制大規模進入抵押貸款市場。[26]結果，從一九八〇年到一九八二年，銀行將其抵押貸款市占率從百分之八點一增加到百分之三十五點九，[27]Ｍ３成長加速是不可避免的結果（請參閱圖３—１）。

面對失敗的早期跡象，一些柴契爾主義者希望透過重塑貨幣主義的目的來拯救貨幣主義，他們認為，定義和公布貨幣目標的價值並沒有因為政府早期控制Ｍ３成長的努力而耗盡。傳達限制性貨幣供給目標主要是為了塑造預期，以便經濟行為者能夠預期通膨在多年內會下降。為了將這些假設的預期效應發揮到最大，財政部（特別是奈傑・勞森）與一些重要的顧問，提姆・康頓（Tim Congdon）、泰瑞・伯恩斯（Terry Burns）和艾倫・巴德（Alan Budd）一起制定了一項被稱為「中期財務策略」（MTFS）的提案。[28]根據這個被班・克利夫特稱之為「貨幣主義者開始的旗艦政策」的計畫，[29]政府將制定貨幣目標以及公共借貸目標，直到一九八三年的下一次議會選舉，這些目標將告訴我們一個簡單而明確的故事。政府M3目標的連續降低，顯示的是政治領導階層自願且公開地將自

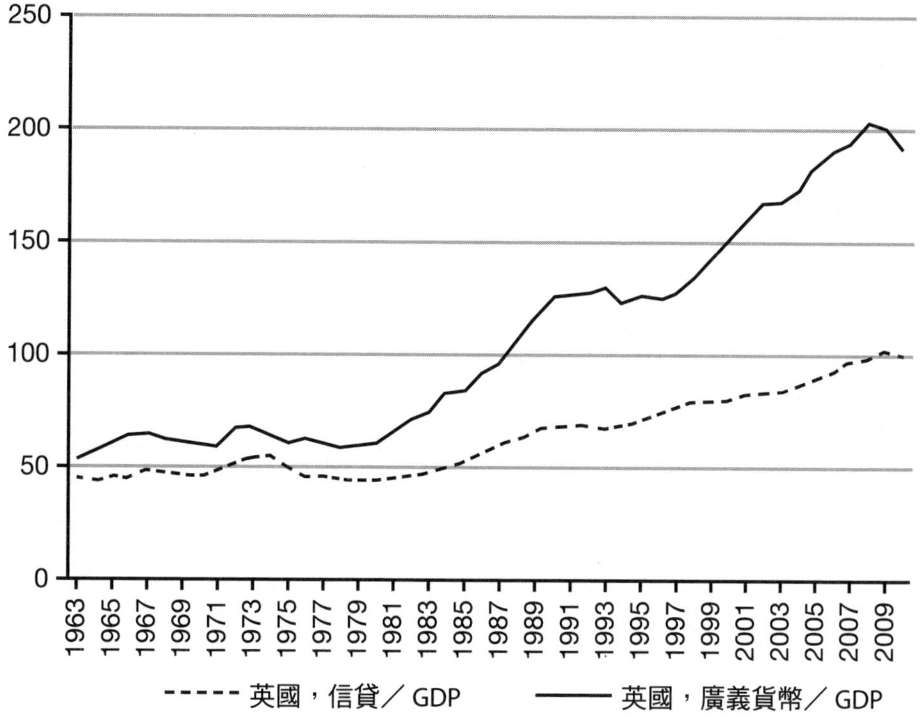

圖 3—1　私人非銀行業的信貸成長（黑色）和 M3 成長（灰色）占 GDP的百分比。

資料來源：英格蘭銀行

已與整個選舉任期內的持續降低通膨連結在一起，願意犧牲就業和經濟成長。

出於對一些財政部官員和英格蘭銀行[30]的巨大疑慮，維持這些努力使得人們相信這種全面的、公開溝通的目標將產生獨立、積極的影響。正如財政部官員彼得·利里（Peter Lilley）所解釋的，「[中期財務策略的]潛在好處在於塑造預期，以減少不必要的失業」，這種效應「取決於薪資談判者是否，能快速放棄在貨幣政策總是配合加薪率的時期所養成的習慣。」[31]同樣地，主要經濟顧問認為，「中期財務計畫……將為政府的反通膨政策提供可信度，將對通膨預期產生有利影響，並將向私人部門保證，政府不打算只是因為[公共部門借款要求]下降而放鬆財政政策。」[32]因此，對經濟政策的信號意圖或「溝通」方法應該要明確造成通膨負成長。一九七九年時，財政部的經濟學家被建議據此調整預測，在他們的模型中建立一個假設，也就是薪資談判者根據傳達的中期財務策略（MTFS）目標中提出的通膨負成長承諾，來調整他們的通膨預期和薪資要求，作為新的預期焦點並試圖操縱預期的一部分。[33]一九八〇年三月，財政大臣傑佛瑞·豪伊成功地向柴契爾及其內閣宣傳貨幣主義公關的優點，正式採用了更廣泛的策略。[34]

然而，很快就變得顯而易見的是，薪資談判者**不會**根據貨幣目標調整他們的薪資要求——除了德國、瑞士或日本之外，英國工會認為這些目標的可信度為零。[35]因此，預期的變化沒有發生，預期效應對消除勞動市場的通膨壓力沒有任何作用。英國鋼鐵工人無視貨幣主義者的溝通策略，在一九八〇年展開罷工以要求加薪百分之二十，[36]故而英國並不是痛苦地撐到較低通膨的期間，而是經歷了失業率大幅飆升，從一九八〇年的百分之六攀升至百分之八，到了一九八三年進一步攀升至百分之十二，政府試圖在通膨負成長的過程中爭取勞工的期望顯然失敗了。

但是柴契爾、財政部高級官員和他們的顧問並沒有因為運作和預期相關的失敗而放棄貨幣主義，而是試圖透過最後一次嘗試重新建構來挽救該專案，他們認為，缺乏預期變化的原因在於勞工的非理性行為，他們被視為無法就政府的策略提出合理的薪資要求。正如記者彼得．傑伊（Peter Jay）在一九七六年所指出的，勞工「需要設法『反疏遠』（dis-alienated）到足以感染他們當時僱主面臨的經營現實，這樣他們才能接受非通貨膨脹的市場決定環境，作為可以負擔的報酬率水準。」[37]根據這種解釋，柴契爾主義者對高失業率採取了「良性」的觀點，認為這是削弱勞工政治權力的推動力，並轉向金融市場專業人士和私人投資人—消費者，作為其利益和觀點與他們自己的政策願景更一致的選民。[38]因此，政府希望就算不是透過勞動力市場，其政策可以在這些市場和消費者—投資人選民的說明下成功。[39]

然而問題在於，在新興的以債務和消費為導向的成長模式背景下，貨幣供給目標被證明完全不適合作為說明政策和協調預期的工具。首先，越來越多的債券和貨幣市場分析師很快意識到貨幣統計數據高度不穩定，金融和貨幣負債之間的界線模糊不清，政府沒有一致地對自身統計數據的變化做出反應，[40]貨幣目標因此無法影響和穩定這些專業參與者的期望。[41]第二，有可能成功的貨幣約束，以及促進私人信貸成長和創新以促進這種擴張，兩者之間並不一致。[42]例如，在執政最初幾年放鬆管制的基礎上，柴契爾政府透過議會住房私有化，進一步推動家庭獲得抵押貸款和信貸。這個進程伴隨著更多的自由化，特別影響到建築界，由於限制性規定、協會的特定公司結構（小型、團體化和區域分散的公司），及其特定的融資模式（以儲蓄為根據），建築協會一直到一九八〇年代前在抵押貸款發行方面都受到限制。然而在一九八〇年代，建築業變得和銀行一樣，小公司合併成更大的實體，在全國各地競爭貸款和存款，並越來越為他們在批發市場上的活動提供資金。[43]與清算銀行一起，建築業在一九八〇年代引領信貸和貨幣的急遽擴張，大多數觀察家都清楚，只要政府支持和鼓勵這個過程，政府就不能以令人信服的方式聲稱控制了貨幣供給。[44]

簡單來說，政府在其主張的貨幣主義和追求金融化之間持續遇到矛盾。越來越明顯的是，不能要求公民對他們的房屋進行債務融資，**並**信任目標在於限制信貸和貨幣成長的政府政策，必須放棄貨幣主義，不只是實際行為，這還被當成闡明總體政策的象徵性手段。[45] **初步來說**，一九八〇年至一九八四年間通貨膨脹率的實際下降，從百分之十八下降到百分之五，因此可能放棄貨幣主義。通貨膨脹的「禍害」暫時消失了，這使得一個自稱為貨幣主義的政府，背棄控制貨幣供給的政策不那麼尷尬。然而，一個更深層次的問題仍然存在：政府如何理解消費主導、債務融資成長的新模式，[46] 以及在取消對私人貨幣創造的所有重大限制的背景下，政府要如何設想總體經濟穩定？[47]

所謂的勞森繁榮（Lawson boom）前後，英國貨幣專家都對這個問題進行廣泛的討論，勞森繁榮是一九八五到一九八八年之間金融與經濟的強勁擴張，在這之後通貨膨脹又再次飆升。少數專家開始相信，繁榮體現的是一個循環，信貸供給過剩暫時推高了資產價格，最終導致過度消費。[48] 這種解釋的含義是，英國應該堅持貨幣主義並控制金融化，因為信貸貨幣成長的加速，最終將透過過度消費和貨幣不穩定來影響更廣泛的經濟。[49] 財政大臣奈傑·勞森和大多數經濟專家則不這麼認為，他們認為，由於私人債務成長反映了私人財富的對應成長，這顯示儲蓄偏好和策略的轉變（例如針對老年），從貨幣和總體經濟穩定的角度來看並沒有問題。[50] 後來，勞森承認，一九八五至一九八八年標誌著一個過度擴張的循環，導致後續的通貨膨脹飆升，然而他和大多數其他經濟學家認為，偶然因素和暫時的不理性——勞森誇張的樂觀主義[51] 和消費者的「過度自信和過度的個人負債」[52]——是造成這種繁榮的原因，信貸和資產價格的**長期**成長，將持續到一九九〇年代和二〇〇〇年代，使人們不需要擔心。[53] 政府和專家整體的觀點是，這些發展代表著對家庭投資組合的結構調整，對總體經濟政策沒有實質的意義，[54]面對猖獗的金融化，貨幣和總體經濟穩定是可以實現的。

因此需要的是，重新制定總體經濟政策的後貨幣主義，將信貸排除在相關問題清單之外，同時使金融化經濟如何變得可治理，或者就像大衛・萊德勒[55]所說的，闡明「沒有貨幣的貨幣政策」。但這樣的重新制定不會發生在英國政府或其他政府政策規劃中心。新的做法始於保羅・沃克任內的聯準會，他偶然發現可以利用長期公債和聯邦基金利率變化，兩者之間的反應性和反射性的關係來穩定通膨預期。其他中央銀行（紐西蘭儲備銀行〔the Reserve Bank of New Zealand, RBNZ〕、加拿大銀行〔Bank of Canada〕、英格蘭銀行）借用這個經驗，後來在一九九〇年代編制通貨膨脹目標，這些創新使各自的中央銀行成為總體經濟穩定的主要權威。央行維持金融市場參與者對低通膨和穩定通膨預期的能力，成為使金融化經濟可治理的關鍵，我接下來要說的就是這件事。

沃克的原始通膨目標

沃克衝擊之前的故事始於一九七三年。聯準會主席亞瑟・伯恩斯（一九七一—一九七八）領導下的聯準會，面臨著通貨膨脹率的加速情況。美國央行長期擔任關注物價穩定的獨立機構，試著透過調升聯邦基金利率來解決這個問題，聯邦基金利率是隔夜銀行間市場上聯準會的利率。但問題在於，這些升息被通膨趨勢本身所超越，因此**實質**利率——名目利率扣除通膨——在一九七〇年代中期跌至負值，直到一九七九年才接近於零。有不同的說法解釋聯準會落後的原因，一些作者認為，聯準會仍本著廣泛協調

（雖然是非正式的）總體經濟政策的精神，[56]將其行動轉向實質成長和充分就業的計算，事後證明過於樂觀。[57]這個點再加上政府內部的信念（由伯恩斯支援），也就是價格控制以及／或是薪資限制就足以抑制通貨膨脹，即使與擴張性財政措施相結合，也足以遏制通貨膨脹（參閱卡特總統領導的惡名遠播的「立即抑制通膨」〔Whip Inflation Now〕運動）。[58]但與英國一樣，[59]美國沒有組織自願性的、貨幣約束的機構性基礎結構，這也反映在聯準會無法向利益相關者（如工會）發出其通膨負成長意圖的訊號。[60]最後，重要的是要知道，從聯準會的角度來看，避免積極升息是有金融穩定原因的，雖然部分銀行業顯然贊成對通膨採取嚴厲行動，但金融業的其他部分（如儲蓄和貸款協會）受到積極升息的潛在不穩定影響的威脅。[61]因此，破碎的金融體系不可比擬的要求，和先決條件是導致聯準會採取謹慎的「利率平滑」（interest-rate smoothing）路線的決定性因素。[62]

這些矛盾的政策要求和相關衝突在一九七九年時加劇，通膨進一步升高，而聯準會官員發現經濟衰退迫在眉睫的跡象，決定政策的聯邦公開市場委員會（FOMC）分為贊成對經濟衰退採取振興措施的人，以及希望實施嚴格通膨負成長的人。沃克身為紐約聯邦準備銀行（FRBNY）的總裁，他參與這些討論時直言不諱，顯然站在鷹派（the hawks），他主要擔心的是，聯準會將失去對通膨預期的控制，因為它繼續適應越來越高的名目利率，確認了通膨上升，而不是對通膨採取行動，正如他所說的，「對經濟以及[實質]通貨膨脹的最大風險是，人們覺得價格正在失控。」[63]

沃克的鷹派立場在金融界和政界都廣為人知，因此當威廉．米勒（G. William Miller，一九七八—一九七九）結束短暫的聯準會主席任期，後來轉任國務卿前，卡特總統知道如果他選擇沃克，央行就會有一位強烈主張反通膨路線的主席。[64]威廉．格瑞德（William Greider）[65]這次的提名重組備受好評，他指出政府仍然支援沃克，正是因為政府的目的是安撫金融市場。

但這時沒有人預料到貨幣政策會真正破裂，連沃克本人也沒預料到，「沃克衝擊」並不是他上任時的政策計畫的一部分。相反地，這位新任主席首先試圖透過將聯邦公開市場委員會內部的考量天秤，往更嚴格的路線傾斜，以解決他認為根深柢固的通膨心理。但是，在他上任一個月後，也就是一九七九年九月，對這個策略進行了修訂。大宗商品（黃金、白銀、銅）價格飆升，美元貶值，聯準會當時沒有新的總體經濟數據，最新的薪資結算顯示通膨並沒有發生重大變化，但是資產價格中通膨**預期**的瓦解，引發基本面的重新思考。在十月六日的決定性會議上，沃克主席據此闡述聯準會的挑戰，認為「關於通膨方面，我們可能正在失去陣地。在預期意義上，我認為我們肯定失去了基地，而這反映在極其動盪的金融市場上。」[66]

隨後引入的程序變化代表聯邦公開市場委員會從那時起，以新的方式說明其政策指示。在設定M1成長目標時，委員會確定了適當的準備水準，聯準會系統的管理者應該減去聯準會借出的準備金（discount-window lending，透過貼現窗口貸款），所得的**非借入**準備金就是直接操作的目標，[67]這些準備金直接受到聯準會透過每日公開市場操作的影響。由於沃克本人也表達了對貨幣目標的疑慮，貨幣歷史學家和專家對這個策略選擇背後的原因進行激烈的辯論，儘管存在相當大的爭議，但還是有可能看出一致的動機：如前所述，沃克最主要和最直接的擔憂是，高通膨預期被納入資產價格和長期利率的可能性，正如羅伯特．赫澤所說，沃克「透過金融市場的眼睛看[世界]」。[68]因此，轉向非借入準備金目標，是一種透過認可貨幣主義明顯承擔（抑制）通貨膨脹（負成長）責任的方式，這是對這些預期獲得影響力的第一步。[69]然後，一個相關的步驟包括更積極地改變聯邦基金利率，以暗示可信的通膨負成長過程；非借入準備金目標應該要為這個訊號過程所需的、更靈活的利率政策提供一個機制。[70]

從評估這些論點看來，沃克衝擊失敗了。同樣地，與英國一樣的是，通貨膨脹率下降不是因為聯準會設法穩定通膨預期，而是因為產出和就業的急遽下降消除了經濟的通膨壓力：一九八一年第四季實質成長率下降了百分之六點二，一九八二年第一季又下降了百分之四點九。通貨膨脹率同時下降，從百分之十二下降到百分之四點五。正如聯準會經濟學家在一九八三年製作的圖表顯示，這不是許多貨幣主義者保證的相對無痛的通膨負成長（請參閱圖3—2）。沃克的通貨緊縮支持了凱因斯主義的菲利浦曲線（Phillips-curve）觀點，也就通貨膨脹／就業權衡，這種觀點在當時直言不諱的貨幣主義和新古典經濟學家中已經名譽掃地。

但沃克可能已經預料到，他的貨幣主義不會是溫和的，而是痛苦的，會帶來真正的總體經濟成本。對他來說更難以理解和毀滅性的是，在這個痛苦的通膨負成長過程中，債券利率**仍在上升**。一九八一年八月時，聯準會的經濟學家有些困惑地指出，「影響利率水準的力量似乎是高度可預期的。面對通膨減速和經濟活動放緩，利率仍然居高不下」。[71]到了十月，債券價格上漲至比一月份高出百分之三的水準。正如馬文・古佛蘭德的觀察：「人們可能會合理地預期，一九七九年底採取的積極反通膨政策行動，將透過迅速將長期通膨預期穩定在低利率，以減少長期利率波動。然而最初的情況正好相反，由於激烈的基金利率變動加上通膨恐慌，長期利率出人意料地波動。令人驚訝的是，一直到一九八八年，不尋常的長期波動性才消失。」[72]

正是這種債券利率波動的經驗，加上越來越沒有用的非借入準備金目標技術，促使沃克制定了一個新版本的通膨目標。這條道路上的第一個關鍵步驟是了解到美國貨幣成長的表面穩定性，[73]在聯準會開始更強烈依賴貨幣需求預測的那一刻就崩潰了。[74]當時的一份報告指出，模型「幾乎沒有提供關於貨幣控制的可靠資訊」。[75]葛莉塔・克里普納[76]合理地將這種結構性突破的原因指向金融創新，尤其是NOW帳戶（具有支付功能的儲蓄帳戶）的引入，這增加了貨幣總量M1中包括和排除的銀行負債之間的波動性。[77]實際上，如果沒有可靠的貨幣預測，就不可能定義有意義的非借入準備金，或者就此而言，不可能確定任何準備金目標，這些內部問題與華爾街分析師（不斷擴大的「聯

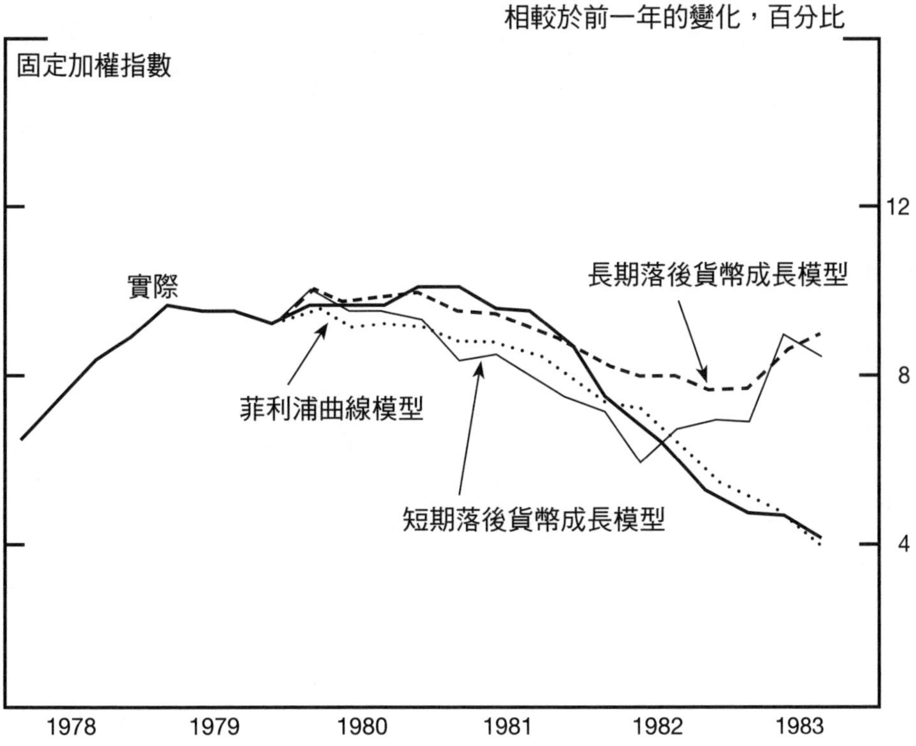

圖 3—2　實際物價發展與貨幣主義及菲利浦曲線模型的比較，聯準會職員為一九八三年十一月十五日聯邦公開市場委員會製圖。

資料來源：聯邦準備理事會，華盛頓特區。

準會觀察家」團體），在理解貨幣統計數據和據此預測聯準會行動時面臨的困難。[78]

但更重要的是，沃克越來越想要推翻計算出的非借入準備金目標，以便**直接**應對「通貨膨脹恐慌」，[79]這代表提高聯邦基金利率時，不考慮數量目標，甚至超出遏制**實際**通膨所需的水準。舉例來說，正如赫澤所說：「一九八三年春末……債券利率開始上升，基金利率保持不變。儘管通膨下降，聯邦公開市場委員會仍調升基金利率。隨著這次升息，沃克開始建立一個新的名目基準。這不是貨幣主義者敦促的貨幣目標，而是對低而穩定的通貨膨脹的預期。」[80]

因此，我們可以看得出沃克最關心的是金融市場的預期，他試著透過致力改變聯邦基金利率來說服市場相信未來的低通膨。[81]貨幣主義只是將貨幣政策重新定位到這個目標時，短暫而且難以捉摸的一部分，最終，

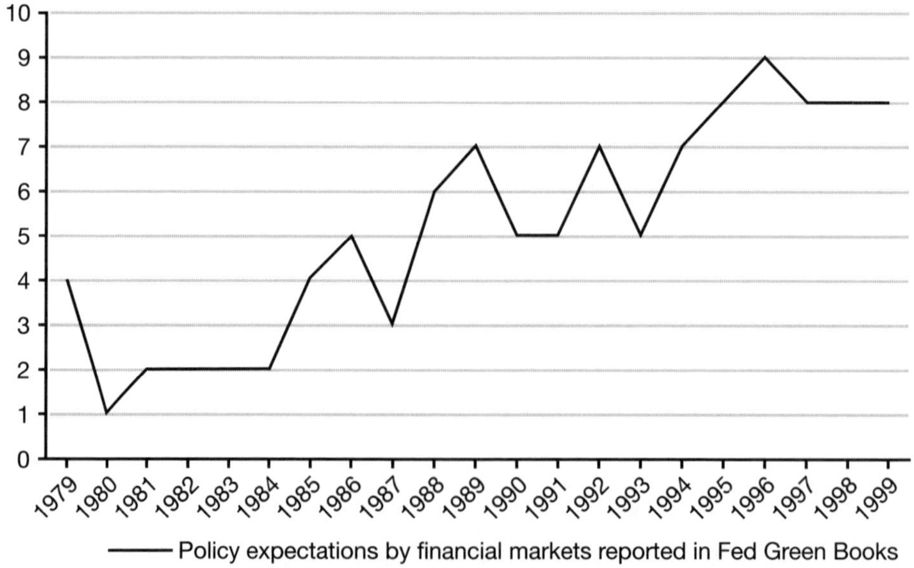

圖 3—3　聯準會綠皮書每年提及金融市場政策預期的次數。

資料來源：華盛頓特區，聯邦準備理事會。

積極的利率反應**直接**有助於穩定通膨預期。但同樣明顯的是，沃克的關鍵性實驗[82]付出了巨大的代價：在一九八〇年代，當總體經濟形勢需要採取更具擴張性的路線時，聯準會一再採取限制性政策，貨幣市場的波動性變得異常高。艾倫．葛林斯班後來強化了沃克的非正式通膨目標，葛林斯班主導下聯準會的主要擔憂仍然是債券市場預期（請參閱圖3—3）。[83]但葛林斯班會偶然發現，聯準會如何在越來越少的極端利率操縱的情況下實施此類政策，甚至可以增加其反周期干預的政策空間。透過發布內部審議，聯準會學會了表達抑制通膨風險的決心，允許長期利率在沒有任何政策舉措之前進行調整，有時甚至不進行調整。[84]這個發現導致聯準會和葛林斯班的新關注點：與市場進行良好協調的關鍵，進而成功的貨幣政策變得可預測（請參閱下文）。葛林斯班領導下的聯準會仍然不願意宣布具體的通膨目標，然而，透過將聯準會對其經濟前景變化的反應模式與市場反應模式保持一致，聯準會開始採用通膨目標，但就是不提通膨目標。

正如我將在下一節中的說明，正是這種預期協調的特定過程，構成了正式通膨目標的運作核心，並在其行為中為總體經濟預測發揮了關鍵作用。[85]但是美國並沒有發生這種技術的完整實現，反而是在英國，為了應對紐西蘭的改革，通貨膨脹目標制才完全正式化。

英國的通膨目標之路

柴契爾和貨幣主義者主要透過破壞性的財政和經濟政策，強化了削弱工作力和去工業化的進程，對通膨負成長有所貢獻。回顧過去，英格蘭銀行認識到這些結構性或「供給面」變化的重要性，協助了後來通膨目標的成功，例如聯準會前副總裁保羅．塔克指出：「一個經濟體的產品和勞動力市場越靈活，面對經濟受到嚴重衝擊，央行在引導總需求方面所做的工作就越少。」[86]如第二章所指出的，對貨幣目標主義者來說其實上正好相反，他們依靠統合主義機構來協調有關目標的工資談判。[87]但是對於在一九七〇年代，將工會納入協調遊戲失敗背景下運作的中央銀行來說，另一種方法是依靠「靈活性」，這樣一來勞資衝突就無法再干擾以金融為中心的另一種協調遊戲。

然而，柴契爾本人並沒有這種方法的祕訣，英國貨幣主義不只是在實際上失敗了，其於政府支援的猖獗消費信貸成長的意識形態中也是不一致的。與此同時，在大西洋彼岸的保羅．沃克學到了教訓，中央銀行可以在金融化環境中的總體經濟治理中發揮強大的作用，走出他自己造成破壞性通膨負成長和勞動力的結構性疲軟後，他展示了如何嚴格地將聯準會運作目標的決策定位於金融市場，進而納入穩定和低通膨預期。

由於大西洋兩岸決策者面臨的類似問題和條件，英國官員了解到，沃克的實驗比德國和瑞士的貨幣主義者更能為他們提供解決方案。美國和英國背景之間的一個關鍵相似之處，是金融化的動態，這使得貨幣目標無法實現，但卻**提高**了利率操縱的有效性，為高效的貨幣政策創造先決條件。英格蘭銀行的經濟學家在一九九〇年說明金融化與其政策有效性之間的關聯：「有些人表示擔心……放鬆管制和創新[金融市場]可能削弱了貨幣政策變化的機制。影響總需求和通貨膨脹……與[這些]擔憂相反的是，利率對英國支出的影響現在比過去**更**強大。」[88]在英國，這種特殊版本的基礎結構權力的一個關鍵來源在於，隨著越來越多的家庭以可變利率（主要是房貸）承擔更大的債務，這些家庭的消費行為對融資成本的變化更加被動，結果這對整體需求產生了重大影響。

然而，問題在於英國央行總裁**如何**利用利率政策的這種潛在基礎結構力量，一個關鍵障礙來自技術文獻所稱的「政策傳遞」（policy transmission）。[89]中央銀行的干預通常集中在短期貸款上，只對非常短期的市場利率有直接影響，沃克覺得這種限制非常痛苦，雖然他積極提高聯邦基金利率，但他在解決長期公債利率不穩定波動方面遇到了困難。然而，最後沃克透過短期利率決策，向債券市場發出聯準會打算實現的目標訊號而解決了這個問題，這在央行和這些高流動性、資訊「敏感」的市場之間建立了預期協調機制。

但是一直到一九八〇年代，由於英格蘭銀行在政府債務市場中扮演著不同的角色，英國決策官員還不可能建立這種預期協調。第二次世界大戰結束後，央行承擔了說明政府維持「市場條件的主要責任，這些市場條件將使現在及未來國內外投資者持有英國政府債務的願望達到最大。」[90]透過這種支持所解決的問題是，雖然公共籌資的需求非常龐大，但一開始的私人需求不足。此外，傳統的市場中介機構——所謂的券商——資本太弱，無法維持政府公債交易的流動性。結果在戰後時期，央行擔任非常活躍的造市者的角色（也就是在二級市場上買賣金邊債券），並在金邊債券價格和收益率突然變化，導致無法吸收供應或面臨償付能力風險的情況下支持券商。[91]央行在戰後時期確信，金邊債券市場不會自己穩定下來，而是由高度脆弱的交易領域組成。舉例來說，在央行看來，金邊債券價格下跌和收益率同時上升，可能會引發自我強化的危機：「政府債券價格下跌，可能導致短期內需求量的下降而不是增加。」[92]在這種情況下，透過預期協調將貨幣政策從短期利率傳遞到長期利率是不可能的。

情況是在一九七〇年代時開始發生變化，[93]英格蘭銀行開始退出造市者的角色，這背後的動機是為了解決一個困境。央行拒絕將私人銀行的貸款限額當成抑制通貨膨脹的方法，政府也拒絕了央行對更嚴格的財政和貨幣政策的要求，因此央行希望對政府公債採取更積極的利率，這有助於最終迫使政府對通膨採取行動。[94]如第二章所述，金邊債券市場承擔這個新角色的初始框架是M3目標，在這個框架中，金邊債券投資人根據所謂的成功或失敗來評估政府政策，以保持對這個特定貨幣總量的控制。金邊債券市場對貨幣統計資料的反應越來越明顯和重要，有助於創造一種新的金融分析和新聞類型，關注政府政策的市場評估。

但是正如先前討論的，市場參與者和政策制定之間的這種新的溝通關係，加劇而非解決了英國的貨幣穩定問題，在整個一九七〇年代和一九八〇年代的大部分時候都困擾著中央銀行和政府官員。首先，以協調預期和行動的語言來說，貨幣統計資料是非常不足的，貨幣總量的統計數據不穩定，並且帶來很多噪音，向市場發出關於政府政策立場的不一致和誤導的訊號。此外，這些訊號與市場反應之間的意見回應有很大的問題，當投資人擔心未來通膨上升時，他們就會停止購買金邊債券，因而進一步推動M3的擴張。這背後的機制是，當市場減少吸收政府公債時，財政部不得不求助於銀行借款，以此為預設的融資選擇，這個決定反過來又加速貨幣成長（由於對銀行資產負債表的擴張效應）。[95]最後，回應市場預期的程序仍然是「臨時的」且「毫無組織」，[96]沒有明確的例行程序來調整政策以適應收益率的變化。

一九八〇年代的金融業改革再加上對貨幣主義的幻滅，透過將重點從金邊債券收益率和貨幣總量之間的關係，轉移到收益率與英格蘭銀行短期政策利率之間的關係，逐漸解決了這些困難。[97]實現這種轉變的第一個關鍵體制改革，包括在倫敦國際金融期貨交易所（LIFFE）建立衍生性金融商品交易，倫敦國際金融期貨交易所促成了歐洲美元和金邊債券期貨的交易，這使得「市場認為三個月或六個月後的政策利率」變得可觀。[98]同樣重要的是隨著「大爆炸」金融業改革，而引進的金邊債券市場（直接交易金邊債券）的變化，英格蘭銀行從一九八六年起向私人市場拍賣新的金邊債券，並且最後放棄了其擔任「最後的券商」（jobber of last resort）角色。[99]金邊債券的利率完全交由一級交易商來決定，從這時開始，一級交易商由倫敦證券交易所的國內和國際公司（稱為「金邊造市商」或GEMM）組成。這些「大爆炸」改革越來越使收益率曲線反映高度活躍、追求利潤的投資人預期的觀點變得可信，這些投資者對預期貨幣和總體經濟資訊的變化做出細微的反應，進而賦予這種預期一個權威的價格。此外，現貨市場和期貨市場之間的套利操作鞏固了有效市場的概念，消除期貨和現貨市場預期未來空頭利率之間的重大差異。[100]

由於充分發展的流動債券市場是政策傳導的關鍵基礎結構，而且央行自己也發現，適當設定利率具有重大的總體經濟影響，因此最後一個主要障礙仍然存在。雖然柴契爾領導下的保守黨政府，至少自通過中期財政計畫以來，已經為自己設定了實現「金融市場的可信度和[穩定]期望」的目標，[101]但持續的協調問題和政府掌舵者的利益衝突，使得這在實踐中幾乎是不可能的。事實證明，唐寧街十號和十一號——分別為首相官邸和財政大臣官邸——無法透過一致、透明的決策與市場進行協調，這個問題仍未解決，因為柴契爾和她的繼任者約翰・梅傑都不願意考慮中央銀行的獨立性，也就是將對利率決策的控制權交給央行。[102]儘管貨幣專家的共識越來越支持央行的獨立性，但柴契爾和梅傑都認為貨幣政策是政治性的，應該由民選官員來控制。財政部透過使用**外部**基準，策略性地應對由此產生的問題。總理奈傑・勞森非正式決定從一九八七年到一九八八年穩定英鎊與德國馬克的匯率，繼任的財政大臣約翰・梅傑說服柴契爾於一九九〇年加入匯率機制。這種選擇的問題在於，釘住匯率使英國面臨外匯市場不穩定的發展，而外匯市場反過來又對參與釘住匯率的各國不協調的政策行動做出反應。這些問題使外部基準解決方案在政治上站不住腳，英國在一九九二年非自願退出匯率機制時意識到了這點。[103]

通貨膨脹目標制源於匯率機制的失敗，這為央行挑戰總體經濟執行機構內部的權力平衡提供了機會。透過漸進但激進的創新，央行官員們設法引入了一種新的決策程序，最終將權力從財政部和總理轉移到他們自己身上。這些漸進的、激進創新的出發點是，財政部在匯率機制失敗後（一九七六年後的第二次）失去了技術官僚權威，在那個危機時刻，英格蘭銀行找到了擴大影響力的新方法。當時，央行不只有一位非常有能力推動更強有力的貨幣政策控制的總裁，幸運的巧合是，艾迪・喬治（Eddie George，前英國央行總裁）在這個專案中得到了銀行新人物的決定性支持。馬文・金恩於一九九一年剛剛被提名為央行的非執行董事，這是自約翰・梅納德・凱因斯（John Maynard Keynes）以來，這個機構的第一位經濟學家。倫敦經濟學院教授是公共財政方面的專家，曾就稅收改革向政府提供建議，但由於金恩不願意放棄他在財政部擔任高級職位的研究活動，所以政府向他提供央行董事職位作為第二選擇，讓金恩可以結合其學術工作。從那以後，金恩開始參與貨幣政策問題，隨後被要求加入央行擔任首席經濟學家，為期兩年。在這個職位時，金恩支持艾迪・喬治在一九九二至一九九三年期間，與財政部和政府針對英國新的貨幣政策框架進行高調的討論。這兩位央行官員最初提出仍然相當謹慎的建議，就是中央協調的通膨目標，啟發他們這麼做的靈感來自紐西蘭最近發生的事。財政部將設定一個通膨目標，並將就如何實現該目標與世界銀行進行定期的正式磋商，這些利率討論的程序是從中央銀行開始，央行將對通貨膨脹和貨幣發展進行分析和預測，然後將資料發送給財政部高級官員，討論財政大臣的聯合政策建議，[104]財政大臣擁有最終決定權，這符合戰後的傳統，同時也反映出總理持續拒絕中央銀行的獨立性。

隔年此策略的精確實施，將這些初步想法轉化為政策程序的激進改革，有效地將權力從財政部重新分配給央行，因為中央銀行應該向財政部提交分析以供內部審議的想法並非全新的。長期以來，這項工作都是非正式進行的，但關鍵的警告是，財政部通常會編輯各個簡報，以保持對發送給高級決策者的資訊控制。此外，財政大臣應該公開宣布通膨目標區間的想法，在這類聲明已成為決策官員的工作時，並不是那麼具有革命性。因此，關鍵變化不太令人意外，而且與財政部最終放棄了編輯銀行分析的做法一致，也就是對預期通膨的預測和對可用政策選擇的評估。回顧當時，馬文．金恩認為財政部之所以採取這個步驟，是因為看不到編輯相關圖形和圖表的方法，因此財政大臣於一九九二年秋季時同意，從那以後央行將只向財政部提交其總體經濟和貨幣評估的**最終**版本——就在報告印刷之前。在這些發展中，英格蘭銀行的每月「通膨報告」誕生了，這構成了新的通貨膨脹目標制度的關鍵預期管理工具，其中第一份報告於一九九三年二月發表。

每一片拼圖現在開始就定位了，對價格敏感的金融市場承擔了內部結構和政治影響力，成為經濟政策的權威法官。隨著新的通膨報告，央行終於有了滿足這些預期的工具，這些報告傳達了央行自己對未來通貨膨脹的看法，進而明確指出需要作出哪些決定才能實現財政部通過的目標，因此這些報告是傳達央行「對低通膨的承諾」的關鍵工具。[105]從現在開始，與市場的協調取決於他們接受這些報告中提出的央行總體經濟敘述，這導致市場認為各自的通膨預測和利率調整的隱含需要是可信的。只要長期利率反映通膨率將保持在決定的目標範圍內的期望，這個程序就可以被認為是成功的，這個標準的成功在報告本身中是明確的，報告本身總是需要對金融市場的遠期利率進行分析，以衡量「私人部門對未來通膨的預期是否符合[政府]策略的既定目標。」[106]

可以肯定的是，通膨報告最初還有另一個目的，那就是為財政大臣和央行總裁喬治之間的談判提供資訊（在「肯恩［克拉克］和艾迪［喬治］秀中」），畢竟財政大臣仍然對政策利率擁有正式的權力，因此原則上可以決定忽略央行公布的分析之影響。然而很快地，隨著以自己的名義發布通膨報告，英格蘭銀行明顯大大增加了自己對財政部的政策影響力。[107]舉例來說，如果財政大臣想要採取比央行官員更具擴張性的路線，這會使他與央行日益複雜的經濟評估發生明顯的衝突，[108]正如當時的首席經濟學家馬文・金恩用有點威脅性的措辭所說：「如果財政大臣拒絕央行的建議，那會很清楚。」[109]這種明顯的分歧對財政大臣有潛在的破壞性影響，因為他冒著令市場預期失望的風險。例如，這種新的權力動態在一九九七年一月財政大臣肯尼斯・克拉克（Kenneth Clarke）和艾迪・喬治的一次會面時表現出來，當時「總裁指出，由於人們普遍期望利率需要上升，這件事本身就對人們的期望產生了影響，這樣的期望在某種程度上達到了升息的效果。正是出於這個原因，［總裁］重視繼續推動升息。」[110]

從某種意義上來說，一九九三年引入通貨膨脹報告的決定，預示著隨後的一九九八年改革，因為當工黨於一九九七年上臺時，很明顯與自一九九三年以來已經在這些市場上累積「信譽」的中央銀行相比，政府在債券市場購買量很少。[111]因此，這與葛登・布朗將營運獨立性當成完成英國通膨目標制度缺少的部分是完全一致的。

減少金融市場的意外驚喜

將沃克較不正式的策略與一九九〇年代英國制定的完全闡明和編纂的通貨膨脹目標版本結合在一起的，是對金融市場可信度的擔憂，金融市場在一九八〇年代成為對貨幣決策官員最重要的大眾。正如財政部官員米德爾頓（Middleton）所指出的，「主要的精力必須用於維護總體經濟政策的信譽和聲譽，以便金融市場普遍支持它的方式行事。」[112]從沃克到葛林斯班和金恩的變化，是從被動轉向針對未來的溝通以獲得這樣的信譽，因為沃克仍然被迫實質地改變聯邦基金利率以抵禦通膨恐慌，在市場上建立了通膨鷹派的聲譽。相較之下，英格蘭銀行發現傳達有關其政策的承諾，以影響對未來通膨和利率的預期是有用的，這些承諾包含在央行的總體經濟預測中，暗示了實現通膨目標所必需的利率變化。就在幾年後，葛林斯班透過一九九四年被洩露的聯邦公開市場委員會內部審議協定，也發現了同樣的情況，這份被洩露的檔案導致債券市場利率甚至在尚未做出任何決定時，就朝著支持聯邦公開市場操作委員會深思熟慮的政策路線方向發展。

這種轉向預期訊號，很自然地與對一種新的第二級可預測性的期望吻合，決策官員及大眾因為這種可預測性而了解央行將如何應對提供協調焦點的預測，這種對可預測性的轉向，在英國央行官員如何理解其通膨報告的目的中變得很明顯。這些報告被認為會導致市場參與者「更清楚地了解任何單一貨幣政策決策所依據的資訊集，使他們更容易識別當局對新聞的反應行為模式。」[113]因此，「當局的行為——而不是潛在的經濟發展——導致市場不確定性的情況應該更少。」[114]馬文．金恩雖然承認仍然存在不確定性，但他強調透明溝通的同樣優勢，因為有助於「私人部門代理人預測貨幣當局將如何對經濟發展做出反應。通膨報告已經有助於民眾理解央行通膨思維，而公布貨幣月會議紀錄應該會及時提高市場對當局『反應函數』（reaction function）預期的準確性。事實上，《城市報》（*City*）和《媒體報》（*Press*）三流作家的評論已經顯示出對官方思想的認識已經提高了……。因此，一段時間後，會議紀錄的意外應該更少，而有助於總體經濟政策的穩定。」[115]遵循同樣的理由，聯準會主席艾倫．葛林斯班確信「市場不應該感到驚訝。如果你將意外降到最低……不愉快的副作用也會降到最低……葛林斯班還想告訴市場聯準會是怎麼想的，這樣當聯準會確實做出市場走勢時，就會在很大程度上被預期，然後就不會有衝擊。他的觀點確實流行起來，也就是聯準會應該盡可能透明。」[116]

最大化可預測性是朝著充分闡明通膨目標為治理技術的連貫步驟，新的總體經濟預測框架，加上央行和政府對未來通膨穩定的承諾，代表決策官員和市場參與者都應該可以預期未來的政策利率路徑，以及長期債券利率——至少在經濟衝擊改變局面之前。這種方法進入了央行教科書，認可其可預測性的優點：「透過將隔夜利率控制在相當程度，以及在央行眾所周知的總體經濟策略中，對隔夜利率目標進行可預測的改變，被認為與貨幣政策傳導最相關的中長期利率，將以可預測的方式對短期利率的變化作出反應。」[117]以通膨為目標的宣導者和實踐者顯然明白，由於意外衝擊的可能性，以及需要自發調整政策以應對這些衝擊，可預測性是有局限的。然而，即使有**實務上**的問題，原則上也被認為最大限度的可預測性是決策的一個可取特徵。如果市場參與者能夠透過有條件的預測來期望未來的央行行動和總體經濟結果，如果他們知道其他人也根據這些預測形成他們的預期，那麼預期的通膨就會像決策官員所喜歡說的，「被固定了」。[118]諷刺的是，這**增加**了自行判斷的決策空間，例如在經濟低迷時期，貨幣當局可以做出反周期反應，降低利率。債券市場利率將遵循這些舉動並改變收益率曲線，以便在中期實質利率更快地降低以反映經濟衰退的同時，長期利率仍固定在與最佳產出和央行通膨目標一致的水準，用通膨目標設計者馬文．金恩的話來說，「中央銀行可以採取反週期行動來減少產出的波動……只要這些行動不會改變通膨預期。」[119]

但在這種中央銀行政策還沒被普遍接受且不受挑戰時，貨幣當局的少數對其充滿問題的影響，提出了一些相關的問題，這發生在一九九七年國際清算銀行（BIS）關於中央銀行政策實施的會議上。在這次會議上發言的德國央行官員很快就承認，即使身為貨幣主義者，德國央行在穩定短期貨幣市場利率方面發揮了決定性作用，但德國官員反對的是任何與資本市場的涉入：「主導實際利率的資本市場……不能也不應該透過貨幣政策工具來實現。」[120] 德國央行官員對溝通和透明度的看法也與英美的同僚不一樣，德國央行堅持對低通膨的承諾是毫無質疑空間的，但「透明度和責任制不應導致日常貨幣政策變得完全可計算」，有關經濟和貨幣狀況的聲明是「在不確定的條件下」做出的，並沒有阻止「令市場感到意外」的決定。[121] 另一個貨幣主義機構，瑞士國家銀行的官員同意這些觀點，甚至做了更激進的轉折，他們認為「有必要讓市場對我們的短期策略有一些不確定性」，不確定性有助於避免「市場參與者進行無風險（或近乎無風險）的投機活動的機會。」[122]

在中央銀行採取不同的操作時，金融市場的預期扮演著不同的角色，因而造成對於可預測性期望的態度分歧。對於通膨目標制定者來說，中長期利率的可預測變動，以因應央行自身業務目標（貨幣市場利率）的可預測變動，已成為成功的關鍵指標，更可預測的市場反應代表央行獲得了更多的信譽。相較之下，對於貨幣主義者來說，可信度在於統合主義機構的薪資設定行為、財政當局克制的意願（請參閱第二章），債券收益率的變化並不是對德國央行或瑞士國家銀行政策的直接判斷。此外，由於企業借款人可以透過這些以銀行為基礎的、系統中的長期銀行借款來避免利率波動的影響，因此沒有必要讓人可預測收益率的變化。

但在報導的國際清算銀行會議之後不久，通貨膨脹目標發展成為全球主要的總體經濟政策制度（請參閱第四章），甚至在德國（透過歐洲中央銀行）和瑞士也掃除了貨幣主義，[123] 這也代表著爭議被決定有利於可預測性，表現在與市場溝通方式日益標準化以及共同的「透明度」規範上。在一份被廣泛引用關於央行應該如何「說話」的報告中，央行專家宣稱一個不容置疑的真理：「金融市場構成了貨幣政策行動傳導到經濟並最終實現其目標的管道。由於這個管道是由預期所主導，『說服市場』是貨幣政策制定的重要組成部分。」[124]這要求市場「觀察者能夠將每個貨幣政策決策理解為，導致某些目標的邏輯決策鏈的一部分」，[125]並且中央銀行對這些步驟提供最大的透明度。

只不過，二〇〇七到二〇〇九年的金融危機，使得以可預測性為貨幣政策的好特徵出現新的問題，諷刺的是，提出這些問題的人正是馬文·金恩。正如金恩在央行任期結束後的公開聲明和著作中所暗示的，[126]這場危機顯示央行面臨巨大的不確定性，由於有這種不確定性，決策官員應該放棄「知識的偽裝」，並應該拒絕「前瞻性指導」或同等的技術。[127]更多的技術研究支持這樣的觀點，那就是虛假的可預測性偽裝，導致市場參與者根據批發市場預期的穩定再融資成本進行長期貸款，[128]由於央行助長更廣泛的預期氛圍，短期市場利率大幅飆升的可能性並未被忽視。

本章討論：創新的通膨目標制

正如貨幣主義者對可預測性的批評所隱含的，在一九七〇到一九九〇年代，他們仍以獨特的方式管理期望。對於德國和瑞士的貨幣目標制定者來說，廣泛經濟中價格制定的參與者，尤其是薪資談判者，接受並相信中央銀行對穩定和低通膨的承諾極為重要。於是奧特瑪·伊辛（Otmar Issing）從特定的「貨幣和薪資政策的相互作用角度，解釋德國央行在建立貨幣穩定方面的成功。儘管薪資趨勢經常不符合負責反通膨政策的人所要求的高標準，但最後勞資雙方一再接受貨幣政策施加的限制。」[129]這種預期協調所依賴的貨幣信仰相當模糊，部分是由貨幣主義的「民間理論」所推動的，部分是根據貨幣當局、經濟行為者和政府官員之間，透過統合主義機構連結在一起的溝通。金融參與者——尤其是綜合銀行——是這些對話的重要參與者，但他們並沒有試圖將金融從更廣泛的經濟環境中脫離出來，金融市場上的價格變動也沒有表達對經濟政策的權威判斷。事實上，貨幣主義央行並沒有賦予債券市場和債券收益率以特權地位，在金融市場發展仍存在相當大的不確定性的情況下，通膨穩定是可能的，因為最後重要的是，統合主義機構將薪資成長維持在生產率成長以下，財政當局限制公共支出，銀行有效地為企業投資提供資金。[130]

如本章所示，進入一九八〇年代後，英美央行官員發現自己處於不同的情境中。對他們來說，工業的比重和勞工的議價能力已經充分降低，以至於他們越來越不用擔心勞動力市場的通貨膨脹衝動（inflationary impulses），[131]這兩個國家的新自由主義政府也接受，甚至認可失業是改變經濟和政治權力關係的必要解決方法。[132]但是，儘管發生了這些重要的政策變化，至少在一九八〇年代後半期之前，新型總體經濟穩定政策的來源仍然不明確，雷根（Ronald Reagan）和柴契爾都沒有回答如何「透過臃腫的金融體系穩定動態信貸貨幣經濟」的問題。[133]相反地，各國政府甚至在自己控制貨幣供應的承諾和有利於金融化的政策之間製造根本的矛盾。舉例來說，柴契爾透過推動信貸融資的消費和家庭投資，破壞自己的貨幣主義；不如透過消除消費者和抵押貸款的監管障礙；[134]而在美國，抵押貸款融資的房屋擁有權，透過稅收改革和支持證券化的監管改革得到補貼。[135]在促進這些版本的金融化成長，與支持貨幣主義作為穩定經濟和保證穩定、低通膨的手段，兩者之間存在著根本的不一致。除了各種實際和結構性問題外，這種不連貫性還延伸到意識形態領域，因為同一個政府無法可信地支持信貸擴張，並且被信任來控制貨幣成長。[136]結果柴契爾政府在一九八五年退出了貨幣主義中期財政策略，就像貨幣目標制定只過了兩年，這個策略就被沃克放棄了一樣。

最終成為主張可治理性的可行策略，是利用中央銀行對短期利率的影響力，針對低而穩定的通膨預期與金融市場進行協調。這就是「名目基準」（nominal anchor），[137]可以在金融化的背景下指導政策干預，中央銀行官員們自己獨立於新自由主義政府制定的計畫和想法，而得到這個解決方案。這項創新以兩個階段進行發展，這是從沃克新產生的通膨目標開始的，其中包括積極提高聯邦基金利率以應對通膨恐慌，然後是英格蘭銀行和其他央行對前瞻性溝通策略的轉換。英國的關鍵創新是「通膨報告」，在資本市場（尤其是期貨和主權債券交易）變得更具流動性、對價格敏感、更加一體化和獨立於央行干預的背景下，央行可以利用這些報告向投資人發出預期的政策舉動信號，並引發快速和預期的反應。這種協調遊戲會削弱英格蘭銀行對財政部的認知權威，並從一九九三年起將央行轉變為貨幣政策事實上的權威；一九九八年授予央行業務獨立性，就是公開承認這種權力轉移。

我集中關注美英的軌跡，但是很顯然地，其他國家的政府和中央銀行也發揮了形成作用，尤其是在政策創新的第二階段。舉例來說，通常被認為是第一個、也是最激進採用通膨目標的國家是紐西蘭。[138]本書指出，就像在英國一樣，從充分就業和擴張性財政政策，轉向自由化、猖獗的信貸擴張和對失業的政治容忍，為貨幣政策的新角色和實踐鋪路。這種轉變的來源與英國不同，觸發因素是公共部門更廣泛的改革，與獨立機構達成績效協定，通膨目標出現成為一種貨幣政策，與這種大規模的公共部門重組相一致。[139]因此，紐西蘭方式的關鍵要素包括將價格穩定納入法律，以此為紐西蘭儲備銀行（RBNZ）的唯一目標；透過財政部長和紐西蘭央行官員之間的所謂政策目標協議；授予央行董事運作獨立性，並威脅如果紐西蘭央行未能實現目標，將實施嚴厲制裁。這些因素都指出，通膨目標制是更具政治驅動性和「整體規劃」的版本。儘管如此，金融的象徵性和結構性中心地位，對紐西蘭通膨目標後續的命運造成了決定性作用，紐西蘭央行最初試圖透過一個包含中期利率和匯率成分的貨幣狀況指標，以滿足新的政治要求。這麼做很合理，因為在這個小而開放的經濟體中，匯率變動是通貨膨脹的主要驅動因素，然而除了預測困難之外，使用這個指標還帶來一個關鍵問題：「似乎幾乎不可能同時提供與利率和匯率相關的市場資訊……。貨幣狀況指標（the monetary conditions indicator, MCI）並沒有解決央行的溝通問題。當央行採取與市場截然不同的觀點時……，貨幣情勢指數的變化和沿著指數的情形令人困惑。」[140]因此，紐西蘭央行痛苦地了解到，想要讓通膨目標成功，首先必須選擇一種與金融市場預期一致的溝通形式。因此，紐西蘭央行在一九九九年改變了政策做法，變得更類似於英國的版本。

表面上看來，瑞典不適合這個方法，這是具有自己統合主義傳統的社會民主主義的典型代表，比較政治經濟學家不會將這個國家與美國、英國和紐西蘭等「自由」的經濟體歸為一類。儘管如此，瑞典央行（Riksbank）是通膨目標制的先驅之一，在一九九三年為一系列通膨制定了預期目標，並從一九九四年起指導利率決策朝向這個目標前進。我認為，若要解釋為什麼採用這種方法，應該聚焦在一九九〇年代之前，貨幣政策在瑞典政治經濟中扮演的角色充滿問題、該國高度擴張的金融業，以及一九九〇至一九九三年間，銀行和貨幣危機的破壞性階段。舉例來說，相較於德國和瑞士的中央銀行，瑞典央行**沒有**讓統合主義機構參與以貨幣穩定目標為主的協調遊戲。相反地，瑞典央行配合擴張性的財政政策，薪資成長高於通貨膨脹的生產率成長，在這種情況下，貨幣承受著持續的貶值壓力，導致布列敦森林制度期間以及之後的幾次調整。此外，雖然瑞典在一九八〇年代之前，擁有以銀行為基礎並受到高度管制的金融業，但家庭債務在戰後幾年已經大幅上升。來自非銀行金融公司的競爭日益激烈，加上一九八〇年代初期貨幣市場的成長，導致一九八三至一九八五年期間大幅放鬆管制，後來我們看到了資產價格的繁榮，尤其是在房地產領域，隨後是銀行危機，以及一九九二年非自願退出匯率機制。[141]瑞典央行決定在這場危機中採用通膨目標，當時預算赤字飆升至GDP的百分之十二，浮動後貨幣繼續貶值，通貨膨脹率居高不下（約百分之五）。這是央行的機會，放棄其寬鬆的「社會民主」角色並致力於貨幣穩定，央行這樣做是為了一個越來越放鬆管制的、以市場為基礎的金融體系。因此，瑞典央行使用了與英格蘭銀行非常相似的方法，定期通貨膨脹報告結合利率決定，目的是為傳達對相互聯繫和開放的金融市場價格穩定的承諾。這也導致強調「透明度和清晰度」是「市場導向貨幣政策平穩運作的自然組成部分」，正如瑞典央行經濟學家在一九九七年國際清算銀行政策實施會議上所指出的。[142]

這表示紐西蘭和瑞典經歷了與英國類似的結構和制度變化，進而能夠創新地採用通膨目標制。但這就提出了一個更根本的問題，也就是通膨目標制如何以及為什麼會遠超出這群先驅者，並在亞美尼亞（Armenia）、巴西（Brazil）、摩爾多瓦（Moldova）、烏干達（Uganda）和瑞士等不同環境中被採用？[143]很難看出是什麼結合了這些民主和非民主國家，這些國家的經濟制度是完全不同的。

因此，通膨目標制定者的多樣性，為將採用通膨目標視為遵守成文政策規範的擴散過程其結果的理論，提供了**初步證據**支持。[144]在不質疑這些分析結果的情況下，我在這裡想指出一個補充性的層面，這與成功設定通膨目標所需的條件性質有關。正如討論所示，在由統合主義協調和保守銀行組成的國家機構配置中，貨幣主義蓬勃地發展，正如許多政治經濟學家所強調的，很難、甚至不可能引進或從頭開始建立這些機構。[145]相較之下，在與金融全球化相容或本身是金融全球化產物的制度條件下，通膨目標制蓬勃發展，舉例來說，協調對低而穩定通膨的預期，與金融市場需要在主權債券市場進行高流動性和前瞻性的交易，以告知中央銀行預期的通膨率。在過去三十年來，根據這些先決條件組織債券市場，已成為眾多高度多樣化的經合組織國家中一個廣泛的制度趨勢。與此相關的是，通膨目標預期管理能夠成功的關鍵，在於央行制定並有效傳達權威的利率和通膨預測。建立這種權威的資源本身是「全球性的」：包括著名（美國）大學的學位、複雜的模型，例如動態隨機一般均衡，以及遵循廣泛使用的公共傳播內容。有了這些因素，而且在沒有制衡力量（如強大的工會、追求充分就業政策的政府等）的情況下，通膨目標在廣泛的背景下成為可能。第四章將指出支撐通膨目標制的制度趨於相同的過程，那就是貨幣市場的重塑。

Chapter4

貨幣市場！全球金融與中央銀行的基礎結構

央行需要影子銀行的活動，以實施和傳遞貨幣政策。*

——班傑明．布勞恩（Benjamin Braun）、丹妮拉．加博爾（Daniela Gabor）

在本章中，我認為貨幣市場的全球一體化與通膨目標的傳播之間存在遞迴因果關係。貨幣市場一體化創造了營運的基礎結構，使中央銀行能夠與金融市場執行發出訊號的遊戲，各自的轉型始於規避規則和離岸化的過程，威脅到戰後的監管秩序與政策慣例，使得人們擔心國家會失去對全球化金融的治理權力。但是貨幣當局很快就發現，他們可以利用越來越一體化以及對價格敏感的市場環境，來控制短期利率作為其營運目標，金融化因此可以變成治理權力的基礎架構來源。[1]結果這使央行官員成為金融全球化的積極支持者，貨幣當局最終承擔了貨幣市場機構設計者的角色，在金融快速成長的時期透過這些市場促進流動性的擴張。因此，二〇〇八年崩潰的貨幣市場架構，是私人部門和國家利益之間和解的產物，反映了中央銀行的特定治理動機。

海曼．明斯基[2]是貨幣市場與美國政策變化之間遞迴因果關係的早期分析家，在他的帶領下，克萊門斯．賈伯斯特（Clemens Jobst）和斯特凡諾．烏戈里尼（Stefano Ugolini）對這些相互作用進行歷史和比較研究，他的結論是「貨幣市場和貨幣政策制定會隨著時間演變：前者的工作方式不僅塑造，而且還受到後者運作方式的影響。」[3]在文章中，明斯基專注於金融創新如何改變中央銀行的生態，他指出：「任何特定貨幣政策技術的有效性，都取決於現有的金融機構和用途。如果金融機構沒有發生重大變化，那麼一旦建立了各種中央銀行業務的有效性，在貨幣政策的討論中就可以忽略金融機構。然而，如果金融市場的結構或運作模式出現快速變化的時期，就必須重新檢驗中央銀行行動的有效性。」[4]但反之亦然，正如賈伯斯特和烏戈里尼所指出的：「一旦央行選擇進入特定的貨幣市場，後者將不再相同。事實上，由於貨幣當局的參與，市場的微架構必然會發生重大變化，進而必然會發生價格行為。」[5]

我想在此借用這些概念來追溯，自一九七〇年代以來貨幣市場發展與中央銀行之間的相互關係，這個分析的出發點是因為我觀察到，在我的比較分析所包括的國家中，中央銀行與貨幣市場的關係在歷史上所表現的形式非常不同，反映出國家對金融的需求，以及金融精英要維持獲利和保護市場之間，不同國家特定的解決方案，這其中或有民主干預金融政治的情形（通常是在危機之後）。在美國，從這些談判和民主進程中產生的制度是貨幣和資本市場相互關聯的制度，作為短期融資和投資的目的。聯準會試圖透過影響關鍵仲介機構的行為來引導這個系統，其中包括一般銀行以及將流動性從一個市場「轉移」到另一個市場的仲介。[6]我們發現英國在戰後時期，一個由有組織的企業聯合（cartel）主導的劃定細分市場的系統，其內部秩序獲得央行仔細的照顧，核心部分是高評等與國庫券，由專業公司管理並由非正式規則監管。[7]最後，德國和瑞士央行與控制幾乎所有金融方面（信貸發行、儲蓄等）的綜合銀行互動，以及為短期結算目的維持貨幣市場。

* Benjamin Braun and Daniela Gabor, "Central Banking, Shadow Banking, and Infrastructural Power," 249.

正如大量文獻所記載的，金融全球化挑戰著這些國家的安排，[8]從一九六〇年代開始，新的競爭壓力促使銀行尋找規避國內規則的方法，並將越來越多的活動轉移到海外。歐洲美元市場發展成借貸短期資金的主要市場，而無需遵守準備金要求或其他監管限制。美國金融業是第一個被這些發展連根拔起的金融業，因為美國的銀行特別容易受到非銀行競爭的影響，而且顯然其非常具有創新的能力來規避新政（New Deal）的法規。下一個是英國，也就是歐洲美元市場所在地，以及從美國引進新技術的地方。瑞士和德國的大型綜合銀行也很早就進入了歐洲美元市場，但最初試圖限制國內市場的創新，央行在那裡享有受保護的現有地位。然而，歐陸的銀行與英美同行競爭的次數越多，在本國維持保守銀行業務的做法就越不受歡迎且行不通。[9]

央行官員對這些事態發展如何反應？銀行的利益對貨幣當局很重要，在某種程度上，國內銀行面臨競爭壓力並遊說放鬆管制，央行官員通常會願意讓步，[10]對歐洲美元保持不干涉的態度也帶來了一些策略性的優勢。這些離岸市場執行重要的石油美元回收功能，其不明確的法律地位代表央行對於身為最後貸款者的責任可能保持模糊，但毫無疑問，規避規則的創新和離岸外包給公共貨幣、金融管理帶來了挑戰。至於美國的情況，托拜亞斯．艾德利安（Tobias Adrian）和梁娜莉（Nellie Liang）指出，「影子銀行體系的創造是美國貨幣關係破裂的根源。直到一九八〇年代初期，貨幣成長和名目產出成長之間的關係非常穩定，這個事實通常被稱為穩定的貨幣流通速度……。自一九七〇年代初期以來，信貸開始快速成長，並透過增加金融風險和銀行非貨幣負債以外的槓桿率，與廣義貨幣脫鉤。」[11]其他國家的情況也是如此。銀行採用主動負債管理的次數越多，國內市場和國際市場之間的界限就越鬆散，當局就越不能實施為了控制國內經濟中貨幣和信貸量的政策。

然而，正如美國和英國央行官員在一九八〇年代所發現的，金融全球化可以從對國家權力的生存威脅，轉變為貨幣政策實施的強大資源，解決辦法是採用嚴格控制國內銀行間市場利率的技術。人們普遍認為中央銀行可以控制這些利率，這是因為這些銀行間市場中的稀缺商品是中央銀行餘額，而銀行清算共同債務需要的就是中央銀行的餘額。[12]但新的發現是，如果央行只關注滿足這種邊際需求的價格，並依靠銀行間和更廣泛的貨幣市場之間的套利關係，將價格訊號傳遞給更廣泛的、具有經濟意義的參與者和工具，那麼政策效果是最好的。正如國際清算銀行（BIS）當時的一份報告所指出的，「中央銀行通常可以靠央行對銀行間利率的影響，這些影響密切反映在非銀行參與的國內市場的短期利率，離岸市場的本國貨幣短期利率以及銀行對其客戶的短期貸款所適用的利率。」[13]結果，主動負債管理和離岸市場的興起**提高**了貨幣政策作為總體經濟管理工具的有效性，因為綜合系統有助於將價格訊號迅速傳播給廣泛的金融參與者，「影子銀行體系比銀行受審慎監管的限制較小，導致**更大**的[政策]傳遞」。[14]

因此，本章將顯示在金融全球化的誘發下，在一九八〇年代至二〇〇〇年代之間，以市場為基礎的銀行業務與通貨膨脹目標之間形成了強大的關聯。在「內在自由主義」之後，一個新的政治經濟解決方案已形成，它將全球對金融利潤的追求與中央銀行的特定管理動機結合。德國和瑞士的央行官員只是比較慢、也不甘願地接受這個解決方案，因為德國央行和瑞士國家銀行（瑞士央行）在務實的貨幣主義中，利用其國內銀行業與金融全球化的相對隔離。但隨著德國和瑞士的大型銀行採用英美的主動負債管理技術，這些特殊的安排在一九九〇年代破裂，因此貨幣市場的美國化最終結束了貨幣目標的實驗。

遞迴因果關係論點的最後一個要素是，在意識到透過套利操作和影子銀行整合的流動性貨幣市場帶來的好處後，央行官員們積極參與將以市場為基礎的銀行業務整合到一個適當的全球體系中，他們透過在法律、私人治理機制和中央銀行本身領域進行正式的制度建設來做到這一點。所討論的問題涉及如何在越來越大的跨國市場中降低交易成本，以及如何減少交易對手的信用風險。央行官員在這個過程中的作用，反映出他們對鞏固市場銀行業務的貨幣政策優勢的信念；聯準會是這個過程中的第一個央行，其次是英格蘭銀行，最後是瑞士和其他歐陸央行官員的加入。這些努力收效極佳，因為最徹底的制度化市場，也就是附買回協議市場，在二〇〇〇年代擴張最快，[15]然而這些市場也是二〇〇〇年代金融繁榮結束時崩潰的市場。[16]因此，我的論點隱含著這樣的批評，也就是透過共同建構金融體系脆弱的基礎架構，央行官員對二〇〇七到二〇〇九年發生的事情負有部分責任。

本章內容如下，我先將視角轉回美國，描述根深柢固的結構性因素，以及新政法規與其規避之間的辯證法，如何促進美國貨幣市場的創新。然後我轉向英國，追蹤其「標準體系」的瓦解，[17]首先是針對英格蘭銀行的利益，後來是中央銀行自己的專案的一部分，亦即建立「現代」貨幣市場作為干預營運的基礎結構。然後，我重建了德國央行和瑞士國家銀行對美國貨幣市場工具和做法的反對立場，這些工具和做法在一九九〇年代成效不彰。討論部分使用本章開發的實證發現，批評中央銀行對貨幣市場操作干預的普遍框架純粹是技術性的，而不是由制度架構和金融動態塑造並共同建構的歷史操作。在最後一部分中，我還將央行官員共同構建市場與二〇〇八年這些市場的分解連結起來。

現代貨幣市場制度的美國起源

十九世紀後期，因為缺少全國性的分行銀行業務，加上對中央集權政治的抵抗，[18]而創造出一個美國貨幣體系，透過更大的金融中心銀行和清算行暫時整合，管理小型區域或地方銀行的準備金。但是作為緩解「貨幣恐慌」（money panics）的機制，[19]甚至只是為了解決農業主導經濟中信貸和貨幣的定期波動，[20]國家銀行時代（National Banking Era）的這些準備金管理安排並不足夠。因此，聯邦準備理事會的建立，是為了在分散的金融結構中增強銀行準備金的「彈性」，[21]組織這樣一個系統，需要建立一個由分散在各地區的聯邦準備銀行分支機構組成的網路。但聯準會也依賴市場，以盡可能連結最多的市場參與者與其營運，導致聯邦基金市場在一九一三年聯準會成立後的幾年中發展。[22]

在接下來的幾十年，聯準會和貨幣市場之間的關聯被兩個關鍵事件重新配置。首先，兩次世界大戰相繼而至，導致公共債務空前擴張，並將政府證券變成儲存、交易和調節流動性的主要資產，聯準會對公債的公開市場操作，取代了透過貼現商業票據來調節貨幣市場的「傳統」方法。此外，從早期開始，交易商就成為美國體系中的重要參與者，隨時準備從銀行買賣公債（有助於公共債務的「流動性折扣」〔liquidity discount〕），基於這點，聯準會接觸這些交易商就非常重要，即使交易商不是聯準會的直接成員。因此，聯準會擔心貨幣市場狀況超出其直接範圍，並透過派瑞・默林（Perry Mehrling）所謂的「可轉移性」（換句話說，用流動性證券交換流動性）來確保從一個市場平穩地轉移到另一個市場。

第二個發展是一九二九年的大崩盤和隨後的大蕭條。一九二〇年代時，聯準會的行動主要是被動的，由於地區分支機構、華盛頓總部和作為該系統非正式領導者的紐約聯邦銀行之間的協調問題，政策沒有緊縮。[23]此外，地區聯邦準備銀行未能控制各州之間競爭性放鬆管制的動態，因此在一九三〇年代初，美國銀行業被證明很容易受大規模倒閉波及。為此，老羅斯福（Franklin Delano Roosevelt）和他在國會的政治盟友，試圖透過一九三三年的《銀行法》（Banking Act）、一九三三年的《證券法》（Securities Act）和一九三四年的《證券交易法》（Securities Exchange Act），將零碎的市場體系納入適當的監管框架中。銀行透過存款保險獲得特殊保護，並受到聯準會、貨幣監理局和聯邦存款保險公司的密切監督。這些安排應該要反映出貨幣創造的公共利益特徵。[24]與此同時，證券市場和投資銀行在法律上與銀行業務分開（在所謂的格拉斯－斯蒂格爾法案中），並根據嚴格的揭露要求和行為準則進行監管。因此，新政試圖透過功能分離來實現傳統的英國銀行監管理念，將「貨幣供應商（銀行）與貨幣消費者（商業與工業）分開」，這種方法在新政大約四十年後仍然得到尼克森總統的認可。[25]

正是在這種背景下，我們看到一九六〇年代和一九七〇年代新的貨幣市場工具、負債管理技術空前激增，這種激增背後的動力被恰當地描述為「監管辯證法」（regulatry dialectic）。[26]引發這種辯證法的因素是各種新政法規——存款準備金要求、利率上限、格拉斯－斯蒂格爾法案——已經變成了受監管銀行相對於非銀行金融公司或國家特許機構的競爭劣勢，[27]並導致傳統放款和存款業務的獲利能力下降。[28]舉例來說，活期帳戶和儲蓄帳戶的利率上限對存戶來說有吸引力，因此將資金投入新成立的貨幣市場共同基金，這吸光了商業銀行的流動性（請參閱圖4－1）。[29]由於銀行信貸發行和存款利率受到限制，非金融企業也越來越脫離傳統的銀行仲介，將其超額儲蓄直接投入貨幣市場，並透過發行商業票據來組織短期借款。雖然較小的銀行只是退出聯準會以避免限制（特別是準備金要求），[30]但貨幣中心銀行開始以更具有創造性的方式迴避法規。這在美國有著悠久的傳統，銀行和非銀行競爭對手已在一九二〇年代實行監管套利，以利用美國競爭激烈的聯邦體系的零散監管格局。但銀行現在透過「打開逃生艙」來加強努力，透過「打開逃生艙，讓有警覺的市場參與者[可以]暫時逃離金融緊縮對其營運的一些影響。」[31]例如，商業銀行試圖透過從貨幣市場基金借款，以重新獲得貨幣市場基金流失的部分流動性，發行對這些日益重要的市場參與者似乎有吸引力的負債。銀行還找到了透過商業票據獲得資金的方法，商業票據為投資人提供了有吸引力的利率，而發展成為更大的貨幣市場中越來越重要

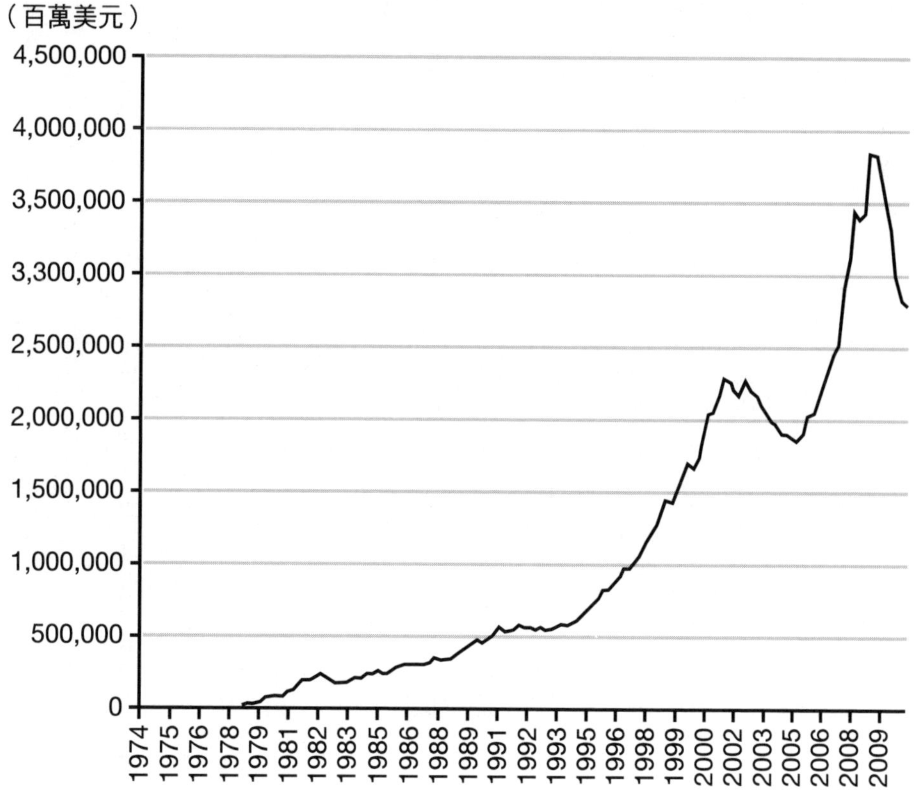

圖 4—1　在美國登記的貨幣市場基金量

資料來源：聯準會經濟數據

的部分，存款機構不能直接發行商業票據，但從一九六九年開始使用控股公司結構內的子公司[32]進行此類活動。[33]在這之前，銀行已經開發了一種目的顯然是為了規避監管的融資工具，即可轉讓存款證，稱為定存單（CD），[34]這個工具幫助銀行支付高於儲蓄帳戶允許的利率。當聯準會試圖透過限制最高存款利率來遏制這項業務時，銀行又找到了另一條逃生路線，也就是逃往離岸歐洲美元市場，在那裡又遇到了美國非金融公司，這些公司進入歐洲美元，投資剩餘現金持有量並獲得最大報酬率。諷刺的是，一九六〇年代中期頒布的幾項目的在遏制資本外逃的法律，反而強化了這種離岸外包趨勢。貝克描述，隨著銀行擴大國內貨幣市場和歐洲美元之間的套利業務，出現了一個「緊密結合的網路」，[35]為以美元市場為中心的金融全球化奠定了基礎。[36]

聯準會首先試圖控制這些不同的規則規避和離岸活動，例如敦促（但不成功）一家銀行控股公司實施更嚴格的限制；[37]擴大其收取準備金要求的負債，或要求所有存款機構遵守統一的聯準會要求。[38]然而，這些重新規範銀行和非銀行準備金管理，以及加強央行信貸監管能力的嘗試仍然模稜兩可。面臨著在零散的監管和競爭體系中執行國家規則的普遍問題，聯準會必須維護自己的交易對手——存款銀行的利益，即使只是為了避免影子銀行部門接管的情況，破壞聯邦準備理事會的基礎。此外，聯準會還面臨一個困難，那就是影子銀行的某些部分，特別是擔任政府債券市場一級交易商的經紀自營商，在一九七〇年代成為透過聯準會操作提供的資金流動性流通中越來越關鍵的要素。因此，任何嚴厲的監管措施都有可能破壞典型的市場基礎設施。[39]聯準會這些內部矛盾的一個跡象是保羅．沃克[40]的辭職，他自己有相當嚴格的監管方法，但聯準會內部對此越來越反對。[41]

將聯準會內部的力量平衡轉向放鬆管制的一個關鍵因素是，到一九八〇年代後期，支援重新監管銀行業和限制主動負債管理的貨幣政策案例（與金融穩定論點相反）已被削弱。透過第三章所描述的沃克實驗，聯準會阻止了一九七〇年代的通膨螺旋上升。[42]這種轉變的關鍵在於，商業票據、附買回協議、定存單和歐洲美元市場參與者，似乎都以對聯準會聯邦基金利率目標的預期為根據，進而使聯準會在基於市場的體系中對再融資條件具有更大的影響力。因此，將中央銀行業務與銀行的積極負債管理連結起來，成為**增強**中央銀行基礎結構權力的一種方式，[43]用馬汀・科寧斯（Martijn Konings）的話來說：「以前聯準會監管金融體系能力的一個主要問題，也就是銀行與金融市場的密切機構聯繫，現在成為一個巨大的政策槓桿點：高度的市場深度和連通性，意味著聯邦基金利率的變化幾乎立即傳遞到其他市場。」[44]

這種轉變產生明顯後果的一個領域是準備金要求。在美國這個比例相對較高，要求聯準會的會員銀行將其存款負債的百分之十二保留在無息央行準備金中。改革這些安排的壓力最初來自成員銀行，銀行認為這些要求相對於非成員銀行來說是一種競爭劣勢，並採取各種策略來規避這些要求。聯準會對這些事態發展的矛盾態度反映在降低要求的趨勢上（尤其是留住成員），同時要求銀行停止「操縱某些交易『人為降低存款準備金率』」，正如沃克所抱怨的。[45]但理由從一九九〇年代起就改變了，因為聯準會越來越相信其穩定體系中準備金量的嘗試，不必要地複雜化自己的程序，而且如果準備金的數量被動反映出銀行在特定政策利率下的選擇（以及自主因素，如納稅），貨幣政策的效果將會更好。準備金率在一九九〇年降低，到一九九〇年代後期幾乎消失，沒有引起任何央行的擔憂。[46]與此同時，聯準會開始公開宣布其政策利率，[47]並鼓勵銀行在公開市場或附買回協議操作未能完全滿足其準備金需求的情況下，使用貼現窗口借款。存款準備金率的消失是值得注意的，因為儘管政治實踐並非總是實現承諾，但聯準會長期以來一直聲稱，準備金率及其監管是抑制美國金融體系過度信貸創造的方法的重要組成部分。[48]

我們可以觀察到，受到聯準會政策轉變的具體影響的另一個領域，就是附買回協議市場。附買回協議最初出現時是較大貨幣市場中的一小部分，其中政府債券交易商透過臨時向這些現金提供者提供債券，以便從銀行獲得資金流動性，[49]這是聯準會支援的一項小規模的活動。[50]但市場在一九七〇年代發生了巨大的變化，當時商業銀行開始發行自己的附買回協議，以重新獲得貨幣市場基金損失的部分流動性。這種擴張給以前被控制的交易領域帶來了新的風險，正如證券交易商隆巴德沃爾公司（Lombard Wall Inc.）在一九八二年的違約就是證明，破產法院的裁決阻止了隆巴德沃爾公司的附買回協議債權人，使用「他們的」抵押品來確保曝險，進而破壞了抵押交易的目的。[51]因此，證券交易商協會遊說國會修改破產法第十一章，以防止將來出現類似的裁決，[52]聯準會對此類法律修正案給予了決定性的支持。主席保羅．沃克寫了一封信給眾議院司法委員會，信中指出「由於市場的規模……**以及附買回協議對貨幣政策工具的重要性**，最好恢復能夠確保平穩運作的環境。」他警告：「由於沒有準備好接受隆巴德沃爾決定所固有風險的參與者退出而縮小的附買回協議市場，可能會**限制聯準會迅速採取行動的能力，以及實現貨幣政策目標所需的大量行動**。[53]國會根據這個理由，為附買回協義債權人創造了一個法律「例外」，在隨後的美國破產程序中給予這些參與者「超級優先」地位。[54]這種分離一開始只適用於以**政府**證券抵押的借貸，規範反映了附買回協議擔任一小群精選的政府債券交易商的融資工具初始狀態，這些交易商有助於促進聯準會對國債的流動性管理。但重要的是，聯準會在隨後的幾年中繼續支持附買回協議，因為這個市場開始連接更廣泛的影子銀行和存款銀行。聯準會沒有依賴和支持職能分離及其附買回協議政策，而是支援一個完全市場化和日益集中的金融體系。

英國貨幣市場的美國化

在回到附買回協議的策略作用之前，我想先討論一下英國的特殊情況。正如人們廣泛所知的，[55]這個國家在將新的美式「積極管理負債」方式引入歐洲，扮演著重要的角色，英國能夠發揮這種橋梁的角色，在某種程度上是出於直覺。英國在金融領域與美國建立了最密切和最深厚的關係，倫敦和紐約是二十世紀後期的主要金融中心，在不同的市場爭奪主導地位。此外，由於英國對歐洲美元市場的到來採取自由的態度，美國金融公司和離岸美元活動在戰後時期來到倫敦。與此同時，重要的是要認識到，英國有著非常獨特的貨幣市場傳統，這可以追溯到帝國時代，這些十九世紀的慣例和技術，使倫敦貨幣市場與美國的做法不一致。[56]我將先重建英國的這些特點以及英格蘭銀行對這些特點的依附，以便讓讀者看到二十世紀下半葉英國貨幣市場的美國化，如何釋放出結構性金融和政策變革的過程。英格蘭銀行將成為這個轉型的核心參與者，但這是在英國央行克服了央行內部和周圍參與者的各種反對，以及這些參與者依附於倫敦市管理流動性的傳統方式之後才發生的。在歐洲匯率機制（ERM）失敗（請參閱第三章）之後，發現能有效利率干預的能力，是推動通膨目標制和市場融資之間新解決方案的決定性一步。

從十九世紀末期到一九七〇年代，倫敦的核心貨幣市場與美國的結構不同，而且似乎也與現在全球一體化、與市場為主的體系截然不同，三個核心特徵是造成這種獨特性的原因。首先，整個金融業致力於按功能劃分城市特定差異化。[57]與美國相反的是，職能區分有一個適當的基礎，因為每個產業的企業都有不同的法律組織形式，並以企業聯合的形式組織起來，將來自不同社會地位群體的參與者聚集在一起。[58]在核心貨幣市場中，最重要的參與者是小型合夥企業，即所謂的貼現公司，這些公司共同充當倫敦貼現市場協會（LDMA）。[59]在十九世紀後期，這些公司已成為票據市場的獨家中介者，實行一種特殊的批發流動性轉型。他們向清算銀行提供可提領的擔保存款（「短期拆款」〔call money〕）作為他們的主要資金來源，他們支持這些現金承諾，並享有以英格蘭銀行的貼現率將庫存中的票據出售給英格蘭銀行的機構特權。[60]此外，貼現行還享有營業日底（end-of-day）向銀行借款的獨家特權，為了回報這個特權，央行對貼現行的監管比其他公司要嚴格得多，並利用貼現行向更廣泛的市場傳達有關央行期望的利率方向的資訊。[61]

第二個獨特的要素來自優質銀行的票據，這是特定的貨幣市場工具。雖然票據可像定存單或商業票據一樣流通，但發行和交易的運作方式不同，該工具的每個發行人或**出票人**都需一間銀行擔任**承兌人**，銀行將承諾代表出票人全額償還債務。**優質**銀行票據是被占主導地位的商業銀行接受的票據，也稱為「承兌行」，這些票據上還載有第三方，也就是**背書人**的名字，他們購買並轉售這些票據，並在票據上留下自己的名字，進而提供額外的還款保證。這種背書做法代表雖可以透過票據交易在市場參與者之間流動性轉移，但交易對手的信用風險和盡職調查責任卻不能轉移。這減少了我們在其他類型的貨幣市場中發現的激勵問題，最明顯的是附買回協議的安排，這一點我將在以下進行更詳細的討論。[62]英格蘭銀行對這些安排做出了決定性的貢獻，只貼現至少有兩個「信譽良好機構」簽名的主要銀行票據。[63]一九七〇年代，英格蘭銀行的總出納安東尼．科勒比在其回顧中，說明了監管的非正式性質：「我們沒有公布承兌匯票有資格再貼現的銀行名單。人們很清楚哪些匯票被接受，哪些沒有。規則要求承兌人是英國的銀行，但是這個詞被鬆散地解釋為包括舊英聯邦的一些銀行。除此之外，主要資格是能夠證明一個人的票據在市場上的交易中占有最佳利率。」[64]

支撐倫敦貨幣市場的第三個因素是，主要銀行票據應該由自行清算的票據組成。在其純粹、尚未實現的形式中，這表示每張票據都應該為商業交易提供資金，在長達六個月的時間內完成交易後就應該消除原始債務。[65]即使在不太原則性的實施中，這個規則也表示票據市場永遠不會為長期資本投資提供資金；貨幣市場和資產市場是分開的。卡洛琳・西索科（Carolyn Sissoko）[66]認為，這種分離有助於減少信貸泡沫，銀行對票據數量波動的監管，可以被認為是總體審慎政策的早期版本。

十九世紀末和二十世紀初被認為是古典體系的全盛時期，這是毫無疑義的，[67]然而目前尚不清楚這個體系如何以及何時遭到侵蝕。一九一四年後，國家持續的資金需求顯然導致根本的變化，國庫券取代商業票據成為主要的貨幣市場工具，對於英格蘭銀行來說，尤其是在第二次世界大戰之後，優先事項從限制投機性融資和保護黃金準備，轉向確保政府的剩餘資金需求得到滿足。[68]因此央行就是將干預和準備金監管重新調整為政府和市場帳戶的日常平衡，正如一份未發表的央行檔案所解釋的，「倫敦貨幣市場的管理與中央政府帳戶的管理有關，因為……政府每天向銀行支付和從銀行收到的淨流量，通常是那個市場寬鬆或緊縮的主要原因。」[69]但是儘管發生了這些轉變，票據融資的關鍵要素一直持續到一九七〇年代，根深柢固於階級結構和日常生活，並作為其監護人保護措施的結果。首先，這些是英格蘭銀行的貼現辦公室和總出納，他們維護非正式的慣例和規則，透過對交易對手的社會影響來執行，並複製整合公共融資、貨幣政策和審慎監督的日常貨幣管理程式（請參閱第五章）。[70]

然而，儘管有這些力量支持「歷經考驗的體系」，但從一九七〇年到一九九〇年代中期、大約二十五年的過渡時期，票據市場和相關央行技術消失了，由美國的工具和技術取而代之，[71]這個過程在很大程度上受惠於歐洲美元市場的存在，以及倫敦對歐洲美元市場集散地的地位。一開始英格蘭銀行的想法是，離岸領域被認為是商業銀行業務下降的收入來源，可以與受監管的貨幣市場完全分離，進而使現有的法規和慣例不受影響，[72]但一九六〇年代的歐洲美元擴張很快就取消了這種做法，有兩個機制破壞了最初的區分。首先，美國的歐洲美元參與者帶來了美國主動負債管理的技術和工具，這些技術和工具逐漸被英國同業採用；[73]存單、商業票據和附買回協議都是透過美國公司引入到英國金融業裡。[74]其次，離岸和不受監管的產業已經發展至威脅到倫敦金融城現有公司的程度，例如清算銀行在一九六〇年代損失了相當大一部分的存款負債。[75]如第二章所述，英格蘭銀行因此在一九七〇年代初期，決定在新進入者和現有企業之間創造公平的競爭環境，競爭和信貸控制改革（在第二章中討論過）大幅降低，並（幾乎）統一了所有展開英鎊業務的公司的準備金要求（「準備金資產比率」），因而為清算銀行提供了主動負債管理的入場券。[76]因此，加上M3（一九七〇年代和一九八〇年代初的目標貨幣總量），國內銀行業的批發負債在幾年內急遽擴張。一九六〇年代末期，英國銀行的非存款負債占總負債的百分之四十左右，但在幾年內，其規模就激增至所有負債的百分之七十左右，這個擴張的其中一個組成部分是英鎊定存單，這在一九六九年時幾乎不存在，但到一九七二年時，英鎊定存單的量已增至四十五億張。[77]

然而，必須指出這些自由化措施，最初是為了提高英國企業和倫敦金融城擔任金融中心的競爭地位，而不是其紐約競爭對手。這些措施沒有為貨幣政策提供新的基礎結構根基，而是最初似乎有利於金融化和貨幣穩定目標的部門政策相互衝突。正如前一章討論過的，這在柴契爾執政早期最為明顯，當時她的政府同時加速了金融自由化，同時要求中央銀行控制貨幣供給。關於貨幣市場，最相關的柴契爾主義改革包括放棄所有剩餘的準備金要求、結束對清算銀行批發借款的限制（「緊身胸衣」〔the corset〕），並允許完全由零售儲蓄資助的建築協會進入批發市場。[78]柴契爾的一些內部和外部顧問——例如美國經濟學家卡爾・布洛納和艾倫・梅爾澤以及金邊債券經紀人葛登・派柏（Gordon Pepper）——認為這些貨幣市場自由化不會對貨幣控制構成障礙，中央銀行只需要終止其「最先貸款人」的做法，並將聯準會金的數量供應限制在預定的目標範圍內（這種方法稱為「貨幣基礎目標」）。然而，在現實中，正如查爾斯・古德哈特在一九八二年聯準會的會議上直言不諱地指出，當銀行要求準備金為即時結算需求提供資金時，「毫無疑問，必須提供準備金⋯⋯。事實上，每個中央銀行恰恰都是如此。」[79]英國財政部的大多數官員都接受了這個立場，或者至少擔心基礎貨幣控制會造成不穩定的影響，進而支持央行拒絕這個立場。然而，同樣不切實際的是一項折衷改革，根據這項改革，央行應該讓準備金價格僅由市場力量決定。[80]正如首席貨幣市場經理人所說的，「運作持續要求官方決定購買票據的利率」；「對市場來說，官方交易利率的每一次變化似乎都是一個訊號。」[81]由於有這些不切實際的提議和命運多舛的改革，英格蘭銀行的貨幣市場經理們陷入了兩難的處境，也就是如何調和政府對貨幣供應控制的必要性，以及越來越自由化的市場中資金流動性的爆炸式成長，當時候到了，官員們別無選擇，只能用央行準備金將更廣泛的市場流動性貨幣化。正如央行貨幣市場部門的一名成員在一九八〇年代初有些沮喪地在內部說的：「目前很清楚的是，銀行讓我們隨著他們起舞。儘管他們可能已經保證限制個人貸款，但他們沒有動力這樣做⋯⋯。因此，每次銀行財務主管預見到銀行會出現資金短缺時，他的想法絕對不是尋求減少貸款的方法；正好相反，他會開始競標流動性，同時期待地關注新聞有關抒困措施的報導。」[82]

對央行來說同樣有問題的是，一九八〇年放棄準備金資產比率對貼現行構成了生存威脅，貼現行本來應繼續充當中央銀行和其他銀行之間的緩衝。隨著準備金越來越少以及大量其他短期借貸選擇，清算銀行將「短期拆款」留在銀行的理由越來越少，維持這些傳統批發帳戶的唯一剩餘動機是，這些計入準備金義務的履行。隨著這種激勵措施的消失，人們擔心貼現行將面臨資金枯竭，有一段時間，銀行的貨幣市場經營者設法暫時阻止這種情況，他們與清算銀行談判達成協定，自願與貼現行保留一些「短期拆款」，此後稱為「俱樂部資金」（以強調其性質是自願的）。

但是，儘管有這些臨時解決方案，中央銀行的官員逐漸意識到，他們經典體系的潛在社會和制度基礎已經不可挽回地動搖了，使得透過票據市場體系進行流動性管理變得越來越無效和有問題。[83]正如一九九〇年代和二〇〇〇年代的貨幣市場改革者保羅・塔克所說明的：「城市的居民不再明確定義，不再同性質。我們不能把它當成艾莉諾・歐斯壯俱樂部（Elinor Ostrom club）來經營，[它在內部]培養了一種共同的利益。」[84]舉例來說，由於有充足的其他選擇來管理其流動性，銀行越來越質疑貼現行存在的原因，後者現在被描繪成依賴中央銀行的公司，生活在「倫敦金融城的一個角落，保留了短工時、長午餐時間和對變化無動於衷。」[85]另一個問題是，面對越來越國際化的市場，銀行難以界定商業票據上的「信譽良好的機構」，難以區分品質，也難以確定哪些票據是自行清算的，哪些票據可以被視為「投機」；[86]反對透過票據交易繼續執行政策的一個補充論點是，國庫券或商業票據的數量不足。雖然政府已轉向更長期的融資，但巴塞爾資金規則使得私人票據的背書沒有吸引力，因為這些法案產生的資金要求。此外，剩下的大部分票據僅由一家特定的銀行——國民西敏寺銀行（NatWest）持有。「因此，如果我在十二點、五點進行公開市場操作，而且（國民西敏寺銀行）決定不提供貸款給我，因為他們獲得了所有符合條件的抵押品」，[87]結果市場缺乏流動性。這代表儘管貨幣市場管理者在一九八〇年代初的自由化和破壞性改革之後，找到了暫時穩定其日常工作的方法，但他們越來越了解到需要進行澈底改革。[88]

到了那時，英格蘭銀行已經歷了一九八〇年代的大霹靂（the Big Bang）式改革、重塑了金邊債券市場，並重新定義自己在其中的角色（請參閱第三章）。這些改革標誌著對脫離「機構專業化的傳統方法」，並承認國際「金融集團」在不同「職能」中運作的主導作用，正如央行內部討論所觀察的。[89]此外，隨著英國退出匯率機制後的政策創新，中央銀行官員找到了利用這些改變市場結構的方法，這使得利率對政策變動更加敏感，現在需要的是更有效地將央行的干預轉嫁到這些自由化的資本市場。根據這個理由，央行在一九九〇年代初開始進行貨幣市場改革，其根據是加強國際公司的參與，以及消除之前企業集團化制度的障礙。為此目的挑選的市場是附買回協議市場，正如參與該專案的主要官員伊恩・普蘭德利斯（Ian Plenderleith）所敘述，附買回協議當時正在成為「現代交易擔保貨幣的方式」。[90]附買回協議承諾提供市場基礎設施，其中資金流動性可以在大量市場參與者之間分配，而不會由於提供抵押品而大規模擴大交易對手風險。[91]對於央行來說，附買回協議市場還有一個額外的優勢，那就是利率變化迅速轉化為資產市場的利率變化，因為這些市場透過抵押品結合。因此，央行官員在倫敦金融城四處說服公司建立並加入這個市場，普蘭德利斯記得自己進行了「數十次採訪，向市場上的人解釋，『我們是否應該考慮像美國那樣建立一個政府公債附買回協議市場？』」[92]

因此，央行繼續鼓勵銀行透過附買回協議開始借貸，後來央行於一九九六年協助建立了附買回協議金邊債券市場（也就是以英國公債為抵押品的附買回協議市場）（請參閱圖4－2）。接下來，在一九九七年，央行開始透過金邊債券附買回協議實施自己的市場管理，而最後一步的一部分是央行開始直接與附買回協議市場參與者打交道，而不只是與貼現行或國內銀行打交道。結果，就像聯準會一樣，英國央行經歷了將業務與銀行、影子銀行的核心流動性管理實踐，聯繫起來使得政策傳導更快、更有效。與通膨預測結合，透過附買回協議交易實施政策成為通膨目標制的一貫組成部分，成為治理經濟有力的方式。

貨幣市場創新如何瓦解貨幣主義

從英國的案例中可以明顯看出，政策技術隨著市場創新而發展，推動央行官員將通膨目標作為可行策略，在越來越一體化、放鬆管制的市場中提高其政策工具有效性。為了回應他們對於如何在這種背景下實踐價格訊號的理解，央行官員隨後開始支持建立似乎對這種做法有用的貨幣市場。以英格蘭銀行來說，這在英國的金邊債券附買

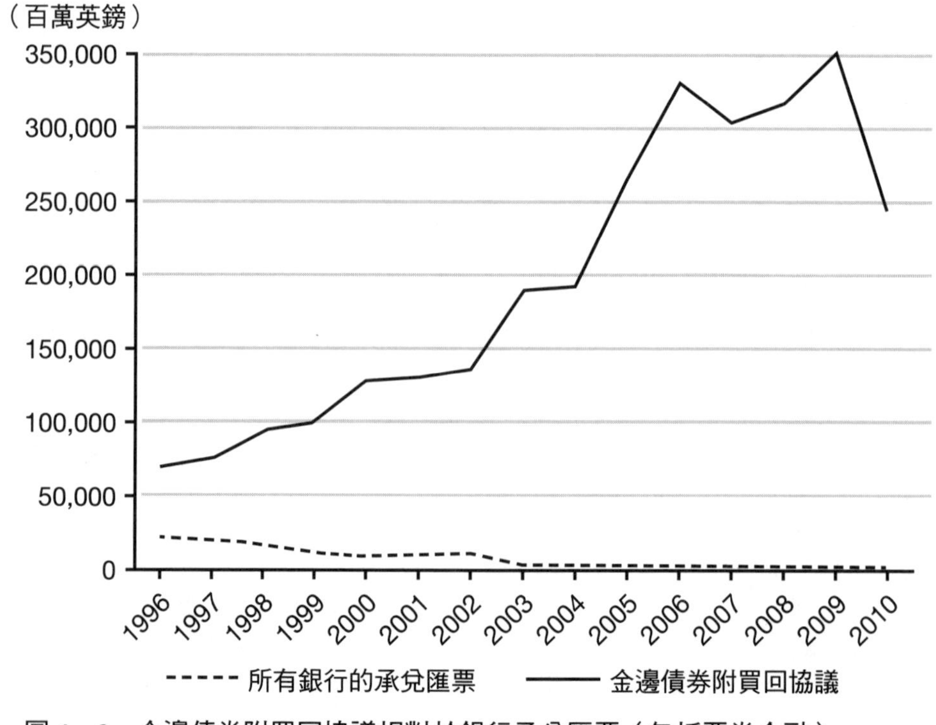

圖 4—2　金邊債券附買回協議相對於銀行承兌匯票（包括票券金融）

資料來源：英格蘭銀行

回協議市場的發展背景下特別明顯。自一九八〇年代初以來，聯準會對美國附買回協議產生類似的指導作用，這個市場開始連接以前分散的系統的不同組成部分。但是，儘管聯準會和英格蘭銀行在一九九〇年代初時決定，他們希望促進以市場為主的金融以幫助金融業和央行本身，但是對德國和瑞士的央行官員來說，情況看起來不太一樣。正如我將在本節中討論的，這些國家實際貨幣主義的比較持久性，源於中央銀行和綜合銀行部門之間的不同解決方案，這些解決方案保護公共和私人行為者免受我們在英美金融中觀察到各種創新的影響。然而，在一九九〇年代，這些決定受到政治和市場內部力量的威脅，最終導致實用貨幣主義的結束，並開始採用通膨目標制。

而瑞士方面，在貨幣主義時期，瑞士央行和私人銀行之間的不同解決方案是以兩個支柱為基礎。首先，公共和私人行為者抑制了國內貨幣市場的發展，公司和公共實體以長期工具滿足其資金需求，極為依賴銀行貸款，銀行本身使用散戶的存款（儲蓄和支票帳戶）來滿足自身的融資需求。[93]這也表示國內銀行業務實際上沒有主動負債管理的做法，因此銀行本身必須採取主動負債管理辦法，大多數銀行在中央銀行保留了大量剩餘流動性，並且僅將銀行間市場用於短期結算需求。瑞士銀行參與歐洲美元市場是對這些國內結構的補充，而不是削弱，它們最初充當債權人，將剩餘流動性投資於收益率更高的工具。[94]在一九八〇年代討論建立國內貨幣市場的可能性時，公共和私人參與者的共同利益都反對這個項目，[95]銀行公開反對建立這樣的市場，因為它們的目的是維持對國內儲蓄和公司融資的寡頭壟斷控制。[96]同樣，在央行內部，抱持疑慮為主流的態度，因為引入替代工具來管理流動性可能會導致央行準備金的波動變得更難以預測，基於同樣的理由，瑞士央行也禁止發行瑞士法郎定存單。

第二個支柱包括準備金要求。對瑞士央行來說，這些要求的作用在於緩衝銀行波動劇烈的流動性需求，當銀行迫切需要準備金來履行其支付義務時，央行必須提供準備金，因此可以為了結算目的而臨時提取更大的準備金（例如，因為需求是平均化的），進而減少這種缺乏彈性的需求。[97]因此，大量準備金幫助瑞士央行進行貨幣主義中央銀行業務，需求驅動的額外聯準會注入的頻率較低；當然，缺點是大量的無息準備金是銀行的成本。但銀行願意接受這個決定，因為擁有大量準備金被視為審慎的流動性管理，只要非銀行機構的競爭壓力受到抑制，就不會對銀行的業務模式構成重大風險。

德國的解決方案與瑞士的決定非常類似，德國經濟和國家同樣依賴長期融資，幾乎完全沒有商業票據或國庫券等短期票據，這種票據的二級交易完全是未知的。[98]透過其地區銀行，德國央行與數百間大小銀行建立了「雙邊再融資關係」（bilateral refinancing relationships），並由「德國央行門前」的銀行間市場以作為補充。[99]在一九五〇年代和一九六〇年代初期，德國央行利用其雙邊管道實施非正式的產業政策，以優惠的條件為「出口、中小企業和德意志民主共和國之間的貿易」的銀行信貸進行再融資；[100]從一九六〇年代後期開始，德國央行越來越透過以長期證券為抵押的附買回協議來實施政策。然而，除美國之外，這些業務並不依賴、或應該促進更廣泛的私人附買回協議市場的發展，附買回協議是一種只抵押短期央行貸款的工具，德國的銀行業認為彼此間擴大這些交易沒有多大用處，造成這種情況的主要原因之一是，交易對手風險是透過關係而不是透過抵押品來管理的。就像在瑞士一樣，銀行也有堅持這些慣例和壓制金融創新的理由，主要是因為它們從儲蓄產品和企業融資的唯一提供者角色中獲利。[101]在造訪德國時，一位英格蘭銀行官員有些輕蔑地評論：「銀行目前對彼此以及與當局的親密關係感到非常自在。因此，德國央行認為沒有理由打亂相對容易控制的局面。」[102]

但因為對當時現有限制的反對越來越多，導致德國和瑞士的措施在一九九〇年代承受壓力。諷刺的是，變革的一個關鍵主角是德國政府，官方希望擴大德國的金融業，並由各自的公司、市場區隔和工作在全球競爭。[103]德國央行試圖利用其權力來減緩這一進程，正如德國央行官員葛德．豪斯勒（Gerd Häusler）所解釋的，「中央銀行意識到其對貨幣政策的責任，必須優先考慮貨幣穩定和保護最低準備金工具，而不是促進國家金融市場利益，即使德國在這方面是個局外人。」[104]央行官員的意圖是透過將競爭利益與其穩定任務並列，從而抵制改革，[105]以精確的用語說，這表示反對引入新的貨幣市場工具的要求，例如定存單、商業票據或貨幣市場基金。[106]這也表示盡可能保護德國央行相當全面和繁重的最低準備金要求，這些要求提高了貨幣市場仲介和積極負債管理的成本。

但隨著一九九〇年代的推進，德國央行的這種反對意見，以及瑞士國家銀行採取的相同立場變得越來越站不住腳。原因是，除了加強金融市場的政治利益外，銀行本身還放棄了以前贊同的貨幣主義

表4—1　央行持有的準備金存款為總銀行負債的占比*

年份	美國	德國	瑞士	英國
1980	1.6	7.2	4	0.3**
1985	0.8	5.6	3.1	0.1
1988	1	5.5	1.7	0.1
1991	0.6	5.5	0.7	0.1

*月底觀察金額的年平均值，百分比。

**英國一九八〇的金額為一九八一年底，而非一九八〇年底。

資料來源：Bruce Kasman, “A comparison of monetary policy operating procedures in six industrial countries”, p.49. in Proceedings, Board of Governors of the Federal Reserve System, 1993.

解決方案，[107]部分由於公司融資的去仲介化，部分由於現有企業採用跨國商業戰略（瑞銀、瑞士信貸、德意志銀行〔Deutsche Bank〕和德雷斯納銀行〔Dresdner Bank〕），銀行開始厭惡準備金債務。歐元市場的快速成長也代表以前國內和國際貨幣、信貸市場間的分離變得難以持續下去，貝克寫道，隨著大型銀行積極嘗試進入美元（離岸和在岸）市場，「美國貨幣市場融資的邏輯在這些機構中蔓延……。在與美國貨幣市場連結的過程中，歐洲銀行業首先改變了他們提高負債的方式，隨後改變建構和管理資產的方式」。[108]正如一位經濟學家在一九八〇年代指出的，這些發展逐漸破壞了德國貨幣主義的實踐：「歐元市場創造貨幣和信貸的潛力似乎……越來越扭曲，只根據國內資料的傳統貨幣擴張統計資訊內容。因此，[國內]貨幣目標（中央銀行貨幣存量）和其他國內貨幣和信貸總量的指標功能有可能惡化。」[109]廢除國內金融監管的額外壓力來自歐洲試圖實施貨幣和市場一體化。

因此，瑞士和德國央行官員勉為其難屈服於這些壓力，兩國都降低了準備金要求，以允許新工具在國內市場上進行交易。[110]但是，隨著準備金的減少，波動性更大，新工具的使用越來越多，不同貨幣數量之間、數量與利率之間，以及數量與通膨率之間的關係變得越來越難以預測。[111]此外，隨著大型銀行的業務將國內市場與國外市場整合在一起，國際貨幣市場衝擊和危機迅速轉化為國內不穩定的準備金行為。為了管理這些危機，貨幣當局不僅暫時中止了貨幣目標，而且還進行了明顯的干預，以穩定短期利率。

這些經驗推動了一九九〇年代後期，歐陸從實際貨幣主義向通膨目標制的過渡，當時這個策略已經得到國際專家的認可，認為這是實施貨幣政策更有效的方法。[112]瑞士在整個一九九〇年代，由於金融市場的發展使得貨幣主義失去了其運作功能，其象徵力量已經耗盡。正統貨幣主義者發現，瑞士央行已經大大偏離了自己的控制承諾，[113]而工會對瑞士央行拒絕現代經濟穩定政策越來越感到沮喪，這種政策在激進的利率引導下成為可能，這些發展推動了澈底的改革，導致瑞士在一九九九年採用了通貨膨脹目標。新策略的關鍵組成部分，類似於英美確定的要素（貨幣穩定結合產出穩定的主要任務、透過價格訊號向國際連接的貨幣市場實施、透過金融市場機制傳導），而統合主義制度則嵌入新的通膨目標制度中。就德國聯邦銀行而言，平行過渡至通膨目標結合了歐洲貨幣的一體化，正如許多作者所說的，這個過程是由德聯邦銀銀行主導，而德國央行是其他國家央行以及後來的歐洲央行的榜樣。在這個過程中，一個關鍵的組織工具是巴塞爾國際清算銀行的中央銀行官員委員會，歐洲央行官員在那裡為新的中央銀行制定了計畫，凱薩琳．麥克納馬拉（Kathleen McNamara）引用委員會的一位央行官員在一九九三年說的話表示：「央行官員委員會的氣氛非常專業，人們不是帶著特定的國家立場來參加會議，其實正好相反，我們都對非常接近德國的貨幣政策模型正確性達成非常一致的共識。」[114]然而，麥克納馬拉的敘述以及歐洲央行遵循德國聯邦銀行範本的總體思路，忽略了一九九〇年代後期德國**穩定文化**的貨幣主義基礎，已經失去了實際和象徵性的效力。確實，在為歐洲央行進行準備的委員會中，一九九〇年代後半期的討論轉向評估貨幣主義日益嚴重的功能失調，並商討什麼東西可以取代它。金融市場——尤其是國際貨幣市場越來越一體化——是實際貨幣主義停止發揮作用，以及為什麼轉向通膨目標制為可取的一個關鍵原因。[115]

一個建構全球市場的計畫

金融全球化在一九七〇年代就破壞了美國、英國商業銀行與中央銀行之間在戰後的決定。到了一九九〇年代，這些國家的中央銀行官員針對通貨膨脹目標和市場融資之間的協同作用，確定了一種新的解決辦法。由於貨幣目標制的成功以及綜合銀行受保護的國內市場優勢，我們發現德國和瑞士不同的解決方案一直持續到一九九〇年代——抑制貨幣市場創新、保護準備金要求，以及將國內市場與國際市場分開的盾牌，是我們在歐陸這些地區發現的特定中央銀行—綜合銀行結算的基本要素。然而，銀行在一九九〇年代開始質疑和破壞這些安排，迫使貨幣當局採用美國和英國的貨幣政策創新，這是兩國處於放鬆管制的背景下更可行的策略。

隨著最後一個反對意見的消失，從一九九〇年代後期開始，G10的中央銀行官員加入一個共同專案，鞏固綜合市場的流動性系統。[116]央行官員的努力特別集中在開發和加強附買回協議市場上，而附買回協議市場被選為貨幣政策的有效管道，也是這種以市場為基礎的體系中具有彈性的穩定因素。不出所料，由於這個市場區段的起源，附買回協議的推動最初來自美國，在一九八二年宣導法律豁免之後，聯準會已成為越來越大的附買回協議市場的一貫支援者和建設者。一九九一年，國會根據聯準會要求，授權央行直接與非銀行機構進行附買回協議操作；[117]一九九九年時，聯準會開始進行以抵押貸款擔保證券為擔保的附買回協議交易；二〇〇五年時，國會回應聯準會要求，取消適用法律豁免的附買回協議合約類型的初步限制，鼓勵在金融部門內製造名譽佳的安全資產支撐，進一步擴大附買回協議協議。[118]

歐洲央行官員在一九九〇年代至二〇〇〇年代初期加入建立附買回協議市場，正如我們在英國所看到的，開發附買回協議被視為，加強和規範央行操作與流動性市場交易之間關聯的一種方式。附買回協議也解決了瑞士等小國央行官員的操作問題，因為瑞士央行現在可以透過借出由抵押品擔保的短期資金，來進行有意義的公開市場交易，這些抵押品不僅在國內發行，而且還以大貨幣區為擔保（美元、歐元）。[119]因此，隨著所有主要央行都趨向通膨目標，人們強烈支援將附買回協議發展成為核心貨幣市場部門，將隔夜銀行間市場利率轉化為系統其餘部分財務上更重要的融資成本。為了反映這樣的轉變，G20關於附買回協議的報告認為，這個工具提供了「暗示貨幣政策立場的有效機制」；「在一個流動性充裕的市場中，價格確定將更有效率的……貨幣政策。」[120]這些逐漸趨於一致的觀點，表達了央行官員為這些市場建立機構架構並支援其成長的核心動機。

促進附買回協議的補充動機，源自於當時的許多金融危機經歷（東亞金融危機、俄羅斯違約、投資公司「長期資本管理公司」〔LTCM〕倒閉、網路泡沫、九一一事件），這產生了一個問題，也就是如何使相互關聯的金融體系具有彈性。這個時期提出的關鍵解決方案，特別是聯準會推動的解決方案是，金融體系需要「健全高效率的附買回協議市場」，[121]以確保有效分配和自由獲得資金流動性，即使在不利的情況下也是如此。因此目標是鼓勵發展「穩定的流動性系統」，[122]其組成要素是造市經紀交易商、自由流通的「安全」資產、央行緊急保障措施和流動性風險評估的新工具。正如二十大工業國的央行官員在一九九〇年代後期的一份報告所指出的，附買回協議帶來了「低信用風險，同時是一種流動性管理的靈活工具」，[123]人們認為，降低信貸風險的原因在於公司對抵押品的控制，然而這需要透過私人治理機制和公共法律授予這種控制權的框架。正如由紐約聯邦準備銀行領導的一個工作小組，在長期資本管理公司倒閉後得出的結論，金融公司應該透過確保「在市場低迷期間能夠以實際和緊急的方式，以高度的法律確定性，用商業上合理的估值來進行平倉安排」以降低交易對手風險。[124]這種法律確定性是透過《清算最終性指令》（Settlement Finality Directive, 1998）和《金融擔保安排指令》（Financial Collateral Arrangements Directive, 2002）在歐洲的環境下引入的，要求成員國確保「破產法的某些規定不適用於[附買回協議合約]安排，特別是那些會妨礙金融擔保品的有效變現，或使人懷疑雙邊終止淨額結算等現行技術有效性的規定。以儲值抵押品和替代抵押品的形式提供額外的抵押品。」[125]正如我將在第五章中討論的，央行官員推動這種公開致力於私人治理解決方案以應對金融不穩定，使這些當局能夠避免任何明確的**公共**監管，這是他們避免的步驟，

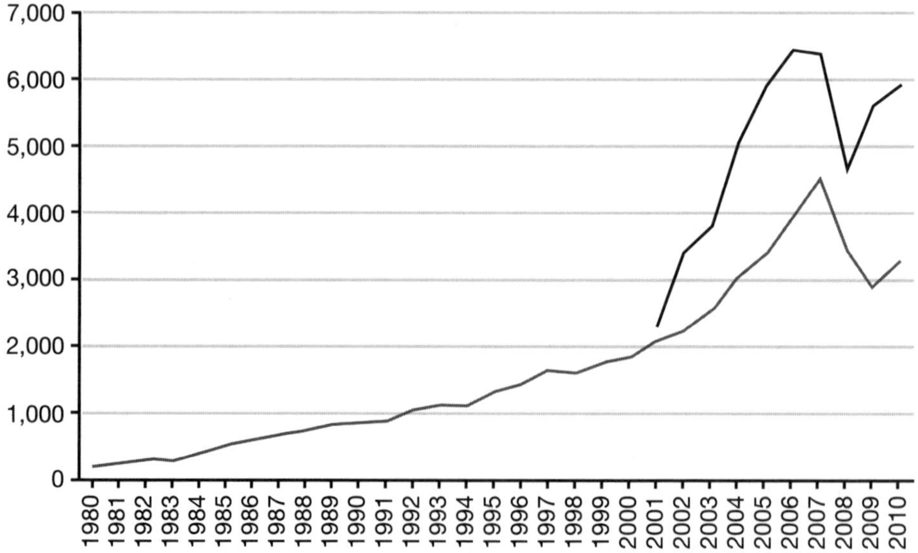

圖 4—3　美國（單位為十億美元，灰色）和歐洲（單位為十億歐元，黑色）的未償還附買回交易。

資料來源：聯準會管理委員會員，華府（美國資料），以及國際證券市場協會（ISMA）附買回協議調查（歐洲資料）

因為這會危及貨幣政策先決條件與市場體系中，占主導地位的金融利益之間新的解決方案。

雖然本書很難確定因果關係，但有證據顯示，中央銀行支持附買回協議市場的干預措施，促成了從一九九〇年代後期開始這些工具交易的急遽擴張（請參閱圖4－3）。在美國，未償還附買回協議合約的數量，從一九九〇年的八千三百三十億美元增加到二〇〇七年的四點五兆美元（即四千四百九十八億美元）。[126]在歐洲背景下，增加的情況更是誇張，一九九〇年代大部分的時候，大多數歐洲國家幾乎沒有這些市場。在英國和法國的央行官員參與市場建設之前，交易規模較小且非正式，包括在相互認識的交易商的小圈子裡「口耳相傳［溝通，］後以電報確認」。[127]但正式的制度建設改變了這種狀況，促使附買回市場從二〇〇一年的估計未償合約總額二點一兆歐元擴大到二〇〇七年的六點八兆歐元。[128]

本章討論：新貨幣政策的設計者

自從一九九〇年代後期最後的貨幣目標支持者消失，「關於央行對於貨幣政策決定代表的意義，至少在中央銀行官員之間幾乎沒有爭議：這代表央行設定短期貨幣市場利率水準目標在維持日常運作，直到央行的決策機構下一次會議。」[129]我們發現證據顯示，所有中央銀行主要營運官員的任務描述都有這種共識。[130]例如，就像英格蘭銀行的保羅・塔克在二〇〇四年所說，央行官員的使命是「將短期利率穩定在政策利率上」。[131]在量化寬鬆到來之前，聯準會[132]或歐洲央行[133]的系統管理者也會說出相同的答案。

討論這些選擇的主導框架是技術最佳化——獨立於其環境，只是透過價格訊號相對於以市場為主的金融體系實施貨幣政策的最有效方式。我個人的敘述強調了金融市場發展和中央銀行創新之間的遞迴因果關係，這導致了這些關於政策有效性的特殊觀點，並在二〇〇八年的危機之前，產生了金融和政策利益之間的特殊解決方案。回到一九七〇年代，我們實際上發現了不同的結算方式——不同版本的中央銀行與不同的金融市場結構齊頭並進。舉例來說，英國沒有一個全方位的綜合市場體系，相反地，商業慣例、機構地位和審慎監管，根據細分和企業集團化的公司集團進行了區分。這些安排的一部分就只有某些機構，也就是貼現行，才能獲得英格蘭銀行的最後貸款。貨幣市場交易仍然局限於主要銀行票據（具有多個債權人的工具），它將金融公司的短期融資與資本投資分開。一直到一九七〇年代，英國的制度還是以中央銀行為主，央行同時引導市場利率、監管信貸，並培養健全的銀行業務，對於運作這個系統的營運人員來說，認為他們的行為只是為了使市場與政策利率保持一致是很荒謬的想法。無論是明確的監管干預還是制度安排的潛在影響，從十九世紀末期到一九七〇年代，英國銀行業在古典體系下都非常穩定。[134]

在當代秩序和我們在中央銀行成功實施貨幣目標制的國家中發現的普遍銀行結構之間，可以發現另一種對比。在這些情況下，存款負債是惰性的，而且散戶儲蓄幾乎沒有競爭，因此銀行**沒有**透過在更廣泛的貨幣市場上競標資金來積極管理負債。事實上，這樣的市場只以非常小、高度限制的形式存在。現有企業的主要重點是保持貸款和再融資條件之間的獲利率，並充分抑制競爭，以確保客戶忠誠度，這代表銀行和中央銀行之間的具體互動。貨幣市場仍然受到限制，大多數銀行直接在中央銀行保持相對較大的準備金緩衝，即使在這些情況下，就像在通膨目標中一樣，央行也會影響準備金的價格。但與當代的

「短期利率學說」相比，央行的利率領導具有完全不同的意義，[135]這個想法並不是為了向更廣泛的貨幣和資本市場發出價格訊號，以使政策利率與某些總體經濟計算的自然利率保持一致。相反地，透過操縱銀行準備金的波動，並透過對交易對手施加直接影響，央行利用銀行負債、融資成本和信貸發行之間相對穩定的結構性關係，進而穩定（而不是勉強控制）貨幣總量的長期趨勢成長，金融穩定是這些貨幣政策下好的副作用。

因此，英國古典體系和歐陸貨幣主義為替代性的國家市場解決方案提供了一些見解，這些解決方案違背了中性貨幣政策實施的想法，無論背景如何，中性貨幣政策實施都是最佳的。這還顯示了貨幣政策如何與（隱性）金融監管相結合（請參閱第五章）。然而，更重要的是，本章指出，在一九九〇年代和二〇〇〇年代，占據主導地位的那種貨幣政策是遞迴因果關係的產物，而「激增的」金融重新出現支撐著這個遞迴因果關係。歐洲美元市場的發展和新的貨幣市場工具的引入，破壞了戰後的規定，引發了一段危機和實驗時期。在這段時期，受金融全球化影響最大的中央銀行官員發現，私人部門的發展不僅沒有剝奪其組織的權力，反而**增強**了其治理能力，主要原因是市場一體化和套利活動使市場利率對央行再融資利率的變化更加敏感。經濟參與者受政策利率變動的影響越多，對政策利率變動做出的反應也越多，央行官員發現他們的影響力就越大。與動盪的一九七〇年代的想法相反的是，央行官員因此成為金融全球化的贏家。本身就是其特別龐大的金融業分散性結果的美國經驗，是其他國家效仿的榜樣。

這後來引發了一個整合階段，在這個階段中，世界各地的通膨目標制定者就是他們所認為有效率和有彈性的市場金融基礎結構的設計師。附買回協議被選為這些更廣泛的基礎結構中定價和分配流動性的核心部分，因為它提供了新的操作可能性，並承諾有效的利率決策「傳遞」。聯準會是第一個積極支持附買回協議的央行，因為傳統上附買回協議依賴證券交易商傳遞價格訊號，並將流動性轉移到聯邦基金市場之外。倫敦歐洲美元市場的存在使英格蘭銀行可能成為下一個推動者，但是英國央行必須放棄長達百年的歷史，那就是這是個被區隔——且高度受法規限制的金融體系。歐陸國家——尤其是德國和瑞士——是最後才加入附買回協議專案的國家，原因與貨幣目標的成功和綜合銀行的傳統有關。但到了一九九〇年代後期，我們可以確定一個統一的貨幣當局團體，他們共同推動修法，並調整自己的操作框架以促進附買回協議的成長。

在二〇〇七到二〇〇九年間，成長以及政治經濟解決方案的後果，使人痛苦地感受到了。由於透過附買回協議獲得貸款的途徑和成本取決於抵押品的價值，整個資產類別（抵押貸款支持證券）的貶值和不確定性，導致減少和拒絕貸款的突然飆升。[136]一個完整的（影子）銀行模式，包括透過證券化製造看似「安全」的資產，和透過附買回協議市場的廉價資金崩潰了；一個以市場允許有效買賣資產為基礎、並為其融資提供無限資金的信念制度突然崩潰。[137]在危機期間，附買回協議放大了自我強化的螺旋式下降，而不是成為系統的彈性核心。[138]

在本章所介紹的故事背後，我們會發現，央行官員與這場危機有著深刻的牽連。但正如我接下來要討論的，貨幣政策與審慎監管的制度分離為貨幣當局創造了一個保護盾，如此一來他們就可以不必承擔共同產生的解決方案其副作用和不利的後果。

Chapter5

無知的組織，央行官員如何放棄監管

正是因為否認貨幣政策、最後貸款人（LOLR）政策和銀行體系穩定之間關聯的認知，令世界陷入危機，而且至今仍尚未完全恢復。*

——保羅．塔克（Paul Tucker）

在許多方面，世界金融危機之前的幾年是央行官員的黃金時代。透過發展和傳播通膨目標，他們有效地控制了通膨，同時找到了在總體經濟穩定中更加活躍的方法，[1]強化購債甚於經濟政策。在決策官員看來，通膨目標制的成功反映在長期利率上，這證實了當局將通膨預期設定在目標區間的能力。在金融全球化深化的條件下，附買回協議等貨幣市場已經澈底制度化，政策實施具有高度可靠性且有效。相較之下，其他經濟政策領域似乎不太受到青睞，尤其是財政政策似乎是一個乏味的政治化過程，[2]沒有多少總體經濟影響力，而且面臨全球化的嚴重限制。[3]

正是在這個較大的背景下，通貨膨脹目標制突然變得不只是控制一九七〇年代和一九八〇年代困擾西方社會貨幣問題的一種特殊策略。也許正如柏南奇和其他人[4]所思考的，穩定價格和產出的中央銀

* Paul Tucker, "The Lender of Last Resort and Modern Central Banking: Principles and Reconstruction," 36.

行，再加上一些積極的私人部門發展，已經產生出一個「大溫和」的時代。[5]只要物價維持可預測的穩定，而且財政政策不要阻礙，[6]據稱總體經濟摩擦的關鍵原因已消除，市場可以發揮其魔力來平衡需求和供應，只是偶爾需要貨幣政策的推動。[7]正如克勞迪歐・博里歐所指出的，這些討論提出了一個命題，甚至是信仰：如果「中央銀行在短期內（例如，在兩年內）成功地穩定了通貨膨脹，並且沒有重大的外部『衝擊』，如來自財政政策，則經濟將廣泛地自行發展。」[8]

二〇〇七到二〇〇九年的事件以及隨後的大衰退，以戲劇性的方式呈現這些觀點的虛假。隨著這場危機暴露無遺，成功「設定」通膨預期、消除小幅產出波動、偶爾用中央銀行的各種工具來支撐市場，並不是可持續繁榮的祕訣。事實上，二〇〇七到二〇〇九年的事件揭示了從一九八〇年代到二〇〇〇年代累積的嚴重失衡和系統性風險，包括社會經濟不平等加劇以及（與此相關的）長期停滯。儘管央行官員實現了所有值得贊賞的穩定，但貨幣政策占主導地位的幾十年裡，成長率實際上低於一九八〇年之前觀察到的水準，而在最先進的經濟體美國，收入分配最底層的百分之五十，在這段期間幾乎沒有經濟改善。與此同時，收入最高的百分之一人口，其收入占比卻大幅成長，從占總收入的略高於百分之十，增加到近百分之二十。[9]財富不平等隨之增加，從一九七〇到二〇〇七年，前百分之十的人占淨財富的比例，從百分之六十五左右增加到百分之七十以上。確實，美國是一個極端的例子，但本書中討論的其他國家也遵循同樣的趨勢。基於這些（只在事後才發現的）事實，國際貨幣基金（IMF）的專家指出，「這段時期[稱為『大溫和』]只對一小部分人口有利」。[10]除了違反對民主國家運作極為重要的公平規範[11]之外，財富和收入日益加劇的不平等也帶來了總體經濟問題（討論為長期停滯，請參閱第六章），並透過對金融投資（富人）和債務（中產階級和窮人）的需求增加而增加了金融危機的可能性。[12]因此，二〇〇七到二〇〇九年的危機不是歷史的偶然，而是西方資本主義更深層次混亂的症狀。接受這些發展並施加相當大影響的政策機構，就是中央銀行。

然而更直接的是，央行官員未能解決二〇〇七年之前累積越來越嚴重的金融不穩定問題。[13]從一九八〇年代開始，隨著信貸成長的加速、系統性金融風險增加，這種增加與生產性投資活動脫鉤，加深對不斷升值的資產價值的依賴。金融**內部**的轉變在促成這種信貸擴張方面發揮重要的作用，同時增加了市場參與者對信貸量和資產價格相互依存、向上移動任何逆轉的脆弱性。作者們主要討論這些與行業相關的變化，重點在於證券化和次級抵押貸款的發展，但關鍵性的另一部分，涉及金融公司為其不斷擴大的資產負債表提供資金的方式。尤其是一九六〇年代，主動負債管理的發明[14]和一九八〇年代影子銀行的快速擴張，[15]使銀行和其他金融市場參與者更加依賴貨幣批發市場的資金可用性，如第四章所述。[16]在危機前幾年（二〇〇〇—二〇〇七），投資銀行透過隔夜附買回協議融資的總資產比例增加一倍。[17]與此同時，存款負債占銀行部門整體負債的比例，從第二次世界大戰後不久的約百分之八十，下降到二〇〇〇年代初的略高於百分之五十。[18]政府債券等經過危機考驗的流動資產持有量有所減少，美國影子銀行的增加是這些轉型背後的驅動力，而歐洲「傳統」銀行從一九九〇年代開始採用主動負債管理、證券化和美式投資銀行業務。[19]這些變化使得緊密的跨大西洋金融網路，為二〇〇七到二〇〇九年發生的那種（影子）銀行擠兌[20]做好準備。這些事件造成的混亂和困難已被廣泛討論，不僅數十億納稅人的錢被投資用於遏制金融內部的骨牌效應，而且整個經濟體都被挾持，崩盤的直接後果是信貸緊縮、財富破壞和去槓桿化（deleverage）壓力。[21]十多年後，當新冠肺炎危機爆發時，西方仍然生活在這次崩盤的後果中，長期停滯的力量在危機中變得更加根深柢固，表現為生產率成長緩慢、不平等加劇和通貨緊縮力量（請參閱第六章），以及與危機相關的政府失靈澈底改變了政治。

是哪裡出了問題？關於二〇〇七到二〇〇九年的情況，對中央銀行的批評有兩種觀點。第一個討論涉及貨幣政策及其對金融化的影響，舉例來說，一些學者認為，透過通膨目標，貨幣政策的建構是為了「黑盒子」和信貸去政治化。[22]央行官員的目標，也就是各自的消費者價格指數，使央行的決策與貨幣、金融領域的重大發展脫鉤。這對央行官員來說在政治上很方便，因為更廣泛的結構和政治力量（勞動力議價能力減弱、從中國的廉價進口品）抑制了消費者價格通膨，同時加強了金融擴張。但這也代表政策對系統性風險的累積反應遲鈍，這種情況在二〇〇八年崩盤前夕最為明顯，當時房地產市場突然下滑的證據沒有引發任何重大政策變化。[23]對通膨目標制一個相關的、更激進的批評認為，透過這種方法，中央銀行透過總體經濟和金融機制積極**支援**金融擴張。舉例來說，通貨緊縮政策導致中低收入勞工的收入損失，結果他們又使用信貸來彌補這些損失，長時間下來，累積了不可持續的債務。此外，央行為應對資產價值下跌而進行的干預，鼓勵投資者承擔更大、風險更高的部位。在前面的章節中，我也指出了一些更微妙的機制，由於央行官員越來越將金融市場的穩定預期視為反映央行自身的信譽，他們鼓勵這種預期的形成，因此創造了一種名符其實的**穩定幻覺**。這種錯覺產生了具體的後果，因為它營造出一種環境，金融公司可以進行更積極的期限轉型，並採取策略以利用市場上最小的利差。[24]此外，央行官員鼓勵將市場的成長細分，這有助於政策利率訊號更快在金融體系中傳播，然而正是這些市場區隔在二〇〇八年危機期間成為金融風險的超級傳播者。

我在本章集中討論另一個主題，涉及央行官員在**監管**中的作用——維持金融穩定的有目的行動。[25]可以肯定的是，大多數司法管轄區內，在危機時刻，央行官員並不是負責這項任務的主要當局，通常被委託給有明確授權的機構，發布法定規則並進行監督，[26]因此對危機前監管的大多數批評都是針對監管機構。舉例來說，學者們認為，監管官員「過分注意尋求改善個別銀行的行為和風險管理實踐」。[27]換句話說，金融監管仍然是「微觀審慎的」，沒有為現在被理解為「跨產業」或「周期性」的系統性風險提供一個答案。[28]此外，學者們批評，這些機構的工作只關注本國內註冊的銀行，因此在解決影子銀行和離岸市場的成長方面無效。[29]信貸發行標準的惡化被忽視了，部分原因是監管者很容易相信金融部門的聲明，也就是只有「幾個壞蘋果」應對不法行為負起責任。[30]最後，針對監管機構的批評點是，監管檢查中使用的指標是由銀行自己建立的，根據頻繁和輕微的損失進行校準，而不是二〇〇七到二〇〇九年成為現實的情景，各機構無法或不願意對這種良性風險評估提出質疑。

但是讓機構對監管失敗負全責，是忽視中央銀行的關鍵監管作用。在一些司法地區，這些責任是明確和相當全面的，正如英國的情況（直到一九九七年），至今在美國仍然如此。在大多數其他管轄區，機構是在一九八〇年代和一九九〇年代新成立的，或者升級為在稱為巴塞爾協定（Basel agreements）的背景下進行監管和監督，巴塞爾銀行監督委員會（Basel Committee on Banking Supervision, BCBS）談判的資本持有的國際最低要求。[31]正如我打算在本章中說明的，在這兩種情況下，我們都不應該為中央銀行開脫。關於這件事有兩個論點：第一個是由歷史制度主義的視角提供的，[32]在一九七〇年代之前，審慎監督通常是中央銀行其他政策行為的一部分，無論是債務管理還是貨幣政策，即使是存在獨立監管機構（通常是成立於一九三〇年代）的地方，中央銀行官員通常比正式指派的監管機構更傾向於銀行的做法。當金融監管在一九八〇年代成為關注的焦點，並越來越被說明為一項獨特的任務時，[33]貨幣當局未能利用其影響力來確保以前非正式的監管方面全面轉化為新的、越來越正式的框架。即使央行官員看到這些框架未能解決銀行業的關鍵問題，而這些方面一直是他們自身監管活動的核心，但他們也未能解決這個差距，相反地，他們採用了黛安・汎恩（Diane Vaughan）[34]所說的「結構保密」。

將監管失誤的責任歸咎於央行官員的第二個論點是，正規監管制度中的這些漏洞，正好出現在中央銀行擁有獨家專業知識和能力的領域，[35]這些是銀行流動性和貨幣市場的領域——商業銀行如何管理其負債以及短期融資市場如何運作（請參閱第四章）。在詳細的歷史分析中，查爾斯・古德哈特[36]展示了監管機構如何證明無法將這些方面納入巴塞爾框架中，儘管與銀行流動性和貨幣市場相關的風險最初已被提上議程。[37]但是，正如古德哈特所顯示，除了一些強大的委員會成員的抵制之外，將流動性監管納入巴塞爾框架失敗的原因是，在資本適足率規則達成協定後，決策官員變得自滿，沒有認真考慮關於國際流動性規則相對詳細的計畫。[38]我認為這種失敗以及／或是缺乏任何重要的國內規則，[39]至少部分是中央銀行官員的責任，因為身為金融系統的最終流動性管理者，這些當局擁有引入或支援審慎流動性監管的專業知識、影響力手段，有時甚至是法定權力，這是因為央行官員不可避免地會影響誰可以取得準備金設施（reserve facilities）、流動性的多寡，以及哪些資產被挑出來成為央行貸款的可接受抵押品。此外，透過每天進行流動性管理操作，中央銀行官員可以獲得有關銀行流動性狀況和市場狀況的第一手知識。最後，在金融危機期間，這些當局承擔監管者的角色，這是身為最後貸款者的一個不可避免的角色。緊急貸款總是需要決定哪些企業應該或不應該得到紓困資金，哪些資產應該或不應該受到保護，避免受到市場失靈的衝擊。問題在於，央行官員未能利用其專業知識和影響力，或最後貸款人的能力，來執行或支援審慎規則。相反地，在一九九〇和二〇〇〇年代，他們趨向於所謂的「葛林斯班教條」（Greenspan doctrine），[40]它包括避免監管，但參與全面和「自由」的貸款，以及應對危機的市場支援。[41]

換句話說，中央銀行實施的是不對稱的金融政策，在經濟衰退時為金融公司提供保障，而不是在經濟好轉時阻止金融公司。

為什麼？如此複雜的歷史過程絕對不會只有單一原因。在關鍵驅動因素中，巴塞爾銀行監督委員會的決定只能一致達成，這當然是極為重要的；各國自願承諾遵守巴塞爾標準。結果，雖然一些成員國（例如德國）贊成控制離岸市場和調節流動性，但金融公司從離岸外包和負債管理中獲利的少數國家（也就是美國和英國）可以輕易地阻止任何協定。[42]決策者贊成流動性監管的國家，隨後避免採取單方面行動以避免競爭劣勢。此外，一些決策官員真正相信有效市場、私人治理機制的有效性[43]以及／或是大量金融帶來的福利。[44]

我將在本章中專注於另一個驅動力，以作為補充說明。從一九七〇年代開始，中央銀行官員了解到將監管與中央銀行分離，並將貨幣政策闡明為獨立的政策管轄區，能為自己帶來一些好處。首先，隨著在降低和穩定通貨膨脹方面獲得明顯的成功，中央銀行官員發現到，他們可以透過聲稱對價格穩定的獨家「擁有權」來增強其合法性，同時擺脫監管責任，這「很可能會玷污監管機構的聲譽」，[45]並與銀行產生潛在的衝突。因此，將貨幣與金融政策脫鉤，即使以忽視中央銀行核心的一些問題為代價，也會帶來一些政治優勢，但策略性的分離也帶來了組織利益。透過忽視監管方面，中央銀行官員可以簡化貨幣市場操作，以實現符合高級決策者對總體經濟觀點的短期利率操作目標。這大幅降低了組織的複雜性，並使將特定的中央銀行業務與貨幣政策的特定因果關係連結起來變得可能實現。同樣地，成功的策略脫離是阻止央行官員在二〇〇〇年代接受其一般穩定任務的關鍵障礙，當時危機越來越頻繁（俄羅斯違約、長期資本管理、網路泡沫破滅）和關於系統性風險的新知識為接受這些任務提供了初步證據。[46]舉例來說，系統性金融穩定政策以新穎的形式進行討論，例如金融穩定論壇或全球金融體系委員會，並透過發布新的風險報告來解決。[47]然而，由於央行官員不想危及他們成功的貨幣政策角色和實踐，而沒有對明顯的問題和見解採取行動。

根據我先前對貨幣主義政策與通膨目標政策的比較，我在隨後的兩節中回到瑞士和英國的情況。體制背景的差異和政策試驗的不同軌跡，反映在這些組織如何處理監管問題，特別是在貨幣市場領域，但我們也將看到，在確定此類操作的不同機會後，兩國的貨幣政策當局實行了策略分離，因為在其制度歷史的不同階段，它們能夠在通膨控制方面定義新的合法和強大的角色。雖然貨幣主義仍然需要更強大的審慎金融政策的**潛在**要素，但隨著轉而採取通膨目標，這些因素完全消失了。因此，在二〇〇〇年代，瑞士和英國央行採取了非常類似的策略，在沒有採取任何實質行動的情況下，為系統性風險和總體審慎監管的討論做出貢獻。在最後一節中，我將擴展比較，顯示從我的比較中獲得的基本見解也適用於具有不同機構設置的其他案例，例如德國和美國。

瑞士：從君子監管到良性忽視

二十世紀大部分的時候，銀行監管和貨幣政策之間沒有明顯有效的區別，正式的機構授權對監管的實際方式幾乎沒有影響。我在第二章中討論過瑞士國家銀行（SNB）和瑞士銀行家遊說團體之間，談判達成的君子協定（請參閱圖5－1）。銀行、工業和政治領域的密集精英網路維持了這種非正式監管的做法，從國內外的銀行活動，到保護金本位／美元平價的措施。瑞士國家銀行和銀行業代表瑞士銀行家協會是這種「君子監管」（gentlemanly regulation）的組織載體，因為它們為精英們提供了聚集、培養團隊精神和談判妥協的論壇。[48]

一九三四年的銀行法建立了一個專門的監管機構，也就是聯邦銀行委員會（Federal Banking Commission），但在許多方面，這個機構仍然是更廣泛的貨幣和金融治理領域中最弱的行為者。這個弱點是此機構自成立以來的命運，瑞士自由派和金融精英建立這個機構有兩個互補的策略性的原因。一方面，政府金援一間大型瑞士銀行機構（瑞士大眾銀行〔Schweizerische Volksbank〕），導致政府必須承諾進行更嚴格的監管，以平息將公共資金提供給富裕銀行家，所造成的農民和政治左派人士的不滿，立法者選擇將新的正式法規委託給一個單獨的機構，因為央行拒絕承擔責任，認為央行想要保護與銀行之間的保密關係。[49]另一方面，建立正式銀行監管的法案，允許金融精英將瑞士銀行業保密納入更大的整套法規的一部分，這種編纂對瑞士銀行來說非常重要，因為它可以抵禦鄰國（特別是法國）的稅務調查員。這些不同的動機催生了一個監管能力薄

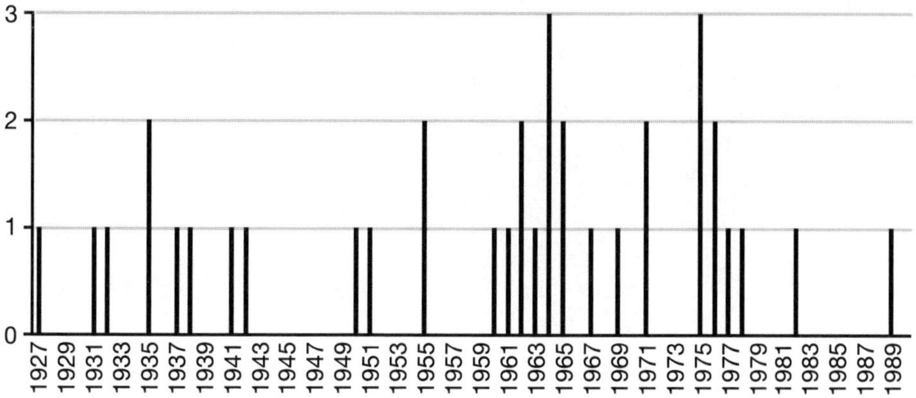

圖 5—1　瑞士國家銀行和瑞士銀行家協會之間的年度君子協定數目（一九八九年的協定是紀錄中的最後一筆）。　資料來源：瑞士國家銀行

弱、資源缺乏的象徵性監管者。

這種弱點持續存在於二十世紀的大部分時間。銀行委員會的長期人員仍然很少，一九四二年，在成立將近十年後只有五名員工，而瑞士國家銀行有三百九十二名員工，[50]這種明顯的不平等持續了一整段時期。進入一九七〇年代，監管機構的員工不超過十人（包括五名祕書），預算低於一百萬瑞士法郎（CHF），其董事會成員——「委員」——是兼職官員，沒有獲得相對的報酬，通常這些委員是退休的政客、律師或學者。在監督方面，該機構幾乎沒有任何制裁和規則執行的能力，[51]其資訊完全來自私人審計公司的年報，這些公司往往受到銀行的控制；[52]瑞士國家銀行拒絕與聯邦銀行委員會分享銀行業務的資料。[53]

由於正規機構軟弱無力，銀行監管仍然以央行官員和私人銀行家的非正式交流、磋商和協定為基礎，[54]只要互惠關係和共同的國家利益在瑞士精英中占主導地位，這就會有效。舉例來說，互惠這件事表示瑞士國家銀行可以爭取對自願措施的支持，這些措施有助於央行保持固定平價、保護其黃金準備，並穩定國內信貸，結果銀行家要求協助追求其國內和國際商業利益。互惠的目的在於捍衛共同理解的國家利益，因此銀行家將自己描述為「我國財富的守護者」，瑞士國家銀行宣稱，「每間銀行做符合**普遍利益**的事情是**榮譽**的問題，同時也是團結的問題。」[55]銀行家也接受了瑞士國家銀行的要求，因為「我們越能證明我們願意為自願措施做出有效貢獻，就越難證明國家干預的合理性。因此，對於銀行來說在現實上有一個機會，可以用一個聰明的策略來阻止國家政策。」[56]

因此，儘管瑞士國家銀行在一九三〇年代拒絕接受正式的監管責任，但實際上在成立專門機構很久之後，央行仍然對監管問題保持著影響力，[57]監管和貨幣問題同時獲得解決。但從一九六〇年代後期開始，情況變得更加令人不自在，我在第二章中描述過瑞士如何遇到難以維持的貨幣掛鉤和通膨上升的問題。在當時，這些貨幣問題與監管薄弱問題似乎密不可分，因為資本流入的大增和貨幣流動的不穩定，部分是由於銀行激進的商業行為所造成的，這些擴大了外匯交易這種投機活動，不僅使外匯干預變得更困難，而且導致龐大的損失。[58] 瑞銀在一九七三年損失了一點二四億瑞士法郎；總部位於日內瓦的費納銀行（Finabank）在虧損六千萬美元後不得不關閉；一九七四年八月，盧加諾的駿懋銀行（Lloyds）一名「自作主張的交易員」（rogue trader）造成了三千兩百萬英鎊的損失。[59] 因此，外匯投機似乎加劇了貨幣的不穩定性，並在銀行部門內部造成危機。此外，資本流入的強勁成長標誌著瑞士銀行帳戶上，私人離岸財富爆炸性成長，不只是瑞士當地的企業（主要設在日內瓦的大型私人合夥銀行）不斷擴大對外國財富的管理，整個一九六〇年代也有越來越多外國銀行選擇在瑞士落戶，以參與這項獲利豐厚的業務。一九五〇至一九六九年間，近上百間新銀行或子公司成立，隨著離岸財富管理的發展，瑞士銀行的保密性，以及協助逃稅／避稅和白領犯罪而獲得更多的名聲；[60] 這種負面的名聲再加上匯率問題和國內通膨上升，部分歸因於大量的資本流入浪潮。[61]

到了一九七〇年代時，精英們透過君子協議解決這些問題的能力已經耗盡，銀行家越來越反對與央行達成的協定，認為這些協定會限制他們的業務，或是他們根本就不遵守談定的規定，正如在其他司法地區中一樣，也發現了規避或無視自願限制的方法。瑞士國家銀行官員承認這樣的變化，並指出自願協定不再為解決該國的貨幣、總體經濟和金融不穩定問題提供足夠的基礎；就連瑞士國家銀行官員也轉為採取更具對抗性的語氣，認為瑞士銀行業真的發展得「太大了」。[62] 這種新的情況也引起了人們對聯邦銀行委員會地位的質疑，其中一個明顯的問題是，該委員會讓銀行業大規模擴張，允許越來越多可疑的企業進入信譽良好的瑞士市場。[63]另一個根本的問題與監督有關，一九六〇年代和一九七〇年代，有關銀行倒閉、欺詐案件和洗錢的報導越來越頻繁，監管機構的結構邊緣性與弱點變成了一種負擔。[64]央行官員對這些失敗感到憂心，因為官員被認為會影響瑞士機構更廣泛的聲譽，並在瑞士國家銀行最關心的領域製造問題，也就是外匯發展、國際資本流動和通貨膨脹。[65]因此，中央銀行是否應該重新考慮從一九三〇年代初開始的決定，並最終承擔更多監管責任的問題被提了出來，[66]這個選擇在內部進行了辯論，而一個由部門代表和決策官員組成的工作小組，針對如何加強監督提出建議進行談判。

結果，瑞士實用貨幣主義的引入，破壞了這些計畫，貨幣目標重新定義了央行的政策問題，並提供比法定和監管方法（如正式的信貸限制和資本流動限制）更具對抗性的解決方案。在發現到其貨幣目標的公關行動很成功後，瑞士國家銀行不只放棄了執行更嚴格監管的專案，而且積極脫離監管和監督的角色，這種態度反映在瑞士國家銀行總裁洛特威勒在一九八三年的聲明：「瑞士國家銀行應該專注於其實際任務，並與銀行委員會**劃清界限**。」[67]一年後，瑞士國家銀行董事們指出，「如果瑞士國家銀行專注於一項主要任務，也就是貨幣政策，並且只支援支付基礎建設等決定性領域的監管，那麼瑞士國家銀行就能完美執行其任務，**這種態度也應該提升我們對聯邦政府和銀行的操作空間**。」[68]

劃清界限成為瑞士國家銀行的新教條，洛特威勒的繼任者馬克士．路瑟（Markus Lusser）為這個立場提供一個意識形態上的理由。在一九九四年的一次演講中，他認為如果瑞士國家銀行必須考慮升息對銀行穩定可能產生的影響，就無法如此成功地推行貨幣政策。在一個利率和低通膨持續的國家，這是一個離譜的論點。路瑟還表示，流動性和償付能力之間存在明顯的區別，如果中央銀行是負責任的監管機構，將被誘導更願意向破產銀行提供最後貸款。這是另一個值得懷疑的論點，因為在危機中，沒有什麼比破產和非流動性之間的分離更有爭議了。路瑟掩蓋了獨立監管機構存在背後的真正原因後得出結論，將聯邦銀行委員會建立為專門的監督機構是一個「明智的決定」，瑞士國家銀行對金融穩定的唯一、但決定性的貢獻應該在於確保低通膨。正如路瑟所說：「從長遠來看，低通膨是健全的金融業成功的最重要因素。[69]將這種意識形態付諸實行的瑞士國家銀行總裁，就算是為了資訊交流也拒絕與監管機構合作。」[70]

但是，如果貨幣主義允許瑞士國家銀行策略性地退出監管，那麼至少仍然存在一個領域不容易實現脫離。正如上一章曾討論過的，像瑞士國家銀行這樣的實用貨幣主義者，在確保銀行管理其準備金和負債方面具有重大利益，以便瑞士國家銀行自身的負債（所謂的貨幣基礎）和更廣泛的總量（例如，M1）以可預測的方式波動。結果，對中央銀行來說，銀行在瑞士國家銀行保留相當大的準備金緩衝極為重要，因為緩衝越大，現金和其他流動性流失的波動需求對貨幣基礎的影響就越小。[71]而與此相關的是，瑞士國家銀行依賴銀行避免會導致流動性需求不穩定變化的商業行為，因為這些行為將轉化為不穩定的銀行間市場利率。

瑞士在一九七二年推出一項相對繁重的規則，支援瑞士國家銀行的貨幣主義，這項規定要求銀行持有約百分之十的安全「主要流動資產」（primary liquid assets，包括中央銀行準備金）和百分之四十五更廣泛的流動資產，以抵禦其外債。這一規則受到央行官員的歡迎，將此作為其目標定位的支持條件，但問題是，管理機關負責監督這項規則，並願意滿足私人部門的降低要求，[72]尤其是大銀行在一九八〇年代加強遊說，因為大銀行逐漸從「存量」過渡到「流動」方法來管理自己的負債，也就是轉向積極的負債管理。[73]瑞士國家銀行反對這種放鬆管制，因為其專家認為，「如果沒有足夠的準備金，瑞士國家

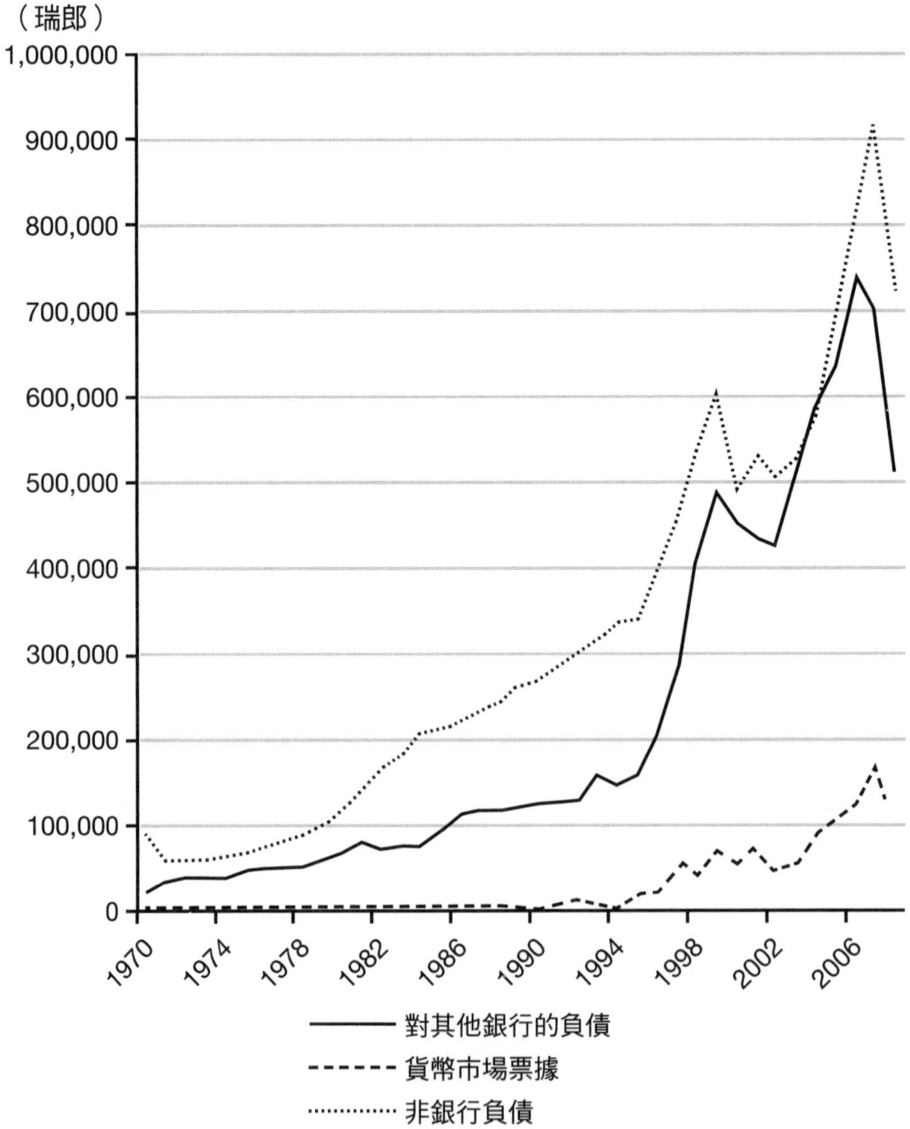

圖 5—2　大型瑞士銀行業的資產負債表；選擇的負債類型變化。

資料來源：瑞士國家銀行

銀行的貨幣基礎目標概念就一定會失敗。」[74]中央銀行官員還認為，即使企業的償付能力狀況看起來良好，也可能發生流動性流失的情況，因此需要一些流動性準備金形式的安全防護。但瑞士國家銀行堅持其分離政策，不願在監管辯論中投入政治資本。因此，央行官員在一九八八年妥協，接受了較弱流動性規則。

一九八八年，瑞士銀行業保留的中央銀行準備金仍然**超過**法律要求，這件事加強了這種妥協。瑞士國家銀行最初認為銀行業的持續例行公事將支援其貨幣主義，但一段時間下來，銀行開始節約這些準備金。這個變化背後最重要的力量是，瑞士大型銀行越來越發展成為全球運營的批發和投資公司。[75]舉例來說，瑞士銀行業的兩大新興巨頭（瑞士信貸和瑞銀〔UBS〕）透過收購美國的投資銀行部門和專業公司而擴張。[76]這導致瑞士採用美國的做法，包括主動責任管理，結果資產負債表**兩邊**的銀行間拆借風險增加（請參閱圖5－2）。由於身為保守和堅實的機構的聲譽，瑞士大型銀行在這種新做法中甚至享有與其他公司的比較優勢，因為大型銀行可以用最低的利率借款，這透過銀行間拆借融資誘導了資產負債表的擴張，例如瑞銀成為美國最大的資產支援商業票據發行人之一。

這些轉變的影響很快就顯現出來了。金融摩擦和危機開始轉化為對瑞士法郎資金的劇烈需求。結果，這種需求和各自的貨幣市場利率變得更加不穩定，因此瑞士國家銀行越來越必須加以干預，以穩定貨幣利率，不論這種行動是否是合理貨幣供給控制行動。這最終打垮了瑞士國家銀行所珍視的貨幣主義，並導致採用通膨目標制。如前一章所述，新的貨幣政策策略性似乎更能使實施與銀行的積極負債管理做法保持一致，並承諾對越來越一體化的市場具有很高的效率。

與此同時，監管擴展到自己的政策管轄區，[77]就瑞士而言，這個過程並非由國內對此類監管的「需求」所驅動的。事實上，瑞士國家銀行在一九七〇年代後期退出君子監管後，缺乏有力的行為者來有效改革國內監督和審慎規則。舉例來說，離岸財富管理的重要領域幾乎完全不受監管，[78]專業化和正規化的動力來自巴塞爾銀行監督委員會的談判和協定。正是在執行一九八八年資本充足率要求（「第一版巴塞爾資本協定」〔Basel I〕）的過程中，聯邦銀行委員會擴大了其會計和法律知識，以具體規定和監督這些規則；委員會的經濟和金融知識仍然微不足道。[79]

這對於監管機構如何處理流動性產生了影響。一九八八年修訂後的規則仍然存在，要求銀行保持可獲得資金和可流動的資產必須是瑞士法郎負債的百分之三十三。然而，由於較大的銀行轉向積極的外幣負債管理，並採用不算是負債的附買回協議借款（在資產負債表中顯示為「證券借貸」），這些銀行的活動沒有受到任何實質的限制。監管機構認知到這個缺陷，但不願意實施任何重大的改革，與巴塞爾銀行監督委員會不斷發展的討論一致，這個想法是將流動性風險管理交給銀行去處理，並透過將領先業界的公司所開發的最佳作法，制訂為規則來支援這個過程。[80]結果，修訂流動性規則的整個法律專案很少受到關注，以至於即使是監管機構設想的適度改革，也沒有在二〇〇七到二〇〇九年之前實現，這表示危機開始時實施的審慎流動性監管，完全不足以解決真正的風險來源。在二〇〇七年對瑞士進行國別訪問後的報告中，國際貨幣基金組織專家承認這個缺陷，並且禮貌地指出，「在監測瑞士大型銀行的流動性風險方面存在一些改進的潛力。」[81]

這種監管失敗的一個重要原因是，瑞士國家銀行一直不願意將自己暴露在審慎的監管問題中。可以肯定的是，金融穩定在二〇〇〇年代受到中央銀行的更多關注，千禧年之交的危機，揭示的是越來越擴大和越來越一體化的金融體系的脆弱性。在瑞士國家銀行，新任總裁尼可拉斯・布拉特納（Nikolas

Blattner）根據這些發展主動負責央行的通用系統穩定任務，這導致瑞士國家銀行擔任整個體系相關銀行最後貸款人的承諾被納入規定中，以及定期報告金融穩定風險。但布拉特納試著做得更多，並發現銀行負債管理和貨幣市場曝險監管的缺陷，他拒絕聯邦銀行委員會的立場，認為當局應該引入超越私人部門解決方案的銀行流動性管理規則，不能信任銀行來管理這些風險。然而布拉特納的問題在於，他掌管瑞士國家銀行的同僚並不支持他對於央行新監管職責的廣泛概念，他們的目標是將瑞士國家銀行的金融穩定作用限制在僅提供資訊，並將政策工作集中在通膨目標上。特別是，瑞士國家銀行理事、後來成為總裁的菲利普．希爾德布蘭德（Philipp Hildebrand）在內部主張採取純粹的貨幣政策，希爾德布蘭德引用葛林斯班的話說，市場效率將使危機變得罕為發生，當危機發生時，瑞士國家銀行將有足夠的能力提供流動性、並協助紓困陷入危機的銀行。

結果，瑞士的大型銀行是二〇〇七到二〇〇九年危機期間融資問題最嚴重的其中幾間銀行。曾被視為國際銀行業中最謹慎和最保守機構的瑞銀和瑞士信貸，在系統性流動性風險中，都有深度和充滿問題的曝險，兩間公司都持有大量價值可疑的證券化資產，並從事大規模的轉銷商業務，這些全都由短期負債提供資金。他們還經營貨幣市場基金和特殊目的工具，這些基金和特殊目的工具持有或由大量資產支援的商業票據提供資金。在危機期間的媒體報導中，這些脆弱性真正的規模並不明顯，在瑞士受到廣泛宣傳的唯一紓困措施，是瑞士國家銀行承諾從瑞銀購買六百億瑞士法郎的不可銷售資產，並輔以政府的資本支援。但在幕後，美國央行聯準會直接和間接地向瑞士信貸和瑞銀提供了數十億的流動性，聯準會的這些措施在一定程度上顯示，兩間大型銀行的美元流動性狀況在二〇〇八至二〇〇九年惡化得多麼嚴重。根據我的統計，在二〇〇七到二〇一〇年期間，瑞士信貸從聯準會為美國市場設計的各種計畫中獲得了兩千兩百六十六點七二億美元，瑞銀獲得了兩百八十三點八四二億美元。此外，瑞士國家銀行透過貨幣互換向聯準會借入了四千五百八十五點二一億美元，很難想像這筆美元資金流向美元曝險較大的大銀行。總而言之，這代表光是幾間大型銀行對美國市場的曝險，就相當於瑞士年度GDP的兩倍。

英格蘭銀行：從非正式領導到結構性保密

在第二次世界大戰之前，英格蘭銀行參與金融活動主要負責其對金融市場和公司的審慎監管，身為銀行家的銀行，「針線街的老太太」自然希望維持有序的市場條件，與健全的交易對手打交道，並交易高品質的抵押品。[82] 在二十世紀初，銀行考慮幾間較小的銀行倒閉的後果，並開始對金融業進行非正式監督，金融業開始向貨幣當局報告其資產負債表。[83] 對於紐約市的重要公司來說，這種監督到目前為止包括評估高層人員的適合性（包括性格特徵），以及偶爾的銀行干預以影響其選擇。英格蘭銀行貼現辦公室和總出納是負責的監管行動者，緊密的精英網路、英格蘭銀行與其交易對手之間的交易關係，還有央行擔任「最後券商」（jobber of last resort）的歷史角色，為這種非正式監管制度提供了社會和運作的基礎。[84] 值得注意的是，雖然英國決策官員從自由的金本位時代吸取了慘痛的教訓，轉向政府控制的貨幣政策，但在一九三〇年代以後或是一九四五年以後的時期，沒有採取對應的措施來重組**監管**。[85] 因此，它是在「執行銀行監督以及倫敦金融城的內部往來……可以說，不只是執行者、同時也是決策者的央行，維持了其獨立性。」[86] 重要的是，獨立性取決於**避免**正式的框架和規則，只不過隨著第二次世界大戰爆發，非正規性的更廣泛背景發生了變化，因為央行越來越要求銀行遵守滿足政府融資需求的繁重要求——一些作者甚至談到了「金融抑制」制度。[87]

我已描述的高度分割和企業聯合化的部門結構，定義了哪些類型的法規適用於誰，以及哪些互惠證明這些規則是合理的。參與這些互惠關係的其中一個團體是倫敦貼現行，享有成為央行獨家貼現借款人的特權，但交換條件是，貼現行受到嚴格的監管。[88]央行對貼現行的影響力迫使弱勢公司與較強的公司合併，[89]貼現辦公室也與承兌行（商人銀行〔merchant banks〕）和清算銀行維持著不同的關係。後者享有管理國家支付系統的特權，並獲得提供最後貸款人支援的承諾，回報則是貼現辦公室要求「清算人」持有約百分之三十的資產作為準備金。[90]此外，這些銀行直接在英格蘭銀行存有大量現金餘額。[91]

因此在戰後時期，我們遭遇一種與其他政策領域沒有區別的監管方法，完全根植於中央銀行的實踐中，純粹是非正式的。但隨著金融部門在一九六〇年代和一九七〇年代的擴張和國際化，監管的這些社會和經營基礎——與不同銀行業團體的熟悉與排他性的關係——變成了英格蘭銀行的負擔。隨著國際銀行和非銀行金融公司（「邊緣銀行」）的增加，中央銀行開始監管整體金融活動的比例越來越小，[92]這導致了兩個相互關聯的問題。一方面，外部公司可以規避限制性規定，進而擴大其相對於清算銀行的市場占有率，[93]現任者就遊說改變監管要求，導致一九七一年放棄信貸上限和大幅降低準備金要求。其次，由於不受監管的邊緣銀行主要利用其市場機會進行抵押貸款融資，這些銀行在一九七〇年代初期房地產泡沫破裂時，首先遇到流動性和償債能力問題，[94]隨之而來的是「二級銀行危機」，只有透過英格蘭銀行和清算銀行的共同紓困和收購行動（「救生艇行動」〔Lifeboat operation〕），才能以高昂的成本解決。[95]越來越明顯的是，貼現辦公室維持的非正式交易監管方法，不足以規範更多公司之間的競爭，並維持各公司之間的穩定，[96]要求將監管發展為政治上負責任的公共政策的政治壓力越來越大。[97]

在這種情況下，英格蘭銀行目標在維持其在倫敦金融城的權威和權力，並保護支撐其影響力的關係。畢竟，如果說央行在某個領域擁有專屬權力，那就是與倫敦金融城中金融業的交易。正如一位高級官員所指出的，「央行多年來與得到充分承認的銀行密切接觸，促進並在適當的情況下指導自我監管過程的道德規範。如果這個過程因立法的出現而停止或受到損害，那將是一種極大的恥辱。」[98]因此，理事們對越來越大的政治壓力做出了回應，他們決定將貼現辦公室的一些職權範圍和業務領域分開，並建立一個覆蓋範圍更廣的銀行和貨幣市場監督（BAMMS）專門部門。[99]中央銀行內部的這種組織差異有兩個目的：首先，正如佛瑞斯・卡皮（Forrest Capie）所指出的，建立「一個新的部門……將表示央行正在認真對待當前的問題」，[100]組織改革具有信號價值；其次，內部差異化將為監管發展成為更大的中央銀行活動提供組織空間。根據後者的意圖，央行內部的監督人員迅速增加，銀行和貨幣市場監督最初有七名高級成員和三十名輔助人員，但一九七九年增加到七十七人，一九八九年增加到兩百人。[101]

重要的是，雖然英格蘭銀行在一九七四年成功捍衛其監管權威，因而保護了英國監管實踐的非正式性質，但幾乎沒有任何思考貨幣政策與金融監管、監督之間的持續相互關係。[102]相反地，其新想法是監管和監督將被視為中央銀行政策的職能，應該「與貨幣政策的考慮明確分開」。[103]正如一位重要官員所聲稱的，監管應該「根據司法原則進行，而不考慮操作便利性」。[104]這些概念反映了劃定新管轄權的企圖，問題在於，央行官員未能解決監管、監督和貨幣政策之間明顯且不可避免的相互依存和重疊的領域，其中一個領域是對銀行部門負債和準備金的管制和監督。

這些方面已經與貼現辦公室的技術結合，但現在變得不安地介於貨幣市場管理和新制度化的監督工作之間。在一九七〇年代中期，監管者聲稱對審慎流動性規定負有正式責任，[105]但是這時，由於貨幣市場部（Money Market Division）在限制信貸方面的核心作用，而保留了所有事實上的權力，管理者控制著銀行系統中的準備金，與相關公司的聯繫比主管密切得多。法律上的（de jure）權力和事實上的（de facto）權力之間的這種差異，成為一九八〇年代衝突的根源。在柴契爾政府決定放棄百分之十二點五的準備金資產比率後，貨幣市場管理者最初希望建立新的流動性規則，[106] 但監管機構反對，因為貨幣市場部門的提議侵入了他們的地盤。[107] 在後來的幾年中，被遺棄的專案由監督部門的新負責人重新啟動，彼得・庫克（Peter Cooke）認為，他的部門對銀行資產負債表純定性評估的依賴已經變得不夠充分。根據他在巴塞爾銀行監督委員會的工作，庫克的想法是轉向要求持有「主要英鎊流動性」作為貨幣市場危機的保險，以銀行的期限錯配和銀行間裁借的比率計算。[108] 但是，當他在內部和銀行界推動這些改革理念時，貨幣市場管理者已經脫離了流動性監管，未能給予庫克必要的支援，央行的營運人員已找到在沒有此類法規的情況下，進行日常流動性管理的方法，認為沒有必要重新參與此事，尤其是因為任何法規都遭到央行的反對。[109] 所以在英國銀行業朝向類似美國的市場體系進行重大轉型的情況下，英格蘭銀行內部各部門之間缺乏積極的協調，[110] 導致重新監管流動性的舉動失敗了。

　　隨後對金融監管和貨幣政策的制度關閉，在當時針對這個未解決的監管差距創造了「結構性保密」。[111] 促成這個結果的第一個過程是，隨著金融監管正式立法，其管轄權被界定得更窄，與貨幣政策的實施隔絕開來。一九八六年的《金融服務法》（Financial Services Act）邁出了關閉的第一步，該法使監管合理化，重點是存款持有人和股東的利益，根據英國監管的設計者之一安德魯・拉吉（Andrew Large）的說法，一九八六年法案基本上遵循消費者保護的基本原理，[112]「專門為專業人士服務」的批發貨幣市場被故意排除在該法案的「所有方面」之外。[113] 國家法規的關閉反映並補充了巴塞爾正在發生的事情，庫克和桑德伯格集團的工作被埋葬，因為決策官員縮小了對資本適足率要求的關注，並制定了組織跨國企業集團監管的規則。雖然監管和監督在一九八〇年代仍然由英格蘭銀行負責，但這些做法原可以從與中央銀行的組織整合中大量受益的一個領域，也就是流動性和批發市場領域，卻沒有獲得解決，當時央行官員經常稱讚的貨幣和金融政策之間的「協同作用」在實踐中並不明顯。[114]

無論如何，東尼・布萊爾（Tony Blair）的新工黨決定在一九九八年建立一個完全獨立的金融監管管轄區，當時它成立了證券和投資委員會，隨後又成立了金融服務管理局（Financial Services Authority, FSA）。以前從中央銀行總參謀部招聘的主管，集體轉移到位於倫敦金融區金絲雀碼頭一個單獨的組織實體，[115]不只是其所在地的改變，而且在制度上這個舉動也顯示央行和金融監管之間的距離越來越大。身為一個獨立的組織，金融服務管理局有自己的任務，並在一個獨特的責任制框架內運作，它的工作主要包括定期訪問國內銀行的監督、監測內部管理系統，並與審計過程密切協調；與倫敦貨幣市場有曝險的外國公司，仍然不在其職權範圍內。如果對風險管理系統和會計報告的評估顯示銀行有償債能力，那麼根據巴塞爾的資本適足率規則，監管機構的工作就完成了。[116]遵循這樣的做法，金融服務管理局的工作人員也跟著改變，律師和會計師越來越主導著該組織，而具有央行背景的人員消失了。這些發展將監管流動性的最初問題，變成了根深柢固的機構和組織忽視，例如二〇〇三年指出「現有流動資金制度的缺陷」，但是金融服務管理局「決定不繼續調查」這個差距，「因為當時更重視的是資本改革」，[117]這個現狀一直持續到二〇〇七年。[118]

但貨幣政策端也想要結束，央行在馬文・金恩十多年的領導下，從「倫敦金融城負責人」發展成為純粹的通膨目標追求者。他的前任艾迪・喬治然強調貨幣和金融政策的相互依存關係，正如他在一九九三年所說的，「金融穩定如同價格穩定，是一種公共財。中央銀行必須追求這兩個目標，因為它們是相互依賴的。」[119] 這些論點並不一定與實際的協同作用相符，正如我在前面所指出的。但通膨目標的制度化，最終導致英格蘭銀行官員放棄了喬治的野心，支撐這個轉變的一個關鍵力量是現代總體經濟學的引進，以及越來越多的內部主導地位。[120] 如第三章所述，在一九九〇年代確立央行的獨立貨幣決策者地位，需要獲得對經濟和貨幣預測的權威，並在總體經濟政策討論中主導財政部。馬文・金恩周圍的人成功地追求這種科學化，正如一位前官員所說，他們將中央銀行的內部文化改變得「面目全非」，[121] 這種變化的一個方面是對政策的新制度思考，引入央行的相對應模型和理論，將貨幣政策描述為僅關注總體經濟變數（無加速通膨失業率〔NAIRU〕的預測、實質自然利率等）。正如喬治等務實的央行官員所強調的，認知到央行基礎結構對金融的依賴，在這種新語言中不再占有一席之地。可以肯定的是，除了金融穩定貨幣政策（金融服務管理局成立後再次加以闡明）之外，央行原則上還有第二個任務。然而，由於金融穩定問題由一個單獨的部門處理，而大部分資源和理事的注意力都集中在貨幣政策上，因此關於這第二個任務的活動被邊緣化了。據英國《金融時報》的克里斯・賈爾斯指出，金恩說：「同事們要將金融穩定」『操作化』，他的意思是每年簡單地撰寫和發布兩份金融穩定報告。馬文爵士透過不親自提交這些報告來表示，他認為這種報告的地位低下，這與他身為首席經濟學家（一九九一—一九九八）、副總裁（一九九八—二〇〇三）和總裁（二〇〇三年起）培育和提交的通貨膨脹報告不同。」[122]

央行缺乏「監管文化」（culture of regulation）還有另一個更微妙的層面。[123] 關於監管程序的大多數專門知識，傳統上並不是來自經濟學家，而是來自央行內市場部門的經營者。這些分歧顯然並沒有隨著通膨目標的轉變而消失，因為這些是實施利率目標所必需的。然而，這個部門培養的市場專業知識既不是出於監管目的，也不是為了制定貨幣政策，比爾・艾倫（Bill Allen）的說法是：「這是一種重大的重組，央行實際上分為兩部分，一種是思考部分，一種是行動部分。曾經是總出納的事情是行動的一部分，而不是思考的一部分。」[124]換句話說，曾經是英國中央銀行核心的業務人員的實際專長，只是在組織中具有特別的興趣：確保在市場上維持決定的政策利率。

由於這些發展，事實證明英格蘭銀行不僅沒有能力解決二〇〇七年之前系統性風險的關鍵起源（北岩銀行〔Northern Rock〕的倒閉），也證明央行對金融危機和大規模銀行擠兌的實際發生準備不足，儘管一位高級官員曾警告過此類事件的可能性。[125]舉例來說，從二〇〇七全年到二〇〇八年初，人們可以觀察到，貨幣政策委員會關於通膨風險的討論與金融市場發展之間奇怪的脫節。[126]更重要的是，事實證明金恩無法對北岩銀行的流動性問題做出適當的反應，並且在雷曼兄弟倒閉前忽視央行擔任最後貸款人的重要性。隨後的一份報告記錄了央行、財政部和金融服務管理局在關鍵救援行動中的協調問題，[127]而央行自身的危機反應很慢，因為負責政策制定、金融穩定監督，以及貨幣市場操作的部門之間的資訊流動仍然不足。

本章討論：央行在貨幣政策的監管上扮演什麼角色？

貨幣經濟學家暨央行總裁馬文・古佛蘭德於二〇〇七年發表一篇題為〈世界如何在貨幣政策上達成共識〉（“How the World Achieved Consensus on Monetary Policy”）的文章，這是一篇勝利的宣言。透過通膨目標，央行官員和學術總體經濟學家終於找到了共同點，在實踐中行之有效的方法，可以用學術術語進行理論化。新凱因斯主義模型顯示了**為何**央行官員實行通膨目標制是最佳的：能使名目利率與實質利率維持一致，並展望通膨目標，為激進主義者應對外部衝擊留出一些空間。[128]但就在古佛蘭德發表的同一年，法國巴黎銀行（BNP Paribas）公布自美國次級抵押貸款基金遭受巨額虧損，英國抵押貸款機構北岩陷入了致命的流動性短缺，影子銀行體系的去槓桿化開始出現。[129]正如我們今天所知，隨之而來的危機不僅導致市場失靈和銀行業巨頭的倒閉，而且還澈底挑戰了更廣泛的經濟穩定，並加深核心資本主義經濟體的長期停滯。這些發展加上對「大溫和」不平等加劇，以及逐漸累積的系統性失衡時期更批判性的評估，與古佛蘭德樂觀的目的論敘事，形成了強烈的對比。

這引發了一個問題：所謂成功的中央銀行模式出了什麼問題？在本書的其他部分，我透過重建通膨目標與金融市場，在決定總體經濟預期和加速信貸成長的作用之間的內在關聯，來探討這個問題，我在本章中聚焦於監管忽視的問題。可以肯定的是，在許多司法管轄區，中央銀行官員沒有銀行監管的主要責任，也沒有對銀行發布法令的權力。但是因為有兩個重要的原因，這並不能為他們開脫罪責。首先，我已經說明過，儘管正式框架存在一些差異，但央行官員傳統上將監管和監督的關鍵方面，納入其社會和操作實踐中。一九七〇年代過後，越來越多的貨幣當局開始相信，他們可以透過將貨幣政策與監管問題分開，並完全根據通貨膨脹來制定行動，進而強化其組織的制度權力和合法性。雖然新的金融監管管轄權未能納入央行先前做法的關鍵部分，但央行官員無法解決新出現的差距，這導致了針對那些介於貨幣和金融政策之間問題的結構性保密。其次，中央銀行不能完全放棄金融穩定責任（就算只是因為央行仍然是最後貸款人），並且經常為這項任務承擔一般性任務。由於一九九〇年代和二〇〇〇年代金融體系越來越脆弱，中央銀行官員間關於如何履行這些任務的討論愈來愈激烈，但是脫離的策略性優勢使他們無法採取積極主動的措施。

本章重建兩個相對不同環境中的策略脫離。我們可以看到在瑞士採取這種行動的證據，瑞士國家銀行早在一九三〇年代就拒絕接管正式的監管責任，試圖保護與銀行之間的保密關係。然而事實上，中央銀行是瑞士的主要銀行監管機構，為此目的，其主要依靠精英之間的非正式談判和協定。監督者變成一種表面形式的現象支持了這種做法，因為央行太弱，無法挑戰既定做法，但是提供了保護以阻擋外部政治要求。經過短暫的危機和重新思考後，瑞士國家銀行在一九八〇年代恢復了策略脫離，此時已不再以非正式的監管程序來彌補策略分離的不足。高級官員認為，瑞士國家銀行應該自我認同為純粹的貨幣主義者，正如一位官員所說，這種脫離將「增加對聯邦政府和銀行的轉圜的空間」。即使在不可能分離的領域，也就是準備金和流動性的監管方面，瑞士國家銀行也盡可能地限制了其曝險。隨著通貨膨脹目標制的採用，準備金監管對於貨幣政策的實施變得多餘，支援了這種分離。正如一些中央銀行官員所發現到的，由於市場的一體化和危機越來越頻繁，現在出現了處理金融穩定問題的強有力的審慎理由，特別是在積極的負債管理方面。但堅持分離在政治上更方便，直到二〇〇八年危機爆發前，瑞士國家銀行對於這些問題一直抱持沾沾自喜的態度。

策略分離在英國的傳統少得多，因為英格蘭銀行向來自認為是倫敦金融城的領導者，並且在戰後時期將其政治權威建立在監管事務中的獨立（甚至是非正式）的角色之上。在這個情況下，一九七〇年代邁出了正式分離的第一步，當時央行設立了一個內部監督部門，希望透過這個步驟表明其解決非正式監管失敗的決心、抵禦政治壓力，同時也為擴大其監管作用創造組織條件。貨幣決策官員很快就明顯了解到正式分離的吸引力，因為他們開始意識到可以選擇跟有爭議的監管問題保持距離。彼得．庫克直接體驗到這種脫離的後果，他的目標是在一九八〇年代引入全面的流動性監管，但未能獲得央行營運單位官員的支援。在馬文．金恩的領導下，央行最終放棄了擔任監管機構的身分，儘管在國際背景下加強了關於越來越大的系統性風險的討論，並採取金融穩定審查。除了金恩對央行的單一目標的理解外，另一個相關的問題是，關於貨幣市場發展的實際觀點沒有反應到政策討論中；央行的「思考」和「行動」在組織上是分開的。

在二〇〇七到二〇〇八年之前，策略分離在多大程度上成為央行總裁更廣泛採用的策略？德國的案例因為與瑞士的相似之處和不同之處而引人注目。儘管在一九三一年建立了第一個正式的監督架構和一個專門的機構，但德國央行的前身——帝國銀行（Reichsbank），在進行監督訪問和收集資產負債表資訊方面保持著巨大的影響力。經過納粹統治下的集權時期，以及隨後同盟國權力下放之後，德國央行在一九六一年重新獲得這種有影響力、但非正式的監管角色。除了進行監督訪問外，德國央行還透過跨部門協調，對監管機構發布的原則和法令施加強大的影響力。最後，透過設定沉重的準備金要求，央行控制了一個關鍵的監管槓桿，限制了銀行的主動負債管理，並阻止附買回協議或商業票據等新的貨幣市場工具的推出。然而，正如修伯特．齊默曼（Hubert Zimmermann）指出的，德國央行「謹慎地不要捲入制定監管指導方針的業務中，因為這種固有的政治任務可能會損害其獨立性。」[130]央行的公共形象以及身為決策者的責任，完全是根據其貨幣目標來確定的。此外，隨著部分政治機構和銀行業菁英認可金融全球化，德國央行越來越不願意在其非正式監管的角色上，使其可觀的政治資本暴於風險之中。

有趣的在於，隨著歐洲央行的成立，央行的制度策略應該如何改變，以應對其失去貨幣政策權威。為了尋找新的領域來發揮重要的決策作用，德國央行官員突然開始支持單一監管機構，並賦予中央銀行這一角色，中央銀行對支付系統和最後貸款不可剝奪的責任被引用為論據。[131]因此，一旦央行的機構權力和身分無法再用貨幣政策術語來闡明，策略分離明確的監管責任就變得沒有吸引力。然而，出於政治原因，當時的中間偏左的政府選擇將責任委託給一個新的機構，即聯邦金融局（Bundesanstalt für Finanzdienstleistungsaufsicht，BaFin）。這時，我們遇到了與監管機構廣泛相關的問題：相對於銀行業遊說者的體制弱點、監管概念中的個體審慎偏誤、以及在貨幣市場和影子銀行問題上缺乏專業知識。

那麼美國的情況又如何？雷夫・梅南德（Lev Menand）[132]認為，他所謂的**美國貨幣解決方案**，為從事銀行業的私人企業提供了相對的自由（部分原因是美國的聯邦結構和十九世紀的金融衝突），但透過強大和自行決定的公共監管強制執行貨幣創造的特許經營性質。隨著一九一三年聯準會的成立和一九三〇年代的新政法規，這個解決方案因而集中且升級，梅南德寫道：

> 建立貨幣監理局、聯準會和聯邦存款保險公司的立法者認為，擴大貨幣供給額的權力太大，不能交給民選機構，這麼做會導致腐敗、停滯和貨幣貶值。但他們也害怕讓權力集中在少數未經選舉產生的高階主管手中。因此，他們選擇了中間路線：分散權力並盡可能限制權力。他們建立了一個特

許銀行體系，任何願意且能夠遵守某些條款和條件的人都可以創造貨幣。這個系統有四大支柱：（1）授權，由私人銀行創造大部分的貨幣供給，而不是由政府創造；（2）開放，如果願意遵守某些條款和條件，任何人都可以獲得擴大貨幣供應量的章程；（3）分離，銀行不能從事商業活動，反之亦然；（4）監督，特別政府官員有權杜絕「不健全」的銀行業務，確保銀行實現其公共目的。[133]

最初的設計是透過私人貨幣創造的本質，以及存款保險和聯準會的支援，使得貨幣政策與銀行監管之間有著密切的關聯。

但這些法規和規則的有效性在於保持不同金融活動的分離，這些活動由專注於存款銀行、證券交易等不同機構監管。在戰後時期，這些分離瓦解了，根據功能分離的法規也瓦解了。[134]我在前一章中描述過規避準備金監管和利率上限的行為，這個過程破壞了受監管的銀行業和更廣泛的貨幣市場之間的區別，衍生性金融商品構成另一個重要的變革領域，商業銀行進入這個市場以獲得證券交易的市場占有率。[135]聯準會從一九六〇年代到一九八〇年代對這些發展的模稜兩可反應（前一次模稜兩可的監管是，一九八〇年的《貨幣控制法案》〔Monetary Control Act〕），轉向在後來幾年全力支持金融創新和放鬆監管。例如，「艾倫．葛林斯班……敦促國會廢除分隔銀行和證券交易商的法定障礙」；[136]聯準會還允許其成員設立「第二十條附屬機構」（Section 20 subsidiaries），使成員能夠從事投資銀行業務。雖然商品期貨交易委員會（Commodity Futures Trading Commission）主席布魯克斯利．博恩（Brooksley Born）希望將場外交易的衍生性金融商品引入受監管的交易所，但央行在阻止這個專案方面發揮了重要的作用，找到所有可疑的論點，也就是更好的風險分配將「降低系統性風險」。[137]聯準會藉由允許花旗銀行與旅行者集團（Travelers Group）合併，促進了第一間大型金融集團的創建，這將成為其他公司的榜樣。[138]

重要的是，雖然聯準會支持企業越界，但監管環境並未改革。在最終放棄格拉斯－斯蒂格爾法，在一九九九年金融服務業現代化法（Gramm–Leach–Bliley Act）中，保留過多的任務描述越來越過時和相互衝突的機構。聯準會負責監督銀行的總體控股結構，但仰賴美國證券交易委員會（SEC）和其他機構來研究新金融巨頭中的特定部門，[139]自行監督成為一種「時代錯誤」。[140]提摩西・蓋特納（Timothy Geithner）後來指出，這是危機前監管失敗的關鍵原因，因為美國證券交易委員會（SEC）等機構沒有能力了解貝爾斯登（Bear Stearns）等公司所從事的銀行活動；美國證券交易委員會的傳統任務包括「追查市場操縱、欺詐和內幕交易，他們不太關注金融穩定」。[141]

影子銀行的擴張和金融集團的建立，最終導致了二〇〇八年的崩盤，導致金融不穩定，而聯準會本身就累積了第一手經驗。在一九八〇年代和一九九〇年代，央行多次進行干預，以支持貨幣市場並提供最後貸款（一九八七年股市崩盤、長期資本管理公司、網路泡沫、九一一之後）。由於有這種越來越不穩定的經歷，為什麼在一個不斷擴大、越來越脆弱的系統中，公共機構未能採取行動，甚至促進了破壞歷史監管解決方案有效性的創新？對這個問題一個合理的答案是，由於最後貸款人操作似乎足以在金融化的成長制度中，穩定市場和銀行業的運作，而且由於這種干預未能與中央銀行合法性的主要來源，也就是穩定的通貨膨脹相衝突，艾倫・葛林斯班和其他中央銀行官員採取了策略分離。利用其權威和強大的工具進行監管和監督干預，只會給一個享有越來越具有公共合法性和聲望的組織帶來問題。正如葛林斯班的傳記作者賽巴斯欽・馬拉比（Sebastian Mallaby）所寫的，聯準會主席多次「拒絕讓聯準會承擔監管……的任務，而是以貨幣獨立性為優先考量。」[142]

確實，聲稱央行官員對二〇〇七年之前的金融監管失敗負有全部、甚至主要責任是錯誤的，立法者通常會被銀行遊說者俘虜，[143]或是將金融化視為經濟成長和私有化福利的正確途徑。[144]監督機構在有限的任務授權下運作，與私人部門相比，在政治上較為軟弱無力。當關於國際協定的談判失敗時，反對單方面行動的最有力論據是避免在國內處於競爭劣勢，但是央行官員擁有在這些方面發揮作用的角色，尤其是貨幣市場和流動性管理等領域，在這些領域，他們比其他任何公共行為者都擁有更多的影響力和專業知識。我們在案例中一致看到的是，這些當局未能利用這種影響力和專業知識，因為他們看到了將自己界定為價格穩定任務和脫離審慎監管的更多策略優勢。

Chapter6

白忙一場的金融化管道疏通——二〇〇八年以後的中央銀行

如果說影子貨幣是私人金融基礎結構力量不斷增強的標誌，那麼歐洲和美國的影子貨幣危機，則能讓我們了解這種基礎結構力量的局限性和潛力。*

——班傑明．布勞恩（Benjamin Braun）、丹妮拉．加博爾（Daniela Gabor）

這些意圖良善的事，而且獲得數兆美元的支援，怎麼會造成不平等結果、阻礙成長、增加新的金融危機的機會、令眾多美國人陷入貧困，並使國家變得更加無法治理如此反常的結果？**

——凱倫．佩特魯（Karen Petrou）

自二〇〇八年以來，央行扮演的角色更加重要，他們為金融系統設立了大量且可說是永久性的支援，並將最後貸款轉變為應對金融危機的全面「第一反應」功能，[1]央行大大增加了貨幣政策這個總體經濟穩定工具的作用。事實上，在本章討論的量化寬鬆高峰期，貨幣當局似乎是唯一的公共機構，有能力和合法性應對危機事件和更持久的經濟問題，從結構薄弱、資本不足的金融部門開始，包括信貸緊縮、大量房屋被銀行查封、無法償債、失業率飆升、生產率停滯不上升，以及主權債務問題。二〇一〇年，華府（美國）和布魯塞爾（歐盟）的政治僵局產生了財政政策倒退的反常局面，而中央銀行仍然是「這場遊戲唯一的參與者」。[2]央行對這個趨勢的主要反應包括將再融資利率降至幾乎為零，採取大規模資產購買計畫，並宣布長期寬鬆貨幣政策，[3]結果中央銀行資產負債表成長到超出以前想像的規模（請參閱圖6—1）。最初，決策官員和觀察家認為，這種干預形式和規模仍將局限於危機的特殊時刻，因此被描述為「非常規」政策。但事實證明，這種預期言之過早了，最初抗拒量化寬鬆的當局很快就放棄了反對的立場，而那些試圖解除量化寬鬆和縮減資產負債表（如聯準會在二〇一三年所做的）的人則改變了方向。事實上，新冠肺炎危機重振了量化寬鬆政策，並在短短幾周內導致前所未見的資產負債表擴張規模。因此，二〇〇八年後政策的主要設計師之一柏南奇改變了術語，並自信地談論「貨幣政策的新工具」。[4]

這種情況給央行的分析師和批評者帶來了新的挑戰，從表面上看來，新政權似乎標誌著澈底脫離二〇〇八年之前的政策和教條，當局已經放棄了對通膨的主要關注，這是「大溫和」的特徵。責任已經擴大，不只是在金融穩定領域，現在央行在金融穩定領域進行（或至少是促進）總體審慎監管。當局也澈底背離了政治經濟學家所說的「硬通貨政策」，主要的央行都採取非常擴張性的政策來支援就業和成長。但不僅如此，強大的央行官員已經站出來明確支援最大化就業和支援窮人的目標。鮑威爾（Jerome

* Benjamin Braun and Daniela Gabor, "Central Banking, Shadow Banking, and Infrastructural Power," 248.
** Karen Petrou, *Central Bank Mandate for Our Time: The Fed's De Facto Fiscal Role and Its Anti- Equality Impact*, 2.

Powell）在二〇二〇年時指出，到目前為止，聯準會的擴張措施主要服務的對象是美國最弱勢的黑人和西班牙裔社區；[5]歐洲中央銀行（ECB）的維托．康斯坦西歐（Vítor Constâncio）表示，「引入[歐洲央行的量化寬鬆政策]後，失業率下降對低收入家庭產生了不成比例的顯著影響。」[6]與此形成對比的是早期央行總裁的立場，如葛林斯班、艾迪．喬治或卡爾．歐托．波爾（前德國央行總裁），他們認為這些立場是凱因斯主義思想的危險回歸。新冠肺炎危機期間，當局甚至進一步承擔了包含金融與總體經濟在內的責任，在疫情初期，他們承諾支持市場、大小企業、工人、窮人，有時甚至是依靠廉價資金來大規模

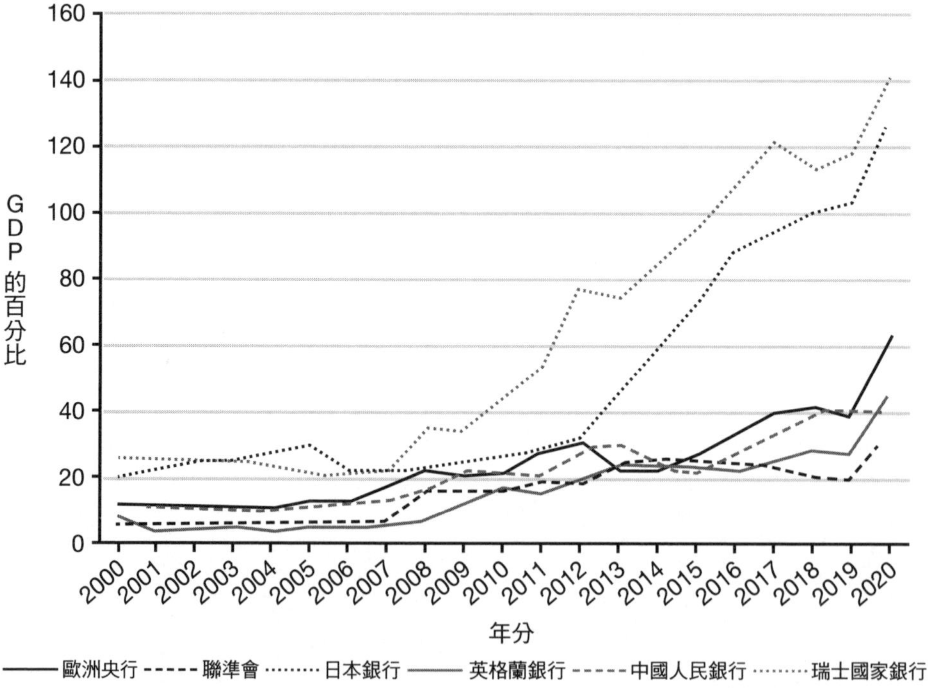

圖 6—1　央行資產對GDP（百分比）。

資料來源：各國央行的年報

增加支出的政府。結合這些重大政策變化，我們觀察到專業領域的顯著發展，央行經濟學家現在舉行關於氣候變化、金融脆弱性、不平等、財政政策、性別和多樣性以及更多主題的會議，單一專注的新凱因斯主義模型和通膨預測的日子已經結束了。進步人士還能渴望什麼？左翼民主黨人在二〇一五年的「受夠了」競選活動中呼籲採取更溫和的貨幣政策，並承諾將就業率提升至最大。[7]在大多數情況下，這些支持者透過修改聯準會目標和加速鮑威爾實施的資產負債表擴張，而達到了他們的目的。在歐元區，「封鎖占領」⑧在二〇一五年歐洲央行法蘭克福新總部展開時，反對三方對南歐實施緊縮政策。[8]然而，到這次開放時，歐洲央行總裁德拉吉已經開始透過採取激進的量化寬鬆，來緩解周邊債券市場的壓力，雖然德拉吉最初主張緊縮和勞動力市場自由化以配合這些措施，但他和繼任者逐漸改變了他們在這些問題上的立場，並呼籲採取更積極的財政政策和提高薪資。[9]

然而問題在於，儘管表面上央行總裁們有這些學習過程，他們放棄了硬通貨和其他教條，但央行在金融化資本主義中的主導地位所產生的更深層次功能失調並沒有因此消失。從二〇一〇年至二〇二〇年，結構性失衡和分配不公現象加劇，這段時期（直到新冠肺炎危機）的經濟復甦是歷史上最長但也是最弱的復甦之一，使經濟學家稱之為「長期停滯」的現象[10]更根深柢固。[11]特別是在英美經濟體中，就業水準上升，但是「任何家庭都做得更好一點，只是因為更多的家庭現在有不只一個受薪階層以及／或是工作時間更長」。[12]這反映了一個事實，那就是儘管採取了擴張性政策，但收入（特別是財富）不

⑧ 編者註：Blockupy，為Block和Occupy的結合，由二〇一一年德國占領運動的衍生詞彙，此後歐洲許多社會運動都以占領、封鎖的方式進行。

平等現象仍在加劇。在美國更是如此，到了二〇二〇年，最富有的百分之一家庭擁有超過百分之三十的家庭財富，高於二〇一〇年的百分之二十六。[13]在英國，收入和財富不平等也在加劇；[14]在德國，財富分配不平等的情況仍然偏高，而更加引人注目，因為二〇一〇年之後的整體家庭財富（由於房地產急遽升值）增加了百分之二十。[15]此外，儘管各國央行在二〇〇八年花費了大量財政資源來拯救金融機構和市場，但整體風險卻有所增加，其中大部分發生在影子銀行中。整體而言，二〇一九年資產負債表上的影子銀行資產為二百點二兆美元，其成長規模與整個傳統銀行業一樣大，而且較二〇〇八年成長百分之四十二。[16]正如金融穩定委員會在其報告中所指出的，這導致系統性風險升高。[17]

因此，二〇〇八年後的這個新格局，要求學者們修改他們對央行的傳統觀點。最重要的是，正如越來越多的文獻所指出的，自二〇〇八年以來的擴張性政策不只沒有支持更公平的收入，反而加劇了不平等[18]（不過，我們可以承認，一些央行官員和經濟學家拒絕接受這些發現）。[19]這個新文獻有一個令人信服的論點，那就是量化寬鬆主要有利於富豪，他們是不成比例的金融資產擁有者，這群人從央行的大規模資產購買，以及在困境情況下穩定股票和信貸市場的干預措施中，直接獲得了高額的獲利。[20]凱倫·佩特魯闡述了這種情況令人困惑的影響：「隨著聯準會投資組合的縮小和利率的提高，將有助於提升平等。這些與傳統思維背道而馳，傳統思維假設聯準會規模越大，利率越低，自下而上的成長就會越好。」[21]學者們也越來越注意央行在鞏固通往更大、更脆弱的金融體系方面的作用。[22]特別是，透過巨大的造市和貸款業務（包括避險基金和貨幣市場基金等公司）拯救公司避免下跌的風險，以及未能監管金融的重要部分，貨幣當局可以說是促成了影子銀行在二〇〇八年之後幾年的大規模擴張。[23]

央行學術在量化寬鬆時期的這些新主題，證明了我在本書中提出的更廣的觀點。我的論點是，我們應該將分析的重點放在央行的具體運作關係，以及與金融業的基礎結構關聯，而不是將這些組織的活動概念化成據稱為遵循硬通貨利益以及／或是親市場信念的無形政策。[24]更具體來說，正如在量化寬鬆時期越來越明顯，央行官員們進行一種解決問題的情境化，其主要目的是從處於金融體系核心的組織立場上確保可治理性。雖然當局有了新的開明觀點和理想，其中一個結果是，這導致了加強總體經濟政策對金融市場的基礎結構依賴的政策，不平等加劇，以及二〇〇八年後其他有問題的發展都是其後果。因此，我將在這一章證明，二〇〇八年之前和之後的政策創新邏輯之間，有著驚人的連續性。

然而，有鑑於量化寬鬆時期關於中央銀行研究新主題所展現的更廣闊視角，我到目前為止提出的論點也需要擴展和修改。正如我在前幾頁中所指出的，在二〇〇八年之前，以市場為基礎的金融體系對央行官員很重要，主要是因為這提供了基礎結構，幫助當局為通膨目標政策建立特定的政策實施和傳導管道。也就是說，決策官員關心他們與市場的互動，因為他們加強了對通膨的控制，並為激進的總體經濟穩定開啟了一些轉圜的餘地。二〇〇八年後，中央銀行與金融之間這種基礎結構連結仍然很重要，但另一個連結正變得越來越重要，決定了央行的行動。隨著市場成長，在金融化經濟體的運作中變得更加集中和根深柢固，會導致更頻繁的市場崩盤。央行決策官員不只最積極地宣傳一個觀點，那就是需要對這些崩盤採取積極的反應，以預防更廣泛的金融和經濟災難，[25]而且他們還以權威的身分執行這些信念。因此，隨著每一次危機發生，央行的資產負債表及其擔任第一道防線的重要性都會增加，正如我將在本章中討論的，二〇一〇到二〇二〇年期間的一個關鍵特徵在於，央行和金融部門之間的基礎結構關係，以及與金融不穩定相關的更直接關係，在實際上以及認知上都已經融合在一起了。

我還想在本章闡述，在量化寬鬆時期變得明顯的第二個方面。與直覺相反的是，雖然央行的主導地位似乎一如既往地不可避免，但貨幣當局面臨著失去治理能力和政治權威的龐大風險。隨著越來越多的激進主義（市場支持和資產購買），政策效果越來越顯得特殊和分配（distributional），而不是普遍和擴散（diffuse）。規模越來越大的干預措施，有助於拯救和支持特定的金融相關行為者、市場和戰略，但干預措施不會刺激基礎廣泛的成長，我們可以從「過多的金融」[26]和長期停滯[27]等診斷來理解這一點。在超大型金融體系中更頻繁的危機，會產生龐大的總體經濟成本，而央行的支持會幫助維持這個破壞性迴圈，且雖然量化寬鬆對於維持債務成長和資產價格升值極為重要，但這些信貸和財富效應並不會導致可持續的總需求，相反地，這會強化經濟中的經濟分配和決策邏輯，可能會在結構上削弱成長。[28]新冠肺炎危機暫時使量化寬鬆這些弄巧成拙的動態變得不可見，因為疫情將注意力引向了痛苦的外部來源，此外由於疫情期間各國央行的資產負債表擴張伴隨著重大財政行動，量化寬鬆有問題的那一面就變得沒那麼明顯了。但是，這個階段是暫時性的或是很特殊，這件事並不能解決在引導我們陷入金融化陷阱的更深層次這個問題上，央行所扮演的主導地位。

回顧二〇〇八年至二〇二〇年期間，我在這裡分析量化寬鬆在不同核心經濟體中是如何發展的、如何與金融體系內部的摩擦糾纏在一起，以及如何加劇更廣泛經濟的長期停滯。我在前幾章所使用的資料——讓我們了解中央銀行內部審議情況的封存檔——在二〇〇八年之後時期的還不可使用，因此本章使用已發表的資料、財經媒體的報紙文章、訪談以及關於量化寬鬆實施和傳播的新興（灰色）文獻。有時候我得出的結論是推測性的，因為我的結論依賴的是對不同來源的解釋和現有研究的初步發現。此外，當我討論聯準會、歐洲央行以及英格蘭銀行的量化寬鬆計畫時，我無法提供案例之間系統性差異的詳細資訊。我也忽略了量化寬鬆在外匯方面的影響，這很重要，尤其是對於瑞士的情況來說更是如此，但我在這裡的討論中沒有並包括這一點。

本章的結構如下。我首先簡要概述上述三間央行的量化寬鬆方案。然後，我將討論資產購買和金融內部分配過程之間的相互交織，然後再討論量化寬鬆對金融化經濟體的作用。最後，我描述新冠肺炎如何幫助央行官員鞏固其身為資本主義第一道防線的影響力，而量化寬鬆幾乎耗盡了其總體經濟力量。

二〇〇八年後的央行業務

中央銀行過去曾進行過大規模的資產購買，[29]但聯準會可以被視為二〇〇八年後幾輪量化寬鬆的發起者，這種創新是源自於金融危機期間的緊急干預。在雷曼兄弟破產後，聯準會的資產負債表迅速擴大至超過兩兆美元，因為聯準會進行了大型貸款業務（特別是透過「定期拍賣信貸」〔Term Auction Credit〕工具）和與其他央行的大量換匯交易。但是，在二〇〇九年四月下旬，這些流動性操作對聯準會資產負債表的貢獻（約九千八百三十億美元）超過了直接資產持有量（約八千九百一十億美元）。此外，當聯準會在二〇〇九年初開始增持這些資產時，最初將購買重點放在不動產抵押證券上，目的是在重振房地產市場，同時支撐持有大量這些貶值資產庫存的陷入困境的金融業者。[30]問題資產紓困計畫（TARP）是政府購買不良資產的計畫，強化了聯準會對這些資產類別和立即受到危機影響的金融企業集團的關注。二〇〇八年十二月時，聯準會將聯邦基金率目標下調至零至百分之零點二五，並於二〇〇九年三月宣布利率將在「很長一段時間內」保持為零，這是聯準會此後一直使用的對未來政策的前瞻性指引。

雖然量化寬鬆一開始是個極為不尋常的計畫，但由於三個原因，量化寬鬆在二〇一〇年代在美國卻維持下去。首先，聯準會自己意識到復甦異常疲軟，正如柏南奇在二〇一二年指出：「勞動力市場的改善速度過於緩慢。」[31]此外，國會呼籲提前停止政府在二〇〇八年推出的振興和社會支持計畫。[32]最後，但也很重要的一點是，「二〇一三年資產購買可能開始放緩的暗示導致債券市場『削減恐慌』（taper tantrum），十年期債券的收益率在幾個月內上升了近一個百分點」。[33]在二〇一九年九月的另一個例子中，附買回協議和聯邦基金市場利率在聯準會試圖減少銀行準備金的階段大幅上升，這與大量公開債券發行以及其他增加銀行、非銀行資金需求的特殊因素相吻合，[34]聯準會再次被要求提供流動性支援。

然而，比起新冠肺炎大流行期間發生的情況，這些全都相形見絀。二〇二〇年二月下旬，聯準會主席鮑威爾仍然聲稱「美國經濟的基本面依然強勁」，[35]但金融市場突然恐慌，導致聯準會啟動了到目前為止規模最大的支持行動。在短短的一季內，央行購買的政府公債比之前的三輪量化寬鬆都要來得多，這項一兆美元操作的主要原因是，避險基金和其他投資人突然需要現金流動性，才出售他們持有的大量政府公債。聯準會最初於二〇二〇年三月啟動第四輪量化寬鬆，主要是為了幫助影子銀行，[36]在一個月內啟動了各種其他支援方案，包括初級交易商、貨幣市場基金和大企業的證券，以及針對市政當局和中小型企業的小型（國會授權）計畫。隨著疫情持續延燒，資產購買量增加，聯準會的資產負債表擴大至逾八兆美元。

歐洲量化寬鬆的發展不太一致。一方面，當二〇〇八年危機爆發時，歐洲央行對自己的政治角色、法律權限以及有關其政治經濟形勢做出的評估不同。[37]央行仍然關注通膨風險，即使南方出現大蕭條水準的失業率和產出損失，這種態度反映在歐洲央行最初拒絕干預歐元區周邊國家的二級債券市場，以及在歐洲主權債務危機期間一貫倡導的財政整頓。[38]二〇一一年四月和七月，歐洲央行甚至根據「價格穩定的風險上升」而提高再融資利率，[39]但是還有第二個因素阻礙了最初採用「適當的」量化寬鬆。因為歐洲央行試圖透過其直接交易對手銀行來放鬆信貸條件，故補貼銀行並給予銀行資產負債表空間，以進行額外貸款，比在資本市場上購買證券更受青睞。二〇一一年十二月宣布的歐洲量化寬鬆政策是銀行長期貸款工具，條件非常優惠，這個計畫的效果，可以從歐洲央行二〇一二年的年終資產負債表中看得出來，這顯示貸款規模為一點一兆歐元，而持有的證券規模僅為五點八六一三三億歐元。面對經濟持續停滯，特里謝（Trichet）擔任總裁時的歐洲央行並沒有採取量化寬鬆政策，而是進行「中央銀行工作歷史上最大規模的流動性挹注」。[40]

隨後，歐洲央行新總裁德拉吉在戰略上採取重大的改變。在他（「不惜一切代價」）捍衛歐元的最終聲明之後，歐洲央行於二〇一三年採用了美國的前瞻指引和兩項資產購買計畫，這個計畫在二〇一五年發展成為全面的量化寬鬆計畫（特別是公部門購債計畫和私人部門購債計畫），當年歐洲央行證券持有量超過了一兆歐元的限制，並在二〇一八年上升到近三兆歐元。德拉吉最初將這種擴張性貨幣政策與向財政決策官員提出的限制支出的建議相結合，在二〇一三年五月的記者會上，他建議「為了使債務比率恢復減量，歐元區國家不應破壞其減少政府預算赤字的努力。」[41]直到二〇一〇年代後期，歐洲央行才放棄緊縮的立場，鼓勵採取更大規模的財政行動。

在疫情期間，歐洲央行隨後加快了擴張政策，這些政策同時對三種力量作出反應。首先，市場困境導致南歐債券收益率再次飆升，尤其是義大利和希臘，歐洲央行透過其疫情緊急購債計畫做出了回應，並且得以迅速縮緊債券市場利差，這些操作的官方理由是「應對歐元區貨幣政策傳導機制的嚴重風險」。[42]第二，儘管歐洲銀行業在疫情爆發前就已經在資本不足和資產負債表的違約問題上苦苦掙扎，但是這場新的危機為歐洲央行提供了另一個機會，在有針對性的長期再融資操作下，擴大對行業的補貼貸款。這些貸款操作構成了歐洲央行資產負債表擴張的重要組成部分，顯示歐洲量化寬鬆的一個獨特因素，最後歐洲央行積極的量化寬鬆反應顯示，從特里謝到拉加德（Lagarde），歐洲央行領導者的態度發生了重大變化，因為央行強調低成長和失業率是比通膨風險更重要的總體經濟問題。

英格蘭銀行也經歷了同樣引人注目的轉型，正如第五章討論到的，英國央行及其總裁最初仍然否認貨幣當局在嚴重的金融危機中扮演的關鍵角色。直到雷曼兄弟倒閉，央行總裁馬文．金恩才真正了解到金融部門流動性問題的嚴重程度，以及身為最後貸款人的央行迫切需要挺身而出，[43]從那時起，央行將向銀行業提供廣泛的短期和長期貸款，與購買政府債券結合起來。此外，與歐洲央行相反的是，從二〇〇九年開始，緊急貸款的解除被過度補償，而更加大舉買進資產，這也代表貨幣與財政政策在對抗經濟衰退方面的首要地位。金恩公開支持財政大臣喬治．奧斯朋（George Osborne）的緊縮政策，警告債務累積和結構性赤字，同時擴大央行自己的操作。[44]二〇一三年時，當購買的資產量達到三千七百五十億英鎊時，央行暫停其計畫。量化寬鬆在英國脫歐後重新啟動，當時央行又購買了六百億英鎊的金邊債券和一百億英鎊的私人發行債券。

但最重要的一輪量化寬鬆是為了應對新冠肺炎，當時央行購買的資產量是之前幾輪量化寬鬆所有購買量的兩倍，在最近這一階段，有兩個明顯的方面非常引人注目。首先，就像在美國一樣，金融部門流動性需求的突然飆升，引發了央行積極的反應。二〇〇八年時，銀行業的問題推動央行的行動，但是這一次，影子銀行部門成為關注的焦點，央行認為可以透過積極的資產購買來「市場化金融中的支撐流動性」，也就是最後的造市商。[45]第二，央行的主權債券購買與財政部的債券發行日曆之間的密切一致性顯示，在沒有明確公開承諾的情況下，央行正在幫助政府為其對新冠肺炎的積極財政應對提供資金。[46]在接下來的兩節中，我將用這些對聯準會、歐洲央行和英國央行政策的簡要說明，來闡述二〇〇八年後中央銀行的兩個特徵。第一個問題涉及金融市場在中央銀行中的作用的改變；在第二部分中，我將討論儘管央行官員承諾支援廣泛的經濟福祉，但他們有限的工具最終支援特定的金融相關活動，這些活動的結構性優勢是長期停滯經濟的一個關鍵特徵。

結構失修的金融市場

從通膨目標的時代到二〇〇八年後時期，中央銀行與金融市場的關係發生重大變化，雖然在通貨膨脹目標制期間，市場主要是總體經濟導向政策的有效和幾乎看不見的基礎結構，[47]但現在是中央銀行關注和干預的核心和有問題的對象。我在這裡區分出發生這種轉變的兩個層次，在實際政策層面上，支援功能失調的市場和陷入困境的金融公司的業務，已發展成為二〇〇八年後中央銀行的一個持續特徵，並與支援更廣泛經濟的政策密切相關。從二〇〇八到二〇〇九年期間顯然是如此，當時緊急貸款和造市干預行動，啟動了第一階段的量化寬鬆，就聯準會而言，這涉及對不良資產的大規模購買計畫，以及各種貨幣市場（商業票據、附買回協議等）的支援操作。[48]在聯準會和歐洲央行，對陷入困境的銀行機構的補貼貸款，其實在第一階段就啟動央行的資產負債表擴張，但即使二〇〇八年危機的直接影響消退，市場和資產負債表支援仍是關鍵因素。

聯準會從二〇〇八年開始將其自發性的支持計畫發展成為更持久的工具，以支持不斷成長的影子銀行部門，例如透過附賣回協議工具。這個新的支持角色在二〇二〇年三月大規模地升級，當時聯準會不僅重啟二〇〇八年的大部分貨幣市場計畫，而且有效地為避險基金和其他非銀行機構，提供了將政府債券持有轉化為現金的常規設施，[49]這引發了迄今為止規模最大的量化寬鬆，其中貨幣和金融政策動機密不可分。在歐洲，歐洲央行的定期融資對傳統銀行產生了同樣的作用，為銀行提供喘息的空間以修復其資產負債表，舉例來說，這個計畫的一部分是讓銀行可以實行「抵押品交易」（collateral trade），[50]他們購買高收益的南歐債券，將這些債券當成抵押品存放在歐洲央行，並獲得與債券到期日相同的定期資金。銀行可以在不承擔信貸和流動性風險的情況下，從持有高報酬的周邊債務中獲得回報，因此支持他們認為具有系統重要性的金融要素，是央行在二〇〇八年後擴張性政策的重要組成部分，對這些部門的規模、風險承擔行為和分配模式產生了相當大的影響。[51]

透過決策官員採用的認知架構為量化寬鬆提供了一個總體經濟理由，加強了金融部門導向型以及貨幣政策的交織重疊。在此提醒一下讀者，我簡要總結說明在通膨目標制下如何設想透過金融市場進行政策傳導。在通膨目標框架中，央行官員透過改變短期操作目標和預期溝通對利率施加**有條件的影響**，也就是說，決策官員的目標是透過可信地承諾抑制通貨膨脹，以及在其報告中傳達以科學為基礎的總體經濟發展評估，以改變實質中期利率。未來總是有一個實質自然利率加上可容忍的通貨膨脹水準，這固定並限制了中央銀行和市場的行動，儘管其認識基礎不穩定，[52]這種通膨目標框架是對實際政策的合理概念，並使得二〇〇八年以前的政策理由與中央銀行操作及市場訊號保持一致。

然而，當量化寬鬆啟動時，首先是當成貨幣市場和融資操作的實質創新，當局對此沒有一致的認知架構。舉例來說，在英格蘭銀行，這導致了長期的內部爭議，也就是大量提供銀行準備金（資產購買的直接後果），其本身是否透過貨幣機制產生任何有意義的經濟後果。[53]但這種貨幣主義觀點很快就在中央銀行圈中被拋棄了，因為當局傾向於新凱因斯主義的解釋，正如柏南奇的回憶，「聯準會決策官員和工作人員知道，隨著短期利率趨近於零，對銀行準備金的需求將具有高度彈性，基礎貨幣的速度可能會急遽下降。」[54]

隨著新凱因斯主義經濟學家試圖將大規模資產購買，納入通膨目標時期形成的霸權貨幣政策概念，一個更澈底的理論逐漸出現。[55]從這個理論中得出的一個想法是，雖然央行不能再透過改變運作目標（已經達到實質的下限）來降低實質利率，但央行的公告以及資產購買將有助於顯示長期保持低利率的意圖。[56]各央行的總裁為這樣的想法背書，尤其是柏南奇，但這引發了兩個問題：首先，二〇一〇年代越來越多的**長期**利率觸及下限，完全耗盡了刺激性利率政策的可能性。其次，在二〇一〇年代後半期，央行官員發現了一個令人不安的脫節，雖然他們的均衡利率模型顯示，持續的量化寬鬆會導致預期通膨上升，但預期和實際通率的變化並沒有真的發生，預期利率與通膨和成長的變化之間，顯然沒有穩定的關係。[57]這暗示的是，通膨目標的認知框架不再與量化寬鬆期間的政策行動或觀察到的效果一致。

隨後出現的是另一種量化寬鬆理論，建立在貨幣與金融政策融合的基礎上，以下是投資組合再平衡的觀點圖（請參閱圖6—2）。這個想法是，當中央銀行向投資人購買政府債券或其他安全資產時，這些投資人將購買其他證券，用從中央銀行收到的現金重新補充他們的投資組合。由於投資人對投資組合中擁有的資產種類並非毫不關心，因此他們會買進幾乎同等的長期資產，例如公司債券。[58]這些（通常是大型）企業的融資成本較低，以及更廣泛類別資產價格上漲，然後據說透過信貸和財富管道發揮刺激作用。[59]請注意，與通膨目標框架形成強烈對比的是，這種新的認知框架依賴於一種觀點，那就是投資人**並沒有**完全理性的預期（如果有，資產在風險／報酬狀況方面在功能上將是等價的），而且市場**並非**沒有摩擦（這證明了一種資產——政府債券——的可用性減少會影響其他資產價格的假設）。確實，正如新凱因斯主義之父麥克．伍德佛（Michael Woodford）在他自己的均衡理論框架中明確指出，投資組合再平衡機制行不通。[60]後來的研究隨後在經驗上證實，強化了投資組合再平衡基本上取決於金融摩擦，當普遍的風險厭惡情緒很高時，量化寬鬆可以將投資人推向風險較高的資產。在經濟學術語中，這代表量化寬鬆

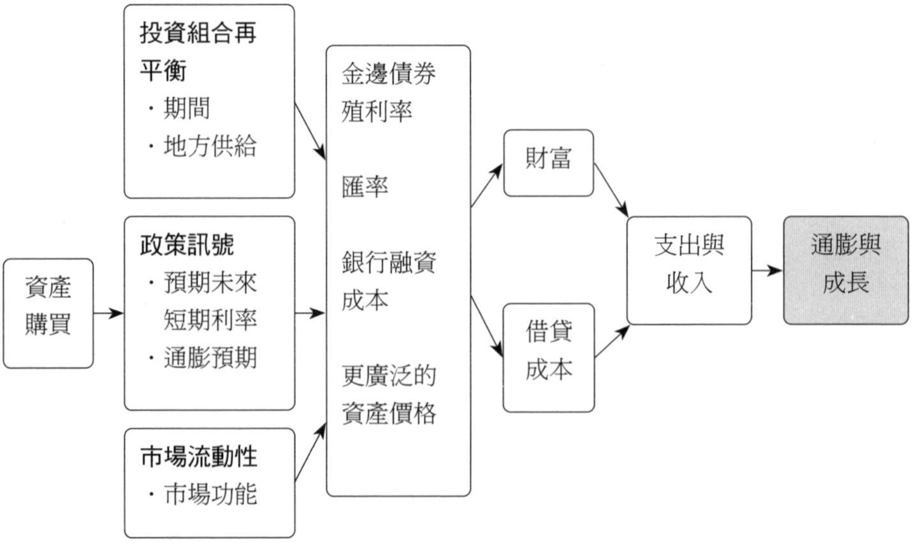

圖 6—2 根據英格蘭銀行的量化寬鬆傳遞機制。

資料來源：Andrew Bailey, Jonathan Bridges, Richard Harrison, Josh Jones, and Aakash Mankodi, "The Central Bank Balance Sheet as a Policy Tool: Past, Present and Future," Bank of England Staff Working Paper No. 899. Figure 2. ©2020 Bank of England。

是「視國家情況而定的」，而量化寬鬆成效最佳的情況是在金融危機時。[61]

簡而言之，二〇〇八年至二〇二〇年間的中央銀行業務，是由貨幣與金融政策的系統結合所組成的，而量化寬鬆使央行繼續依賴市場將政策傳遞至更廣泛的經濟中，但是這些市場本身變成了有問題的管理對象，需要不斷的支持和修復。在實務面和認知面，央行官員們有系統地將其部門支援業務與總體經濟目標混為一談，創造了一個新的貨幣政策主導地位，這種主導地位與其說是取決於金融化的福利承諾，不如說是取決在，一個越來越容易受到金融發展影響的經濟體中支援市場和企業的必然性。

金融化，一個消耗殆盡的成長動力

量化寬鬆的實務與認知架構的這些問題，與過度依賴金融化資本主義結構，來影響更廣泛經濟的總體經濟政策所出現的更深層次的困境，兩者是密不可分的，這些困境在量化寬鬆政策經過十多年的超級擴張政策後所取得的結果中變得非常明顯。可以肯定的是，央行官員有理由聲稱，他們的政策暫時有助於降低利率、穩定成長、支持就業，以及減輕高債務經濟體的再融資負擔。[62]但是由於量化寬鬆依賴於金融市場相關機制來產生這些影響，所以我們看到復甦極其疲軟、不平等加劇，以及根深柢固的長期停滯問題，這在關於量化寬鬆有效性的研究中也越來越明顯，顯示量化寬鬆的效力這十年內已經消耗殆盡。[63]

在我已經提到的第一個方面，涉及量化寬鬆對金融和其他資產（從股票、債券到房地產）的支援效果，正如越來越多關於不平等的文獻所顯示，擁有這些資產以及獲得債務融資收購的可能性分布非常不平等，甚至比收入的情況還要不平等。[64]此外，財富的邏輯是，不平等的分配會在一段時間後自我強化，[65]越來越嚴重的不平等隨後導致長期停滯，因為底層的消費傾向偏高，而頂層的消費傾向偏低。透過財富效應傳遞政策，量化寬鬆為鞏固和加強這些長期和遞減的分配機制做出了重大貢獻，以此基礎來說，量化寬鬆促進消費進而提升經濟活動的觀點[66]很難令人信服，因為今天的財富效應絕大多數集中在頂層。凱倫・佩特魯[67]合理地認為，央行官員錯過了這一點，因為他們的模型傾向於捕捉平均值，而不是分布情況。此外，越來越傾斜的財富分配不僅影響現在的成長和就業，相反地，還塑造了經濟如何發展到未來，相對於持久的結構性質。因此，即使透過大規模量化寬鬆干預產生的消費小幅成長，也會在更長的時間內擴大總體經濟問題。艾提夫・米安（Atif Mian）、路德維希・史特勞布（Ludwig Straub）和艾米爾・蘇費（Amir Sufi）[68]的一項研究反映了這種財富集中的經濟後果，這些作者指出，頂層金融財富的成長與其他人口的儲蓄減少，以及更多的政府債務同時上升，金字塔頂端積累的財富對國內投資沒有貢獻。

第二個方面，將量化寬鬆與長期停滯連結至相關機制，與家庭債務的整合與成長有關。正如一篇涉及範圍廣泛的文獻所指出的，我們看到美國等主要經濟體的這種趨勢，因為較貧窮和中產階級的家庭試圖彌補停滯不前的薪資，以及越來越嚴重的社會經濟不平等。[69]家庭債務可能是成長的暫時驅動力，但隨著長時間下來會成為負擔，直接或間接地降低成長。[70]家庭債務的問題在於，對於中產階級（以及較小程度上，工人階級）來說，通常用於為非多元化資產融資，例如房地產，這類投資可能暫時可以增加家庭的淨財富，因為用這類債務購買的資產與債務一起順周期地膨脹。正如艾麗娜・巴徹（Alina Bartscher）及其共同作者[71]為美國撰寫的報告指出，在二〇〇八年之前，中產階級的債務成長最為強勁，但這個階層的住房財富暫時經歷更強勁的成長。事實上，大多數債務都是正淨財富效應的結果，因為家庭能因房價升值而借越來越多錢，但正如巴徹及其同僚所指出的，這些暫時豐富且越來越槓桿化的家庭，[72]最終從「金融穩定的錨點轉變為美國經濟金融風險的中心」。[73]一個風險顯然是家庭將面臨更高的借貸成本，但從一九八三到二〇〇八年，各國央行大多透過越來越低的利率來減輕這種風險，關鍵脆弱性在二〇〇六年成為房價發展的逆轉，加上二〇〇八年後對勞動收入的負面衝擊。[74]危機發生後，量化寬鬆對這些問題做出了立即的回應，透過降低利率和干預特定市場（舉例來說，購買抵押貸款支持證券），聯準會等央行減輕了私人債務負擔，並降低了某些群體的再融資成本。量化寬鬆還有助於穩定或提高房地產的價值，成為中產階級家庭持有的主要資產，但是透過使債務負擔更加明顯以及／或是更具吸引力，聯準會和其他國家央行的行動，可以說有助於鞏固家庭債務的結構性總體經濟意義，至少在美國等經濟體是這樣。在特定的政策下，產生這類債務是從房地產周期和金融消費 中獲利的一種方式，[75]即使這種策略隱含著巨大的總體風險，因此對量化寬鬆的其中一種解釋是，這鞏固了「私有化的凱因斯主義」這個西方福利制度不穩定的支柱。[76]

第三個問題涉及企業融資。量化寬鬆的明確意圖之一是，透過投資組合再平衡或直接信貸管道（舉例來說，為貸款計畫提供資金）來改善企業融資條件，希望融資條件更好的企業將增加投資、創造就業機會以及提高整體產出。然而，試圖透過這些管道促進成長，存在結構性問題和企業戰略的重複風險，阻礙了廣泛、包容性成長。一方面，中小企業並未從量化寬鬆中獲利到足以擴大投資，特別是在需求低迷的更廣泛環境中，量化寬鬆可能只是讓陷入困境的企業得以延展其債務。另一方面，更成功的大企業利用其低廉的融資成本，從事那些不會帶來投資或對就業和成長產生一點積極影響的活動。伊斯梅爾．

厄圖克（Ismail Erturk）[77]從「金融化企業行為」（financialized corporate behavior）的角度來解釋缺乏投資，舉例來說，這種行為涉及企業使用較低的債務融資成本來回購自己的股票，進而提高公司的股本報酬率以及在市場上的估值，執行長和其他高階經理人因為薪酬與績效連結，因而從這些策略中受益，但是企業員工和更廣泛的經濟卻沒有獲益。厄圖克還指出，透過降低融資成本和提高股票價值，量化寬鬆還幫助創造出企業嘗試大規模併購的環境，鞏固它們在越來越集中的市場中地位。因此，我們發現一種趨勢，那就是雖然貨幣政策越來越寬鬆，但私人投資並沒有回升。

但是，即使資訊科技等蓬勃發展產業的公司確實進行了投資，這些投資對工人和經濟的邊際收益仍然很小，這是因為我們傾向於在這些行業中找到「超級明星公司」。企業具有「沒有大眾規模」的經濟（也就是員工占比減少），經常投資於無形資本，並採取積極的外包策略，[78]這些因素再加上企業的寡占／壟斷力量，代表「超級明星」可以收取高額的加價，這就直接轉化成為勞工的相對利益較低。因此，超級明星公司在高度發展的經濟體中，造成勞工收入占比下降的程度最多，有助於解釋為什麼自二〇〇〇年以來，美國的占比如此急遽下降。[79]結果，資本利潤占比的增加，導致過度累積與對金融的投資。總而言之，將危機管理重點放在改善企業融資上可謂代表再生產，而不是挑戰投資不足、總需求不足、市場集中度提高和勞工收入下降的困境。

透過金融業成長和金融化無法實現的福利承諾

金融化有助於支援到二〇〇八年以前的成長，透過在低投資水準和勞動收入占比下降時維持需求，同樣的，金融全球化有助於調和「後福特主義」時代出口和債務導向型經濟體的成長模式。[80]通膨目標制與總體層面的發展密切相關，透過收益率曲線和通膨目標促進協調——這些協調手段完全配合加速的信貸擴張、巨大的全球失衡、資方優於勞方的主導地位，以及國內不平等水準的加劇。正如我在第四章中指出的，通膨目標也與中間層面的金融化保持一致，透過央行官員共同建構貨幣市場架構，這對於維持推動金融成長的貨幣發行和流動性分配過程極為重要。因此，我們在二〇〇八年之前觀察到的是，中央銀行的政策主導地位與金融化的擴張和深化之間的一系列相互支援。

本章討論了一場巨大危機之後的事態發展，這場危機揭示了這些相互依存關係導致的基本矛盾和困境。諷刺的是，危機後的發展鞏固了中央銀行和金融業的強大地位，央行官員認識到財政當局沒有能力或不願承擔更多責任，這為央行官員進一步擴大其權力提供了機會之窗。

這些政策創新的關鍵人物相信量化寬鬆已經成功了，[81]如果沒有央行一開始積極的反應，許多金融企業就會倒閉；[82]如果沒有極其擴張的貨幣政策，利率會更高、失業率會更高、成長會更少。然而，一些研究對這些溫和評估提出了質疑，特別是對於量化寬鬆的後期階段，從這些文獻中得出的一個關鍵論點是，二〇〇八年後的政策有利於金融市場行為者，和社會中擁有過多金融財富的富裕群體。我自己的研究目標在於，透過揭示當代中央銀行與超大型金融部門和金融化機制的深刻糾纏來擴大這種批評。首先，正如我所說的，金融和貨幣政策透過量化寬鬆及其各個子方案，兩者之間密不可分，補貼定期融資或最後造市等計畫都已納入量化寬鬆，這導致了某些市場區隔（例如影子銀行）的大規模擴張，並有利於目前金融體系中心的大型成熟公司。此外，正如我所討論過的，為量化寬鬆辯護而提出的主導理論，也就是投資組合再平衡，從需要央行修復的金融內部摩擦的角度來證明這種干預是合理的。因此，自二〇〇八年前以來，在公共政策中優先考慮金融的理由發生了變化，雖然早期的承諾是有效的市場和擴張的金融，將為所有人帶來福利，[83]但危機後的新邏輯是，由於金融的主導地位已經在我們的經濟中根深柢固，避免金融市場支持的風險太大，崩盤會引發重大的經濟衝擊，如果央行未能支撐資產市場和維持債務的可控性，我們脆弱的依賴債務的福利體系可能會進一步惡化。換句話說，我們處於一種被俘虜的處境，中央銀行和金融市場邏輯預設仍然占主導地位。

當我們研究央行如何透過量化寬鬆來接觸更廣泛的經濟時，這種情況的問題變得更加明顯。依靠資產購買產生的財富效應表示更長期停滯的根本原因；財富不平等加劇，這種不平等的後果遠超出就業和產出的直接波動。央行還增加了家庭過度負債和過度槓桿化的風險，因為在目前的政策條件下，中產階級家庭繼續投資於非多元化資產，而較貧困的家庭則是繼續靠著債務來消費，尤其是在美國更是如此。雖然在二〇〇八年之後，透過量化寬鬆在一定程度上可以保護這些社會群體免受更強烈的不利衝擊，但央行不能永遠致力於維持膨脹的價格水準，以及不可持續的債務。然後去槓桿化會在經濟衰退時釋放通貨緊縮力量。此外，經濟政策應著重於改善公司行為者的融資條件，這個觀點越來越被金融化經濟體中實際使用廉價融資的證據所質疑。許多企業不再進行資本投資，而是轉向與金融市場相關的策略，例如買回股權或併購；因此美國的企業雖然債務增加，但是**並沒有**同時進行更多的投資。此外，透過改善融資條件，另一個問題仍未得到解決。即使公司**確實**進行投資（越來越投資於智慧財產權，如專利），勞工也只能獲得所產生收入的一小部分。我們觀察到在央行擴張性政策期間，勞工收入占比並沒有持續改善。簡而言之，長期停滯的結構性困境在量化寬鬆的十年中更加根深柢固。

我想在這裡提出的更廣泛的論點是，即使央行官員已經超越了認知否認，並了解到已開發資本主義經濟體面臨的各種問題，他們的行動仍然受到組織與金融的深刻糾纏的制約，使我們更深陷不可持續的處境。學者們應該解決的是金融化資本主義中，對中央銀行的這種結構性和基礎設施約束，而不是試圖透過小規模的修正和制度調整來修復現行制度。我們來看一下進步建議似乎沒有說明甚至可能適得其反的兩個領域：一個是貨幣融資。現代貨幣理論[84]和越來越多的主流經濟學家[85]重新引發了有關這種做法的討論，其中涉及中央銀行明確和有意地支援政府的資金需求。這不只是理論，而且除了中央銀行直接承擔公共債務（這在許多司法管轄區是被禁止的）之外，貨幣當局已經盡最大努力緩解各國之間的融資條件。舉例來說，歐元體系在新冠肺炎期間擴大了對成員國債券市場的大規模參與，對於拯救歐元區和為中央銀行（至少在南歐地區）創造合法性具有決定性的意義。然而問題在於，在義大利迎接的相同操作，**也**協助影子銀行將其持有的大量債券回收為現金。因此在目前的條件下，貨幣融資代表著同時促進公共債務融資**和**金融部門的成長，金融業依賴這種債務為一種新形式的貨幣——由中央銀行的全面支援提供保障，[86]表面上似乎是向更進步的政策和態度轉變，在結構上鞏固了超大規模的金融。在這種情況下，稅收似乎是為公共支出融資的更可持續的解決方案，因為這麼做可以將金融市場和中央銀行排除在外。

第二個領域涉及中央銀行直接或間接向政治上偏好的產業提供貸款的各種做法。舉例來說，在新冠大流行期間，中央銀行直接向被認為脆弱且需要流動性支援的債務人團體提供貸款，其中包括中小型企業和市政當局。最後，「綠色央行」（green central banking）可能會演變成這種受青睞的直接或間接信貸支援的更全面版本，但是儘管針對性的貸款這種社會政策工具有著悠久的歷史，[87]但這不應該被納入央行的量化寬鬆政策中。中央銀行對此類活動沒有特殊能力或合法性，[88]自由派經濟學家正確地指出，這樣的發展存在問題，將總體經濟穩定的操作（例如，低通膨和最大就業）與產業政策混為一談，後者應在公共投資銀行進行，這些銀行具有明確的政治任務和執行這類政策的責任制框架。

對近期央行中這些新的、似乎更進步的元素提出質疑的一個關鍵動機是，正如新冠肺炎危機所顯示，當壓力來臨時，央行資源主要用於金融業中高度集中、槓桿最高的部分。請記住，在二〇二〇年三月時，美國央行能夠在幾天內就動員一兆美元來拯救影子銀行。言下之意是，即使意圖完全良善，央行官員也會強化適得其反的金融擴張迴圈，而他們的總體經濟政策方法則使我們更深陷金融化陷阱。

結語

這本書重建了自一九七〇年代以來中央銀行崛起的過程，我著重於幾個顯著的、形成性的案例，以說明貨幣官員如何透過設計允許他們利用基礎結構權力的工具，找到利用其組織特定治理能力的方法。在德國和瑞士，這種基礎結構力量來自保守的制度配置——普遍的銀行和統合主義的薪資協調；而英美的中央銀行官員則是，教世人如何利用以市場為主的金融全球化邏輯。

結果這又對市場的發展產生了影響，央行官員共同建構一個全球融資基礎結構（以附買回協議市場為中心），有助於助長流動性幻覺——金融參與者認為資產負債表部位總是可以在以市場為主的系統中再融資。此外，通膨目標制促使央行官員將精力集中在建立可預測性上，導致市場行為者預測通膨和利率，在遙遠的未來會非常穩定地發展。這促進了超越傳統存款銀行業務的積極期限轉換策略，一旦風險認知發生變化，這種策略就證明是不可持續的。此外，儘管央行官員傳統上是貨幣市場和銀行準備金管理的主要監管者和監督者，但是一直到二〇〇八年危機前，當局沒有對這些領域越來越大的系統性風險做出反應，我認為這種不作為的原因是策略上的分離。中央銀行繼續為其貨幣政策目的塑造貨幣市場和負債管理，但避免任何可能損害其通膨目標的合法性和有效性的審慎監管干預。

在最後一章中，我說明了當局如何創新地應對一個事實，那就是他們不能再改變銀行間貨幣市場利率的操作目標，以作為通膨目標最重要的工具。新的工具——大規模資產購買——是在危機期間，從中央銀行的貸款人和造市者的最後手段中發展起來的，後來由於持續的經濟停滯和財政緊縮，成為主要的總體經濟管理手段。然而，量化寬鬆與金融化資本主義的已失效特徵密切相關，這在其雙重作用中變得明顯。一方面，新冠肺炎危機再次凸顯了央行的大規模干預需求仍然很高的事實，不斷擴大的影子銀行和前所未有的和平時期債務水準，使得中央銀行有必要以金融和經濟體系的最終保險人（ultimate insurer）和後盾來運作，重大的市場崩盤、債務危機和更深層長期停滯的威脅，使得央行幾乎無限的資產負債表能力不可或缺。但是同時，隨著量化寬鬆政策的實施，各國央行已經耗盡了產生具體的、廣泛期望的總體經濟結果的能力，不僅如此，長時間下來，央行的支援有助於使金融市場更加不穩定，並加強依賴金融的發展，進而帶來不可忽視的結構性問題。因此，中央銀行身為一個政權的特色部門，其不穩定和不平等越來越被發現和感受到。

我想在本書的最後進行剩下的三項任務。首先，我將總結我對現有的中央銀行文獻所做的主要貢獻。然後，我將超越中央銀行，討論我的分析如何在經濟政策研究中推進以國家為中心的方法。[1]最後，我將指出未來研究中央銀行的一些可能方向，我的想法是從金融化資本主義中政權保存的角度，將中央銀行理論化，這為貨幣官員帶來一個新的、但是非常有問題的合法性來源。

利益和思想之外：央行崛起及其影響的新解釋

中央銀行並非一個研究不足的主題。正如序言中提到的，在這個研究專案開始時，一位政治學同事甚至以認識飽和為由，建議我不要做這項研究。那麼，我的分析在哪些方面為浩瀚的文獻增加了新的東西呢？我想在這裡區分兩個主要貢獻。首先，本研究為中央銀行在西方資本主義民主國家中的角色變化提供了補充性解釋，具體說明央行崛起的過程和時間；第二個貢獻在於，以不同的方式看待貨幣政策的後果，尤其是對金融市場的影響。

我將從我對中央銀行如何在西方已開發經濟體中獲得影響力和重要性的特殊看法開始，正如我在引言和第一章中所討論的，這個過程的主要論述集中在中央銀行在新自由主義中的關鍵角色，不同的政治經濟學派強調新自由主義制度和政策變化的兩個方面。第一部分著眼於資本擁有者的反通貨膨脹利益，以及一九七〇年代的危機時期如何導致這些行為者名符其實的反革命。據稱他們動員了他們的結構和工具力量，進而導致西方國家將能力委託（甚至是放棄）給那些能夠滿足資本主義要求的機構，這些新自由主義改革的受益者是中央銀行；第二組政治經濟學家合理地認為「結構沒有說明書可遵循」。[2]因此概念很重要，舉例來說，政客可以針對貨幣主義來動員選民，以一種吸引人的方式來解決停滯性通膨的問題，在政策、工具和制度上引發重大的「三階」變化。[3]在意識形態文獻的另一部分，學者們認為，貨幣政策等複雜話題的決策部分與資本主義壓力或選舉要求脫節，在相對獨立的精英用語領域，計畫和制度規範是以專家思想為基礎而制定的。

正如我在本書中所說明的，資本家和選民之間不斷變化的利益組合，以及政治內部的思想重新定位和專家圈的發展，各自扮演著自己的角色，使中央銀行更加強大，並導致西方已開發經濟體貨幣政策的首要地位。然而，各自的力量只是對政策實施和體制變革的確切過程產生鬆散的影響，利益常常是矛盾的。舉例來說，出口業的代表希望匯率穩定同時通貨膨脹率低，而銀行要求穩定的通貨膨脹，但也要求穩定的再融資利率。通常的情況是，決策者需要解讀不同的要求並解決困境，更重要的是，當決策官員在一九七〇年代首次面對貨幣和總體經濟不穩定時，完全不確定他們如何解決這些問題並滿足穩定要求（不論是否主導）。專家提案或是政客能吸引選票的想法，通常無法提供可行的解決方案，如果決策官員繼續採取以政客或專家想法為基礎的政策，這種政策通常會產生意想不到的、有時甚至是非常不良的影響，就像柴契爾早期的短暫嘗試一樣，利用貨幣主義貨幣政策來降低通貨膨脹（這對可貿易商品部門產生了極其有害的影響）。即使在通膨目標制已經成為「科學化」決策的極端情況下，新凱因斯主義的模型和概念與其早期創新也無關緊要，在政策執行過程中找到確實可行的解決之道比這個重要得多。

正如班．布勞恩和丹妮拉．加博爾所指出的，政治經濟學文獻中的一個關鍵問題在於，「具有摘要擷取中央銀行運作細節的取向」。[4]我把注意力集中在這個被忽視的方面並指出，當仔細觀察這些組織、他們的政策創新以及塑造這些創新可能性的條件時，我們就能夠更加理解中央銀行崛起的確切過程和時間，以瑞士國家銀行和德國聯邦銀行為例，以及這兩間央行在一九七三年轉向浮動匯率後，如何重新定義其政策制定角色。正如我已指出的，無論是利益集團的外部壓力、選舉的發展，還是傅利曼貨幣主義的傳播，都不能解釋這些轉變。相反地，瑞士和德國的央行官員之所以能夠獲得新的角色，是因為他們有足夠的轉圜餘地進行貨幣目標制的實驗，遇到了這種新做法（綜合銀行和統合主義機構）的有利條件，並且隨著一段時間下來，他們了解到實用貨幣主義作為「變相的收入政策」的獨特力量。英格蘭銀行在一九七〇年代就沒有同樣的實驗空間，因為英格蘭銀行缺乏獨立性，而且身為金融業機構的作用更加有限。另一個方面是，英國央行官員積極決定反對更激進的創新，因為他們在一九七〇年代中期認識到提議的解決方案（即貨幣主義）在英國背景下的不可操作性，因此選擇繼續依賴政府「私下的影響」，但是央行的評估在一九八〇年代發生了變化。到一九九〇年代初，央行的機構地位和政治背景都沒有太大變化，但是央行開始倡導獨立權威並制定策略，因為央行發現到，對以市場為主的金融體系進行利率操縱，可以成為一種強大的政策工具。因此，當機會來臨時（在歐洲匯率機制災難之後），央行改革了政策程式，並根據其通膨報告引入與市場的新預期協調，一九九二到一九九三年的這個創新是導致中央銀行主導地位的關鍵時刻。最後、但也很重要的一點是，保羅・沃克澈底改變了聯準會的地位，不是因為他開始相信貨幣主義，也不是因為任何重大的政治變化。沃克也不是一個激進的保守派，不會忽視他的行為所產生的總體經濟代價，相反地，沃克的獨特之處在於，他大膽地利用給予聯準會（及其主席的權力）的轉圜空間，以解決他認為政策傳導中的關鍵問題：金融市場對通膨不斷上升的預期。為此，沃克參與了貨幣主義非借入準備金目標的失敗事件，結果這個實驗結束後卻成為原始通膨目標，同樣地，央行官員本身、他們的政策創新以及這些創新的條件，決定性地改變了他們的制度地位和貨幣政策的作用。

接著我要轉向談談本書所做的第二個貢獻，也就是推進我們對中央銀行優勢的後果及其政策影響的思考，尤其是對金融的影響。簡而言之，現存的學術研究將貨幣政策主導地位與金融市場的成長連結起來，並提出兩個論點。第一個是，據稱中央銀行存在反通膨、硬通貨的偏見，反通膨的政策損害勞工的利益，支持資本家的利益。政治經濟學家認為，這些倒退的政策提高了結構性的重要性，推動了金融的成長。在一九八〇年代的通貨膨脹之後，貨幣穩定的承諾激勵了資本家，使他們熱衷於提供信貸和投資，通貨緊縮政策也推動了家庭部門的信貸成長，因為經歷勞動收入損失的勞工轉而使用信貸。一個補充性、廣泛認同的論點是，中央銀行越來越大的權力與「自由主義信條的興起」是相連的，[5]隨著貨幣決策官員在一九七〇年代後變得越來越有影響力，他們擔任自由市場的擁護者角色。這些在國家內部的影響力和直接政策行動導致金融體系放鬆管制，結果反過來又助長了信貸的不可持續成長和危險金融工具的引入。

這些論點並沒有錯，但是並不完整。首先，關於二〇〇八年之前政策的證據，[6]以及目前對量化寬鬆的廣泛分析，顯示央行官員可以透過擴張性的軟貨幣政策來支援金融化。其次，放鬆管制的論點並不完整，因為這個論點沒有捕捉到央行官員影響他們對監管問題的態度和決策的獨特政策動機（記住德國聯邦銀行和瑞士國家銀行對創新貨幣市場工具的反對）。此外，自由化的說法忽略了中央銀行官員一直積極參與根據其治理利益塑造和監管金融體系。

更一般來說，結構性權力和思想方法的弱點在於，這種想法將世界劃分為政策和市場的不同領域。根據這樣的推理，央行官員在尋求放鬆市場管制和減少激進的經濟政策以建立價格穩定時，最堅定地支援金融。但正如越來越多的學者所指出的，金融絕不是一個自由市場的領域，[7]而且金融化絕不是自由放任的結果。[8]因此，我自己的分析將重點轉移至整合中央銀行與市場金融的具體牽連和遞迴因果關係上，正如關於預期管理的第三章所討論的，在新自由主義時期，央行官員並沒有專注於硬通貨，而是身為過度活躍的決策官員角色，他們持續根據不斷變化的金融和總體經濟條件，以及與之相關的預期動態調整利率。結果金融市場能夠在二〇〇八年之前的時期大規模擴張，其基礎是政策引起的預期，即總體經濟和金融狀況在遙遠的未來將保持穩定，這可以說導致了市場的穩定錯覺。遞迴因果關係的另一個關鍵領域是貨幣市場，在私人利潤主題的推動下，貨幣市場的擴張對於嵌入式自由主義和戰後監管的失敗至關重要——歐洲美元的崛起就是這種顛覆性變化的象徵。但是隨著採取新政策實施技術，央行官員學會了利用銀行越來越敏感的的價格敏感性和市場化金融體系中出現的套利關係，貨幣市場適當架構的鞏固涉及中央銀行官員的積極支援，[9]他們說明正式確定了關鍵的法律、監管和運作安排。在央行支援最強的地方（附買回協議市場），市場流動性成長最強勁。[10]在主流文獻中，很少有人認識到中央銀行官員協助金融化的這些機制，因為要概念化和研究各自的過程，我們需要補充更多關注線性因果效應的標準方法，以及那些揭露公共與市場參與者如何產生他們共同依賴的機構和結構的方法。[11]

經濟決策制訂中的官僚

在本結論中，我想要解決的下一個問題是，我的研究如何更廣泛地為社會科學研究（轉型）提供資訊。雖然中央銀行在許多方面都很特殊，但我將嘗試提取一些概念，這些概念可能有助於將這個更廣泛領域的流程理論化，並用於比較特定的點。我將指出我的工作如何豐富研究傳統，強調國家官僚在制定政策和塑造機構方面的重要性，[12]我根據一九七〇年代以來國家與經濟關係的變化重新審視這個傳統，認為雖然公共部門的某些部分由於資本主義的結構和制度變化而失去了能力，但其他部分卻有所收穫，贏家包括央行官員，但大概還有其他官僚，他們在政治和市場的交會處具有策略地位。[13]因此，我挑出三個概念——**官僚企業家精神**、**政策工具和基礎設施權力**，這些或許可以成為對這些行為者進行研究的強大而靈活的工具。

（1）第一個概念是**官僚企業家精神**。在不否認改變選舉聯盟、精英的結構和機構權力以及／或是意識形態轉變的重要性的情況下，上述傳統的作者已經證明國家官員在決策過程和塑造國家與經濟之間的制度關係方面，具有相當大的能動性。可以肯定的是，這種機構因背景而異，舉例來說，布魯斯．卡路絲斯[14]認為，在一九三〇年代時，英國財政部比美國財政部更加自治，這對經濟政策模式產生了影響（英國的高度一致性、美國的波動性）。此外，官僚機構本身以不同的方式制度化、組織化結構和培養文化。瑪格麗特．維爾和瑟達．斯科波[15]的研究現在已成經典，他們指出，在一九三〇年代和一九四〇年代，不同國家結構的財政部對大蕭條的反應不同，因為財政部對新的凱因斯主義思想的接受程度不同。更廣泛地說，這一文獻已經確定，關鍵官僚組織的官員在形塑政策和機構方面具有一些策略上的優勢，他們控制著各種資源，這使他們在政策制定和執行方面具有相當大的影響力；他們壟斷了某些形式的專門知識，例如內容和程序；他們有特權接觸民選政府官員並對其施加影響；在某些領域（例如監管），他們擁有自己的行政決策權。丹尼爾．卡本特[16]為這個更大的論點增加另一個重要的方面：長期任職不僅使職業官僚部分獨立於政治贊助和其他外部力量；長期任職也使官員們能夠在成功和失敗的政策實驗中累積經驗，這又為官員們提供了有關政策設計的寶貴知識；長期任職使官員能夠與社會行為者建立「聲譽網路」，對於成功實施政策和合法的官僚組織極為重要，因而兩者之間相輔相成。根據卡本特的說法，官員利用這些優勢來確保和增加其官僚組織的自主權，因此這不只是塑造政策，也塑造了國家的制度架構。

我自己的研究以兩種方式提出官僚企業家精神的概念。首先，中央銀行的案例特別有助於揭示，在認知和技術高度複雜的領域，將政治要求、想法和建議轉化為具體的設計、工具和計畫，這件事本身就是決策制定的重要方面。此外，每當政策實施產生意想不到的結果（例如失敗）時，就需要能夠理解這些結果並從中學習的行為者。我在上面提到了柴契爾失敗的貨幣主義，英格蘭銀行官員引導柴契爾遠離某些版本的貨幣主義（也就是貨幣基礎目標），他們認為這與英國銀行結構不相容。更重要的是，這些官員從英國貨幣主義的反覆失敗中吸取教訓，然後開始尋找更能反映經濟金融化和倫敦金融業結構性變化的政策解決方案。在其他情況下，我們看到，雖然法律授權、政治要求和總體經濟學的可用想法，在變革的關鍵時期變化不大，但創新卻是在工具化層面發生的，[17]沃克衝擊就是最顯著的例子。因此，這裡更廣泛的觀點是，政策的具體操作化和實施不只是如何實現「大」政治理念的技術問題，而是複雜決策領域的重要步驟，官員擁有重要的組織控制權和資源來制定這些步驟。

第二個相關的觀點是，政策實驗構成了官僚企業家精神一個特別強大的版本。當官員有空間嘗試新的計畫和策略，而且當他們有理由以積極主動的方式使用這個空間時，就會發生實驗，就中央銀行業務而言，有明確的證據證明這一點。官員創新新的政策工具、改造自己的組織，並參與市場設計，這些行動通常是在不確定的情況下發生的，而且通常會產生意想不到的結果，德國聯邦銀行和瑞士國家銀行的貨幣主義實驗就是一個很好的例子。在當局參與時，他們不確定其目標是否有效、如何實現目標，以及攸關利益的各方將如何反應，更重要的是，在這些國家成為實際貨幣主義的是這些嘗試產生的意想不到的結果。類似的模式也適用於說明聯準會在二〇〇九年採取的量化寬鬆，大規模資產購買自然而然地遵循聯準會在二〇〇八年危機期間最後的造市手段。但是，最初資產購買服務於貨幣政策目的的機制仍不清楚，這就引出了實驗的另一個重要方面：本書中討論的央行官員成功地影響了對自己試驗的解釋，並宣稱成功（同時將失敗和成本輕描淡寫）。舉例來說，在經歷了不確定的初始階段後，德國和瑞士央行官員在他們的實際貨幣主義與本國通貨膨脹率的迅速下降之間，建立了因果關係（但沒有解釋對就業和成長的影響）；量化寬鬆的執者在經歷了一些最初的困惑後，引入了投資組合再平衡理論，以突出其大規模干預的良性影響（同時將扭曲金融市場的效應輕描淡寫）。

（2）除詳細說明官僚企業家精神的概念外，本書的第二個主要貢獻是完善我們對**政策工具**的理解，這在早期以國家為中心的文獻中受到關注，[18]以及最近關於總體經濟學對經濟政策影響的研究。[19]我的研究將注意力重新放於工具在重新配置、重建公共和經濟行為者之間特定連結方面的作用，[20]確實，已超越斯科波和維爾，我把這個論點更進一步發展。我認為，政策以具體的工具化為條件，而工具化又取決於不同背景下的結構和制度特徵。這方面有一個例子，那就是當中央銀行官員在一九七〇年代開始控制通貨膨脹時，在不同的政策實驗過程中，官員發現他們現有的工具取決於特定的金融業結構，以及他們與商業銀行的交易關係。德國和瑞士的央行官員學會了利用綜合銀行的商業活動，來實施一種特殊的實用貨幣主義，在以市場為基礎（或市場化）的金融體系背景下，這種政策是不可能的，美國和英國的官員都痛苦地經歷過這一點。第二種行為者然後轉向更適合其經濟金融結構的不同政策技術，其中包括向流動和相互關聯的市場發送價格訊號。因此這裡更廣泛的觀點是，我所討論的大部分官僚企業家精神都發生在設計、調整和改進工具，以使政策與制度和結構背景保持一致時。結果，工具的選擇對政策的實質內容及其效果產生了重大的影響。我在本書中討論了務實貨幣主義與通膨目標制的不同金融穩定影響，我還談論到現在關於量化寬鬆的大量文獻，量化寬鬆是一種助長財富不平等和企業金融化策略的工具。

（3）本書第三個有關的貢獻是推進麥克・曼恩的**基礎結構權力概念**，以理解公共和私人行為者之間的連結，加強前者決策能力的情況。曼恩強調基礎結構權力關係的兩面：一方面，由於國家行為者「透過」社會進行治理，而不是直接治理，因此他們更依賴於被統治者的行為和看法；[21]「基礎結構權力是一條雙向的街道：還使民間社會政黨能夠控制國家」。[22]與此同時，基礎結構權力使越來越多的「社會生活現在透過國家機構進行協調」變得可能成真，[23]它透過專制政權所沒有的手段來增強國家權力。我在本書中調整了曼恩的概念，以分析官僚行為者如何透過與市場參與者的關係，來提高他們的決策能力，因此我的重點是**一些**國家行為者如何使用或多或少專屬於他們的基礎結構權力。中央銀行及其與金融市場的關係就是一個很好的例子，隨著金融市場在整個經濟中變得越來越重要，金融市場增強了這些特定國家機構的基礎結構權力。換句話說，資本主義轉型在國家內重新分配了基礎結構權力，並改變了基礎結構權力的樣貌。

然後我的分析著眼於特定經濟部門和國家機構之間，這種正和（positive-sum）關係是如何產生的，也就是公共政策和私人市場之間的「基礎結構」[24]是如何具體發生的。促使進行這項調查的觀察結果是，金融市場的擴張**並非**總是毫不費力地增強中央銀行的治理權力。一段時間下來，我們看到案件之間存在相當大的差異，例如英格蘭銀行的業務官員在一九七〇年代清算銀行轉向積極的負債管理技術時，最初面臨嚴重的政策執行問題。因此，在一九七〇年代和一九八〇年代，銀行試圖保護倫敦金融城的「舊」元素（貼現行、票據市場等），免受海外競爭對手的到來和新產品的引入，只有透過創新自己的政策工具，央行才開始欣賞和利用倫敦金融城的「市場革命」。更廣泛的觀點是，為了在其環境中使用基礎結構權力的來源，決策官員需要透過適當使用工具，以特定的方式配置這些關係，這樣官員就可以將與經濟行為者的關係功能化，以作為實現政策目標的工具。但是，只有當經濟行為者將自己的做法和利潤利益，與基於政策的協調模式聯繫起來時，這種配置才能成功。一段時間過後，習慣、規範和例行公事會沉澱，這構成保羅・愛德華茲[25]說的「基礎結構」。然後，這為特定的決策官員提供了穩定的基礎結構權力。

這些關於官僚企業家精神、政策工具和基礎結構權力的發現，有多廣泛的適用性？確實，中央銀行是一個極端的例子，官員在履行其（通常是相當廣泛的）法律任務方面擁有廣泛的自由度、任務的複雜性非常高、官員對一套獨特的工具擁有獨家控制權，而且官員擁有充足的組織資源（例如，龐大的專家團隊）。此外，一九七〇年代的通貨膨脹問題、財政行動主義危機，以及中央銀行與金融市場的排他性關係，使他們有獨特的機會在二十世紀末和二十一世紀初的政治經濟秩序中獲得影響力。但我建議我們可以在較小的範圍內，使用官僚企業家精神、政策工具和基礎結構權力的概念，來理解與經濟政策相關的更廣泛的背景。

許多事情的事態發展使這個假設變得合理。首先，人們越來越根據國家的「產出」——公共政策在經濟、貨幣、環境和健康相關領域應該取得的成果——來觀察、比較和評估國家，這種評估是由公民、媒體和各種「合理化的他人」（rationalized others）所做的。[26]社會學新制度主義最初觀察到這種理性主義國家機構在美國主導的世界文化背景下的重塑，但我們可以預期，即使在更多中心（polycentric）的順序中，交付觀察、比較和評估輸出的壓力仍然具有相關性。因此，對於那些據稱能夠提供預期產出的國家行為者來說，這是一個巨大的政治獎勵，民選政府面臨著讓問題解決者對各自政策領域產生更大影響力甚至控制權的壓力。與此相關的是，「代理人化」（Agencification）[27]——為具體政策任務建立單獨的組織單位——放寬了官僚企業家精神的組織條件，並賦予官員在越來越多領域控制的工具，從環境和經濟監管到金融決策和公共債務管理。代理人化可能有多種原因，但一個可能的途徑是官僚行為者展示這種組織形式的「優越性」，根據他們從自己所管理的市場領域運用基礎結構力量的能力。第三，自一九七〇年代以來，具有相當技術和認識複雜性的政策領域有所增加，只舉一個例子，各國政府為自己設定了去碳的目標。然而，如何將這些目標轉化為可行的工業、經濟和財政政策（例如，在能源領域）絕對不是小事。當局如何知道哪些部門、哪些類型的干預（稅收、稅收支出、公共投資）實際上實現了多少去碳量？他們如何評估各種措施的成本效益比？實施這些措施的技術先決條件是什麼（例如，在技術基礎結構方面）？我預計，在那些去碳仍然是重要政治目標的國家，（實驗性地）獲得解決問題的能力和專業知識來解決這些棘手問題的官員，將對政策設計產生相當大的影響，並在國家內擔任有影響力的職位。

更一般的說法是，現在存在一個廣泛的研究領域，使用調查設計和其他方法來了解經濟政策背後民眾的態度和新的選舉聯盟。[28]然而，我們知道在許多領域，政策模式**並沒有**反映多數人的意見，這導致學者們回到各種版本的精英影響，[29]並以此為首選的理論替代方案。在這些爭論中迷失的是，經濟政策最終是國家的統治實踐，這些涉及組織的各個方面；它們依賴某些文書和程式；它們提出了複雜的基礎結構問題——想想提高稅收所需的大型公私機構。以國家為中心的傳統，以及組織社會學、實踐社會學和科學技術研究思想的進步，為理解這些關鍵的、被忽視的方面提供了豐富的資源。如果我對中央銀行的研究有任何貢獻，那就是我強化了這個社會學專案的理由。

制度維護的邏輯

我想談的最後一個問題是，我們如何思考未來的中央銀行工作。我相信未來的研究可以利用和推進「政策意見回應」概念[30]並研究內生危機機制，[31]以了解新自由主義制度和政策如何先加強並得到金融化經濟結構的支援，然後再進入向下的惡性循環。超越目前的知識狀態，我們可以在中層和個體層面探索這種意見回應。

這裡有一個奇怪的相似之處。學者首先在研究一個已經不存在的凱恩斯主義—福特主義政權時，探索政策意見回應和內生危機機制，正如文獻所顯示的，在這個政權中，政府對充分就業的承諾，福利國家的擴張和加強的工會都相互支援，以產生高成長率，不斷提高的薪資和充分的工業投資機會。[32]但是一段時間過後，研究顯示一些內部機制與不斷變化的世界經濟和技術結構條件相結合，破壞了這個制度。首先，勞工議價能力的增強變成一個問題，因為工人開始將政府的充分就業承諾和擴張性財政措施，視為要求更大比例的公司收入的許可證。[33]在用盡提高生產率的機會後，企業的反應是提高價格，因而引發了通貨膨脹螺旋式上升。同時，各國政府無法解決這個問題，正是因為大量選區將充分就業、高成長和慷慨的福利規定被視為政治權利。[34]在這些情況下，政府更容易接受薪資價格螺旋上升，而不是降低選民的期望或嚴格干預企業和投資決策。[35]一段時間後，不只是資本擁有者，越來越多的人都會了解到通貨膨脹是政府的危機，這為政治行為者提供了根據新原則重新穩定國家與經濟關係的機會。[36]

有些作者已經開始確定等效的內生機制，這些機制首先加強並隨後破壞了金融化的資本主義。特別是在新自由主義的巔峰一九九〇年代，似乎自由化的金融市場，加上勞動力議價能力減弱，以及以通膨為目標的貨幣政策，產生了穩定的產出模式和通過「股東資本主義」對福利的新承諾。[37]勞工的政治波動因素被排除在外，而（至少在重要的已開發經濟體中）信貸成長維持了必要的需求水準，[38]中央銀行設法鼓勵信貸成長和穩定資產價值，同時與更廣泛的機構配置結合，確保不會對通貨膨脹產生溢出效應，出口經濟體學會了透過貨幣操縱、貨幣聯盟和全球價值鏈來處理「骯髒浮動」（dirty floats）（名目浮動匯率）的普遍學說。

但特別是自二〇〇八年危機以來，研究人員已將注意力轉向該政權中內在的各種錯誤。首先、也是最重要的，正如許多作者指出的，這種制度的特點是收入和財富的不平等預來越嚴重。在頂層，金融業的擴張反映並有助於加強一個極其富裕的階層（金融專業人士占很大的比例）的形成，這個階級現在發現自己面臨著資本充裕的問題。在哪裡投資那些沒有需求來源的經濟體，而這些經濟體本身不是金融活動的產物？此外，資本充裕導致安全資產利率長期下降，[39]這個過程使他們變得更積極追求報酬率。其次，中產階級和低收入家庭的家庭債務累積，只提供了脆弱的繁榮來源，因為各自的家庭通常只將全部或大部分的財富集中在一種資產上：自己的房子。這些價值的降低隨後轉化為過度負債和去槓桿化的壓力，結果又反過來壓抑總體需求。

這只是一個簡短且絕對不完整的機制清單，金融化資本主義透過經濟回應和對不平等、危機的政治反應來破壞自己。有趣的是，中央銀行現在發現自己處於與一九七〇年代社會民主政府相當的處境——維護一個不可持續的政權。金融市場參與者預期，針對可能出現的市場逆轉和擴張措施將得到支撐，以維持繁榮，債務人還依靠良性的融資條件來延展大量現有債務，並發行更多債務，這些預期已經納入資產價格和債務管理策略。在這種情況下，中央銀行所做的是確認和維護這些預期，將其作為維護政權的策略，其他行動方案的經濟和政治層面似乎風險太大。與此同時，在這種情況下，貨幣當局隨著政策空間的縮小而失去了產出的合法性。

確實，我濃縮了經濟和金融體系中複雜的因果鏈作為回應機制。此外，迄今為止討論的大多數建議機制都是由總體研究所得的，特別是經濟學的研究。因此，我認為社會學研究的一項主要任務是，了解這種回應和「制度夾帶」（institutional entrainment）[40]如何在中層和個體層面發揮作用。例如，特別是貨幣和資本市場的交易者，如何將量化寬鬆的預期和最後的造市納入他們的策略？從當局的角度來看，這如何影響一套可行的政策課程？此外，從經濟社會學的角度來看，這種相互「鎖定」的結構性含義是什麼？

顯然，由於中央銀行是成熟的金融化資本主義中政權維護的核心參與者，央行為我們提供了解這個已不復存在的政權更廣泛特徵的特權。然而，重要的是要強調，對中央銀行的新研究可能出現的故事將與本書中講述的故事大不相同。在一九七〇年代的大通膨和金融化的擴張階段為貨幣當局打開的機會之窗——這些當局以創新的方式利用這個機會之窗，將中央銀行轉變為一個強大的總體經濟治理部門——可能已經關閉。

附錄

檔案與訪談

本研究所使用之檔案

英國

英格蘭銀行檔案室，倫敦（Bank of England Archive BoE Archive）。
瑪格麗特・柴契爾基金會檔案室（Margaret Thatcher Foundation Archive, https://www.margaretthatcher.org/）。
《金融時報》歷史檔案室（報社）（Gale網站）。

德國

德國央行歷史檔案室，法蘭克福。
《明鏡》（Spiegel報社：spiegelonline.de）。

瑞士

瑞士銀行家協會檔案（SBA Archive）。
《新蘇黎世時報》歷史檔案室（報社：nzz.ch網站）。
瑞士國家銀行檔案室，蘇黎士（SNBA）。
瑞士國家檔案室，伯爾尼（SNA）。
瑞士國會辯論線上檔案室（www.amtsdruckschriften.bar.admin.ch）。

美國

聯邦準備理事會，聯邦公開市場委員會，錄音稿及其他歷史資料（https://www.federalreserve.gov/monetarypolicy/fomchistorical.htm）。

聯準會統計資料，聖路易聯邦準備銀行（https://fraser.stlouisfed.org）。聯準會統計資料亦提供羅伯特・赫澤口述歷史收藏（https://fraser.stlouisfed.org/archival-collection/robert-hetzel-oral-history-collection-4927），我在多個訪談中都利用這個資源。

國際

國際清算銀行檔案室，巴塞爾。

《經濟》雜誌（EBSCO Host）。

受訪者

英格蘭銀行

比爾・艾倫（Bill Allen，二〇一八年十月受作者訪問），任職英格蘭銀行不同職位（一九七二—二〇〇四）：貨幣分析部副主任（一九九四—一九九八）、金融市場操作副主管（一九九九—二〇〇二），以及金融穩定副主任兼歐洲主任（二〇〇二—二〇〇三）。

麥克・傅特（Michael Foot，二〇一七年三月接受作者訪問），英格蘭銀行貨幣市場、外匯、歐洲事務和銀行監管高級成員（一九六九—一九九七）；金融服務部副主任。

查爾斯・古德哈特（Charles Goodhart，二〇一六年五月及七月接受作者訪問），英格蘭銀行貨幣政策顧問（一九六九—一九八〇）、首席顧問（一九八〇—一九八五）和貨幣政策委員會成員（一九九七—二〇〇〇）。

安東尼・哈特森（Anthony Hotson，二〇一六年五月及二〇一七年三月接受作者訪問），英格蘭銀行貨幣政策小組和貨幣市場部成員（一九七八—一九八八）

安德魯・拉吉（Andrew Large，二〇一七年九月接受作者訪問），證券及投資委員會主席（一九九二—一九九七）；巴克萊銀行副主席（一九九八—二〇〇二）；副總裁（負責金融穩定）；英格蘭銀行貨幣政策委員會成員（二〇〇二—二〇〇六）。

瑞秋・洛麥斯（Rachel Lomax，二〇一七年三月接受作者訪問），英國財政部官員和高級官員（一九六八—一九九四）和英格蘭銀行副總裁（二〇〇三—二〇〇八）

馬文・金恩（Mervyn King，二〇二〇年五月接受作者訪問），英格蘭銀行非執行董事（一九九〇—一九九一）暨首席經濟學家（一九九一—

一九九八）；隨後擔任英格蘭銀行副總裁（一九九八—二〇〇三）和總裁（二〇〇三—二〇一三）。

伊恩・普蘭德利斯（Ian Plenderleith，二〇一七年五月接受作者訪問），總裁初級助理（一九六八—一九六九）；外匯處成員、總裁私人祕書（一九七三—一九七六）；貨幣市場部高級成員，市場運營主管（一九八〇—一九九四）；（市場）執行董事（一九九四—一九九七）；英格蘭銀行貨幣政策委員會成員（一九九七—二〇〇四）。

保羅・塔克（Paul Tucker，二〇一七年五月接受作者訪問），一九八〇年加入英格蘭銀行，擔任過各種職務，包括總裁私人祕書；隨後在央行的不同市場部門（外匯、金邊債券和貨幣市場）工作，後成為市場執行董事（二〇〇二—二〇〇九）和央行副總裁（二〇〇九—二〇一三）。

德國聯邦銀行

葛德・豪斯勒（Gert Häusler，二〇二〇年三月接受作者訪問），從一九七八到一九九六年，於德意志聯邦銀行擔任過各種職務，包括借調到國際清算銀行（一九八三—一九八四）和中央銀行理事會聯邦準備成員。

聯邦準備銀行

泰德・柏巴赫（Ted Balbach，二〇二〇年五月接受作者訪問），一九七五年至一九九二年任聖路易聯邦準備銀行研究主任。

艾德・柏尼（Ed Boehne，二〇〇三年三月接受羅柏・赫澤訪問），一九六八年開始在費城聯邦準備銀行擔任研究經濟學家，並穩定晉升，最後在一九八一年獲任命為總裁；柏尼自一九八一年開始擔任費城聯邦準備銀行總裁，直到二〇〇〇年退休（聯邦準備銀行歷史上任職時間最長的總裁）。

比爾・達德利（Bill Dudley，二〇二〇年六月接受羅柏・赫澤訪問），一九八六年至二〇〇七年擔任高盛首席美國經濟學家；紐約聯邦準備銀行系統經理（二〇〇七—二〇〇九）；總裁（二〇〇九—二〇一八）。

班傑明・佛里曼（Benjamin Friedman，二〇一五年五月接受羅柏・赫澤訪問），一九六〇年代後期於波士頓和紐約聯邦準備銀行以及聯邦準備理事會擔任研究助理；自一九七二年起擔任哈佛大學經濟系教職員，自一九八〇年起任全職教授。

艾倫・梅爾澤（Allan Melzer，二〇一七年歿，二〇一五年五月接受作者訪問），加州大學洛杉磯分校博士（一九五八），師從卡爾・布洛納；自一九五八年起任卡內基梅隆大學教職員，一九六四年後任全職教授；影子公開市場委員會主席和聯準會權威歷史學家（一九七三—一九九九）。

瑞士國家銀行

韋納・艾貝格（Werner Abegg，二〇一五年五月接受作者訪問），蘇黎世大學語言學學位；路透記者；一九七〇年代後期成為第一位瑞士央行新聞官，後來成為通訊主管。

厄尼斯・巴坦斯柏格（Ernst Baltensperger，二〇一三年十一月接受作者訪問），俄亥俄州立大學助理、副教授和教授（一九六八—一九七九）；瑞士央行經濟和統計部成員（一九七七—一九七八）。

彼得・柏霍茲（Peter Bernholz，二〇一三年十月接受作者訪問），巴塞爾大學經濟學教授（自一九七一年起）；瑞士國家銀行的定期顧問。

尼克勞斯・布拉特納（Nikolaus Blattner，二〇一七年九月接受作者訪問），瑞士銀行家協會祕書長（一九八七—二〇〇〇）；瑞士國家銀行理事會成員（二〇〇一—二〇〇七）和副總裁（二〇〇三—二〇〇七）。

彼得・布柏格（Peter Buomberger，二〇一四年四月接受作者訪問），瑞士央行經濟和統計部成員（一九七五—一九八四）。

蘇珊娜・布蘭登伯格（Susanne Brandenberger，二〇一五年十月接受作者訪問），瑞士聯邦銀行委員會（監管機構）成員（一九九四—一九九九），負責銀行風險管理。

瑟吉・蓋拉德（Serge Gaillard，二〇一六年八月接受作者訪問），瑞士工會大會（一九九七—二〇〇七）；任此職時，蓋拉德也是瑞士國家銀行的銀行理事會成員。

亞歷山大・蓋利（Alexander Galli，二〇一三年十一月接受作者訪問），瑞士央行經濟和統計部門成員（一九七一—一九七九）

約翰・雷德曼（John Lademann，二〇〇五年二月及三月接受柏霍茲訪問），至少自一九五〇年代起擔任經濟和統計科成員；一九六八—一九七七年任其負責人和副主任。

卡洛斯・藍茲（Carlos Lenz，二〇一六年八月接受作者訪問），瑞士央行通膨預測主管（自二〇一三年起）和伯爾尼大學教授。

喬治・瑞奇（Georg Rich，二〇一三年十二月接受作者訪問），瑞士央行經濟和統計科成員，後接任主管（一九七七—一九八五）；瑞士央行首席經濟學家兼副總裁（一九八五—二〇〇一）。

尚—皮耶・羅斯（Jean-Pierre Roth，二〇一四年三月接受作者訪問），瑞士央行經濟和統計及其他部門成員（一九七九—一九九六）；瑞士央行董事兼總裁（一九九六—二〇〇九）。

科特・希德內克（Kurt Schiltknecht，二〇〇四年九月接受柏霍茲訪問，二〇一三年十一月接受作者訪問），瑞士央行經濟和統計部門成員，後任主管（一九七四—一九八四）；副主管（一九八二—一九八四）。

丹尼爾・祖柏布勒（Daniel Zuberbühler，二〇一五年六月接受作者訪問），一九七六年加入瑞士聯邦銀行委員會祕書處；一九九六年至二〇〇八年任董事。

N・N・（匿名，如有需要請洽詢作者，二〇一四年三月接受作者訪問），一九九〇年代瑞士國家銀行理事會前成員。

註釋

作者序

1. Unknown author, "The Structure of Financial Markets," November 4, 1983, BoE Archive 2A71.

導論

1. *Süddeutsche Zeitung*, July 28, 1972, p. 8中引述。
2. William Glenn Gray, "Floating the System: Germany, the United States, and the Breakdown of Bretton Woods, 1969–1973," p. 318.
3. 福特的演說完整的影片文稿：https://millercenter.org/the-presidency/presidential-speeches/october-8-1974-whip-inflation-now-speech;all quotes here are from the transcript。
4. Bundesbank *Monthly Report*, December 1974, p. 8.
5. Adam Tooze, *Crashed: How a De cade of Financial Crises Changed the World*.
6. Mohamed El-Erian, *The Only Game in Town: Central Banks, Instability, and Avoiding the Next Collapse*.
7. Chris Giles, "Central Bankers Have Been Relegated to Second Division of Policymakers," Financial Times, October 1, 2020.
8. "The Covid-19 Pandemic Is Forcing a Rethink in Macroeconomics," Economist, July 25, 2020.
9. John Gerard Ruggie, "International Regimes, Transactions, and Change: Embedded Liberalism in the Postwar Economic Order."
10. Robert Boyer, *The Regulation School: A Critical Introduction*.
11. Saskia Sassen, *Territory, Authority, Rights: From Medieval to Global Assemblages*.
12. 我首先要指出，每次我說到中央銀行獲得了權力時，我並不是說中央銀行更可能有能力將自己的意志強加於其他人，而且其他人覺得這是違反他們自己的利益。我比較是從官僚行為者在國家治理中扮演更有影響力的角色的限定意義上談論權力。在我的書中，權力代表著：「如果你想實現與社會和政治制度相關的目標，你必須透過我們，讓我們參與實現這些目標。」

13. Philip Manow, *Social Protection, Capitalist Production: The Bismarckian Welfare State in the German Political Economy, 1880–2015*, p. 85.

14. 報導於Planet Money, *The Great Inflation*, July 17, 2021，https://www.npr.org/the-great-inflation-classic。

15. Henning Hesse, Boris Hofmann, and James Weber, "The Macroeconomic Effects of Asset Purchases Revisited."

16. Kat Devlin, Shannon Schumacher, and J. J. Moncus, "Many in Western Europe and US Want Economic Changes as Pandemic Continues."

17. John Harry Goldthorpe, "The Current Inflation: Towards a Sociological Account."

18. Wolfgang Streeck, *Buying Time: The Delayed Crisis of Democratic Capitalism.*

19. Marvin Goodfriend, "Interest Rate Policy and the Inflation Scare Problem: 1979–1992."

20. Peter Middleton, "Economic Policy Formulation in the Treasury in the Post-War Period: NIESR Jubilee Lecture," p. 51.

21. Karen Petrou, *Engine of Inequality: The Fed and the Future of Wealth in America. Hoboken.*

22. John L Campbell, "The Evolution of Fiscal and Monetary Policy."

23. Peter Hall, "Policy Paradigms, Social Learning, and the State: The Case of Economic Policymaking in Britain."

24. 例　如Daniel Stedman Jones, *Masters of the Universe: Hayek, Friedman, and the Birth of Neoliberal Politics*; Martin Marcussen, "Scientization of Central Banking: The Politics of A-politicization."

25. Ben Clift, "The Hollowing out of Monetarism: The Rise of Rules-Based Monetary Policy-Making in the UK and USA and Problems with the Paradigm Change Framework."

26. Benjamin Braun, "Central Banking and the Infrastructural Power of Finance: The Case of ECB Support for Repo and Securitization Markets"; Benjamin Braun and Daniela Gabor, "Central Banking, Shadow Banking, and Infrastructural Power"; Timo Walter and Leon Wansleben, "How Central Bankers Learned to Love Financialization: The Fed, the Bank, and the Enlisting of Unfettered Markets in the Conduct of Monetary Policy."

27. Benjamin Braun, Arie Krampf, and Steffen Murau, "Financial Globalization as Positive Integration: Monetary Technocrats and the Eurodollar Market in the 1970s."

28. 我翻譯自以下原文："Z.B. übt jede große Zentralbank... kraft monopolistischer Stellung auf dem Kapitalmarkt oft einen 'beherrschenden' Einfluss aus. Sie können den Kreditsuchenden Bedingungen der Kreditgewährung oktroyieren, also deren ökonomische Gebarung im Interesse der Liquidität ihrer eigenen Betriebsmittel weitgehend beeinflussen, weil sich die Kreditsuchenden im eigenen Interesse jenen Bedingungen der ihnen unentbehrlichen Kreditgewährung fügen und diese Fügsamkeit eventuell durch Garantien sicherstellen müssen. " Max Weber, Wirtschaft und Gesellschaft, p. 542.

29. Michael Mann, "The Autonomous Power of the State: Its Origins, Mechanisms and Results."

30. Douglas Holmes, *Economy of Words: Communicative Imperatives in Central Banks.*

31. Daniel Carpenter, *The Forging of Bureaucratic Autonomy: Reputations, Networks, and Policy Innovation in Executive Agencies, 1862–1928.*

32. Michael Mann, "The Autonomous Power of the State: Its Origins, Mechanisms and Results."

33. Timo Walter and Leon Wansleben, "How Central Bankers Learned to Love Financialization: The Fed, the Bank, and the Enlisting of Unfettered Markets in the Conduct of Monetary Policy."

34. Arthur Burns, *The Anguish of Central Banking. Belgrade: Per Jacobsson Foundation*, p. 21.

35. John Turner, *Banking in Crisis: The Rise and Fall of British Banking Stability, 1800 to the Present.*

36. Jens Beckert and Richard Bronk, "An Introduction to Uncertain Futures."

37. Michael Steen, "Draghi Urges Eurozone Governments to Stay the Course on Austerity,"

38. Claudio Borio, "Central Banking Post-Crisis: What Compass for Uncharted Waters?"

1・新自由主義與中央銀行的崛起

1. Wolfgang Streeck and Kathleen Ann Thelen, *Beyond Continuity: Institutional Change in Advanced Political Economies.*

2. Carles Boix, "Prosperity and the Evolving Structure of Advanced Economies."

3. Lucio Baccaro and Chris Howell, *Trajectories of Neoliberal Transformation: European Industrial Relations since the 1970s.*

4. Lukasz Rachel and Lawrence H. Summers, "On Secular Stagnation in the Industrialized World."

5. Robert Baldwin, "Trade and Industrialization after Globalization's Second Unbundling: How Building and Joining a Supply Chain Are Different and Why It Matters."

6. Leonard Seabrooke and Duncan Wigan, "Global Wealth Chains in the International Political Economy."

7. Greta Krippner, "The Financialization of the American Economy"; Avner Offer, "The Market Turn: From Social Democracy to Market Liberalism"; Natascha van der Zwan, "Making Sense of Financialization."

8. Moritz Schularick and Alan M. Taylor, "Credit Booms Gone Bust: Monetary Policy, Leverage Cycles, and Financial Crises, 1870–2008."

9. Branco Milanovic, *Capitalism, Alone.*
10. Lucio Baccaro and Jonas Pontusson, "Rethinking Comparative Political Economy: The Growth Model Perspective"; Pierre Rosanvallon, *The Society of Equals.*
11. Marion Fourcade-Gourinchas and Sarah Babb, "The Rebirth of the Liberal Creed: Paths to Neoliberalism in Four Countries."
12. Julia Lynch, *Regimes of Inequality: The Political Economy of Health and Wealth*; Emmanuel Saez and Gabriel Zucman, *The Triumph of Injustice: How the Rich Dodge Taxes and How to Make Them Pay.*
13. Paul Langley, *Liquidity Lost: The Governance of the Global Financial Crisis*; Kimberly Morgan and Andrea L. Campbell, *The Delegated Welfare State: Medicare, Markets, and the Governance of Social Policy.*
14. Jacint Jordana and David Levi-Faur, "The Politics of Regulation in the Age of Governance."
15. Saskia Sassen, *Territory, Authority, Rights: From Medieval to Global Assemblages.*
16. 例如Pablo Beramendi, Silja Häusermann, Herbert Kitschelt, and Hanspeter Kriesi, "Introduction: The Politics of Advanced Capitalism."
17. Ben Clift, "The Hollowing out of Monetarism: The Rise of Rules-Based Monetary Policy-Making in the UK and USA and Problems with the Paradigm Change Framework"; Desmond King and Patrick Le Galès, "The Three Constituencies of the State: Why the State Has Lost Unifying Energy"; Nicolas Rose and Peter Miller, "Political Power beyond the State: Problematics of Government."
18. Paul Edwards, "Infrastructuration: On Habits, Norms and Routines as Elements of Infrastructure."
19. Greta Krippner, *Capitalizing on Crisis: The Political Origins of the Rise of Finance.*
20. Daniel Carpenter, *The Forging of Bureaucratic Autonomy: Reputations, Networks, and Policy Innovation in Executive Agencies, 1862–1928*; Bruce Carruthers, "When Is the State Autonomous? Culture, Organization Theory, and the Political Sociology of the State"; Theda Skocpol, "Bringing the State Back In: Strategies of Analysis in Current Research."
21. Christopher Adolph, *Bankers, Bureaucrats, and Central Bank Politics: The Myth of Neutrality.*
22. Marion Fourcade, *Economists and Societies: Discipline and Profession in the United States, Great Britain, and France, 1890s to 1990s.*
23. Pierre Bourdieu, *The State Nobility: Elite Schools in the Field of Power.*
24. Daniel Carpenter, *The Forging of Bureaucratic Autonomy: Reputations, Networks, and Policy Innovation in Executive Agencies, 1862–1928.*
25. Margaret Weir and Theda Skocpol, "State Structures and the Possibilities for 'Keynesian' Responses to the Great Depression in Sweden, Britain, and the United States", p. 118.

26. John Dewey, "The Logic of Judgements of Practise"; Jeffrey Haydu, "Making Use of the Past: Time Periods as Cases to Compare and as Sequences of Problem Solving."

27. Daniel Carpenter, *The Forging of Bureaucratic Autonomy: Reputations, Networks, and Policy Innovation in Executive Agencies, 1862–1928*, pp. 21-22, 30-31.

28. 莎拉．昆恩（Sarah Quinn）在她關於美國公共信貸政策的書中給了這些創新一個很好的例子。她寫道：「在一個支離破碎、充滿否決權的體系中，一部分熱愛市場、憎恨國家的美國人，長期以來一直使用否決點來減緩或改變國家行動的方向。在這種情況下，簡單實際的問題解決，可以使官員發現各種政府能力——擔保、稅收支出、激勵措施、法規、財產權權力以及國家自身作為商品消費者的地位——如何透過其他方式轉移資金並施加影響。」（Sarah Quinn, *American Bonds: How Credit Markets Shaped a Nation*, p. 202.）

29. Daniel Carpenter, *The Forging of Bureaucratic Autonomy: Reputations, Networks, and Policy Innovation in Executive Agencies, 1862–1928*, pp. 32-33.

30. Michael Mann, "The Autonomous Power of the State: Its Origins, Mechanisms and Results"; Michael Mann, *The Sources of Social Power, Volume 2: The Rise of Classes and Nation States 1760–1914*.

31. 關於這一點，另請參閱Michel Foucault, "Governmentality"; Michel Foucault, *Security, Territory, Population: Lectures at the Collège de France*以及Patrick Joyce and Chandra Mukerji, "The State of Things: State History and Theory Reconfigured"，還有Nicolas Rose and Peter Miller, "Political Power beyond the State: Problematics of Government"。

32. Michael Mann, *The Sources of Social Power, Volume 4: Globalizations, 1945–2011*.

33. Neil Fligstein, *The Architecture of Markets: An Economic Sociology of Twenty-First-Century Capitalist Societies*.

34. Mark Blyth and Matthias Matthijs, "Black Swans, Lame Ducks, and the Mystery of IPE's Missing Macroeconomy"

35. Mark Mizruchi, *The Fracturing of the American Corporate Elite*.

36. Lucio Baccaro and Chris Howell, *Trajectories of Neoliberal Transformation: European Industrial Relations since the 1970s*.

37. Pablo Beramendi, Silja Häusermann, Herbert Kitschelt, and Hanspeter Kriesi, "Introduction: The Politics of Advanced Capitalism."

38. Fourcade-Gourinchas, Marion, and Sarah Babb, "The Rebirth of the Liberal Creed: Paths to Neoliberalism in Four Countries."

39. Mark Blyth and Matthias Matthijs, "Black Swans, Lame Ducks, and the Mystery of IPE's Missing Macroeconomy."

40. Fabio Wasserfallen, "Global Diffusion, Policy Flexibility, and Inflation Targeting."

41. Cristina Bodea and Raymond Hicks, "International Finance and Central Bank Independence: Institutional Diffusion and the Flow and Cost of Capital."

42. Saskia Sassen, *Territory, Authority, Rights: From Medieval to Global Assemblages*, p. 233.

43. 「貨幣政策發出怒吼……被視為政府可用的主要——也許是唯一——真正的工具……在歐洲和美國，歐洲央行和聯準會幾乎是各自遊戲中唯一的參與者。」（Jeffry Frieden, "The Coming Battles over Monetary Policy", p. 3.）亞當．圖茲（Adam Tooze）在他的《崩潰》（*Crashed*）一書中引用一位金融市場參與者的話：「一切都圍繞著貨幣政策。推動事情的不是潛在的經濟因素，而是中央銀行的流動性」（Adam Tooze, *Crashed: How a Decade of Financial Crises Changed the World*, p. 473.）。沃夫岡．斯特里克（Wolfgang Streeck）同樣觀察到，「中央銀行……已經成為經濟政策中最重要，實際上也是唯一的參與者，政府處於嚴格的緊縮命令中，被排除在貨幣政策制定之外。」（Mohamed El-Erian, *The Only Game in Town: Central Banks, Instability, and Avoiding the Next Collapse*, p. 16.）

44. Jens Beckert, *Imagined Futures: Fictional Expectations and Capitalist Dynamics*; Jens Beckert, "The Exhausted Futures of Neoliberalism: From Promissory Legitimacy to Social Anomy."
45. Philip McMichael, "Incorporating Comparison within a World-Historical Perspective: An Alternative Comparative Method."
46. Jonathan Kirshner, "Money Is Politics", p. 646.
47. Geoffrey Keith Ingham, *The Nature of Money. Cambridge: Polity Press. Issing, Otmar*, p. 55.
48. John Harry Goldthorpe, "The Current Inflation: Towards a Sociological Account."
49. Jeffry Frieden, "Real Sources of Eu ro pean Currency Policy: Sectorial Interests and European Monetary Integration."
50. Paul Pierson, "Power and Path Dependence."
51. William Bernhard, Lawrence Broz, and William R. Clark, "The Political Economy of Monetary Institutions."
52. Geoffrey Keith Ingham, *The Nature of Money*, p. 78.
53. Douglas A Hibbs, "Political Parties and Macroeconomic Policy"; Kenneth Scheve, "Public Inflation Aversion and the Political Economy of Macroeconomic Policymaking."
54. Albert Hirshman, *Exit, Voice, and Loyalty: Responses to Decline in Firms, Organizations, and States*; Charles Edward Lindblom, *Politics and Markets: The World's Political and Economic Systems.*
55. Wolfgang Streeck, *Buying Time: The Delayed Crisis of Democratic Capitalism*.
56. Adrien Auclert, "Monetary Policy and the Redistribution Channel."
57. Sylvia Maxfield, "Bankers' Alliances and Economic Policy Patterns: Evidence from Mexico and Brazil", p. 420.
58. 有關雷根和柴契爾在工人階級選民中的選舉成功，請參閱Monica Prasad, *The Politics of Free Markets: The Rise of Neoliberal Economic Policies in Britain, France, Germany, and the United States*；有關英國銀行業對通貨膨脹的不同態度，請參閱Paul Tucker, *Unelected Power: The Quest for Legitimacy in Central Banking and the Regulatory State*；有關銀行業為了金融穩定而允許更多通膨的壓力，請參閱Mark Copelovitch and David Andrew Singer, "Financial Regulation, Monetary Policy, and Inflation in the Industrialized World"。

59. "A former board staffer told me with some fervor: Bankers don't know anything about monetary policy" (John Wooley, *Monetary Politics: The Federal Reserve and the Politics of Monetary Policy*, p.81).

60. Peter Johnson, *The Government of Money. Monetarism in Germany and the United States*, p. 22.

61. Benjamin Braun, "Central Banking and the Infrastructural Power of Finance: The Case of ECB Support for Repo and Securitization Markets."

62. Avner Offer, "The Market Turn: From Social Democracy to Market Liberalism."

63. Marvin Goodfriend, "Interest Rate Policy and the Inflation Scare Problem: 1979–1992."

64. Inga Rademacher, "One State, One Interest? How a Historic Shock to the Balance of Power of the Bundesbank and the Ministry of Finance Laid the Path for German Fiscal Austerity"; Fritz Scharpf, *Does Organization Matter? Task Structure and Interaction in the Ministerial Bureaucracy.*

65. Lukasz Rachel and Lawrence H. Summers, "On Secular Stagnation in the Industrialized World."

66. Karen Petrou, *Engine of Inequality: The Fed and the Future of Wealth in America.*

67. Benjamin Braun and Daniela Gabor, "Central Banking, Shadow Banking, and Infrastructural Power."

68. John Campbell, "The Evolution of Fiscal and Monetary Policy"; Stephanie Lee Mudge, "What Is Neo-liberalism?"

69. Benjamin Friedman, "The Role of Monetary Policy."

70. Harry Johnson, "The Keynesian Revolution and the Monetarist Counter-Revolution."

71. Mark Blyth, *Great Transformations: Economic Ideas and Institutional Change in the Twentieth Century.*

72. Peter Hall, *Governing the Economy: The Politics of State Intervention in Britain and France.*

73. Daniel Stedman Jones, *Masters of the Universe: Hayek, Friedman, and the Birth of Neoliberal Politics.*

74. Marion Fourcade-Gourinchas and Sarah Babb, "The Rebirth of the Liberal Creed: Paths to Neoliberalism in Four Countries."

75. 請參閱Paul Krugman, "How Did Economists Get It So Wrong?," New York Times Magazine, September 6, 2009。如需正統的觀點，請參閱Marvin Goodfriend, "How the World Achieved Consensus on Monetary Policy" ; Michael Woodford, *Interest and Prices.*

76. Claudio Borio, "Central Banking Post-Crisis: What Compass for Uncharted Waters?"

77. Neil Fligstein, Jonah Stuart Brundage and Michael Schultz, "Seeing Like the Fed: Culture, Cognition, and Framing in the Failure to Anticipate the Financial Crisis of 2008."

78. Peter Hall, "Policy Paradigms, Social Learning, and the State: The Case of Economic Policymaking in Britain."

79. Cornel Ban, *Ruling Ideas: How Global Neoliberalism Goes Local*; Tod Van Gunten, "Cycles of Polarization and Settlement: Diffusion and Transformation in the Macroeconomic Policy Field."

80. Ben Clift, *The IMF and the Politics of Austerity in the Wake of the Global Financial Crisis.*

81. Jacqueline Best, "The Inflation Game: Targets, Practices and the Social Production of Monetary Credibility"; Ben Clift, "The Hollowing out of Monetarism: The Rise of Rules-Based Monetary Policy-Making in the UK and USA and Problems with the Paradigm Change Framework"; Monica Prasad, *The Politics of Free Markets: The Rise of Neoliberal Economic Policies in Britain, France, Germany, and the United States.*

82. Ben Clift, "The Hollowing out of Monetarism: The Rise of Rules-Based Monetary Policy-Making in the UK and USA and Problems with the Paradigm Change Framework," p. 84.

83. Duncan Needham, *UK Monetary Policy from Devaluation to Thatcher, 1967–1982.*

84. Robert Hetzel, *The Monetary Policy of the Federal Reserve: A History.*

85. Paul Pierson, *Politics in Time: History, Institutions, and Social Analysis.*

86. Sven Steinmo, *Taxation and Democracy: Swedish, British, and American Approaches to Financing the Modern State.*

87. Peter Hall and David Soskice, "An Introduction to Varieties of Capitalism."

88. Christopher Allen, "The Underdevelopment of Keynesianism in the Federal Republic of Germany."

89. John Goodman, *Monetary Sovereignty: The Politics of Central Banking in Western Europe.*

90. Michael King, "Epistemic Communities and the Diffusion of Ideas: Central Bank Reform in the United Kingdom."

91. 舉例來說，更廣泛的政權類型（威權主義與民主主義）對於在制度上體現什麼樣的權力關係和優先事項具有決定性作用（Delia Boylan, *Defusing Democracy: Central Bank Autonomy and the Transition from Authoritarian Rule*.）；一個擁有許多否決權的國家特別有利於中央銀行的獨立性，因為民選政府在扭轉這種獨立性方面會面臨更高的障礙（例如在聯邦環境中）（Jeffry Frieden, "Real Sources of European Currency Policy: Sectorial Interests and European Monetary Integration."）；不太穩定的執政聯盟為獨立性帶來更多好處（William Bernhard, Lawrence Broz, and William R. Clark, "The Political Economy of Monetary Institutions."）；以及所謂根深柢固的國家傾向和身份（Carlo Tognato, *Central Bank Independence: Cultural Codes and Symbolic Performance*.）可以鞏固中央銀行的合法性。

92. Robert Barro and David B. Gordon, "Rules, Discretion and Reputation in a Model of Monetary Policy"; Torsten Persson and Guido Tabellini, "Designing Institutions for Monetary Stability"; Kenneth Rogoff, "The Optimal Degree of Commitment to an Intermediate Monetary Target"; Paul Tucker, *Unelected Power: The Quest for Legitimacy in Central Banking and the Regulatory State.*

93. Peter Conti-Brown, *The Power and Independence of the Federal Reserve*; John Wooley, *Monetary Politics: The Federal Reserve and the Politics of Monetary Policy.*

94. Peter Hall and Robert J. Franzese, "Mixed Signals: Central Bank Independence, Coordinated Wage Bargaining, and European Monetary Union"; Torben Iversen, "Wage Bargaining, Hard Money and Economic Performance: Theory and Evidence for Organized Market Economies."

95. Jens Beckert, *Imagined Futures: Fictional Expectations and Capitalist Dynamics*; Jens Beckert and Richard Bronk, "An Introduction to Uncertain Futures."

96. Max Weber（Max Weber , *Wirtschaft und Gesellschaft.*）主張對資本主義國家形態中統治的不同形式和來源進行細緻的分析：在這方面，他還提到了中央銀行。在他們遭到懷疑但是非常豐富的《經濟與社會》（*Economy and Society*）中，Parsons和Smelser提出了一個非常有趣的信用理論，他們透過政治進程和「權力行使」（Talcott Parsons and Neil J. Smelser, *Economy and Society: A Study in the Integration of Economic and Social Theory*, 56.）將信用的產生加以理論化。

97. Mitchell Abolafia, *Making Markets: Opportunism and Restraint on Wall Street*; Karin Knorr Cetina, "Economic Sociology and the Sociology of Finance. Four Distinctions, Two Developments, One Field?"

98. Cristina Bodea and Raymond Hicks, "International Finance and Central Bank Independence: Institutional Diffusion and the Flow and Cost of Capital"; Simone Polillo and Mauro F. Guillén, "Globalization Pressures and the State: The Worldwide Spread of Central Bank Independence."

99. Fabio Wasserfallen, "Global Diffusion, Policy Flexibility, and Inflation Targeting."

100. Ethan Barnaby Kapstein, "Between Power and Purpose: Central Banks and the Politics of Regulatory Convergence"; Martin Marcussen, "Scientization of Central Banking: The Politics of A-politicization"; Alasdair Roberts, *The Logic of Discipline: Global Capitalism and the Architecture of Government.*

101. John Meyer, John Boli, George M. Thomas, and Francisco O. Ramirez, "World Society and the Nation-State."

102. Julia Gray, *The Company States Keep: International Economic Organizations and Investor Perceptions*; Layna Mosley, *Global Capital and National Governments.*

103. Marion Fourcade, "The Construction of a Global Profession: The Transnationalization of Economics."

104. Daniel Maman and Zeev Rosenhek, "The Contested Institutionalization of Policy Paradigm Shifts: The Adoption of Inflation Targeting in Israel"; Stephanie Mudge, and Antoine Vauchez, "Fielding Supranationalism: The European Central Bank as a Field Effect"; Tod Van Gunten, "Cycles of Polarization and Settlement: Diffusion and Transformation in the Macroeconomic Policy Field."

105. 將中央銀行置於這些更廣泛的配置中，Lebaron（Frédéric Lebaron, "European Central Bankers in the Global Space of Central Bankers: A Geometric Data Analysis Approach."）也可以理解中央銀行之間（越來越小，但很明顯）的差異。例如，科學化對日本央行總裁來說不太重要，因為日本央行維持著一種與日本大型企業部門緊密一致的政治權威。

106. Jacqueline Best, "The Inflation Game: Targets, Practices and the Social Production of Monetary Credibility"; Benjamin Braun, "Governing the Future: The European Central Bank's Expectation Management during the Great Moderation"; Douglas Holmes, *Economy of Words: Communicative Imperatives in Central Banks*; Peter Katzenstein, *Small States in World Markets: Industrial Policy in Europe.*

107. Daniel Hirschman and Elizabeth Popp Berman, "Do Economists Make Policies? On the Political Effects of Economics."

108. Jens Beckert, *Imagined Futures: Fictional Expectations and Capitalist Dynamics*; Orléan, André, "Monetary Beliefs and the Power of Central Banks"; Georg Simmel, *Philosophie des Geldes*.

109. Cornel Ban, *Ruling Ideas: How Global Neoliberalism Goes Local*; Johanna Bockman and Gil Eyal, "Eastern Europe as a Laboratory for Economic Knowledge: The Transnational Roots of Neoliberalism."

110. Fritz Scharpf, "Legitimationskonzepte jenseits des Nationalstaats."

111. Andrew Abbott, *The System of Professions: An Essay on the Division of Expert Labor.*公開證據證明一個人在經濟政策爭奪中的主導地位，會帶來對更廣泛的總體經濟結果負責的風險——這就是為什麼正如班傑明．傅利曼（Benjamin Friedman, "The Use and Meaning of Words in Central Banking: Inflation Targeting, Credibility, and Transparency."）所重建的，央行官員證明了關注價格穩定的狹隘目標和單一目標變數，可以產生有益的權力效應。這表示要爭取的最有利局面，不是對整個總體經濟政策工具的明顯支配地位。相反地，這包括保持狹隘的責任制，同時將目標置於首要地位的霸權主義願景：這可能與對那些影響一個人完成公開承認的任務的能力的政策制定和監管領域產生重大的非正式影響結合。

112. Pierre Lascoumes and Patrick Le Galès, "Introduction: Understanding Public Policy through Its Instruments—From the Nature of Instruments to the Sociology of Public Policy Instrumentation."

113. Patrick Joyce, *The State of Freedom: A Social History of the British State since 1800*, p. 22.

114. Ben Bernanke and Frederic S. Mishkin, "Inflation Targeting: A New Framework for Monetary Policy?"; Marvin Goodfriend, "How the World Achieved Consensus on Monetary Policy"; Frederic Mishkin, *Monetary Policy Strategy*.

115. Benjamin Braun, Donato Di Carlo, Sebastian Diessner, and Maximilian Düsterhöftd, 2021. *Polanyi in Frankfurt: Supranational Money and the National Disembedding of Labor.*

116. Daniel Carpenter, *The Forging of Bureaucratic Autonomy: Reputations, Networks, and Policy Innovation in Executive Agencies, 1862–1928.*

117. 可以肯定的是，這種政策重點是有歷史條件的。國家組織原則上可以複製其自治，而完全不關心政策的合法性和效力，而是依靠例如權利的原始概念。Desmond King和Patrick Les Galès（Desmond King, and Patrick Le Galès. "The Three Constituencies of the State: Why the State Has Lost Unifying Energy."）用「政策國家」的概念捕捉了相關的變化。在這些國家形態中，治理的各種「代理人」——官員、大眾、專家等——透過展示他們產生理想「結果」或「產出」的能力來獲得權威（Niklas Luhmann, *Die Politik der Gesellschaft*, p. 27; Fritz Scharpf, "Legitimationskonzepte jenseits des Nationalstaats."）。

118. Paul Pierson, "When Effect Becomes Cause: Policy Feedback and Political Change", pp. 603-4.

119. Benjamin Braun and Daniela Gabor, "Central Banking, Shadow Banking, and Infrastructural Power."

120. Benjamin Braun, "Central Banking and the Infrastructural Power of Finance: The Case of ECB Support for Repo and Securitization Markets."

121. Alexander Barkawi and Simon Zadek, "Governing Finance for Sustainable Prosperity," CEP Discussion Note, April 2021.

122. Jannis Kallinikos, Hans Hasselbladh, and Attila Marton, "Governing Social Practice: Technology and Institutional Change."

123. Nicolas Rose and Peter Miller, "Political Power beyond the State: Problematics of Government."

124. Clemens Jobst, and Stefano Ugolini, "The Coevolution of Money Markets and Monetary Policy, 1815–2008"; Perry Mehrling, *The New Lombard Street: How the Fed Became the Dealer of Last Resort*, p. 3.

125. Claudio Borio, "Monetary Policy Operating Procedures in Industrial Countries," BIS Working Papers, March 1, 1997, p. 287.

126. Ulrich Bindseil, *Monetary Policy Operations and the Financial System.*

127. Hyman Minsky, "Central Banking and Money Market Changes."

128. Clemens Jobst, and Stefano Ugolini, "The Coevolution of Money Markets and Monetary Policy, 1815–2008", p. 127.

129. 政府和中央銀行在誘導或破壞對貨幣秩序的信任，以及指導總體經濟預期方面的作用，隨著一九三〇年代「舊」金本位制的崩潰而首次暴露（John Maynard Keynes, *The General Theory of Employment Interest and Money*），並透過一九七一年放棄布列敦森林制度黃金—美元平價體系而加強（*Greta Krippner, Capitalizing on Crisis: The Political Origins of the Rise of Finance*; Klaus Offe, *Strukturprobleme des kapitalistischen Staates.*）。

130. David Stasavage, "Communication, Coordination and Common Knowledge in Monetary Policy."

131. 這就是為什麼中央銀行的社會學家使用「知識權威」一詞來描述中央銀行如何獲得對自身政策決策和（預期）效果的解釋的霸權。但是，我們不應該在這裡將專業知識概念化為統一的客觀化「資本」。因為它需要產生的是對符合金融基礎設施的政策的期望；換句話說，象徵性干預有賴於具體的行動基礎。此外，預期政治不是一個局限於「合理化代理人」的過程，而是涉及異質利益相關者（銀行家、工會會員、僱主、基金經理等），其中大多數人都有特定的經濟利益。就這一點來說，克許納（Kirshner）等後馬克思主義者所描述的「金錢政治」在我的概念框架中再次出現，即行動者之間對經濟政策解釋的困境，這些解釋受到他們可用的象徵力量的制約。

132. David Laidler, *Successes and Failures of Monetary Policy since the 1950s*; Michael Woodford, "Inflation Targeting and Optimal Monetary Policy."

133. Jens Beckert, *Imagined Futures: Fictional Expectations and Capitalist Dynamics*; Leon Wansleben, "How Expectations Became Governable: Institutional Change and the Performative Power of Central Banks."

134. David Laidler, *Successes and Failures of Monetary Policy since the 1950s.*

135. Geoffrey Bowker, and Susan Leigh Star, *Sorting Things Out: Classification and Its Consequences.*

136. Marion Fourcade-Gourinchas and Sarah Babb, "The Rebirth of the Liberal Creed: Paths to Neoliberalism in Four Countries"; Peter Hall, *Governing the Economy: The Politics of State Intervention in Britain and France*; Fritz Scharpf, *Sozialdemokratische Krisenpolitik in Europa.*

137. Douglas Hibbs, "Political Parties and Macroeconomic Policy."

138. John Singleton, *Central Banking in the Twentieth Century.*

139. James O'Connor, *The Fiscal Crisis of the State.*

140. Marc Buggeln, Martin Daunton, and Alexander Nützenadel, "The Political Economy of Public Finance since the 1970s: Questioning the Leviathan"; Paul Pierson, "From Expansion to Austerity."

141. Michael Mann, "The Autonomous Power of the State: Its Origins, Mechanisms and Results."

142. Mark Blyth and Matthias Matthijs, "Black Swans, Lame Ducks, and the Mystery of IPE's Missing Macroeconomy."

143. 關於德國的案例，請參閱Christopher Allen, "The Underdevelopment of Keynesianism in the Federal Republic of Germany."

144. Marion Fourcade-Gourinchas and Sarah Babb, "The Rebirth of the Liberal Creed: Paths to Neoliberalism in Four Countries"; Peter Hall, *Governing the Economy: The Politics of State Intervention in Britain and France.*

145. Natascha van der Zwan, "Making Sense of Financialization."

146. Òscar Jordà, Moritz Schularick, and Alan M. Taylor, "The Great Mort gaging: Housing Finance, Crises, and Business Cycles"; Greta Krippner, "The Financialization of the American Economy."

147. Petrou Karen, *Engine of Inequality: The Fed and the Future of Wealth in America*, xviii.

148. Martijn Konings, *The Development of American Finance*, p. 123; Hyman Minsky, *John Maynard Keynes*.

149. 兩種類型的貨幣市場扮演了特別重要的角色。一個是（資產支援的）商業票據市場，在二〇〇七年之前的二十年內大規模擴張（Matthias Thiemann, and Jan Lepoutre, "Stitched on the Edge: Rule Evasion, Embedded Regulators, and the Evolution of Markets."）。另一種是附買回協議。附買回協議是一種有擔保的貨幣市場貸款形式，借款者向貸款者質押「抵押品」——被認為安全且價值穩定的資產——以獲得短期（通常是隔夜）資金。

150. Zlotan Pozsar, Tobias Adrian, Adam Ashcraft, and Hayley Boesky, *Shadow Banking*; Matthias Thiemann, *The Growth of Shadow Banking: A Comparative Institutional Analysis.*影子銀行受到「資產管理人資本主義」擴張的推動，以及銀行決定外包部分資產負債表以規避最低資本要求的限制（Matthias Thiemann, "In the Shadow of Basel: How Competitive Politics Bred the Crisis."）。由於無法創造存款，影子銀行在貨幣市場中也以借款人以及貸款人的身分，扮演著關鍵的角色。

151. "The Interest Rate Transmission in the United Kingdom and Overseas," *BoE Quarterly Bulletin*, July 1990, p. 198.

152. Tobias Adrian and Nellie Liang, "Monetary Policy, Financial Conditions, and Financial Stability."

153. Lucio Baccaro and Chris Howell, *Trajectories of Neoliberal Transformation: European Industrial Relations since the 1970s.*

154. Robert Hetzel, *The Monetary Policy of the Federal Reserve: A History*, p. 253.

155. Benjamin Braun, "Governing the Future: The European Central Bank's Expectation Management during the Great Moderation."

156. Scott Fullwiler, "An Endogenous Money Perspective on the Post-crisis Monetary Policy Debate."
157. Clemens Jobst and Stefano Ugolini, "The Coevolution of Money Markets and Monetary Policy, 1815–2008."
158. Daniela Gabor, "The (Impossible) Repo Trinity: The Political Economy of Repo Markets"; Leon Wansleben, "How Expectations Became Governable: Institutional Change and the Performative Power of Central Banks."
159. Lucio Baccaro and Jonas Pontusson, "Rethinking Comparative Political Economy: The Growth Model Perspective."
160. Mark Blyth and Matthias Matthijs, "Black Swans, Lame Ducks, and the Mystery of IPE's Missing Macroeconomy."
161. Mareike Beck, "Extroverted Financialization: How US Finance Shapes European Banking."
162. Lev Menand, "Why Supervise Banks? The Foundations of the American Monetary Settlement."
163. Bruce Carruthers, "Financialization and the Institutional Foundations of the New Capitalism."
164. Benjamin Braun, "Central Banking and the Infrastructural Power of Finance: The Case of ECB Support for Repo and Securitization Markets."
165. Daniela Gabor, "The (Impossible) Repo Trinity: The Political Economy of Repo Markets."
166. Marius Birk, "Liquidity without Tears: The Paradox of Regulating Liquidity through Designing Liquidity."
167. Adam Tooze, *Crashed: How a Decade of Financial Crises Changed the World.*
168. Tobias Adrian and Hyun Song Shin, "Financial Intermediaries, Financial Stability, and Monetary Policy."
169. Hyman Minsky, *Stabilizing an Unstable Economy.*
170. Steven Axilrod, *Inside the Fed: Monetary Policy and Its Management*, p. 138.
171. Anna Cieslak and Annette Vissing-Jorgensen, "The Economics of the Fed Put."
172. Paul Pierson, "Power and Path Dependence", p. 129.
173. Andrew Abbott, *The System of Professions: An Essay on the Division of Expert Labor*; Alexander George and Andrew Bennett, *Case Studies and Theory Development in the Social Sciences.*
174. Dietrich Rueschemeyer, "Can One or a Few Cases Yield Theoretical Gains?"
175. Philip McMichael, "Incorporating Comparison within a World-Historical Perspective: An Alternative Comparative Method."
176. Charles Tilly and Robert Goodin, "It Depends."

177. Lawrence Broz, "The Origins of Central Banking: Solutions to the Free-Rider Problem."

178. Thomas Ertman, *Birth of the Leviathan: Building States and Regimes in Medieval and Early Modern Europe.*

179. Charles Tilly, *Coercion, Capital, and European States, AD 990–1990.*

180. Fernand Braudel, *The Wheels of Commerce*; Raymond de Roover, "Le contrat de change depuis la fin du treizième siècle jusqu'au début du dix-septième."

181. Lawrence Broz, "The Origins of Central Banking: Solutions to the Free-Rider Problem", p. 233.

182. Lawrence Broz, "The Origins of Central Banking: Solutions to the Free-Rider Problem", p. 233.「央行成立時資本為一百二十萬英鎊，然後立即就借給政府。這筆貸款是永久性的，每年支付百分之八的利息加上四〇〇〇英鎊的管理費。央行的認購人獲得了以下權利為回報：（1）管理所有政府貸款的專有權，（2）向政府貸款的專有權，（3）建立股份制銀行公司的權利，（4）銀行有限責任的獨家特權，以及（5）發行由政府債券支援的紙幣的權利，銀行資本數額。」（Lawrence Broz, "The Origins of Central Banking: Solutions to the Free-Rider Problem", p. 244）

183. Stanley Fisher, "Modern Central Banking."

184. 「一旦中央銀行被賦予對法定貨幣的壟斷權力，並隨時準備且願意提供緊急流動性，央行的貨幣自然而然會成為最能發揮結算媒介作用的資產。」（Andrew Haldane and Jan F. Qvigstad, "The Evolution of Central Banks: A Practitioner's Perspective", p. 635.）

185. Charles Calomiris and Luc Laeven, "Political Foundations of the Lender of Last Resort: A Global Historical Narrative"; Charles Goodhart, *The Evolution of Central Banks*; Gary Gorton and Lixin Huang, "Banking Panics and the Origin of Central Banking"; Richard Sayers, *The Bank of England 1891–1944, Volume 1.*

186. Annelise Riles, *Financial Citizenship: Experts, Publics, and the Politics of Central Banking*, p. 10.

187. John Wood, *A History of Central Banking in Great Britain and the United States.*

188. John Singleton, *Central Banking in the Twentieth Century*, pp. 5-9.

189. 造成這種情況的原因很多，在不同國家都有不同程度的重要原因。在美國主導的西方國家中，從一九四五年持續到一九七三年的布列敦森林制度的緊盯可變匯率，這意味著中央銀行家主要負責維持本國貨幣與美元之間的匯率；這項任務取決於一個經濟體的規模和開放程度，幾乎沒有為動態的、未來導向的總體經濟管理留有轉圜的空間。此外，只要存在這種空間，它主要用於實現與戰後重建、產業政策和經濟成長有關的目標；中央銀行應該保持較低的（主權）信貸成本。財政部和其他中央規劃部門設定了這些政策目標，因此中央銀行幾乎沒有設計任何有目的的總體經濟管理。另外，造成中央銀行低調和政策作用不發達的一個關鍵因素是，儘管其中一些組織已被國有化，但其獨特的機構地位和組織形式與總體經濟管理和行使正式管理權力的程序不符。例如，中央銀行的一個構成特徵是各組織在公共財政和私人信貸之間的間隙地位，在中央銀行官員看來，這需要一個相當隱祕和微妙的公共財政管理版本。此外，由於與國家銀行業務相關的大多數問題和衝突都是在精英圈子內解決的，中央銀行官員傾向「在影子和幕後」運作（Mervyn King, *The End of Alchemy: Money, Banking, and the Future of the Global Economy*, xi）。艾倫・梅爾澤（**Allan Meltzer**）在一九六〇年代對聯準會的評論反映了因此而缺乏明確的中央銀行治理概念，當時他抱怨美國央行只關注「貨幣和信貸市場中每周、每天或每小時的短期事件」，並且中央銀行的「觀點通常是銀行家的觀點，而不是貨幣體系和經濟的監管機構的觀點」（John Wood, *A History of Central Banking in Great Britain and the United States*, p. 4中引述）。

190. Clemens Jobst and Stefano Ugolini, "The Coevolution of Money Markets and Monetary Policy, 1815–2008." p. 148.

2・貨幣主義與貨幣政策的發明

1. Klaus Offe, *Strukturprobleme des kapitalistischen Staates.*
2. Daniel Bell, "The Year 2000: The Trajectory of an Idea."
3. Charles Maier, "Two Sorts of Crisis? The 'Long' 1970s in the West and the East."
4. Lucio Baccaro and Jonas Pontusson, "Rethinking Comparative Political Economy: The Growth Model Perspective."
5. Paul Pierson, "From Expansion to Austerity."
6. Marc Buggeln, Martin Daunton, and Alexander Nützenadel, "The Political Economy of Public Finance since the 1970s: Questioning the Leviathan."
7. Sarah Quinn, "The Miracles of Bookkeeping: How Budget Politics Link Fiscal Policies and Financial Markets."
8. John Gerard Ruggie, "International Regimes, Transactions, and Change: Embedded Liberalism in the Postwar Economic Order."
9. Wolfgang Reinicke, *Banking, Politics and Global Finance: American Commercial Banks and Regulatory Change, 1980–1990.*
10. Emmanuel Saez and Gabriel Zucman, *The Triumph of Injustice: How the Rich Dodge Taxes and How to Make Them Pay.*
11. John Harry Goldthorpe, "The Current Inflation: Towards a Sociological Account."
12. Robert Lucas, *Studies in Business-Cycle Theory*, p. 264.
13. Arthur Burns, *The Anguish of Central Banking*, p. 21.
14. David Lindsey, Athanasios Orphanides, and Robert H. Rasche, "The Reform of October 1979: How It Happened and Why", p. 528中引述。
15. Saskia Sassen, *Territory, Authority, Rights: From Medieval to Global Assemblages*, p. 144.
16. Lucio Baccaro and Jonas Pontusson, "Rethinking Comparative Political Economy: The Growth Model Perspective."
17. Robert Baldwin, "Trade and Industrialization after Globalization's Second Unbundling: How Building and Joining a Supply Chain Are Different and Why It Matters."

18. Lucio Baccaro and Chris Howell, *Trajectories of Neoliberal Transformation: European Industrial Relations since the 1970s.*
19. John Singleton, *Central Banking in the Twentieth Century*, p. 184.
20. Mark Blyth, *Great Transformations: Economic Ideas and Institutional Change in the Twentieth Century*; Marion Fourcade-Gourinchas and Sarah Babb, "The Rebirth of the Liberal Creed: Paths to Neoliberalism in Four Countries"; Peter Hall, *Governing the Economy: The Politics of State Intervention in Britain and France.*
21. Peter Hall and Robert J. Franzese, "Mixed Signals: Central Bank Independence, Coordinated Wage Bargaining, and European Monetary Union."
22. Mitchell Abolafia, "Central Banking and the Triumph of Technical Rationality."
23. Monica Prasad, *The Politics of Free Markets: The Rise of Neoliberal Economic Policies in Britain, France, Germany, and the United States.*
24. John Goodman, *Monetary Sovereignty: The Politics of Central Banking in Western Europe.*
25. Peter Johnson, *The Government of Money. Monetarism in Germany and the United States.*
26. MiltonFriedman, "The Quantity Theory of Money—a Restatement"; Milton Friedman, "A Theoretical Framework for Monetary Analysis"; Milton Friedman, "Lag in Effect of Monetary Policy"; Milton Friedman and Anna Jacobson Schwartz, *A Monetary History of the United States: 1867–1960.* 有關這些議題的極佳概要評估，請參閱*Brian Snowdon and Howard R. Vane, Modern Macroeconomics: Its Origins, Development and Current State*。
27. Karl Brunner, "The Role of Money and Monetary Policy."
28. Milton Friedman, "A Theoretical Framework for Monetary Analysis."
29. Ulrich Bindseil, *Monetary Policy Operations and the Financial System*; Scott Fullwiler, "An Endogenous Money Perspective on the Post-crisis Monetary Policy Debate"; Brian Snowdon and Howard R. Vane, *Modern Macroeconomics: Its Origins, Development and Current State.*
30. Michael McLeay, Amar Radia, and Thomas Ryland, "Money Creation in the Modern Economy."
31. Greta Krippner, *Capitalizing on Crisis: The Political Origins of the Rise of Finance.*
32. Jacqueline Best, "The Inflation Game: Targets, Practices and the Social Production of Monetary Credibility", p. 624.
33. Martin Höpner, "The German Undervaluation Regime under Bretton Woods: How Germany Became the Nightmare of the World Economy."
34. Peter Evans, *Embedded Autonomy: States and Industrial Transformation.*
35. Stephanie Lee Mudge, "What Is Neo-liberalism?"
36. Peter Evans, *Embedded Autonomy: States and Industrial Transformation.*

37. Jakob Tanner, *Die Geschichte der Schweizim 20. Jahrhundert.*

38. Michael Bordo and Harold James, "Die Nationalbank 1907–1946: Glückliche Kindheit oder schwierige Jugend?"

39. Felix Bühlmann, Thomas David, and André Mach, "The Swiss Business Elite (1980–2000): How the Changing Composition of the Elite Explains the Decline of the Swiss Company Network"; Stéphanie Ginalski, Thomas David, and André Mach, "From National Cohesion to Transnationalization: The Changing Role of Banks in the Swiss Company Network, 1910–2010."

40. Sébastien Guex and Yves Sancey, "Les dirigeants de la Banque Nationale Suisse au XXe siècle."

41. Michael Moran, *The Politics of the Financial Services Revolution: The USA, UK and Japan.*

42. Schweizerische Nationalbank. *75 Jahre Schweizerische Nationalbank. Die Zeit von 1957 bis 1982*, pp. 127-29.

43. Sébastien Guex and Yves Sancey, "Les dirigeants de la Banque Nationale Suisse au XXe siècle."

44. 其中一位是著名的貨幣主義者卡爾．布洛納。他在自傳中回憶說他「在瑞士國家銀行的經濟部門找到了一份工作。在幾個月內，我明白了這個部門是一個死胡同，只要不寫或說任何重要的事情，特別是關於金錢問題的話，就可以平靜地待到老。」（Karl Brunner, "My Quest for Economic Knowledge," p. 20.）

45. Peter Bernholz, "Die Nationalbank 1945–1982: Von der Devisenbann-Wirtschaft zur Geldmengensteuerung bei flexiblen Wechselkursen", p. 120; Tobias Straumann, *Fixed Ideas of Money: Small States and Exchange Rate Regimes in Twentieth Century Europe.*

46. Michael Bordo and Harold James, "Die Nationalbank 1907–1946: Glückliche Kindheit oderschwierige Jugend?", p. 95.

47. Jakob Tanner, *Die Geschichte der Schweiz im 20. Jahrhundert.*

48. Sébastien Guex, "L'etat fédéral et les crises economiques du début du XXe diècle à nos jours: La Suisse, un bastion anti-Keyneséien."

49. "According to the Coinage Law of 1952, the government was obliged to ask parliament when considering a change in the parity of the Swiss franc" (Tobias Straumann, *Fixed Ideas of Money: Small States and Exchange Rate Regimes in Twentieth Century Europe*, pp. 281–82.)

50. Martin Höpner, "The German Undervaluation Regime under Bretton Woods: How Germany Became the Nightmare of the World Economy."

51. 「機械工業的不同代表似乎會見了政府官員，而且多少給人一種印象，認為瑞士法郎升值將是工業的災難。」（SNB Directorate, May 25, 1969, SNBA）聯邦財政部長席利歐（Celio）同樣在一九七〇年十月七日的議會中，以出口工業的名義呼籲固定平價。可以說，瑞士的貶值方案甚至比德國更強，德國政府在一九六一年和一九六九年決定接受德國馬克升值。當德國在一九六九年貶值時，瑞士政府明確表示「無意」調整瑞士法郎－美元平價（新聞稿，Bundeskanzlei, October 6, 1969，我的翻譯，SNA）。

52. 「銀行想要固定匯率。這使得他們的跨境交易變得更加容易。」（Lademann接受Bernholz訪談）「在布列頓森林建立的國際貨幣秩序總體上被證明是成功的。因此，我們沒有理由放棄固定匯率」（《瑞士銀行公報》（*Schweizerischen Bankvereins* No. 3 [1966], p. 55，我的翻譯；另請參閱瑞銀的一份說明，1973, SNBA J.217）。洛普菲（Willi Loepfe, *Der Aufstieg des schweizerischen Finanzplatzes in der Nachkriegs zeit*, p. 244, 392.）也指出瑞

士銀行贊成維持固定匯率。

53. Barry Eichengreen, *Globalizing Capital: A History of the International Monetary System*, 118ff.

54. Thibaud Giddey, "The Regulation of Foreign Banks in Switzerland (1959–1972)."

55. Malik Mazbouri, Sébastien Guex, and Rodrigo Lopez, "Finanzplatz Schweiz," p. 495.

56. Willi Loepfe, *Der Aufstieg des schweizerischen Finanzplatzes in der Nachkriegszeit*, p. 496.

57. Peter Bernholz, *Währungskrisen und Währungsordnung*, p. 116.

58. 「部分利益集團製造的所有干擾都無法消除一個事實，那就是我們不能只透過監管干預（也就是不調整匯率）來解決巨大的通膨壓力。」（Dr. Gal, "Note for the Director General Dr. F. Leutwiler," November 20, 1969, SNBA 2253）「我們目前與美元的平價並不完全是現實情況。」（SNB Directorate, May 1, 1969, SNBA）

59. 「我國在國際金融市場中扮演的角色以及從中獲得可觀利益，使我們負有維持穩定有秩序的國際貨幣關係的特殊責任，以及參與國際合作的義務。」（尼洛・席利歐對議員干預的回答，December 9, 1968; SNA Dossier Währungsfragen, E2807#1974/12#576*）。

60. Gianni Toniolo, *Central Bank Cooperation at the Bank for International Settlements, 1930–1973*, p. 429.

61. 一九七一年修改了《瑞士鑄幣法》，賦予政府調整匯率的權力。聯邦委員會同意進行小幅（百分之七）的重估，並於一九七一年八月暫時讓美元兌瑞士法郎採取浮動匯率。

62. 瑞士多個行為者發現，德國、美國和其他國家承諾合作，但卻根據自己的利益行事。請參閱一九七一年九月二十八日和一九七二年九月二十六日關於「保護貨幣」的議會辯論。

63. 請參閱一九七一年十二月二日議會辯論。

64. Tobias Straumann, *Fixed Ideas of Money: Small States and Exchange Rate Regimes in Twentieth Century Europe*, p. 172.

65. Peter Bernholz, "Die Nationalbank 1945–1982: Von der Devisenbann- Wirtschaft zur Geldmengensteuerung bei flexiblen Wechselkursen."

66. 「有一天早上，（Leutwiler）接到外匯部門的電話告訴他，一間大銀行想用十億美元買進瑞士法郎。他說這是不可能的。該部門應該向該銀行傳達，瑞士國家銀行將關閉並且不再購買美元。洛特維勒當時想，兩、三天後風暴就會消失，人們可以恢復正常。但事實證明，這比他預期的還要困難得多。人們沒有意識到他們其實已經過渡到靈活的匯率制度」（Kurt Schiltknecht接受Bernholz訪談）。「我的印象是，瑞士國家銀行理事會，更不用說政府了，都不知道向靈活匯率的過度表示央行權力的大增……。政府中沒有人理解其中的含義。」（Lademann，接受Bernholz的訪談）

67. Patrick Halbeisen, "Cool Lover? Switzerland and the Road to European Monetary Union."「一九七三年二月，有人試圖透過干預外匯市場來阻止重估。效果非常微不足道。」（Kurt Schiltknecht, "Monetary Policy under Flexible Exchange Rates: The Swiss Case," p.337.）

68. 「我們沒有積極的財政和預算政策的憲法基礎！」（Furgler，基督民主黨〔CVP〕在一九七一年六月十七日關於商業周期政策的議會辯論中；另請參閱聯邦部長恩斯特．布魯格〔Ernst Brugger〕在同一辯論中的聲明。）

69. 請參閱一九六八年六月二十四日政府致議會關於修訂中央銀行法的文告。「國家必須在越來越加大對社會和經濟程序的調節。」（Weber，社會民主黨〔SP〕，議會關於商業周期政策的辯論，一九七四年三月五日）

70. 僅舉一個例子，在戰後的大部分時間，瑞士政府其實沒有任何發展統計和科學工具來預測關鍵的總體經濟變數（Gaudenz Prader, *50 Jahre Schweizerische Stabilisierungspolitik: Lernprozesse in Theorie und Politik am Beispiel der Finanz-und Beschäftigungspolitik des Bundes*, 369.）。無法獲得預測這件事，顯然限制了經濟政策的選擇。的確，瑞士經濟的第一個計量經濟學模型是在巴黎的經合組織〔OECD〕總部開發的，而不是在伯爾尼。直到一九七二年，國家經濟預測工作組才成立。

71. 瑞士的銀行遊說團體在一九六八年的一份新聞稿中寫道，他們強烈反對一項法律（瑞士銀行政策〔Bankpolitische Korrespondenz der Schweizerischen Bankiervereinigung〕，68 / 40）。議員反對聯邦部長提案的情況和理由不詳。為了回應這個提案，瑞士的銀行遊說團體委託瑞士蘇黎世大學的憲法專家內夫教授（Nef）撰寫一份報告。瑞士國家銀行還委託胡伯（Huber）教授和印柏登（Imboden）教授撰寫了兩份報告。雖然內夫認為擬議的法律違憲，但另外兩位專家並不這麼認為。儘管如此，當一個委員會在一九六九年辯論該法律時，保守派的一位議員要求停止磋商，直到能確認該法是否合乎憲法。委員會的大多數成員遵循這個提議，議會最後否決了聯邦部長的法案。因此，有一個理論認為，銀行遊說團體「贏得了」與瑞士國家銀行和聯邦部長聯盟的法律政爭。《新蘇黎世報》（*Neue Zürcher Zeitung*）寫道：「通貨膨脹的升級是由於我們的經濟政策只有薄弱的政治基礎，缺乏有效性被偽裝成實用主義，談論瑞士的『例外』其實只是掩蓋了部分利益的影響。」（一九七二年十二月七日）

72. 「一九七一年的夏季，我們只能獲得銀行讓步接受將信貸限制再延長一年」（SNB Central Bank Council, December 15, 1972）。瑞士央行其實不願意施加限制：「很明顯，早在第一個關鍵日期，收回所有超額金額將導致貨幣市場的嚴重動盪。因此只收回部分超額的金額。」（Kurt Schiltknecht, "Monetary Policy under Flexible Exchange Rates: The Swiss Case," p. 334.）

73. Michael Moran, *The British Regulatory State: High Modernism and Hyper-innovation.*

74. 參閱例如一九七四年三月五日和九月十八日的議會辯論紀錄。

75. 一九七四年九月，在一項議會倡議——「佛蘭佐尼動議」（以贊助者恩瑞科．佛蘭佐尼〔Enrico Franzoni〕命名）中，大約二十名保守派議員要求政府和中央銀行使貨幣成長與實質GDP成長保持一致，並敦促政府減少聯邦赤字（請參閱一九七四年九月十七日的議會辯論《佛蘭佐尼動議》〔Motion Franzoni〕）。尼洛．席利歐同意這些建議，認為「過度的流動性和過多的貨幣流通是通貨膨脹的主要原因。我們必須盡一切努力減少貨幣供給。」另請參閱SNB Directorate on October 23, 1974 (SNBA)。

76. 例如，《新蘇黎世報》寫道：「政府已經接受了今天的決定，經濟政策不應只是裝飾用的，如果缺乏有效的貨幣供應控制部分，就無法發揮作用。」（一九七二年十二月七日）這是瑞士央行實際採用貨幣目標的兩年前。

77. 「貨幣供給額，也就是一方面是紙幣、硬幣和非銀行業的存款量，以及另一方面是國內生產毛額，應該均衡擴張。」（Edmund Stopper, SNB Central Bank Council, December 12, 1972, SNBA）「對中央銀行來說，對抗通貨膨脹在經濟政策的目標中優先。」（President Edmund Stopper, SNB Central Bank Council, June 22, 1973, SNBA）「考慮到其對貨幣和通貨膨脹的看法，瑞士央行選擇了貨幣主義的政策制定方並法不奇怪。」（Georg

Rich, "Swiss Monetary Targeting 1974–1996: The Role of Internal Policy Analysis", 284）

78. 在內部討論中明顯變得對貨幣政策抱持懷疑，專家們認為，「貨幣政策比過去更難取得有效的成果。如果過早干預，銀行甚至在危機嚴重之前就試圖規避信貸限制。」（meeting of the "Professorium" [Professors' Circle], June 19, 1972, SNBA 2.1 2383）

79. 希德內克（Schiltknecht）記得，高級官員拒絕了根據這些知識的貨幣主義計量經濟學分析和決策（希德內克接受柏恩霍茲的訪談）。在一九七四年的一次理事會會議上，一位理事認為，「提議只是透過操縱貨幣數量來實行中央銀行業務的人忽視了政治現實。這種政策對貨幣和資本市場的影響是無法容忍的。」（SNB Directorate, May 9, 1974, SNBA）「在像瑞士這樣的小型開放經濟體中，不可能實現合理穩定的物價水準，因為瑞士面臨著來自國外的各種通膨壓力……。另一方面，我們無法精確判斷，為了實現價格穩定，應該有多大的貨幣數量。在這種情況下，我們必須以相當粗暴的方式轉向正確的方向，這表示務實地限制信貸擴張。」（SNB Directorate, July 31, 1969, SNBA）

80. 「在品質上有著巨大的差異：這是關於技術水準以及智力水準。其實，美國和德語國家之間的差異比現在大得多。英美經濟學更具分析性」（Ernst Baltensperger接受作者訪談）。所有受訪者以及對一九四五年以來《瑞士經濟與統計雜誌》（*Swiss Journal of Economics and Statistics*）的分析都證實了這樣的立場。

81. Johanna Bockman and Gil Eyal, "Eastern Europe as a Laboratory for Economic Knowledge: The Transnational Roots of Neoliberalism."

82. Marion Fourcade and Rakesh Khurana, "From Social Control to Financial Economics: The Linked Ecologies of Economics and Business in Twentieth Century America."

83. Jürg Niehans, "Geldpolitik unter geänderten Vorzeichen," *Neue Zürcher Zeitung*, April 14, 1974.

84. 布倫納是兩本學術期刊（《貨幣、信貸和銀行學期刊》〔*Journal of Money, Credit and Banking*〕和《貨幣經濟學期刊》〔*Journal of Monetary Economics*〕）、兩個重要的一六一會議系列（Rochester-Carnegie Conference Series on Public Policy; Konstanz Seminars on Monetary Theory and Monetary Policy）和影子公開市場委員會（Shadow Open Market Committee）的創辦成員。

85. Karl Brunner, "A Survey of Selected Issues in Monetary Theory."

86. 在對「傳統」中央銀行的經典辯護中，瑞士央行理事洛特威勒在布倫納推廣其科學貨幣主義的同一次會議上聲稱，談到如何控制貨幣供給額的問題時，「理論迷失在崇高的地位上……。在經濟領域，理論思想和政治現實之間總是存在差距。」（Fritz Leutwiler, "Theorie und Wirklichkeit der Notenbankpolitik," p. 278，我的翻譯。）瑞士財政部長尼洛．席利歐認為，在貨幣和經濟問題上，學術建議沒有像一九七三年六月二十六日的議會辯論那麼容易誤導人。經濟學作用微弱的另一個很好的例子是，經濟學家在關於固定匯率與靈活匯率的辯論中沒有認真干預。舉例來說，在瑞士國家銀行自己的諮詢機構中，由幾位來自瑞士大學的教授組成，經濟學家對匯率政策表達了不同的看法。即使是與朝聖山學社（Mont Pèlerin Société）有往來的靈活匯率的堅定宣導者，也未能就此事對中央銀行提出挑戰。此外，瑞士國家銀行的兩位總裁艾德溫．史托柏（Edwin Stopper）和費里茲．洛特威勒雖然在批評經濟學方面比席利歐部長更為謹慎，但也對經濟專業知識的正規化表示懷疑（請參閱SNBA 2.1 2383）。卡爾．布洛納打算改變這種狀況，但他個人忙於跨大西洋的貨幣主義和自由市場政策運動，無法進行必要的實證工作，為瑞士制定具體的貨幣主義政策處方（希德內克接受柏恩霍茲的訪談）。霍百森（Halbeisen）證實，「瑞士國家銀行於一九七三年一月二十三日停止為匯率支援目的購買美元，但是並沒有可以在靈活匯率環境中應用的理論支持的貨幣政策程序。」（Patrick Halbeisen, "Cool Lover? Switzerland and the Road to European Monetary Union," p.103）。確實，當時整個央行組織似乎都不適合實施貨幣策略之類的東西。這四百名左右的員工接受了培訓和僱用，以管理瑞士國家銀行的準備金、與銀行進行交易、控制貨幣的發行，還有最重要的是，為所有這些業務提供適當的檔案；但他們沒有接受過解決貨幣政策概念問題的訓練。一九七三年加入瑞士央行經濟和統計部（VOSTA）的亞歷山大．格利（Alexander Galli）很清楚描述了對應的組織文化：「在一九七〇年代初期，瑞士國家銀行只是眾多國家機構中的一個。我仍然記得我在那裡工作的第一天：這是一個塵土飛揚的組織，有許多老婦人，她們會坐在隆隆作響的計算機前製作檔案。她們都非常勤奮。中午十二點時，大家都去吃午飯了。一片寂靜。下午一點半，大家都回來了，工作一直持續到五點。在那之後，天就黑了。」（亞歷山大．格利接受作者訪談。）

87. Andras Tilcsik, "From Ritual to Reality: Demography, Ideology, and Decoupling in a Post-communist Government Agency."

88. 在一九六〇年代末期和一九七〇年代初期（一九六九年由何內．厄爾柏〔René Erbe〕教授和一九七〇年巴塞爾經濟和金融研究中心〔Basel Centre for Economic and Financial Research〕）朝這個方向進行了一些嘗試；但它們仍然沒有系統性。因此，在一九七〇年代初期，瑞士國家銀行仍然公布了貨幣統計數據，其含義並不明確，計算基礎很可疑。格利是第一個解決這個缺點的人（請特別參閱亞歷山大．格利，"Die Definition der Geldmenge," June 16, 1972, SNBA 2.1 / 2406）。

89. Karl Brunner, "The Role of Money and Monetary Policy."

90. 在一九七四年十月二十一日發表的第一份《貨幣供應政策提案》（Proposals for Money Supply Policy）中，希德內克和格利寫道：「為了更清楚捕捉貨幣基礎對中央銀行貨幣供給政策的重要性，我們假設國家銀行可以確定貨幣基礎。」（SNBA 2.13.11）

91. 瑞士國家銀行一九七五年一月八日新聞稿（SNBA）。

92. 在一九七五年四月的一次演講中，洛特維勒認為，靈活的匯率帶來比以前的假設還要更多問題，即使在這些條件下，貨幣政策也不能獨立於外國影響。他明確表達支持恢復固定平價（"Die Notenbank zwischen Inflation und Konjunkturrückgang," Neue Zürcher Zeitung, April 24, 1975）。在首次宣布貨幣目標六周後，經濟學家科特．希德內克連絡洛特維勒，抱怨瑞士央行的行動與其策略不符。尤其是希德內克的批評指出，該局繼續干預外匯市場，試圖避免瑞士法郎進一步升值，進而將貨幣基礎擴大到目標之外（希德內克接受柏恩霍茲的訪談）。

93. SNB Directorate, November 25, 1976 (SNBA).

94. Georg Rich, "Swiss and United States Monetary Policy: Has Monetarism Failed?", p. 5.

95. Sébastien Guex, "L'etat fédéral et les crises economiques du début du XXe diècle à nos jours: La Suisse, un bastion anti-Keyneséien," p. 162; Gaudenz Prader, *50 Jahre Schweizerische Stabilisierungspolitik: Lernprozesse in Theorie und Politik am Beispiel der Finanz-und Beschäftigungspolitik des Bundes*, p. 422.

96. Bühlmann Felix, Thomas David, and André Mach, "The Swiss Business Elite (1980–2000): How the Changing Composition of the Elite Explains the Decline of the Swiss Company Network"; Hanspeter Kriesi, *Entscheidungsstrukturen und Entscheidungsprozesse in der Schweizer Politik.*

97. Peter Katzenstein, *Small States in World Markets: Industrial Policy in Europe*; Daniel Oesch, "Swiss Trade Unions and Industrial Relations after 1990."

98. 例如，請參閱《新蘇黎世報》一九七六年十一月二十七日、一九七八年二月二日、一九七八年九月十六日至十七日、一九七九年五月十二日至十三日、一九七九年八月二十一日，以及一九七九年十二月十五／十六日的文章。

99. Ernst Baltensperger, "Geldmengenpolitik und Inflationskontrolle"; Sébastien Guex, "L'etat fédéral et les crises economiques du début du XXe diècle à nos jours: La Suisse, un bastion anti- Keyneséien"; Gaudenz Prader, *50 Jahre Schweizerische Stabilisierungspolitik: Lernprozesse in Theorie und Politik am Beispiel der Finanz-und Beschäftigungspolitik des Bundes*, p. 566.舉例來說，在對擬議的中央銀行法的公開辯護中，財政部指出：「由於貨幣影響經濟，貨幣政策的重點是控制貨幣供給額。貨幣的最佳數量取決於經濟成長……。毫無疑問，對貨幣供給額的控制是長期穩定物價水準的必要條件，對於貨幣和資本市場的平穩運行是不可避免的。」（聯邦財政部〔Federal Department of Finance〕支援修改聯邦中央銀行法的消息，February 27, 1978, pp. 773–775, SNA）。

100. Pierre Bourdieu, *On the State*, p. 37; Peter Evans, *Embedded Autonomy: States and Industrial Transformaion.*

101. 這件事發生於一九七八年。那一年，央行將M1擴大了百分之十六，而不是先前宣布的百分之五。確實，一九七八一整年的政治壓力繼續增加。產業利益集團成功遊說議會召開匯率政策會議（Willi Loepfe, *Der Aufstieg des schweizerischen Finanzplatzes in der Nachkriegs zeit*, p. 406-7）。由於當時的聯邦政府仍然對匯率擁有正式的權力，央行理事們擔心政府會決定重新監管外匯市場，例如為非金融瑞士法郎交易制定官方匯率。在這種情況下，瑞士國家銀行將失去剛獲得的政治權力。為了回應這種情況，最不相信此類政策有效性的瑞士國家銀行成員（VOSTA經濟學家科特・希德內克和喬治・李奇〔Georg Rich〕）提出了控制瑞士法郎／德國馬克匯率的建議（Peter Bernholz, "Die Nationalbank 1945–1982: Von der Devisenbann- Wirtschaft zur Geldmengensteuerung bei flexiblen Wechselkursen," p. 192）。因此，瑞士央行在一九七八年十月一日的議會會議之前發布了一份新聞稿，宣布進行無限制干預，使一百德國馬克的價值明顯高於八十瑞士法郎。

102. 正如一位理事在一九八四年的一次會議上所說，透過關注貨幣政策，中央銀行成功地「增加了對聯邦政府和銀行轉圜的空間」（瑞士央行理事會，一九八四年七月十二日，SNBA）。

103. 在一九八一年的一次公開調查中，當瑞士人被問及央行的情況時，「幾乎所有受訪者都表示，他們很樂意認為瑞士國家銀行所做的任何事情都是正確的。」一九八一年六月二十九日在瑞士銀行家協會董事會會議，SBA檔案。

104. 在一九七八年八月的一份說明中，他聲稱中央銀行是唯一執行「可信」、「可理解」且「經濟相關」政策的官僚機構（Thomann, "Notiz für Le. Zur Geldmengenpolitik der Nationalbank," August 8, 1978, SNBA 2.1 / 2489）。

105. Unknown author, "Another note," June 24, 1977, BoE Archive 7A127 / 1.

106. Labour Party, Financial Institutions Group, January 28, 1975, BoE Archive, BoE Archive 7A127 / 1; Gordon Pepper, "Paper for the Money Study Group," monetary policy symposium, November 28, 1973, BoE Archive 2A128 / 11.

107. Harold James, *Making a Modern Central Bank: The Bank of England 1979–2003*, p. 66中引述。

108. Joe Grice, "Report of a Visit to the Bundesbank and to the German Federal Ministry of Finance," May 12–14, 1987, BoE Archive 2A182 / 10.

109. Walter Bagehot, *Lombard Street: A Description of the Money Market*; John Wood, *A History of Central Banking in Great Britain and the United States*, p. 32中引述。

110. Samuel Knafo, *The Making of Modern Finance: Liberal Governance and the Gold Standard*; Steven Pincus, and James A. Robinson, "What Really Happened during the Glorious Revolution?"

111. Walter Bagehot, *Lombard Street: A Description of the Money Market*; Richard Sayers, *The Bank of England 1891–1944, Volume 1.*

112. Richard Sayers, *The Bank of England 1891–1944, Volume 1*, p. 599; John Wood, *A History of Central Banking in Great Britain and the United States*, p. 14.

113. Liaquat Ahamed, *Lords of Finance: The Bankers Who Broke the World.*

114. Liaquat Ahamed, *Lords of Finance: The Bankers Who Broke the World*, pp. 25-26; Michael Collins and Mae Baker., "Bank of England Autonomy: A Retrospective."

115. James Morrison, "Shocking Intellectual Austerity: The Role of Ideas in the Demise of the Gold Standard in Britain."

116. 對應的法律行為並沒有明確說明中央銀行打算追求的政策目標，只是將控制權移交給政府：政府獲得了任命法院成員和總督的權力，現在任期為五年。

117. Peter Hall, *Governing the Economy: The Politics of State Intervention in Britain and France*; Margaret Weir and Theda Skocpol, "State Structures and the Possibilities for 'Keynesian' Responses to the Great Depression in Sweden, Britain, and the United States."

118. Michael Collins and Mae Baker, "Bank of England Autonomy: A Retrospective," p. 16.

119. 瑞秋．洛麥斯接受作者的訪談。

120. Forrest Capie, *The Bank of England*, p. 590; Michael Moran, *The Politics of the Financial Services Revolution: The USA, UK and Japan*, p. 63.一九四六年英格蘭銀行的國有化，賦予央行「如果財政部授權」的權力，可以「向任何銀行發出指示」，但這種強制權力從未被使用過，儘管戰後大部分的時間，銀行都奉命限制貸款並將貸款引導到政府偏好的方向……。這些……總是由央行以『請求』的形式發出……然而，用語〔也〕顯示央行決心在不訴諸法規書的情況下，履行越來越廣泛的公共職責，以及法規書涉及的政治力量範圍。」（Michael Moran, *The Politics of Banking: The Strange Case of Competition and Credit Control*, 20.）。央行只會將威脅政府的法定行動和干預，當成最後的手段來使用（William Allen, *Monetary Policy and Financial Repression in Britain, 1951–59*, p. 196; John Turner, *Banking in Crisis: The Rise and Fall of British Banking Stability, 1800 to the Present*, p.185.）。

121. Unknown author, "The Position of the Bank," August 16, 1977, BoE Archive 7A127 / 1.

122. Gordon Pepper and Michael J. Oliver, *Monetarism under Thatcher: Lessons for the Future*, pp. 32-33.

123. William Allen, *International Liquidity and the Financial Crisis.*

124. Alan Booth, "Britain in the 1950s: A 'Keynesian' Managed Economy?"; George Peden, *The Treasury and British Public Policy, 1906–1959*, p. 438.

125. Charles Goodhart, "The Bank of England over the Last 35 Years," p. 42.「經濟部門更大的部分是預測小組，擁有複製財政部所擁有的總體模型，這可以說是『凱因斯主義』預測系統的一部分，這是何時建立的標準政策制定，一九六〇年代嗎？我不確定這是什麼時候開始的。但是每年都有預算，並且會進行需求管理，以決定是財政振興還是財政緊縮，應該提高什麼稅等等。財政部顯然處於領導的地位，但銀行有自己的模式，在預算前，央行和財政部之間會就此進行互動（這是一種無休止的循環）……。央行曾有一段很長的時間對經濟學家持懷疑的態度……。當時央行的理事幾乎總是其中一間商業銀行的前董事長。李伊．彭伯頓（Lee Pemberton）來的時候很不尋常，因為他來自一間清算銀行。該銀行由非經濟學家管理，如果他們受過專業培訓，那就是市場從業者。我認為馬文．金恩絕對是第一位真正自稱經濟學家的理事。」（安東尼．哈特森〔Anthony Hotson〕接受作者訪談。）

126. Charles Goodhart, "The Bank of England over the Last 35 Years," p. 29.

127. William Allen, *The Bank of England and the Government Debt: Operations in the Gilt-Edged Market, 1928–1972*, p. 471; Forrest Capie, *The Bank of England, 1950s to 1979*.

128. 「科博德（Cobbold）反對銀行按規定持有短期債務，他指出：『他的法院永遠不會支援這一點』……。科博德的反對很重要，因為正如財政部所發現的，這不會迫使英格蘭銀行向商業銀行發出指示。」（William Allen, *Monetary Policy and Financial Repression in Britain, 1951–59*, p. 15.）

129. William Allen, *Monetary Policy and Financial Repression in Britain, 1951–59*, 208中引述。

130. Pierre Siklos, *The Changing Face of Central Banking: Evolutionary Trends since World War II*, p. 239中引述。

131. Wyn Grant, *Economic Policy in Britain*, p. 201.

132. Daniel Stedman Jones, *Masters of the Universe: Hayek, Friedman, and the Birth of Neoliberal Politics*, p. 244.

133. Catherine Schenk, *The Decline of Sterling: Managing the Retreat of an International Currency, 1945–1992*.

134. John Fforde, "The United Kingdom— Setting Monetary Objectives."

135. William Allen, "Asset Choice in British Central Banking History, the Myth of the Safe Asset, and Bank Regulation," p. 20.

136. 有關支持這些處方的模型，請參閱Jacques Polak, *The IMF Monetary Model at Forty*。

137. Charles Goodhart and Duncan J. Needham, "Historical Reasons for the Focus on Broad Monetary Aggregates in Post–World War II Britain and the 'Seven Years War' with the IMF."

138. John Fforde, "The Supervisory Function"; Duncan Needham, *UK Monetary Policy from Devaluation to Thatcher, 1967–1982*, pp. 30-31中引述。

139. 一九六八年五月二十九日和一九六八年十月十五日，克羅科特（A. D. Crockett）撰寫的〈貨幣供給額和支出〉（The Money Supply and Expenditure）草案；一九六八年九月十二日，迪克斯米洛（Dicks-Mireaux）的一份說明表達了對「美國文獻」（American literature）的強烈懷疑（皆出自 BoE Archive 2A128 / 1）。關於這段時期英國貨幣主義的新聞報導，例如，請參閱，"The Money Supply: The Great Debate," *Financial Times*, October 25, 1968。

140. Charles Goodhart and Duncan J. Needham, "Historical Reasons for the Focus on Broad Monetary Aggregates in Post–World War II Britain and the 'Seven Years War' with the IMF."古德哈特和克羅科特在一九七〇年六月發表在《英格蘭銀行季刊》（*BoE Quarterly Bulletin*）上的關於「貨幣的重要性」的論文（第一五九—一九八頁）中認為，貨幣需求的利息彈性沒有為一九五九年《雷克利夫報告》（*Radcliffe Report*）中闡述的貨幣和金融資產之間連續統一的觀點提供有力的證據，但也沒有強力的證據，以證明貨幣主義假設貨幣和金融資產之間的可替代性可以忽略不計。對央行的經濟學家來說，這代表必須放棄傳統的英國無能貨幣政策學說（Duncan Needham, *UK Monetary Policy from Devaluation to Thatcher, 1967–1982*, p. 26.），但是同時，任何對貨幣政策的理解，前提都是仔細研究英國貨幣體系的特殊性。此外，央行的經濟學家雖然初步確定了貨幣供給額與貨幣收入之間相對較強的相關性，但強調必須將相關性與因果關係區分開來，不能將貨幣供給額視為外生因素。

141. Charles A. E Goodhart, "Financial Innovation and Monetary Control", p. 80.

142. John Fforde, "The United Kingdom—Setting Monetary Objectives," in Paul Meek (ed.), *Central Bank Views on Monetary Targeting*, pp.51-59.

143. Duncan Needham, *UK Monetary Policy from Devaluation to Thatcher, 1967–1982*, p. 169.

144. 同上，頁70-71。

145. Finn Kydland, and Edward C. Prescott, "Rules Rather Than Discretion: The Inconsistency of Optimal Plans."

146. Peter Hall, *Governing the Economy: The Politics of State Intervention in Britain and France*.

147. Avner Offer, "The Market Turn: From Social Democracy to Market Liberalism," p. 1058.

148. Daniel Stedman Jones, *Masters of the Universe: Hayek, Friedman, and the Birth of Neoliberal Politics*.

149. Marion Fourcade, *Economists and Socie ties: Discipline and Profession in the United States*, pp. 45-46.

150. 「保守黨經濟重建小組隨後被一群貨幣主義者說服，主要原因是……一九七二－一九七三年的貨幣供給額成長。」（Duncan Needham, *UK Monetary Policy from Devaluation to Thatcher, 1967–1982*, p. 3.）在他們一九七六年的宣言《正確的經濟方法》（*The Right Approach to the Economy*）中，保守黨人建議「現在宣布明確的貨幣擴張目標為經濟管理的目標之一是正確的。」保守黨新任領袖柴契爾廣泛借用貨幣主義的詞彙，在工黨據稱追求的「不成熟」的抗通膨戰中，與保守黨自己承諾更堅決、後果性的反通膨主義之間，建立了道德上的差別（關於這一點，請參閱Ian Gilmour, "Monetarism and History," London Review of Books, January 21, 1982）。另請參閱Margaret Thatcher, speech at Conservative Local Government Conference, London, March 3, 1979, Margaret Thatcher Foundation Archive。

151. Forrest Capie, *The Bank of England, 1950s to 1979*, 676; Aled Davies, "The Evolution of British Monetarism: 1968–1979"; Michael Oliver, "The Long Road to 1981: British Money Supply Targets from DCE to the MTFS," p. 214.

152. Anthony Hotson, *Respectable Banking: The Search for Stability in London's Money and Credit Markets since 1695*, pp. 137-38.例如，Gordon Pepper, "A Monetary Base for the UK," W. Greenwell and Co Monetary Bulletin No. 61; Brian Griffiths, "How the Bank Has Mismanaged Monetary Policy," The Banker 126 (610) (1977): 1411–1419。

153. A. L. Coleby, "The Bank of England's Operational Procedures for Meeting Monetary Objectives."

154. Charles Goodhart, "Bank of England Research on the Demand of Money Function."

155. Charles Goodhart, "The Conduct of Monetary Policy", p. 314.

156. Anthony Hotson, *British Monetary Targets, 1976 to 1987: A View from the Fourth Floor of the Bank of England*中引述。

157. Duncan Needham, *UK Monetary Policy from Devaluation to Thatcher, 1967–1982*, pp. 90-91中引述。「將公共支出限制在計畫限制內的問題可能還是很困難。在這些情況下，我們認為更有必要在一整套計畫中，納入今年的明確貨幣目標，並承諾明年進一步制定更低的目標。國外有影響力的輿論，包括國際貨幣基金組織（IMF）和GAB的主要投稿者，都認為採用規範性貨幣目標非常重要。」（unknown author, "Money Supply Target," September 19, 1976, BoE Archive 6A50 / 18）

158. Anthony Hotson, *British Monetary Targets, 1976 to 1987: A View from the Fourth Floor of the Bank of England*, pp. 3, 9; Anthony Hotson, *Respectable Banking: The Search for Stability in London's Money and Credit Markets since 1695*, pp. 137-38.

159. Michael Oliver, "The Long Road to 1981: British Money Supply Targets from DCE to the MTFS," p.218中引述。

160. Jacqueline Best, "The Inflation Game: Targets, Practices and the Social Production of Monetary Credibility"; Fritz Scharpf, *Sozialdemokratische Krisenpolitik in Europa.*

161. Duncan Needham, "The 1981 Budget: 'a Dunkirk, not an Alamein' ," p. 156.

162. Unknown author, "Externalising the Bank— Second Note," May 23, 1977, BoE Archive 7A127 / 1.

163. ibid.。

164. ibid. Unknown author, "Externalising the Bank—Internal Memorandum of a Discussion on the Executive Level, First Circulated to the Deputy Governor and Different Directors," May 18, 1977, BoE Archive 7A127 / 1。

165. 正如保羅．塔克所說的：「央行對貨幣政策的影響主要來自市場方面，包括利用對金邊債券市場或外匯市場實際或預期不利影響的建議，以及其運作角色。」（Acosta et al., A History of Economic Research at the Bank of England (1960–2019).中引述。）

166. Charles Maier, "Two Sorts of Crisis? The 'Long' 1970s in the West and the East."

167. Jacqueline Best, "The Inflation Game: Targets, Practices and the Social Production of Monetary Credibility."

168. Karl Schiller，David Marsh, The Most Powerful Bank: Inside Germany's Bundesbank, 191中引述。

169. Otmar Emminger, "The Evolution of the Exchange Rate from 'Sacrosanct' Parity to Flexible Monetary Policy Instrument"; William Glenn Gray, "Floating the System: Germany, the United States, and the Breakdown of Bretton Woods, 1969–1973."

170. Hauke Janssen, *Milton Friedman und die 'monetaristische Revolution in Deutschland.'*

171. Helmut Schlesinger and Friedrich W. Bockelmann, "Statement on German Position," in Proceedings of the BIS meeting, *The Developments of the Money Supply and Its Relation to Economic Activity and Prices*, November 4–6, 1971, BIS Archive.

172. Peter Johnson, *The Government of Money. Monetarism in Germany and the United States.*

173. John Goodman, *Monetary Sovereignty: The Politics of Central Banking in Western Europe*, p.101; Harold James, *Making the European Monetary Union*, pp. 180-82; Fritz Scharpf, *Sozialdemokratische Krisenpolitik in Europa*, p. 101.

174. Peter Johnson, *The Government of Money. Monetarism in Germany and the United States*, p. 109.

175. 同上，頁94中引述。

176. 《德國聯邦銀行月報》（*Bundesbank Monthly Report*, February 1990, 8）。在後續的一份報告中，德國聯邦銀行表示：「特別是，要求政府透過推行一致的穩定政策，為降低通膨預期做出值得相信的貢獻，進而降低市場利率的風險溢價。任何「過早」放鬆貨幣政策都可能危及即將恢復更穩定的價格。然而，如果只依賴貨幣政策來對抗通貨膨脹，那麼貨幣政策就會被過度使用。如果要避免進一步經濟發展中的緊張局勢，首先是薪資和財政政策制定者的輔助支援，仍然是不可少的。」（*Bundesbank Monthly Report*, June 1992, 10）

177. RobertFranzese, "Credibly Conservative Monetary Policy and Labour- Goods Market Organisation: A Review with Implications for ECB-Led Monetary Policy in Europe", pp. 100-101.舉例來說，德國聯邦銀行在一九七七年九月的月刊中敦促工會降低要求：「在『分配的困境』中，克制是……迫切需要的，以防止通膨預期的重新點燃，因為通膨預期可能會嚇跑存戶並擾亂資本市場。」（*Bundesbank Monthly Report*, September 1977, 3）

178. Bob Hancké, *Unions, Central Banks, and EMU: Labour Market Institutions and Monetary Integration in Europe*, p. 16; Martin Höpner, "The German Undervaluation Regime under Bretton Woods: How Germany Became the Nightmare of the World Economy"; Otmar Issing, "Monetary Targeting in Germany: The Stability of Monetary Policy and of the Monetary System", p. 78; Peter Johnson, *The Government of Money. Monetarism in Germany and the United States*, p. 99.

179. John Goodman, *Monetary Sovereignty: The Politics of Central Banking in Western Europe*; Carlo Tognato, *Central Bank Independence: Cultural Codes and Symbolic Performance.*

180. Jörg Bibow, "On the 'Burden' of German Unification"; Inga Rademacher, "One State, One Interest? How a Historic Shock to the Balance of Power of the Bundesbank and the Ministry of Finance Laid the Path for German Fiscal Austerity." 在兩德統一後的關鍵時期，德國聯邦銀行官員警告過度赤字，並聲稱「指望只靠貨幣政策來維護穩定，完全是高估其能力。因此，聯邦和地方政府以及地方當局的財政政策面臨著一項艱巨的任務，那就是盡快朝著財政整頓的方向確定方向。」（*Bundesbank Monthly Report*, February 1991, 8）

181. Germany, *Euromoney*, 一九九二年九月一日的特別報導。

182. Peter Johnson, *The Government of Money. Monetarism in Germany and the United States*, pp. 9, 76.

183. Franklin Allen, Michael K. F. Chui, and Angela Maddaloni, "Financial Systems in Europe, the USA, and Asia."

184. Yoshio Suzuki, "Japan's Monetary Policy over the Past 10 Years", p. 6.

185. Peter Hall and Robert J. Franzese, "Mixed Signals: Central Bank Independence, Coordinated Wage Bargaining, and European Monetary Union", p. 530.

186. Victor Argy, Anthony Brennan, and Glenn Stevens, "Monetary Targeting: The International Experience."

187. David Laidler, *Successes and Failures of Monetary Policy since the 1950s*, p. 18.
188. Eric Monnet, "La politique de la Banque de France au sortir des trente glorieuses: Un tournant néolibéral et monétariste?" p.151.
189. Eric Monnet, "La politique de la Banque de France au sortir des trente glorieuses: Un tournant néolibéral et monétariste?" p. 168.
190. Lucio Baccaro and Jonas Pontusson, "Rethinking Comparative Political Economy: The Growth Model Perspective."
191. 德國方面，畢柏（Jörg Bibow, "On the 'Burden' of German Unification."）分析了德國聯邦銀行貨幣主義教條主義的巨大成本。在瑞士，貨幣升值加上限制性貨幣政策，代表瑞士國家銀行實際上對經濟施加了國內通貨緊縮，尤其是在總統馬克士・路瑟的領導下，他的統治一直持續到一九九六年。在日本，中央銀行在一九八〇年代後半期放棄了貨幣主義。但是，貨幣目標使中央銀行成為價格穩定的獨立守護者，而在一九九〇年代初期被不當利用，對消費稅的增加做出了非寬鬆的反應，並試圖抵消資產價格通膨。
192. Robert Franzese, "Credibly Conservative Monetary Policy and Labour-Goods Market Organisation: A Review with Implications for ECB- Led Monetary Policy in Europe."
193. Peter Hall, *Governing the Economy: The Politics of State Intervention in Britain and France.*
194. David Laidler, "Monetary Policy without Money: Hamlet without the Ghost."

3・主導金融市場的預期

1. Simone Polillo and Mauro F. Guillén, "Globalization Pressures and the State: The Worldwide Spread of Central Bank Independence."
2. Marvin Goodfriend, "How the World Achieved Consensus on Monetary Policy", pp. 56-57.
3. Sarwat Jahan, "Inflation Targeting: Holding the Line"; Fabio Wasserfallen, "Global Diffusion, Policy Flexibility, and Inflation Targeting."
4. 例如，Wolfgang Streeck, *Buying Time: The Delayed Crisis of Demo cratic Capitalism.*
5. Mark Blyth, *Great Transformations: Economic Ideas and Institutional Change in the Twentieth Century*, p. 273; Colin Hay, "The 'Crisis' of Keynesianism and the Rise of Neoliberalism in Britain: An Ideational Institutionalist Approach"; Daniel Stedman Jones, *Masters of the Universe: Hayek, Friedman, and the Birth of Neoliberal Politics*, p. 271.
6. Cristina Bodea and Raymond Hicks, "International Finance and Central Bank Independence: Institutional Diffusion and the Flow and Cost of Capital"; Simone Polillo and Mauro F. Guillén, "Globalization Pressures and the State: The Worldwide Spread of Central Bank Independence."
7. Bruce Carruthers, Sarah Babb, and Terence C. Halliday, "Institutionalizing Markets, or the Market for Institutions? Central Banks, Bankruptcy Law, and the Globalization of Financial Markets"; Bernd Hayo, and Carsten Hefeker, "The Complex Relationship between Central Bank Independence and Inflation"; Fabio Wasserfallen, "Global Diffusion, Policy Flexibility, and Inflation Targeting."

8. Michael King, "Epistemic Communities and the Diffusion of Ideas: Central Bank Reform in the United Kingdom."

9. Marvin Goodfriend, "How the World Achieved Consensus on Monetary Policy"; Robert Hetzel, *The Monetary Policy of the Federal Reserve: A History*.

10. Michael King, "Epistemic Communities and the Diffusion of Ideas: Central Bank Reform in the United Kingdom."

11. Jens Beckert, *Imagined Futures: Fictional Expectations and Capitalist Dynamics*; Jacqueline Best, "The Inflation Game: Targets, Practices and the Social Production of Monetary Credibility"; Benjamin Braun, "Governing the Future: The European Central Bank's Expectation Management during the Great Moderation"; Stephen Nelson and Peter J. Katzenstein, "Uncertainty, Risk, and the Financial Crisis of 2008."

12. Benjamin Braun, "Governing the Future: The European Central Bank's Expectation Management during the Great Moderation."

13. Daniel Maman and Zeev Rosenhek, "The Contested Institutionalization of Policy Paradigm Shifts: The Adoption of Inflation Targeting in Israel."

14. Thomas Laubach and Adam S. Posen, "Disciplined Discretion: The German and Swiss Monetary Targeting Framework in Operation"; Simon Mee, *Central Bank Independence and the Legacy of the German Past*, p. 242.

15. Ben Bernanke, "The New Tools of Monetary Policy", p. 957. 同樣地，費德里克．密許金在二〇〇七年十二月十一日的聯邦公開市場委員會（FOMC）會議上表示，在這些關鍵對話者中，「控制通膨預期」「是我們所做的最關鍵的事情」。（另請參閱Alan Blinder, *How Do Central Banks Talk?* p. 25.）

16. 柏南奇，Sebastian Mallaby, *The Man Who Knew: The Life and Times of Alan Greenspan*, 612中引述。

17. Ben Clift, "The Hollowing out of Monetarism: The Rise of Rules-Based Monetary Policy-Making in the UK and USA and Problems with the Paradigm Change Framework," p. 298.

18. Peter Hall, *Governing the Economy: The Politics of State Intervention in Britain and France*; Colin Hay, "The 'Crisis' of Keynesianism and the Rise of Neoliberalism in Britain: An Ideational Institutionalist Approach."

19. Jacqueline Best, "The Inflation Game: Targets, Practices and the Social Production of Monetary Credibility"; Ben Clift, "The Hollowing out of Monetarism: The Rise of Rules-Based Monetary Policy-Making in the UK and USA and Problems with the Paradigm Change Framework"; Monica Prasad, *The Politics of Free Markets: The Rise of Neoliberal Economic Policies in Britain, France, Germany, and the United States*, 102 ff.

20. Monica Prasad, *The Politics of Free Markets: The Rise of Neoliberal Economic Policies in Britain, France, Germany, and the United States*, p.118.

21. Duncan Needham, "The 1981 Budget: 'a Dunkirk, not an Alamein.' "

22. 瑞秋．洛麥斯接受作者的訪談。

23. Anthony Hotson, *Respectable Banking: The Search for Stability in London's Money and Credit Markets since 1695*, p. 146; Michael King, "Epistemic Communities and the Diffusion of Ideas: Central Bank Reform in the United Kingdom," p. 103.

24. Anthony Hotson, *Respectable Banking: The Search for Stability in London's Money and Credit Markets since 1695*, p. 144; Duncan Needham, *UK Monetary Policy from Devaluation to Thatcher, 1967–1982*, pp. 144-55.

25. Anthony Hotson, *Respectable Banking: The Search for Stability in London's Money and Credit Markets since* 1695, p. 151.

26. Avner Offer, "The Market Turn: From Social Democracy to Market Liberalism"; Christopher Payne, *The Consumer, Credit and Debt: Governing the British Economy*, pp. 156-58.

27. 「首先，在一九七〇年代末期之前，銀行的傳統企業貸款業務顯示利潤很高。這與對貸款的限制相結合，代表銀行沒有動力將其貸款從公司和無擔保個人貸款業務中轉移出去（……）。第二……銀行過去一直受到這樣或那樣形式的貸款限制……因此，在一九七〇年代的大部分時候，銀行都無法在抵押貸款市場上放貸。」（Leigh Drake, *The Building Society Industry in Transition*, pp. 4-46.）

28. 「你可以看到很多這些東西，以及泰瑞．柏恩斯和艾倫．巴德（Allen Budd）在倫敦商學院（London Business School）時寫的東西，當他們進來時，他們仍在繼續寫。在許多方面，他們是這種方法的建構者。」（洛麥斯接受作者訪談）

29. Ben Clift, "The Hollowing out of Monetarism: The Rise of Rules-Based Monetary Policy-Making in the UK and USA and Problems with the Paradigm Change Framework." p. 291.

30. Jacqueline Best, "The Inflation Game: Targets, Practices and the Social Production of Monetary Credibility."

31. Peter Lilley, *Ten Policy Questions about the Medium-Term Financial Strategy* (cited in Christopher Payne, *The Consumer, Credit and Debt: Governing the British Economy*, p. 144).

32. J. Odling, "Notes of a Meeting by the Chancellor of the Exchequer with Internal Staff and External Advisers, Held 5th October 1979," October 12, 1979, BoE Archive 7A1333 / 1.。顧問是艾倫．巴德、派屈克．明福德、提姆．康登、泰瑞．柏恩斯、約翰．弗萊明、布萊恩．格里菲斯和葛登．派柏。一九八九年，財政部重要官員彼得．米德頓（Peter Middleton）仍然以「信譽」為由，為中期策略辯護：「中期前景在三個方面很重要。它們賦予政策一種目的感，可以用簡單、連貫和清晰的方式呈現。其次，這代表有意避免可能帶來短期利益但長期成本的措施。第三，政策本身的中期期間大大增加了市場信譽和成功的機會」。（Peter Middleton, "Economic Policy Formulation in the Treasury in the Post-War Period: NIESR Jubilee Lecture," p.49，我的強調。）

33. Duncan Needham, *UK Monetary Policy from Devaluation to Thatcher, 1967–1982*, p. 148.

34. 豪伊寫給柴契爾的信。February 20, 1980, Margaret Thatcher Foundation Archive.

35. 保守黨的伊恩．吉爾摩（Ian Gilmour）指出了這一點，並將柴契爾政府對工黨的意識形態忽視以及理由，視為其主要失敗之一。請參閱Ian Gilmour, "Monetarism and History," *London Review of Books*, January 21, 1982。

36. Jacqueline Best, "The Inflation Game: Targets, Practices and the Social Production of Monetary Credibility."

37. Christopher Payne, *The Consumer, Credit and Debt: Governing the British Economy*, 96中引述。

38. Christopher Payne, *The Consumer, Credit and Debt: Governing the British Economy.*

39 歐佛（Offer）指出，在柴契爾時代，「住房財富為越來越多的人口帶來財務安全的承諾，替代及彌補了社會保險的不足，以及個人安全的另一個支柱。」（Avner Offer, "The Market Turn: From Social Democracy to Market Liberalism," p. 1063）

40. David Cobham, *The Making of Monetary Policy in the UK*, p. 48.

41. John Townsend, "The Orientation of Monetary Policy and the Monetary Policy Decision-Making Process in the United Kingdom," 1991, BoE Archive 10A114 / 25.

42. Ben Clift, "The Hollowing out of Monetarism: The Rise of Rules- Based Monetary Policy-Making in the UK and USA and Problems with the Paradigm Change Framework," p. 292.

43. 此處奈傑・勞森提供一份（不完整的）「他的」放鬆管制清單：「一九七九年五月新政府上臺後，幾乎立即宣布終止對建築界貸款的限制性指導方針、一九八二年七月取消租購限制、一九八三年十月建築協會企業聯合的崩潰、一九八六年《建築協會法》的某些方面、一九八六年十二月撤銷房屋貸款「指引」、一九八九年三月有效廢除管制借款令；直到一九八一年，建築協會以及較小程度的地方當局幾乎壟斷了住房融資。建築協會以零售方式接受資金，並以建築協會規定的利率借給購屋者。企業聯合的解體是由於大型建築協會本身的競爭本能的迅速發展，隨後是銀行對抵押貸款業務的大規模入侵，這些銀行對向拉丁美洲和海外其他國家政府貸款的樂趣越來越不抱幻想。在一九八〇年代後半期，由於專業抵押貸款機構的進入，抵押貸款業務的競爭進一步加劇，其中許多是在批發資本市場籌措資金的美國人。」（Nigel Lawson, *The View from No. 11: Memoirs of a Tory Radical*, pp. 626-27）「雖然銀行以前擁有百分之五的市占率，但是到了一九八二年底，銀行提供所有新貸款的百分之四十……。一九八三年的《金融法》（Finance Act）將幫助建築協會更有效地爭取消費者，因為他們將獲得更多進入批發市場的機會。」（Christopher Payne, *The Consumer, Credit and Debt: Governing the British Economy*, p. 156）

44. Gordon Pepper and Michael J. Oliver, *Monetarism under Thatcher: Lessons for the Future.*

45. "Broad money targeting was formally suspended in 1985 and abandoned in the March 1987 Budget" (David Cobham, *The Making of Monetary Policy in the UK, 1975–2000*, p. 14).

46. Lucio Baccaro and Jonas Pontusson, "Rethinking Comparative Political Economy: The Growth Model Perspective."

47. Jocelyn Pixley, *Central Banks, Democratic States and Financial Power.*

48. Gordon Pepper and Michael J. Oliver, *Monetarism under Thatcher: Lessons for the Future*, p. 48.

49. 這個觀點有支持的證據：「一九八三年至一九八八年間，貨幣部門的消費信貸總額每年以百分之十七或更高的速度成長、購屋貸款成長得更快、銀行對工商企業的英鎊貸款成長從一九八三－五年的平均百分之十點二加速到一九八六年的百分之十七點三，一九八七年為百分之二十一點六，一九八八年和一九八九年皆超過百分之三十二。住房市場中的股權退出現象——住戶這個群體借款購買房屋的次數超過了他們所需的金額，並將多餘的資金轉移到消費者支出中——也變得更加突出。」（David Cobham, *The Making of Monetary Policy in the UK, 1975–2000*, p.56）

50. Christopher Payne, *The Consumer, Credit and Debt: Governing the British Economy*, p.154.

51. Nigel Lawson, *The View from No. 11: Memoirs of a Tory Radical*, p. 632.
52. 同上，頁166。
53. Mimoza Shabani, Judith Jan Tyson, Jan Toporowski, and Terry McKinley, *The Financial System in the U.K.*
54. 例如Patrick Minford, *The Supply Side Revolution in Britain.*
55. David Laidler, "Monetary Policy without Money: Hamlet without the Ghost."
56. Perry Mehrling, *The New Lombard Street: How the Fed Became the Dealer of Last Resort*, p. 53.
57. Marvin Goodfriend, "How the World Achieved Consensus on Monetary Policy"; Athanasios Orphanides and John Williams, "Monetary Policy Mistakes and the Evolution of Inflation Expectations."
58. Steven Axilrod, *Inside the Fed: Monetary Policy and Its Management*, p. 44; Hyman Minsky, "Review of: Secrets of the Temple: How the Federal Reserve Runs the Country," p. 59.
59. Fritz Scharpf, *Sozialdemokratische Krisenpolitik in Europa.*
60. Peter Johnson, *The Government of Money. Monetarism in Germany and the United States*, p. 127.
61. Ralph Wexler, "Federal Control over the Money Market," p. 195.
62 Steven Axilrod, *Inside the Fed: Monetary Policy and Its Management*, p. 95; Peter Johnson, *The Government of Money. Monetarism in Germany and the United States*, p. 122; Nicholas Karamouzis and Raymond Lombra, "Federal Reserve Policy making: An Overview and Analysis of the Policy Process," p. 45. 如果有一群強勢的人能從這種懸而未決中獲利，那就是有抵押貸款的屋主（William Greider, *Secrets of the Temple: How the Federal Reserve Runs the Country.*）。但其他金融市場參與者、企業領導人、政治代表，甚至是普遍的民眾情緒都越來越認為通貨膨脹是國家的頭號問題。
63. FOMC, transcript, June 2, 1979, p. 10, cited in Lindsey et al., "The Reform of October 1979: How It Happened and Why."
64. 格瑞德引述美國總統的國內政策顧問史都華．艾森斯塔特（Stuart Eizenstat）的話說，他「解釋了吉米．卡特（Jimmy Carter）的命運選擇：『沃克之所以獲選，是因為他是華爾街的候選人。其實這就是他們要求的代價。我們對他的了解有多少？他有能力、聰明，我們也知道他的態度保守。』」（William Greider, *Secrets of the Temple: How the Federal Reserve Runs the Country*, p.47）
65. William Greider, *Secrets of the Temple: How the Federal Reserve Runs the Country*, p. 47.
66. David Lindsey, Athanasios Orphanides, and Robert H. Rasche, "The Reform of October 1979: How It Happened and Why," p. 503中引述。
67. Ulrich Bindseil, *The Operational Target of Monetary Policy and the Rise and Fall of the Reserve Position Doctrine*, p. 29.
68. 泰德．巴爾巴赫（Ted Balbach）接受羅伯特．赫澤的訪談。「與他早年在紐約聯邦準備銀行（New York Fed）的金融市場背景，以及他在財政部對布列敦森林制度的監督相一致，沃克專注於預期。此外，他相信可信的貨幣政策可以塑造這些期望」（Robert Hetzel, *The Monetary Policy of the Federal Reserve: A History*, p. 150）。

69. Marvin Goodfriend, "How the World Achieved Consensus on Monetary Policy," p. 51.

70. Steven Axilrod, *Inside the Fed: Monetary Policy and Its Management*, p. 112; Greta Krippner, *Capitalizing on Crisis: The Political Origins of the Rise of Finance*, p. 117.

71. Greenbook for the FOMC meeting on August 18, 1981.

72. Marvin Goodfriend, "Interest Rate Policy and the Inflation Scare Problem: 1979–1992," p. 16.

73. Milton Friedman and Anna Jacobson Schwartz, *A Monetary History of the United States: 1867–1960.*

74. Mary Morgan, "Measuring Instruments in Economics and the Velocity of Money," 24-25.

75. Nicholas Karamouzis and Raymond Lombra, "Federal Reserve Policy making: An Overview and Analysis of the Policy Process," p. 37中引述。

76. Greta Krippner, *Capitalizing on Crisis: The Political Origins of the Rise of Finance*, p. 119.

77. Tobias Adrian and Nellie Liang, "Monetary Policy, Financial Conditions, and Financial Stability."

78. Steven Axilrod, *Inside the Fed: Monetary Policy and Its Management*, p. 102.

79. Marvin Goodfriend, "Interest Rate Policy and the Inflation Scare Problem: 1979–1992."

80. Robert Hetzel, *The Monetary Policy of the Federal Reserve: A History*, p. 163.

81. 「三分之二的基金利率變化是由於聯準會的判斷行為，只有三分之一是由於自動調整造成的。」（Marvin Goodfriend, "Interest Rate Policy and the Inflation Scare Problem: 1979–1992," p. 4）

82. Timo Walter and Leon Wansleben, "How Central Bankers Learned to Love Financialization: The Fed, the Bank, and the Enlisting of Unfettered Markets in the Conduct of Monetary Policy."

83. 葛林斯班對債券市場利率的擔憂反映在聯邦公開市場委員會（FOMC）會議上的以下談話中：「布萊克：『我同意（關於建立非通膨環境）這正是這個會議室裡每個人的立場，但我不確定民眾是否完全相信』。葛林斯班：『可能是。他們只有在一段時間後才會相信：當我們看到三十年期公債利率為百分之五到二分之一時，我們就會知道他們深信不疑。』」（Robert Hetzel, *The Monetary Policy of the Federal Reserve: A History*, p. 201中引述。）

84. Greta Krippner, *Capitalizing on Crisis: The Political Origins of the Rise of Finance*, p. 127.

85. Benjamin Braun, "Governing the Future: The European Central Bank's Expectation Management during the Great Moderation."

86. Paul Tucker, *Unelected Power: The Quest for Legitimacy in Central Banking and the Regulatory State*, p. 440.

87. Peter Hall and Robert J. Franzese, "Mixed Signals: Central Bank Independence, Coordinated Wage Bargaining, and European Monetary Union"

88. "The Interest Rate Transmission in the United Kingdom and Overseas," *BoE Quarterly Bulletin*, July 1990, p. 198.

89. Ulrich Bindseil, *Monetary Policy Implementation*.

90. "Official Transactions in the Gilt Market," *BoE Quarterly Bulletin*, June 1966, p. 142.

91. "The Gilt-Edged Market," *BoE Quarterly Bulletin*, June 1979, p. 138.

92. M. J. Hamburger, "Expectations, Long- Term Interest Rates, and Monetary Policy in the United Kingdom," *BoE Quarterly Bulletin*, March 1971, p. 364. See also William Allen, *The Bank of England and the Government Debt: Operations in the Gilt-Edged Market, 1928–1972*, 94.

93. Aled Davies, "The Evolution of British Monetarism: 1968–1979."

94. 「在到一九七〇年之前的八年中，PSBR（Public Sector Borrowing Requirement，公共部門借款要求）平均略高於三十／四十億英鎊（以當前市場價格計算佔GDP的百分之二）。從那時起，平均達到六十億英鎊（占GDP的百分之六），一九七五年達到高峰，超過一百五十億（佔ＧＤＰ的百分之十又四分之一）（"The Gilt-Edged Market," *BoE Quarterly Bulletin*, June 1979, p. 139）。

95. 同上，頁138。

96. 伊恩．普蘭德利斯接受作者的訪談。

97. "Gilt Futures Likely to Be Popular," Financial Times, October 25, 1982.

98. 普蘭德利斯接受作者的訪談。參見 Creon Butler and Roger Clews, "Money Market Operations in the United Kingdom," *BIS Conference Papers (Implementation and Tactics of Monetary Policy)*, 1997, pp. 45–70.

99. 在設計這個制度和重新思考央行的角色時，官員們明確地將聯邦財政部證券市場當成他們的藍圖：正如一位官員說的：「美國體系更容易適應這樣一個市場，在這個市場中，政府證券在需要資金時被拍賣，而中央銀行的運作主要針對貨幣政策的實施。」（J. G. Hill, "The Future Structure of the Gilt-Edged Market," March 20, 1984, BoE Archive 2A7-1 and 2.）

100. 一九八五年的一篇公告發現，現貨和期貨市場之間沒有系統性的套利機會：「在期貨和現貨市場沒有交易成本或其他市場缺陷的情況下，隱含遠期利率和期貨利率應該是相同的，兩者都是基於交易者目前可獲得的所有資訊。如果不相等，套利者可以獲得無風險的收益……。過去三年裡，期貨合約的定價有提高效率的趨勢。」（"Arbitrage between the Spot and Futures Markets for Eurodollars," *BoE Quarterly Bulletin*, December 1985, p. 561.）

101. Peter Middleton, "Economic Policy Formulation in the Treasury in the Post-War Period: NIESR Jubilee Lecture," p. 49.

102. Michael King, "Epistemic Communities and the Diffusion of Ideas: Central Bank Reform in the United Kingdom."

103. Philip Stephens, *Politics and the Pound: The Conservatives' Struggle with Sterling.*

104. Mervyn King, "Monetary Policy in the UK."

105. David Cobham, *The Making of Monetary Policy in the UK*, pp. 94-95.

106. "Inflation Report," *BoE Quarterly Bulletin*, February 1993, p. 27。用科巴姆（Cobham）總結性的話來說，「似乎沒有理由懷疑英格蘭銀行努力保護和加強其自主權，並進一步維護央行獨立性（大部分是無法觀察到的）。特別是，央行努力提高其貨幣專業知識（特別是其通膨預測能力），並利用責任制，如通膨報告和理事對貨幣月會議紀錄的貢獻……建立起技術聲譽」（David Cobham, *The Making of Monetary Policy in the UK*, p. 103）。

107. Juan Acosta, Beatrice Cherrier, François Claveau, Clément Fontan, Aurélien Goutsmedt, and Francesco Sergi, *A History of Economic Research at the Bank of England (1960–2019)*, p. 13.

108. Bennett McCallum, "Inflation Targeting in Canada, New Zealand, Sweden, the United Kingdom, and in General," p. 8.

109. Mervyn King, "Monetary Policy in the UK," p. 126.

110. Harold James, *Making a Modern Central Bank: The Bank of England 1979–2003*, p. 374中引述。

111. Paul Tucker, *Unelected Power: The Quest for Legitimacy in Central Banking and the Regulatory State*, p. 412.

112. Peter Middleton, "Economic Policy Formulation in the Treasury in the Post-War Period: NIESR Jubilee Lecture," p. 51.

113. Butler and Clews, "Money Market Operations in the United Kingdom," p. 48.

114. 同上。

115. Mervyn King, "Monetary Policy in the UK," p. 125.

116. 艾德・柏尼接受赫澤的訪問（二〇〇八），參見Steven Axilrod, *Inside the Fed: Monetary Policy and Its Management*, p. 138與Greta Krippner, "The Financialization of the American Economy," p. 130。

117. Ulrich Bindseil, *The Operational Target of Monetary Policy and the Rise and Fall of the Reserve Position Doctrine*, p. 117.

118. 另請參閱David Stasavage, "Communication, Coordination and Common Knowledge in Monetary Policy."

119. Mervyn King, "Changes in UK Monetary Policy: Rules and Discretion in Practice."

120. Peter Schmid and Henner Asche, "Monetary Policy Instruments and Procedures in Germany: Evolution, Deployment and Effects," *BIS Conference Papers (Implementation and Tactics of Monetary Policy)*, 1997, p. 91.

121. Schmid and Asche, "Monetary Policy Instruments and Procedures in Germany," p. 94.

122. Erich Spörndli and Dewet Moser, "Monetary Policy Operating Procedures in Switzerland," *BIS Conference Papers (Implementation and Tactics of Monetary Policy)*, 1997, pp. 142–43.

123. 準確地說，歐洲央行最初試圖發展通膨目標制和貨幣主義的混合體，主要是為了讓德國貨幣穩定的「成功」能穩定過渡到尚未建立起聲望的新制度（Kathleen McNamara, *The Currency of Ideas: Monetary Politics in the European Union.*）。然而，由於M3成長不穩定，與價格走勢不一致，歐洲央行很快就放棄了貨幣主義，並在二〇〇三年完全致力於實現通膨目標。

124. Alan Blinder, *How Do Central Banks Talk? London: CEPR*, p. 25.

125. 同上，頁2。

126. Mervyn King, *The End of Alchemy: Money, Banking, and the Future of the Global Economy.*

127. Benjamin Braun, "Central Banks Planning: Unconventional Monetary Policy and the Price of Bending the Yield Curve."

128. Tobias Adrian and Hyun Song Shin, "Financial Intermediaries, Financial Stability, and Monetary Policy."

129. Otmar Issing, "Monetary Targeting in Germany: The Stability of Monetary Policy and of the Monetary System," p. 78.

130. Martin Höpner, "The German Undervaluation Regime under Bretton Woods: How Germany Became the Nightmare of the World Economy."

131. Robert Brenner, The Economics of Global Turbulence; Ho-fung Hung, and Daniel Thompson, "Money Supply, Class Power, and Inflation: Monetarism Reassessed."

132. Hyman Minsky, "Review of: Secrets of the Temple: How the Federal Reserve Runs the Country," p. 61; Christopher Payne, *The Consumer, Credit and Debt: Governing the British Economy.*

133. Alfredo Saad Filho, "Monetary Policy in the Neo- liberal Transition: A Political Economy Critique of Keynesianism, Monetarism and Inflation Targeting," p. 105.

134. Ben Clift, "The Hollowing out of Monetarism: The Rise of Rules- Based Monetary Policy-Making in the UK and USA and Problems with the Paradigm Change Framework."

135. Monica Prasad, *The Land of Too Much: American Abundance and the Paradox of Poverty*; Sarah Quinn, *American Bonds: How Credit Markets Shaped a Nation.*

136. Avner Offer, "The Market Turn: From Social Democracy to Market Liberalism."

137. Robert Hetzel, *The Monetary Policy of the Federal Reserve: A History*, p. 5.

138. Douglas Holmes, *Economy of Words: Communicative Imperatives in Central Banks*, p. 69; Bennett McCallum, "Inflation Targeting in Canada, New Zealand, Sweden, the United Kingdom, and in General," p. 2.

139. Murray Sherwin, "Strategic Choices in Inflation Targeting: The New Zealand Experience," p. 17.

140. David Mayes and W. A. Razzak, "Transparency and Accountability: Empirical Models and Policy-Making at the Reserve Bank of New Zealand," pp. 99-105.

141. Peter Englund, "The Swedish Banking Crisis: Roots and Consequences."

142. Hans Lindberg, Kerstin Mitlid, and Peter Sellin, "Monetary Tactics with an Inflation Target: The Swedish Case," *BIS Conference Papers (Implementation and Tactics of Monetary Policy)*, 1997, pp. 231–49.

143. Sarwat Jahan, "Inflation Targeting: Holding the Line."

144. Fabio Wasserfallen, "Global Diffusion, Policy Flexibility, and Inflation Targeting."

145. 有關歐洲貨幣聯盟背景的討論，請參閱Bob Hancké, *Unions, Central Banks, and EMU: Labour Market Institutions and Monetary Integration in Europe.*

4・貨幣市場！全球金融與中央銀行的基礎結構

1. 「貨幣政策的操作目標是一個具有下列特徵的變數：（i）它可以被中央銀行充分控制；（ii）貨幣政策與經濟相關，因為它有效地影響了貨幣政策的最終目標（例如價格穩定）；（iii）貨幣政策界定了貨幣政策的立場，也就是貨幣政策是由中央銀行的政策決策機構（例如聯準會的聯邦公開市場委員會或歐洲中央銀行管理委員會）制定的貨幣政策（iv）貨幣政策為中央銀行的貨幣政策執行官員提供了必要和充分的指導」（Ulrich Bindseil, *Monetary Policy Operations and the Financial System*, p. 10）。

2. Hyman Minsky, "Central Banking and Money Market Changes."

3. Clemens Jobst and Stefano Ugolini, "The Coevolution of Money Markets and Monetary Policy, 1815–2008."

4. Hyman Minsky, "Central Banking and Money Market Changes," p. 171.

5. Clemens Jobst and Stefano Ugolini, "The Coevolution of Money Markets and Monetary Policy, 1815–2008," p. 149.

6. Perry Mehrling, *The New Lombard Street: How the Fed Became the Dealer of Last Resort.*

7. Carolyn Sissoko, "How to Stabilize the Banking System: Lessons from the Pre-1914 London Money Market."

8. Gary Burn, *The Re-emergence of Global Finance*; Barry Eichengreen, *Globalizing Capital: A History of the International Monetary System*; Eric Helleiner, *States and the Reemergence of Global Finance: From Bretton Woods to the 1990s*; Susan Strange, *Mad Money.*

9. Mareike Beck, "Extroverted Financialization: How US Finance Shapes European Banking."

10. Jeremy Green, "Anglo- American Development, the Euromarkets, and the Deeper Origins of Neoliberal Deregulation."

11. Tobias Adrian, and Nellie Liang, "Monetary Policy, Financial Conditions, and Financial Stability," p. 12.

12. Scott Fullwiler, "An Endogenous Money Perspective on the Post-crisis Monetary Policy Debate"; Perry Mehrling, *The New Lombard Street: How the Fed Became the Dealer of Last Resort*.

13. J. T Kneeshaw and P. Van den Bergh, "Changes in Central Bank Money Market Operating Procedures in the 1980s," p. 21.

14. Tobias Adrian and Nellie Liang, "Monetary Policy, Financial Conditions, and Financial Stability," p. 12。另請參閱Benjamin Braun and Daniela Gabor, "Central Banking, Shadow Banking, and Infrastructural Power."

15. 附買回協議涉及將證券當成抵押品與現金進行臨時交換，並達成撤銷該交易的協定，並在稍後的預定日期歸還相同或等值的證券。根據感受到基礎抵押品風險，現金借款人為附買回協議支付「保證金率」又稱為「剃頭」（haircut）。由於有這筆金額，附買回協議通常是「超額抵押」貸款（Carolyn Sissoko, "Repurchase Agreements and the (De)construction of Financial Markets."），這表示現金貸方持有的抵押品價值高於他們借出的現金。此外，在雙邊回購中，貸款人可以在貸款期限內「再抵押」（重新借貸）借入的證券（美國有一些限制）。在合約開始時商定的初始購買和後來買回之間的價格差額，就是貸款的利息。

16. Gary Gorton and Andrew Metrick, "Securitized Banking and the Run on Repo."

17. Carolyn Sissoko, "How to Stabilize the Banking System: Lessons from the Pre-1914 London Money Market."

18. Ralph Wexler, "Federal Control over the Money Market."

19. Gary Gorton and Lixin Huang, "Banking Panics and the Origin of Central Banking."

20. Perry Mehrling, *The New Lombard Street: How the Fed Became the Dealer of Last Resort*, p. 32.

21. Randolph Burgess, *The Reserve Banks and the Money Market*; Henry Parker Willis, "The Federal Reserve Act."

22. Randolph Burgess, *The Reserve Banks and the Money Market*; Seth Maerowitz, "The Market for Federal Funds"; Allan Meltzer, *A History of the Federal Reserve, Volume I, 1913–1951*, pp. 164-65.

23. Allan Meltzer, *A History of the Federal Reserve, Volume I, 1913–1951*.

24. Lev. Menand, "Why Supervise Banks? The Foundations of the American Monetary Settlement."

25. Jane D'Arista, *The Evolution of US Finance, Volume II: Restructuring Markets and Institutions*, p. 70.

26. Edward Kane, "Accelerating Inflation, Technological Innovation, and the Decreasing Effectiveness of Banking Regulation"; Wolfgang Reinicke, *Banking, Politics and Global Finance: American Commercial Banks and Regulatory Change, 1980–1990*.

27. Wolfgang Reinicke, *Banking, Politics and Global Finance: American Commercial Banks and Regulatory Change*, p. 30.

28. Charles Calomiris, "Universal Banking 'American-Style.' "

29. 「貨幣市場共同基金於一九七一年根據一九四〇年的《投資法》所首次建立，在居高不下而且持續上升的通膨的背景下，嚴重挑戰著銀行的存款……。一九七六年時，美林推出了一個貨幣市場共同基金帳戶，客戶可以開具支票，進一步增加了這些基金與銀行存款帳戶之間的機構相似性。」（Matthias Thiemann, *The Growth of Shadow Banking: A Comparative Institutional Analysis*, p. 83）

30. Marvin Goodfriend and Monica Hargraves, "A Historical Assessment of the Rationales and Functions of Reserve Requirements."

31. John Wooley, *Monetary Politics: The Federal Reserve and the Politics of Monetary Policy*, p. 74.

32. 後來的特殊目的工具，請參閱Matthias Thiemann, *The Growth of Shadow Banking: A Comparative Institutional Analysis*, p. 30.

33. Wesley Lindow, *Inside the Money Market.*

34. Harold Cleveland and Thomas F. Huertas, *Citibank, 1812–1970.*

35, Mareike Beck, "Extroverted Financialization: How US Finance Shapes European Banking," p. 11.

36. 引用的三項法律是於一九六四年生效的甘迺迪的利息均等稅（Interest Equalization Tax）、外國信貸限制計畫（Credit Restraint Program，一九六五年生效），以及外國投資計畫（Foreign Investment Program，一九六八年生效）。

37. Jane D'Arista, *The Evolution of US Finance, Volume II: Restructuring Markets and Institutions*, p. 69.

38. Ralph Wexler, "Federal Control over the Money Market," p. 199.

39. 「聯準會主張讓貨幣市場基金遵守準備金要求（當然是由聯準會所管理），以使其處於與銀行相同的競爭基礎。然而，當事實證明貨幣市場基金可以像銀行和儲蓄與貸款的總和一樣有效地動員政治支援時，對這一提議的任何希望都破滅了。」（John Wooley, *Monetary Politics: The Federal Reserve and the Politics of Monetary Policy*, p. 85.）

40. Sebastian Mallaby, *The Man Who Knew: The Life and Times of Alan Greenspan*, pp. 313-15.

41. Lev Menand, "Why Supervise Banks? The Foundations of the American Monetary Settlement," p. 66. 根據科寧斯（Martijn Konings, *The Development of American Finance.*）的說法，反對重大監管改革的另一股力量來自政府內部。到了一九七〇年代，美國財政部發現歐洲美元市場有助於產生對美元的需求，減輕了對其全球準備貨幣地位可能喪失，以及美國「過高特權」（exorbitant privilege）的擔憂（Barry Eichengreen, *Globalizing Capital: A History of the International Monetary System.*）。

42. 聯準會直到一九九〇年代和二〇〇〇年代初期才正式採用利率訊號，透過宣布聯邦基金目標的決定（一九九四年），透過在國內政策指令（一九九八年）中將聯邦基金利率目標定義為關鍵政策目標，並最終透過試圖將貼現窗口貸款「去汙名化」（二〇〇三年），後者透過設定市場利率的「上限」來使目標變得僵化。關於這個發展的重建，以及學術界同樣延後和不情願地採用「短期利率理論」的情況，請參閱Ulrich Bindseil, *The Operational Target of Monetary Policy and the Rise and Fall of the Reserve Position Doctrine.* 。

43. Tobias Adrian and Hyun Song Shin, "Financial Intermediaries, Financial Stability, and Monetary Policy"; Benjamin Braun and Daniela Gabor, "Central Banking, Shadow Banking, and Infrastructural Power"; Kjell Nyborg and Per Östberg, "Money and Liquidity in Financial Markets."

44. Martijn Konings, *The Development of American Finance*, p. 149.

45. Lev Menand, "Why Supervise Banks? The Foundations of the American Monetary Settlement," p. 66中引述。

46. Scott Fullwiler, "An Endogenous Money Perspective on the Post- crisis Monetary Policy Debate," p. 181.

47. Ann-Marie Meulendyk, *US Monetary Policy and Financial Markets*, pp. 141-42.

48. Ulrich Bindseil, *The Operational Target of Monetary Policy and the Rise and Fall of the Reserve Position Doctrine.*

49. Kenneth Garbade, "The Evolution of Repo Contracting Conventions in the 1980s."; Carolyn Sissoko, "The Legal Foundations of Financial Collapse"; Mark Toma, "The Role of the Federal Reserve in Reserve Requirement Regulation."

50. Lev Menand, "Why Supervise Banks? The Foundations of the American Monetary Settlement," p. 69.

51. Annelise Riles, *Collateral Knowledge: Legal Reasoning in the Global Financial Markets*, p. 55.在美國破產程序中，公司被賦予「自動中止」，這表示資產在「喘息空間」內仍屬於破產的公司。這些慷慨的規則有明確的經濟和政治理由，但卻與附買回市場的邏輯矛盾，在附買回市場中，貸款人希望透過控制抵押品來獲得保障。

52. Gary Walters, "Repurchase Agreements and the Bankruptcy Code: The Need for Legislative Action."

53. 第九十八屆國會第二屆會議司法委員會壟斷和商法小組委員會聽證會。H.R. 2852 and H.R. 3418 "Bankruptcy Law and Repurchase Agreements," May 2, 1984, Serial No. 128, US Government Printing Office, Washington, DC, 1985.

54. Mark Roe, "The Derivatives Market's Payment Priorities as Financial Crisis Accelerator."

55. .例如 Jeremy Green, "Anglo-American Development, the Euromarkets, and the Deeper Origins of Neoliberal Deregulation."

56. Anthony Hotson, *Respectable Banking: The Search for Stability in London's Money and Credit Markets since 1695*; Carolyn Sissoko, "How to Stabilize the Banking System: Lessons from the Pre-1914 London Money Market."

57. Avner Offer, "Narrow Banking, Real Estate, and Financial Stability in the UK c. 1870–2010."

58. Alex Preda, *Framing Finance: The Boundaries of Markets and Modern Capitalism.*

59. Gordon Alan Fletcher, *The Discount Houses in London: Principles, Operations and Change.*

60. Anthony Hotson, *British Monetary Targets, 1976 to 1987: A View from the Fourth Floor of the Bank of England.*

61. 「當貼現行來借錢時，而且他們必須親自進來做這件事…會傳達一個訊息。這個訊息就像這樣：『我們不太滿意……』然後他們會立即回過頭來說，『英格蘭銀行堅持……』因為我們可以隨時發行國庫券，所以如果我們願意，我們總是可以操縱它，讓貼現市場在二十四小時內出現現金短缺」（麥克．富特接受作者訪談）。另請參閱英格蘭銀行，"The Management of Money Day by Day," *BoE Quarterly Bulletin*, March 1963, pp. 15–21。

62. Mark Roe, "The Derivatives Market's Payment Priorities as Financial Crisis Accelerator"; Carolyn Sissoko, "The Legal Foundations of Financial Collapse"; Carolyn Sissoko, "How to Stabilize the Banking System: Lessons from the Pre-1914 London Money Market"; Carolyn Sissoko, "Repurchase Agreements and the (De)construction of Financial Markets."

63. Gordon Alan Fletcher, *The Discount Houses in London: Principles, Operations and Change*, p. 22.

64. A. L. Coleby, "Sterling Money Market Banks," September 26, 1979, BoE Archive 10A211-1 + 2。LDMA高度支援非正式性，正如其代表所說的：「LDMA的成員在票據市場的運作中扮演著重要的角色。他們關心的是保持倫敦法案的品質，同時希望鼓勵其使用。市場慣例越成文，市場參與者行使所需的技能和專業知識就越少……。這種制度的運作並不要求英格蘭銀行公開聲明（i）某些名稱比其他名稱更有資格；（ii）某些票據比其他票據更有資格」（LDMA, "The Conduct of Open Market Operations," December 23, 1980, BoE Archive 10A211-1 and 10A211-2）。

65. Charles Goodhart, "The Changing Role of Central Banks." Unknown author, "Note on 'Eligibility,' " December 23, 1980, BoE Archive 10A211-1 and 10A211-2.

66. Carolyn Sissoko, "How to Stabilize the Banking System: Lessons from the Pre-1914 London Money Market."

67. Richard Sayers, *The Bank of England 1891–1944, Volume 1.*

68. John Turner, *Banking in Crisis: The Rise and Fall of British Banking Stability, 1800 to the Present.*

69. Unknown author, "The Money Market," 1980, BoE Archive 2A182 / 1.

70. 保羅．塔克和伊恩．普蘭德利斯接受作者的訪談。另請參閱"Proposal for a Revised Directing Structure," April 19, 1979, BoE Archive 7A127-1。「過去遺留的一個問題是，央行執行董事與他們協調政策工作的央行領域之間的關係存在一定程度的模糊性；在某些問題上，他們沒有在部門負責人和理事之間進行指揮。」（confidential letter by C. to the Governor, Deputy, MacMahon and Blunden, November 2, 1979, BoE Archive 6A262 / 1）

71. Letter, Gerald & National to Chief Cashier Coleby, July 10, 1986, BoE Archive 10A211-1 and 10A211-2.

72. Gary Burn, "The State, the City and the Euromarkets."

73. Jeremy Green, "Anglo- American Development, the Euromarkets, and the Deeper Origins of Neoliberal Deregulation."

74. David White, "United Kingdom," *Euromoney*, September 1992.

75. Duncan Ross, "Domestic Monetary Policy 1945–1971."

76. 精確來說，根據一九六七年《公司法》第一二三條或第一二七條註冊的銀行公司只需持有百分之十的存款準備金率，而不是百分之十二點五。

77. "Sterling Certificates of Deposit," *BoE Quarterly Bulletin*, December 1972.

78. Leigh Drake, *The Building Society Industry in Transition.*

79. Charles A. E. Goodhart, "Implementation of Federal Reserve Open Market Operations (Comment)," in Paul Meek (ed.), *Central Bank Views on Monetary Targeting*, p. 52.

80. Paul Tucker, "Managing the Central Bank's Balance Sheet: Where Mon etary Policy Meets Financial Stability," *BoE Quarterly Bulletin*, July 2004, pp. 359–82.

81. A. L. Coleby, "Money Market Management," February 18, 1981, and Coleby to Lankester, "Review of 1981 Monetary Control Arrangements," November 12, 1984, BoE Archive 2A182 / 2 + 8。「去年八月（一九八一年，LW）對貨幣管制安排的修改（除其他外）目的在於提供更靈活的短期利率管理，允許更大程度的市場影響和更低的政治形象，而不是MLR（英格蘭銀行的貼現貸款利率，LW），希望這麼做可以減少在更嚴格管理的安排中的任何『拖延偏好』……。因為兩個原因，這些安排沒有按原先設想的那樣運作：持續的貨幣市場短缺以及由此導致的交易利率僵化意味著「噪音」比預期的要小得多。〔第二，〕對基準利率確切水準的政治興趣似乎肯定會持續下去」（unknown author, "Undisclosed band," April 22, 1982, BoE Archive 2A182 / 4）。

82. A. R. Latter, "Easing Liquidity by Abandoning the 12 1 / 2 Per Cent Minimum Reserve Ratio," July 11, 1980, BoE Archive 2A182 / 1。「在向清算銀行針對預期問題的性質和程度提出適當的警告後，我相信他們不會充分注意，讓他們自己去醞釀，這是很誘人的。但我認為必須拒絕這種做法。」（A. L. Coleby, "Money Markets in the Next Weeks," February 16, 1981, BoE Archive 2A182 / 2）「我們別無選擇，只能滿足銀行對準備金資產的需求。」（A. L. Coleby, "Money Market and Reserve Asset Assistance—Banking August," July 31, 1980, BoE Archive 2A182 / 2）

83. Ranald Michie, "The City of London and the British Government: The Changing Relationship."

84. 保羅．塔克接受作者的訪談。

85. "Corsetry Removed Layer by Layer," Financial Times, October 7, 1985.

86. 「我們很快將不得不接受名單擴大，或者站出來捍衛一種已經明顯具有歧視性的做法」（Coleby, "Sterling Money Market Banks"）。「我們目前的妥協允許一部分『不純』的交易……在邏輯上是站不住腳的……。我認為我們現在必須在恢復完全的『純潔』或放棄目前認為純潔的概念之間做出選擇……。以我來說…我建議應該拒絕整個方法，因為我認為這會不適當地限制我們運用的票據的可用性」（A. L. Coleby, "Eligible Bills," BoE Archive 10A211-1 and -2）。「堅持真實票據學說的傳統形式——貨物的自我清算（self-liquidating）交易——將大大限制合格票據的供應，而此時出於貨幣控制目的，需要迅速增加供給……銀行會……持有比以前更多的流動資產，因此，在其他條件相同的情況下，第二輪投資組合調整不太可能維持在貼現市場的流動存款水準」（unknown author, "Primary Liquidity in the Context of Monetary Control," January 28, 1981, BoE Archive 10A211-1 + 2, 4）。「然而，一旦我們擺脫了對『自我清算』的狹隘解釋（即票據與某些貨物有關，LW），我們確實很難找到準確的定義。」（A. L. Coleby to Keswick, February 28, 1985, BoE Archive 2A182 / 8）

87. 保羅．塔克接受作者的訪談。

88. 從一九八〇年代初開始，央行官員就要求銀行預測其每日央行（即最終結算）資金短缺的情況，央行才能精確計算出每日需要多少流動性支援。而央行則透過路透公布央行對自身負債系統短缺的每日預測，進而向廣大市場參與者發出了當天的預期操作訊號。

89. Unknown author, "The Structure of Financial Markets," November 4, 1983, BoE Archive 2A71.

90. 伊恩・普蘭德利斯接受作者的訪談。

91. 同上。

92. 同上。

93. Georg Rich, "Finanzplatz Schweiz und Euromarkt" 對經濟與行政高等學校的演講，Lucerne, April 23, 1979, SNBA。

94. Willi Loepfe, *Der Aufstieg des schweizerischen Finanzplatzes in der Nachkriegszeit.*

95. Georg Rich, "Die Staatliche Kontrolle der Euromärkte," published in a supplementary publication of the *Neue Zürcher Zeitung* on the Euromarket, November 23, 1982, SNBA.

96. 瑞士信貸的來信，SNB Directorate, August 19, 1976, and August 18, 1977, SNBA。

97. Scott Fullwiler, "Modern Central-Bank Operations: The General Principles."

98. Germany, *Euromoney*, 一九九二年九月一日的特別報導。

99. Gert Häusler, "The Competitive Position of Germany as a Financial Centre as Seen by a Central Banker,"p. 256.

100. Peter Schmid and Henner Asche, "Monetary Policy Instruments and Procedures in Germany: Evolution, Deployment and Effects," *BIS Conference Papers (Implementation and Tactics of Monetary Policy)*, 1997, p. 81.

101. John Zysman, *Governments, Markets and Growth: Financial Systems and the Politics of Industrial Change.*

102. Joe Grice, "Report of a Visit to the Bundesbank and to the German Federal Ministry of Finance," May 12–14, 1987, BoE Archive 2A182 / 10。「在德國似乎很少有人討論最低準備金要求，對銀行仲介帶來的成本及其對推動其他地方業務的影響，原因可能有好幾個。其中最主要的無疑是綜合銀行體系的主導地位和其他市場缺乏發展。」（John Townsend, "The Implementation of Monetary Policy in Germany," November 21, 1985, BoE Archive 2A182 / 22）。

103. Hubert Zimmermann, "No Country for the Market: The Regulation of Finance in Germany after the Crisis."

104. Gert Häusler, "The Competitive Position of Germany as a Financial Centre as Seen by a Central Banker," p. 258.

105. Germany, *Euromoney*, 一九九二年四月的特別報導。

106. 「自從……一九八六年起，銀行即獲准發行定存單（CD）。然而，由於兩個結構性的障礙，以及與傳統的零售存款相比，這種融資來源對德國銀行的吸引力相對較小，定存市場從未發展過。第一個障礙是所謂的證券交易所營業稅（Börsenumsatzsteuer）……。第二個障礙是德國聯邦銀行的最低準備金要求……。一九九一年一月之前，取消了所謂的證券交易所營業稅（Börsenumsatzsteuer），所有涉及德國交易對手的證券交易皆需徵收……。然而，由於對兩年以下到期的債務規定最低準備金要求，銀行和金融公司無法發行。」（Germany, *Euromoney*, 一九九二年九月，頁20的特別報導）貨幣市場基金於一九九四年推出，但謹慎：最初，此類基金沒有二級交易（Schröder, Münchmeyer Hengst and Co., "Letter from Germany," *Euromoney*, December 1994）。

107. Richard Deeg, *Finance Capitalism Unveiled: Banks and the German Political Economy*; Malik Mazbouri, Sébastien Guex, and Rodrigo Lopez, "Finanzplatz Schweiz."

108. Mareike Beck, "Extroverted Financialization: How US Finance Shapes European Banking," pp. 13-14.

109. Wolfgang Gebauer, "The Euromarkets and Monetary Control: The Deutsche mark Case," pp. 23-24.

110. 「由於分別於一九九三年三月一日和一九九四年三月一日大幅降低了準備金率，德國聯邦銀行對歐洲金融中心之間的競爭，以及將存款從德國轉移到歐洲市場的強烈趨勢給予應有的注意。」（Gert Häusler, "The Competitive Position of Germany as a Financial Centre as Seen by a Central Banker," p. 257）

111. Wolfgang Filc, "Die Bundesbank zwischen Geldmengenorientierung und Zinsverantwortung"; Georg Rich, "Swiss Monetary Targeting 1974–1996: The Role of Internal Policy Analysis."

112. Ben Bernanke, and Frederic S. Mishkin, "Inflation Targeting: A New Framework for Monetary Policy?"

113. Flurin von Albertini, *Schweizer Geldpolitik im Dilemma.*

114. Kathleen McNamara, *The Currency of Ideas: Monetary Politics in the European Union.*

115. Georg Rich接受作者的採訪，二〇一三年十二月。

116. Daniela Gabor, "The (Impossible) Repo Trinity: The Political Economy of Repo Markets."

117. Morgan Ricks, *The Money Problem: Rethinking Financial Regulation*, p. 197.

118. Daniela Gabor, "The (Impossible) Repo Trinity: The Political Economy of Repo Markets," p. 982.

119. Thomas Jordan, "Risikominimierung und Liquiditätssicherung mittels Einsatz von Repo-Geschäften," talk given at the conference "Liquidität— eine Herausforderung für die Banken," Swiss National Bank, Zürich, January 11, 2005.

120. Committee for the Global Financial System, "Implications of Repo Markets for Central Banks," Bank for International Settlements, Basel, 1999, p. 3; Committee for the Global Financial System, "Market Liquidity: Research Findings and Selected Policy Implications," Bank for International Settlements, Basel, 1999, p. 11.

121. Marius Birk, "Liquidity without Tears: The Paradox of Regulating Liquidity through Designing Liquidity," p. 45.

122. 同上，頁7。

123. Committee for the Global Financial System, "Implications of Repo Markets for Central Banks," p. 3.

124. Counterparty Risk Management Policy Group, "Improving Counterparty Risk Management Practices," New York, p. 4. 衍生稅商品律師撰寫的手冊建議市場參與者尋求由「超級優先權」法律支持的衍生性商品和附買回部位，以此為避險的明智解決方案。(Mark Roe, "The Derivatives Market's Payment Priorities as Financial Crisis Accelerator," p. 555).

125. Directive 2002 / 47 / EC of the Eu ro pean Parliament and the Council of 6 June 2002 on financial collateral arrangements, *Official Journal of the European Communities*, June 27, 2002, p. 43.

126. Mark Roe, "The Derivatives Market's Payment Priorities as Financial Crisis Accelerator."

127. Stephanie Cooke, "Too Many Crooks Spoil the Froth," *Euromoney*, July 1994.

128. 此處的數字是根據國際證券（International Securities，後更名為：資本〔Capital〕）市場協會（ISMA / ICMA）進行的半年一次的調查，他們承擔著重複計算的風險，因為銀行報告的數位只是相加而已。

129. Ulrich Bindseil,*The Operational Target of Monetary Policy and the Rise and Fall of the Reserve Position Doctrine*, p. 7.

130. Clemens Jobst and Stefano Ugolini, "The Coevolution of Money Markets and Monetary Policy, 1815–2008," p. 145.

131. Tucker, "Managing the Central Bank's Balance Sheet," p. 363.

132. Perry Mehrling, *The New Lombard Street: How the Fed Became the Dealer of Last Resort*, p. 7.

133. Benjamin Braun, "Central Banking and the Infrastructural Power of Finance: The Case of ECB Support for Repo and Securitization Markets."

134. Anthony Hotson, *Respectable Banking: The Search for Stability in London's Money and Credit Markets since 1695*; John Turner, *Banking in Crisis: The Rise and Fall of British Banking Stability, 1800 to the Present.*

135. Ulrich Bindseil, *The Operational Target of Monetary Policy and the Rise and Fall of the Reserve Position Doctrine.*

136. Gary Gorton and Andrew Metrick, "Securitized Banking and the Run on Repo."

137. Carolyn Sissoko, "Repurchase Agreements and the (De)construction of Financial Markets."

138. Markus Brunnermeier and Lasse Heje Pedersen, "Market Liquidity and Funding Liquidity."

5・無知的組織，央行官員如何放棄監管

1. Charles Goodhart, "The Changing Role of Central Banks," p. 145.
2. Aaron Wildavsky and Naomi Caiden, *The New Politics of the Budgetary Process.*
3. Thomas Cusack, "Partisan Politics and Fiscal Policy"; Duane Swank, "Taxing Choices: International Competition, Domestic Institutions and the Transformation of Corporate Tax Policy."
4. James Stock and Mark W. Watson, "Has the Business Cycle Changed and Why?"
5. Ben S. Bernanke, "The Great Moderation," 二〇〇四年二月二十日在華盛頓特區聯邦準備理事會東部經濟協會會議上的演說。
6. Eric Leeper, "Monetary Science, Fiscal Alchemy."
7. Marvin Goodfriend, "How the World Achieved Consensus on Monetary Policy."
8. Claudio Borio, "Central Banking Post-Crisis: What Compass for Uncharted Waters?"
9. Emmanuel Saez and Gabriel Zucman, *The Triumph of Injustice: How the Rich Dodge Taxes and How to Make Them Pay.*
10. Ben Clift, *The IMF and the Politics of Austerity in the Wake of the Global Financial Crisis*, p. 114中引述。
11. Pierre Rosanvallon, *The Society of Equals.*
12. Isabel Cairó and Jae Sims, "Income In equality, Financial Crises, and Monetary Policy," 財經討論系列二〇一八—〇四八，二〇一八年，美國聯邦準備理事會，華盛頓特區。
13. William Allen, *International Liquidity and the Financial Crisis*; Moritz Schularick, and Alan M. Taylor, "Credit Booms Gone Bust: Monetary Policy, Leverage Cycles, and Financial Crises, 1870–2008."
14. Martijn Konings, *The Development of American Finance.*
15. Matthias Thiemann, *The Growth of Shadow Banking: A Comparative Institutional Analysis.*
16. Iain Hardie, David Howarth, Sylvia Maxfield, and Amy Verdun, "Banks and the False Dichotomy in the Comparative Political Economy of Finance"; Iain Hardie and Sylvia Maxfield, "Market-Based Banking as the Worst of All Worlds: Illustrations from the United States and United Kingdom."
17. Mark Roe, "The Derivatives Market's Payment Priorities as Financial Crisis Accelerator," p. 552.
18. Òscar Jordà, Moritz Schularick, and Alan M. Taylor, "The Great Mort gaging: Housing Finance, Crises, and Business Cycles," p. 10.
19. Mareike Beck, "Extroverted Financialization: How US Finance Shapes European Banking."

20. Adam Tooze, *Crashed: How a De cade of Financial Crises Changed the World.*

21. Moritz Schularick and Alan M. Taylor, "Credit Booms Gone Bust: Monetary Policy, Leverage Cycles, and Financial Crises, 1870–2008"; Alan Taylor, "Credit, Financial Stability, and the Macroeconomy."

22. Greta Krippner, *Capitalizing on Crisis: The Political Origins of the Rise of Finance.*

23. Mitchell Abolafia, *Stewards of the Market: How the Federal Reserve Made Sense of the Financial Crisis*; Neil Fligstein, Jonah Stuart Brundage, and Michael Schultz, "Seeing Like the Fed: Culture, Cognition, and Framing in the Failure to Anticipate the Financial Crisis of 2008."

24. Tobias Adrian and Nellie Liang, "Monetary Policy, Financial Conditions, and Financial Stability"; Tobias Adrian and Hyun Song Shin, "Financial Intermediaries, Financial Stability, and Monetary Policy"; Claudio Borio and Haibin Zhu, "Capital Regulation, Risk- Taking and Monetary Policy: A Missing Link in the Transmission Mechanism?"; Timo Walter and Leon Wansleben, "How Central Bankers Learned to Love Financialization: The Fed, the Bank, and the Enlisting of Unfettered Markets in the Conduct of Monetary Policy."

25. 馬西安達洛和昆汀（Masciandaro and Quintyn）提出，「監管涉及制定和實施管理金融系統活動的規則和條例，而監督則可確保金融機構遵守監管框架，並對不遵守規則和條例的機構實施制裁。這種制裁甚至可能『關閉』無償債能力而對個人的財產權造成後果的機構。」（Donato Masciandaro and Marc Quintyn, "The Evolution of Financial Supervision: The Continuing Search for the Holy Grail,"p. 263）

26. Charles Goodhart and Dirk Schoenmaker, "Institutional Separation between Supervisory and Regulatory Agencies."

27. Markus Brunnermeier and Lasse Heje Pedersen, "Market Liquidity and Funding Liquidity," p. 6.

28. Matthias Thiemann, Carolina Raquel Melches, and Edin Ibrocevic, "Measuring and Mitigating Systemic Risks: How the Forging of New Alliances between Central Bank and Academic Economists Legitimize the Transnational Macroprudential Agenda."

29. Matthias Thiemann, "In the Shadow of Basel: How Competitive Politics Bred the Crisis"; Matthias Thiemann, *The Growth of Shadow Banking: A Comparative Institutional Analysis*; Matthias Thiemann and Jan Lepoutre, "Stitched on the Edge: Rule Evasion, Embedded Regulators, and the Evolution of Markets."

30. James Kwak, "Cultural Capture and the Financial Crisis."

31. Charles Goodhart and Dirk Schoenmaker, "Institutional Separation between Supervisory and Regulatory Agencies."

32. Kathleen Thelen, "Historical Institutionalism in Comparative Politics."

33. Donato Masciandaro and Marc Quintyn, "The Evolution of Financial Supervision: The Continuing Search for the Holy Grail."

34. Diane Vaughan, *The Challenger Launch Decision: Risky Technology, Culture, and Deviance at NASA.*

35. Charles Goodhart, *The Evolution of Central Banks*; Charles Goodhart, "The Changing Role of Central Banks."

36. Charles Goodhart, *The Basel Committee on Banking Supervision: A History of the Early Years, 1974–1997.*

37. 另請參閱Benjamin Braun, Arie Krampf, and Steffen Murau, "Financial Globalization as Positive Integration: Monetary Technocrats and the Eurodollar Market in the 1970s."

38. 兩個小組委員會，也就是庫克委員會和桑德伯格小組，制定了相對詳細的計畫，以引入國際規範，規定銀行在一九八〇年代的緊急期間保持安全的流動性。但資深談判代表並未採納這些提議。

39. Clemens Bonner and Paul Hilbers, "Global Liquidity Regulation—Why Did It Take So Long?"

40. Stephen Golub, Ayse Kaya, and Michael Reay, "What Were They Thinking? The Federal Reserve in the Run-Up to the 2008 Financial Crisis."

41. Morgan Ricks, *The Money Problem: Rethinking Financial Regulation.*

42. Thomas Oatley and Robert Nabors, "Redistributive Cooperation: Market Failure, Wealth Transfers, and the Basel Accord."

43. Annelise Riles, *Collateral Knowledge: Legal Reasoning in the Global Financial Markets.*

44. James Kwak, "Cultural Capture and the Financial Crisis."

45. Charles Goodhart, *The Organisational Structure of Banking Supervision*, p. 20.

46. Matthias Thiemann, Carolina Raquel Melches, and Edin Ibrocevic, "Measuring and Mitigating Systemic Risks: How the Forging of New Alliances between Central Bank and Academic Economists Legitimize the Transnational Macroprudential Agenda."

47. Howard Davies, and David Green, *Banking on the Future: The Fall and Rise of Central Banking.*

48. 瑞士銀行家協會（The Swiss Bankers' Association）成功地代表銀行業，為其利益發出有力的聲音，並為其遊說和決策爭取到不同成員的支援（Sébastien Guex and Malik Mazbouri, "Une grande association patronale dans la sphère publique: L'exemple de l'Association suisse des banquiers (de 1912 à nos jours)."）。

49. Thibaud Giddey, "Gendarme ou médecin des banques? Les premières années d'activité de la Commission fédérale des banques (1935–1943)," p. 150.

50. Thibaud Giddey, *La genèse et les premières années d'activités de la Commission fédérale des banques (1931–1943)*, p. 150.

51. Malik Mazbouri and Janick Marina Schaufelbuehl, "A Legislator under Surveillance: The Creation and Implementation of Swiss Banking Legislation 1910–1934."

52. 同上，頁60。

53. Thibaud Giddey, "Gendarme ou médecin des banques? Les premières années d'activité de la Commission fédérale des banques (1935–1943)," pp. 152-53.

54. 這些會議通常是晚餐會議，是瑞央國家銀行理事的固定行程（SNBA）。

55. 瑞士銀行家協會一九三三—一九三四的年報，SBA Archive; letter of SNB to the SBA Council, July 28, 1961, SNBA。

56. 瑞士銀行家協會會議，April 3, 1968, SBA Archive。

57. 一位監管者承認了這種狀況：「控制只能由私人圈執行，法律設立的聯邦銀行委員會不是公共行政部門的一部分，實際上無權監督銀行的內部事務或審計員的報告。」（Paul Rossy, Mazbouri and Schaufelbuehl "A Legislator under Surveillance: The Creation and Implementation of Swiss Banking Legislation1910–1934," p.681.中引述）

58. 正如《新蘇黎世報》（*Neue Zürcher Zeitung,* "Uhren-und Textilindustrie in der Absatzkrise," May 24, 1975）所報導，央行官員看到了「金融」和與貿易有關的外匯活動之間的不平衡。他們提出不同的政策來控制投機行為，例如在中央交易所註冊所有交易者，對外匯交易徵收印花稅，或全面禁止外國人在瑞士投資（Willi Loepfe, *Der Aufstieg des schweizerischen Finanzplatzes in der Nachkriegs zeit.*）。

59. 「上星期，辛多納（Sindona）總部位於日內瓦的金融銀行（Banque de Financement，Finabank）被瑞士當局關閉，因為該公司宣布在外匯市場上代表辛多納的另一個業務艾迪爾申卓國際（Edilcentro International）進行投機交易而損失了六〇〇〇萬美元。金融消息人士已經開始預測金融銀行的損失將導致銀行陷入困境的連鎖反應。」（Inter Press Service press release, January 14, 1975, SNBA）

60. Peter Hug, "Steuerflucht und die Legende vom antinazistischen Ursprung des Bankgeheimnisses. Funktion und Risiko der moralischen Überhöhung des Finanzplatzes Schweiz."

61. 最具破壞性的是一九七七年公開的案件。多年來，瑞士信貸（Credit Suisse）在奇亞索（Chiasso）的一間分行的負責人和幾名員工以及商業夥伴，將富有的義大利人的財富轉移到列支敦斯登（Liechtenstein）的一個可疑基金中，保證為投資者的預期報酬。當這些投資者贖回他們的錢時，瑞士信貸不得不實現十四億瑞士法郎的損失（Max Mabillard and Roger de Weck, *Scandale au Crédit Suisse.*）。有一段時間，「奇亞索」代表著離岸銀行業務與白領犯罪之間的密切聯繫、對不存在的監管非常鬆懈，以及金融利益與更廣泛的國家利益之間日益擴大的鴻溝。

62. 在瑞士銀行家協會舉辦的年度聚會「銀行家日」（Bankers' Day）上發表講話時，洛特威勒指出：「在這些困難時期，中央銀行與銀行之間的合作沒有達到預期，因為政策制定的基本概念是錯誤的。貨幣供給額的調節及其對信貸擴張的影響，是央行履行其憲法職責之一的任務。央行與銀行是平等的夥伴無法完成這項任務。經常被引用的關於失蹤的紳士（missing gentlemen）的論點未能捕捉實際問題；銀行員或中央銀行官員的主要任務不是當個紳士（Fritz Leutwiler, "Zusammenarbeit zwischen Noteninstitut und Banken in schwierigen Zeiten," September 26, 1975, SNBA）。一年前，銀行家承認合作政策制定是過去的事了（Council of the SBA, May 15, 1974）。另請參閱Neue Zürcher Zeitung, "Die Notenbank im Spannungsfeld der Politik," February 27, 1975。在瑞士央行的一個專家委員會中，經濟學教授歐托．伍爾格勒（Otto Wuergler）指出，從道德的角度來看，銀行的行為不再是可以接受的（Meeting of the "Professorium," May 21, 1969, SNBA 2.1 2383）。艾弗瑞．薩拉辛（Alfred Sarasin）看到了這個變化：他認為中央銀行與銀行之間的合作精神可能會被破壞，「政治」可能會進入中央銀行（meeting of SBA Council, September 20, 1968）。在一九七二年七月三日的SBA理事會會議上，麥克斯．歐特利（Max Oetterli）重申這個邏輯推理。他認為，「我們正處於貨幣政策的十字路口。中央銀行現在已經放棄了合作解決方案，而是使用了法律手段」（SBA Archive）。特別是瑞士國家銀行計畫中的信貸限制引發了對「權威規則」的擔憂（SNB Bank Council, September 13, 1968, SNBA）

63. Thibaud Giddey, "La surveillance bancaire en Suisse: Mise en place et évolution d'un régime de régulation financière (1914–1975)."

64. Willi Loepfe, *Der Aufstieg des schweizerischen Finanzplatzes in der Nachkriegs zeit*, p. 401.

65. 瑞士國家銀行總裁承認，「聯邦銀行委員會在處理金融銀行和艾迪爾申卓國際的案件方面顯然失敗了。在這種情況下，對監管事務進行更多控制似乎是有利的。我們必須據此指示聯邦部長許瓦拉茲（Chevallaz）。正如另一位央行理事所補充：「在公開場合，央行可能會對聯邦銀行委員會的失敗負責。」（SNB Directorate, February 6, 1975, SNBA）

66. 一九七四年十一月十四日，在理事會議上討論了這個問題，不同的理事表達了不同的意見。理事們還考慮了其他備用方案，例如設立一個負責修訂的聯邦機構。

67. Session of the SNB Directorate, April 7, 1983, SNBA.

68. Session of the SNB Directorate, July 12, 1984, SNBA.

69. Markus Lusser, "Notenbank und Bankenaufsicht: Trennung oder Vermisc hung der Aufgaben?," 在西班牙—瑞士商會大會的演講，Zurich, July 5, 1994, SNBA。

70. 尼克勞斯．布拉特納接受作者的訪談。

71. Rich, letter to Directorate, December 6, 1985, SNBA。在一份補充協議說明中，信件指出：「就個人而言，瑞奇先生（Mr. Rich）最初認為流動性條款與貨幣政策無關。但在工作過程中，他改變了自己的看法。流動性規則不是必需的，但是補充了利率變化的紀律作用。」（SNB Directorate, April 24, 1986, SNBA）

72. 「監控流動性是我們的任務之一。我們這麼做是沒有信念的，因為據我們所知（1）沒有一間銀行只是因為流動性問題而倒閉，（2）法律在各方面規定皆不充分，以及（3）規避規則的現有可能性引發了對合規性的嚴重質疑。」（Secretariat to Members of the Swiss Banking Commission, April 26, 1982, SNBA 1.3 / 1237）

73. 內部報告工作小組。"Liquidity Rules," SNBA.

74. 同上。

75. Felix Bühlmann, Thomas David, and André Mach, "The Swiss Business Elite (1980–2000): How the Changing Composition of the Elite Explains the Decline of the Swiss Company Network."

76. 瑞銀於一九九二年收購了證券交易公司歐康納（O'Connor Partners），並於二〇〇〇年收購了奇德皮巴德（Kidder Peabody）和培恩威柏（PaineWebber）。瑞銀還建立內部避險基金迪倫瑞德資本管理（Dillon Read Capital Management）。瑞士信貸早在一九七八年就收購了第一波士頓（First Boston）的股份，並於一九八八年成為大股東。瑞信於二〇〇〇年收購了唐諾森路夫金與珍雷特（Donaldson, Lufkin & Jenrette）。

77. Donato Masciandaro and Marc Quintyn, "The Evolution of Financial Supervision: The Continuing Search for the Holy Grail."

78. 經過大約十年的談判，致力於修訂銀行法的專家最終放棄了整個專案。此外，財政部長在一九七〇年代後期在聯邦銀行委員會祕書處設立了幾個新職位後，在一九八〇年代初就停止擴張。

79. 布拉特納接受作者的訪談。

80. 「計畫中的修訂將導致放棄今天的流動性規則（Art. 15–18 BankV）。每間銀行都必須採取自己的流動性政策，以配合其活動和組織結構。銀行政策的細節將留給銀行自己和審計員，他們必須監督所通過的規定是否充分。」（annual report of Swiss Banking Commission, 1997）

81. Annual report of Swiss Banking Commission, 2007.

82. Paul Tucker, "Regimes for Handling Bank Failures: Redrawing the Banking Social Contract," 在英國銀行家協會年度國際銀行會議上的演說，June 30, 2009, Bank of England, London.。

83. Edward George, "The Pursuit of Financial Stability," *BoE Quarterly Bulletin*, February 1994, pp. 60–66.

84. Forrest Capie, *The Bank of England, 1950s to 1979*, p. 590; Michael Moran, *The Politics of the Financial Services Revolution: The USA, UK and Japan*, p. 63. 私立學校以及牛津和劍橋大學（稱為「牛劍」〔Oxbridge〕）塑造了這些精英。清算銀行和商業銀行的主席通常就讀於這些教育機構（Andreas Grueter, *Outsiders In: The Secondary Banking Crisis of the 1970s as a Renegotiation of Legitimacy and Control in the British Banking* System; Michael Lisle-Williams, "Beyond the Market: The Survival of Family Capitalism in the English Merchant Banks."）。

85. 正如艾迪．喬治的評論：「一九四六年的《銀行法》……賦予我們向銀行家『提出建議』或發布指示的權力，但這些都不被視為監督權力。相反的，這個法案被視為證明作為一九五〇年代和一九六〇年代貨幣政策一部分的量化貸款指引是合理的。」（George, "The Pursuit of Financial Stability," p. 62.）

86. Unknown author, "The Treasury, the Bank and the Constitution," August 25, 1977, BoE Archive 7A127 / 1.

87. William Allen, *Monetary Policy and Financial Repression in Britain, 1951–59*; Donato Masciandaro and Marc Quintyn, "The Evolution of Financial Supervision: The Continuing Search for the Holy Grail."

88. 特別規定如下：「第一……各公司持有的『未定義』資產（實際上是公共部門債務以外的資產）最多不得為其資本資源的二十倍。第二，為了審慎控制，其總資產負債表不得超過資本資源的三十倍。」（unknown author, "The Money Market," 1980, BoE Archive 2A182 / 1）

89. Forrest Capie, *The Bank of England, 1950s to 1979*, p. 589.

90. 準備金包括國庫券、貼現公司的「拆款」（批發帳戶）和中央銀行貨幣。請參閱William Allen, "Asset Choice in British Central Banking History, the Myth of the Safe Asset, and Bank Regulation."對英格蘭銀行資產選擇的詳細討論。

91. Duncan Needham and Anthony Hotson, *The Changing Risk Culture of UK Banks*.

92. Charles Goodhart and Dirk Schoenmaker, "Institutional Separation between Supervisory and Regulatory Agencies," p. 380.

93. Duncan Ross, "Domestic Monetary Policy 1945–1971," p. 316.「其他英國銀行」，其中包括邊緣機構，從一九六二年占英國銀行體系的百分之八點六增加到一九七〇年的百分之十三。

94. 正如格魯特所描述的：「每間邊緣銀行百分之六十或更多的投資都在房地產行業，最終為這類投資提供高達百分之百以上資產價值的貸款成為普遍做法。」（Andreas Grueter, *Outsiders In: The Secondary Banking Crisis of the 1970s as a Renegotiation of Legitimacy and Control in the British Banking System*, p. 4）

95. Margaret Reid, *The Secondary Banking Crisis, 1973–75: Its Causes and Course.*

96. Unknown author, "Fringe Banks (Speaking Notes)," January 15, 1974, BoE Archive 6A395 / 2.

97. Michael Moran, *The Politics of the Financial Services Revolution: The USA, UK and Japan.*

98. John Fforde, "The Supervisory Function," December 20, 1973, BoE Archive 7A222 / 1.

99. Forrest Capie, *The Bank of England, 1950s to 1979*, p. 610.

100. 同上。

101. 同上，頁611。

102. 例如，央行理事葛登．理查森聲稱，「區分（內部人士和外部人士，LW）的論點，無論是公開的還是非公開，主要取決於完全認可的英國銀行業的自我監管歷史，以及自我監管允許銀行的靈活度和個別差異的程度……。如果立法的出現使這種（自我監管）過程停止或受到損害，那將是一種極大的恥辱……。關於兩級控制的論點是，首先，銀行的所有控制經驗都是在信任的環境中獲得的。因此，在處理自我監管和可信的道德不太健全的機構，可能需要更持懷疑、以法律為主的態度時，它沒有相關的能力來處理。此外，央行可能採取的法律態度可能會在一段時間過後蔓延到其對精英群體的待遇中，進而對其與更重要群體的工作關係造成不幸的後果。」（Gordon Richardson, "The Supervisory Function," BoE Archive 7A222 / 1）然而，隨著監管與貨幣市場管理的分離，這種對自我監管的強調忽視了央行對銀行業務行使的非正式權力受到的損害。另請參閱George Blunden, "The Supervision of the UK Banking System," BoE Quarterly Bulletin, June 1975。

103. Jasper Hollom to Gordon Richardson, "Cashier's Department. The Chief Cashier's Note of 6 February," February 21, 1974, BoE Archive 0A46 / 2.

104. Unnamed author, "The Bank of England: Proposal for a Revised Directing Structure," April 19, 1979, BoE Archive 7A152 / 1.

105. "The Capital and Liquidity Adequacy of Banks," *BoE Quarterly Bulletin*, September 1975.

106. Unknown author, "The Measurement of Liquidity," March 1980, BoE Archive 10A21 1 / 1.

107. Unknown author, "The Arrangements to Follow the Reserve Asset Ratio," December 31, 1980, BoE Archive 10A21 1 / 1。清算銀行使用同樣的邏輯推論：「初級流動性問題應單獨討論，與考慮個別銀行對流動性的功能需求分開。」（Committee London Clearing Bank, "The Measurement of Liquidity," December 1980, BoE Archive 10A21 1 / 1）英國《金融時報》的一位記者重申這個觀點，並將流動性要求描述為「貨幣和審慎控制令人不安的混合體，迫使所有銀行，無論其業務組合如何，在每個月的資產負債表日以規定的接近流動性的形式持有一定比例的資產。」（"More Flexibility in the London Money Markets," *Financial Times*, September 27, 1982）

108. Unknown author, "Sterling Liquidity," September 19, 1984, BoE Archive 2A71-5.

109. "Bankers See Snags in Plan for Liquidity Requirements," *Financial Times*, December 7, 1988; unknown author, "Report on a Conversation with National

Westminster on Primary Liquidity at the Bank," August 13, 1986, BoE Archive 10A21 1 / 2。英國銀行家協會的代表在一九八六年與銀行工作人員的一次會議上認為：「在正常的監管對話過程中，而不是透過全面的監管，議定銀行應該持有的存量水準，並符合當前的監管慣例，這樣會比較恰當。」（unknown author, "Primary Liquidity: Meeting with the BBA," November 21, 1986, BoE Archive 10A21 1 / 2）

110. Fritz Scharpf, *Does Organization Matter? Task Structure and Interaction in the Ministerial Bureaucracy.*

111. Diane Vaughan, *The Challenger Launch Decision: Risky Technology, Culture, and Deviance at NASA.*

112. 安德魯．拉吉接受作者的訪談。

113. John Townend, "Supervision of the Wholesale Money Markets," *BoE Quarterly Bulletin*, January 1988, p. 69.

114. Brian Quinn, "The Bank of England's Role in Prudential Supervision," *BoE Quarterly Bulletin*, May 1993, pp. 260–64.

115. Charles Goodhart, "The Organizational Structure of Banking Supervision," p. 2.

116. Charles Goodhart, "The Changing Role of Central Banks," p. 144.

117. Financial Services Authority, "The Failure of the Royal Bank of Scotland," board report, Financial Services Authority, London, 2011.

118. 在危機爆發時，英國唯一實施的流動性監管是英鎊股票制度，該制度僅包括英國主要零售銀行。這個制度也是有缺陷的，因為正如金融服務管理局後來指出的，這個制度「無法阻止更長的流動性壓力，因為這只計算了五天的批發資金流出；沒有計算非英鎊流量；不包括資產負債表外的或有負債；並假設在五天內只有百分之五的零售存款將被提取」——北岩銀行（Northern Rock）案就超過了這個額度。威廉．布伊特（Willem Buiter）在二〇〇七年的一次議會聽證會上得出結論，「金融服務管理局是一個更考慮資本適足率和償付能力問題的機構，而不是流動性問題。」（House of Commons Treasury Committee, *The Run on the Rock*, Fifth Report of Session 2007–2008, p. 26）。

119. George, "The Pursuit of Financial Stability," p. 66。喬治的同事布萊恩．昆恩（Brian Quinn）給了一個重要原因：「除非展開行動的基礎建設和機構穩定健全，否則就無法有效執行貨幣政策。基礎建設包括支付系統，特別是批發支付機制。在這種情況下，喬治和昆恩還強調，身為最後的貸款人，央行需要了解陷入困境的借款人。由於這種專業知識是透過監督才能得到的，所以對應的任務應屬於中央銀行。」請參閱Quinn, "The Bank of England's Role," p. 262。

120. Juan Acosta, Beatrice Cherrier, François Claveau, Clément Fontan, Aurélien Goutsmedt, and Francesco Sergi, *A History of Economic Research at the Bank of England (1960–2019).*

121. 瑞秋．洛麥斯接受作者的訪談。

122. Chris Giles, "The Court of King Mervyn," *Financial Times*, May 2, 2012.

123. 「央行現在沒有監管文化……。有鑑於這些考慮，央行得出結論，在需要法定監管的情況下，應由現有監管機構，也就是金融服務管理局監管。」（非執行董事委員會會議記錄。June 13, 2007, BoE Archive；另請參閱Willem Buiter, "The Unfortunate Uselessness of Most 'State of the Art' Academic Monetary Economics," *Financial Times*, March 3, 2009）。

124. 比爾．艾倫接受作者的訪談。賓索爾（Bindseil）用以下文字解釋了相關的教條：「原則上，中央銀行的貨幣總體經濟學家不需要了解貨幣政策的實施，同樣的，實施專家不需要對貨幣政策策略和傳導機制了解太多。」（Ulrich Bindseil, *Monetary Policy Operations and the Financial System*, p. 12）。

125. Andrew Large, "Financial Stability—Managing Liquidity Risk in a Global System," 在第十四屆倫敦金融城中央銀行和監管會議上的演說，London, November 28, 2005, Bank of England, London。

126. 英格蘭銀行總裁馬文．金恩在當年八月仍然辯稱「整個銀行體系夠強大，可以承受將管道和其他工具的資產納入資產負債表的影響。」（Bridget Hutter and Sally M. Lloyd-Bostock, *Regulatory Crisis: Negotiating the Consequences of Risk, Disasters and Crises*, p. 69中引述）金恩還拒絕了北岩的早期緊急貸款請求，延後紓困一直到名副其實的擠兌已經開始（House of Commons Treasury Committee, *The Run on the Rock*）。

127. 這些問題在二〇〇七到二〇〇八年變得明顯，因為英格蘭銀行的緊急流動性措施需要貨幣市場管理者與銀行關係管理者之間的協調。正如普蘭德利斯所記錄的，這兩項職能的分離給最後手段操作的貸款人和造市者帶來了障礙（緊急流動性援助〔emergency liquidity assistance, ELA〕）；請參閱Ian Plenderleith, Review of the Bank of England's Provision of Emergency Liquidity Assistance in 2008–09, Report to the Court of the Bank of England, October 2012, p. 64。

128. 請參閱 Michael Woodford, *Interest and Prices*; Michael Woodford, "Convergence in Macroeconomics: Elements of the New Synthesis"。

129. William Allen, *International Liquidity and the Financial Crisis.*

130. Hubert Zimmermann, "No Country for the Market: The Regulation of Finance in Germany after the Crisis," p. 488.

131. Bundesbank, "The Bundesbank's Involvement in Banking Supervision," *Deutsche Bundesbank Monthly Report*, September 2000, p. 34.

132. Lev Menand, "Why Supervise Banks? The Foundations of the American Monetary Settlement."

133. 同上，頁7-8。

134. Daniel Hirschman, and Elizabeth Popp Berman, "Do Economists Make Policies? On the Political Effects of Economics."

135. Bruce Carruthers, "Diverging Derivatives: Law, Governance and Modern Financial Markets."

136. Lev Menand, "Why Supervise Banks? The Foundations of the American Monetary Settlement," p. 71.

137. Onur Özgöde, "The Emergence of Systemic Risk: The Federal Reserve, Bailouts, and Monetary Government at the Limits."

138. Jane D'Arista, *The Evolution of US Finance, Volume II: Restructuring Markets and Institutions.*

139. Joseph Haubrich and James B. Thomson, "Umbrella Supervision and the Role of the Central Bank."

140. Lev Menand, "Why Supervise Banks? The Foundations of the American Monetary Settlement," p. 71.

141. Timothy Geithner, *Stress Test: Reflections on Financial Crises.*

142. Sebastian Mallaby, *The Man Who Knew: The Life and Times of Alan Greenspan.*

143. Simon Johnson and James Kwak, *13 Bankers: The Wall Street Takeover and the Next Financial Meltdown.*

144. Avner Offer, "The Market Turn: From Social Democracy to Market Liberalism."

6・白忙一場的金融化管道疏通

1. Ben Bernanke, Timothy F. Geithner, Henry M. Paulson, and J. Nellie Liang, *First Responders: Inside the U.S. Strategy for Fighting the 2007–2009 Global Financial Crisis.*

2. Mohamed El- Erian, *The Only Game in Town: Central Banks, Instability, and Avoiding the Next Collapse.*

3. 丹麥、歐元區、日本、瑞典、瑞士、英國和美國據稱都採取量化寬鬆政策，而一些央行則大致上沒有（澳洲、加拿大、紐西蘭和挪威）。

4. Ben Bernanke, "The New Tools of Monetary Policy."

5. Jerome Powell, "New Economic Challenges and the Fed's Monetary Policy Review," 在堪薩斯城聯邦準備銀行主辦的經濟政策研討會上的演說，August 27, 2020, Federal Reserve Board, Washington, DC。

6. Vitor Constâncio, "Past and Future of the ECB Monetary Policy," 在大會上的演說，論"Central Banks in Historical Perspective," Valletta, May 4, 2018, European Central Bank, Frankfurt。

7. 請瀏覽：https://www.populardemocracy.org/campaign/building-national-campaign-strong-economy-fed.5. See https://blockupy.org/en/。

8. 請瀏覽：https://blockupy.org/en/。

9. Benjamin Braun, Donato Di Carlo, Sebastian Diessner, and Maximilian Düsterhöftd, *Polanyi in Frankfurt: Supranational Money and the National Disembedding of Labor*. p. 6

10. Lukasz Rachel, and Lawrence H. Summers, "On Secular Stagnation in the Industrialized World."

11. 請瀏覽：https://www.epi.org/publication/why-is-recovery-taking-so-long-and-who-is-to-blame/。

12. Karen Petrou, *Engine of Inequality: The Fed and the Future of Wealth in America.*

13. 聯準會分配金融帳戶：https://www.federalreserve.gov/releases/z1/dataviz/dfa/distribute/chart/。

14. Office of National Statistics, "House hold Income In equality, UK: Financial Year Ending 2020," https://www.ons.gov.uk/peoplepopulationandcommunity

/personalandhouseholdfinances/incomeandwealth/bulletins/householdincomeineq ualityfinancial / financialyearending2020; Arun Advani, George Bangham, and Jack Leslie, "The UK's Wealth Distribution and Characteristics of High Wealth," Resolution Foundation Briefing, December 2020, https:// www .resolution foundation .org/app/uploads/2020/12/The-UKs-wealth-distribution.pdf.

15. 例如，《經濟學人》（*the Economist*）在二〇二〇年七月指出，在美國，「自二〇一一年以來，在公司增加的債務存量中，銀行貸款僅增加了GDP的二個百分點。非銀行部門持有的股票上漲了六個百分點」；類似的趨勢也發生在私人房地產貸款中，其中「二〇〇七年，近百分之八十的抵押貸款是由銀行創造的」，而「十年後，超過一半的抵押貸款是由非銀行發起的。」避險基金等影子銀行行為者已經接管了證券交易的重要部分。請參閱"Banks Lose Out to Capital Markets When It Comes to Credit Provision," Economist, July 25, 2020。至於歐元區，歐洲央行高級官員維特．康斯坦西歐表示，「銀行在為非金融公司提供資金方面的重要性在各地都有所下降，包括在歐元區。自金融危機爆發以來，非銀行融資來源變得更加重要，情況發生了巨大變化。投資基金總資產占銀行總資產的百分比從二〇〇七年的百分之十六增加到去年的百分之四十四。」（Constâncio, "Past and Future of the ECB Monetary Policy"）

16. 舉例來說，《經濟學人》在二〇二〇年七月指出，在美國，「自二〇一一年以來企業增加的債務中，銀行借出的債務僅增加了GDP的二個百分點。非銀行業持有的債務上升了六個百分點」；私人房地產貸款也有類似的趨勢，「二〇〇七年，幾乎百分之八十的抵押貸款是由銀行借出的」，而「十年後，一半以上是由非銀行借出的」。避險基金等影子銀行參與者已經接管了證券交易的很大一部分。請參閱"Banks Lose Out to Capital Markets When It Comes to Credit Provision," Economist, July 25, 2020。至於歐元區，歐洲央行高級官員維特．康斯坦西歐表示，「銀行在為非金融金融機構提供資金方面的重要性在各地都有所下降，包括歐元區在內。自金融危機爆發以來，非銀行融資來源變得更加重要，因此發生了巨大的變化。投資基金總資產占銀行總資產的百分比，從二〇〇七年的百分之十六上升到去年的百分之四十四（Constâncio, "Past and Future of the ECB Monetary Policy"）。

17. Financial Stability Board, "Global Monitoring Report on Non-bank Financial Intermediation," December 16, 2020.

18. Frances Coppola, *The Case for People's Quantitative Easing*; Clément Fontan, François Claveau, and Peter Dietsch, "Central Banking and Inequalities: Taking off the Blinders"; Karen Petrou, *Engine of Inequality: The Fed and the Future of Wealth in America*.

19. Andrew Haldane, "How Monetary Policy Affects Your Gross Domestic Product"; Ben Bernanke, "Monetary Policy and Inequality," blog post, *Brookings Institute*, June 1, 2015; Mario Draghi, "Stability, Equity and Monetary Policy," 2nd DIW Europe Lecture, Berlin, October 25, 2016, European Central Bank, Frankfurt. 請參閱Pierre Monnin, "The Risks and Side Effects of UMP: An Assessment of IMF Views and Analysis." 對於量化寬鬆對收入分配影響的卓越評論。

20. "A Monetary Policy for the 1 Per Cent," *Economist*, July 5, 2012.

21. Karen Petrou, *Engine of Inequality: The Fed and the Future of Wealth in America*, p. 15.

22. Moritz Schularick and Alan M. Taylor, "Credit Booms Gone Bust: Monetary Policy, Leverage Cycles, and Financial Crises, 1870–2008."

23. Karen Petrou, *Engine of Inequality: The Fed and the Future of Wealth in America*; Annette Vissing-Jorgensen, "Bond Markets in Spring 2020 and the Response of the Federal Reserve."

24. Benjamin Braun and Daniela Gabor, "Central Banking, Shadow Banking, and Infrastructural Power."

25. 例如，Timothy Geithner, *Stress Test: Reflections on Financial Crises*.

26. Jean Louis Arcand, Enrico Berkes, and Ugo Panizza,"Too Much Finance?"

27. Lukasz Rachel and Lawrence H. Summers, "On Secular Stagnation in the Industrialized World."

28. Mark Blyth and Matthias Matthijs, "Black Swans, Lame Ducks, and the Mystery of IPE's Missing Macroeconomy."

29. Frances Coppola, *The Case for People's Quantitative Easing*, pp. 14-18.

30. Alexander Reisenbichler, "The Politics of Quantitative Easing and Housing Stimulus by the Federal Reserve and European Central Bank, 2008–2018."

31. Ben Bernanke, "Monetary Policy since the Onset of the Crisis," 在堪薩斯城聯邦準備銀行主辦的經濟政策研討會上的演說，August 31, 2012, Federal Reserve Board, Washington, DC。

32. Jason Furman, "The New View of Fiscal Policy and Its Application," 在大會上的演說，"The Global Implications of Europe's Redesign New York," New York, October5, 2016, https://obamawhitehouse.archives.gov/sites/default/files/page /files/20161005_furman_suerf_fiscal_policy_cea.pdf。

33. Ben Bernanke, "The New Tools of Monetary Policy," p. 946.

34. 如欲重建二〇一九年九月的事件，請參閱聯準會自己的分析：https://www.federalreserve.gov/econres/notes/feds-notes/what-happened-in-money-markets-i-september-2019-20200227.htm。

35. 聯準會主席聲明，Jerome H. Powell, February 28, 2020, https://www.federalreserve.gov/newsevents/pressreleases/other20200228a.htm。

36. Annette Vissing-Jorgensen, "Bond Markets in Spring 2020 and the Response of the Federal Reserve."

37. Adam Tooze, *Crashed: How a Decade of Financial Crises Changed the World.*

38. Benjamin Braun, Donato Di Carlo, Sebastian Diessner, and Maximilian Düsterhöftd, *Polanyi in Frankfurt: Supranational Money and the National Disembedding of Labor*, 135ff; Ben Clift, *The IMF and the Politics of Austerity in the Wake of the Global Financial Crisis.*

39. 記者會文稿，April and July 2011, ECB, Frankfurt。

40. Matteo Crosignani, Miguel Faria-e-Castro, and Luis Fonseca, "The (Unintended?) Consequences of the Largest Liquidity Injection Ever," p. 13.

41. Michael Steen, "Draghi Urges Eurozone Governments to Stay the Course on Austerity," *Financial Times*, May 2, 2013.

42. 請瀏覽：https://www.ecb.europa.eu/mopo/implement/pepp/html/index.en.html。

43. 請參閱第五章。The landmark document is Bank of England, *The Development of the Bank of England's Market Operations*, Consultative Paper October

2008, Bank of England, London。

44. Larry Elliott, "Bank Governor Mervyn King Backs Spending Cuts in Coalition's First Budget," *Guardian*, May 12, 2010.

45. Andrew Bailey, Jonathan Bridges, Richard Harrison, Josh Jones, and Aakash Mankodi, "The Central Bank Balance Sheet as a Policy Tool: Past, Pre sent and Future," Bank of England Staff Working Paper No. 899, p. 24.

46. Daniela Gabor, *Revolution without Revolutionaries: Interrogating the Return of Monetary Financing.*

47. Geoffrey Bowker and Susan Leigh Star, *Sorting Things Out: Classification and Its Consequences.*

48. Steffen Murau, "Shadow Money and the Public Money Supply: The Impact of the 2007–2009 Financial Crisis on the Monetary System."

49. Daniela Gabor, *Revolution without Revolutionaries: Interrogating the Return of Monetary Financing.*在一項詳細的研究中，法律學者雷夫・曼南（Lev Menand, "Why Supervise Banks? The Foundations of the American Monetary Settlement."）認為，聯準會實際上透過這些支持行動暴露了自己，超出了其法律授權——這個授權是按照創造貨幣的銀行部門和非銀行公司之間職能分離的精神所編撰成而的。

50. Matteo Crosignani, Miguel Faria-e-Castro, and Luis Fonseca, "The (Unintended?) Consequences of the Largest Liquidity Injection Ever."

51. Karen Petrou, *Engine of Inequality: The Fed and the Future of Wealth in America*, p. 63. 舉例來說，迪・馬吉歐（Di Maggio）和卡普澤克（Kacperczyk）指出，美國利率的降低「引發了〔貨幣市場基金〕和更廣泛的資產管理行業在其產品供應、定價政策和組織結構方面的重大反應。」（Marco Di Maggio and Marcin Kacperczyk, "The Unintended Consequences of the Zero Lower Bound Policy,"p.60）雖然與大型銀行有關的基金經常被關閉，但獨立的貨幣市場基金決定投資於風險更高的資產，以解決報酬下降的窘境。這種發展的問題在於，貨幣市場基金的占比在美國被視為類似貨幣的資產。但隨著投資風險的增加，貨幣市場基金越來越面臨擠兌的風險。

52. Olivier Blanchard, "Should We Reject the Natural Rate Hypothesis?"; Alan Blinder, *The Quiet Revolution: Central Banking Goes Modern.*

53. Dylan Cassar, "Down to (a) Science? Epistemic Struggles, Socio-technical Configurations, and the Enacting of Quantitative Easing at the Bank of England."

54. Ben Bernanke, "The New Tools of Monetary Policy," 961; Scott Fullwiler, "An Endogenous Money Perspective on the Post- crisis Monetary Policy Debate," p. 186.

55. Michael Woodford, *Interest and Prices.*

56. Klaus-Jürgen Gern, Nils Jannsen, Stefan Kooths, and Maik Wolters, "Quantitative Easing in the Euro Area: Transmission Channels and Risks."

57. Chris Giles, "Central Bankers Face a Crisis of Confidence as Models Fail," *Financial Times*, October 11, 2017.

58. Ben Bernanke . "The New Tools of Monetary Policy," p. 947.

59. Michael Joyce, David Miles, Andrew Scott, and Dimitri Vayanos, "Quantitative Easing and Unconventional Monetary Policy—an Introduction," p. 279.

60. Michael Woodford, "Methods of Policy Accommodation at the Interest-Rate Lower Bound," 在堪薩斯聯邦準備銀行研討會上發表的論文，論"The Changing Policy Landscape," Jackson Hole, Wyoming, August 31, 2012。

61. Gertjan Vlieghe, "Revisiting the 3D Perspective on Low Long Term Interest Rates," 倫敦政治經濟學院的公開講座，July 26, 2021。

62. Ben Bernanke . "The New Tools of Monetary Policy."

63. Henning Hesse, Boris Hofmann, and James Weber, "The Macroeconomic Effects of Asset Purchases Revisited," BIS Working Papers No. 680, Monetary and Economic Department, December 2017.

64. Thomas Piketty, *Capital in the Twenty-First Century.*

65. Branco Milanovic, *Capitalism, Alone.*

66. Michael Joyce, David Miles, Andrew Scott, and Dimitri Vayanos, "Quantitative Easing and Unconventional Monetary Policy—an Introduction."

67. Karen Petrou, *Engine of Inequality: The Fed and the Future of Wealth in America.*

68. Atif Mian, Ludwig Straub, and Amir Sufi, "The Saving Glut of the Rich."

69. Till van Treeck, "Inequality, the Crisis, and Stagnation."

70. Atif Mian, "How to Think about Finance?"

71. Alina Bartscher, Moritz Kuhn, Moritz Schularick, and Ulrike I. Steins, "Modigliani Meets Minsky: In equality, Debt, and Financial Fragility in America, 1950–2016."

72. Atif Mian, Ludwig Straub, and Amir Sufi, "The Saving Glut of the Rich."

73. Atif Mian, Ludwig Straub, and Amir Sufi, "The Saving Glut of the Rich," p. 6.

74. 馬丁・沃夫（Martin Wolf）簡明扼要地摘要長期的總體經濟影響：「如果央行希望在需求結構性疲軟的經濟體中提高通膨，將透過鼓勵信貸和債務的成長來實現。央行這樣做可能無法提高通膨，而會造成債務危機。這是通貨緊縮，而不是通貨膨脹。」Martin Wolf, "Monetary Policy Has Run Its Course," *Financial Times*, March 12, 2019。

75. Karen Petrou, *Engine of Inequality: The Fed and the Future of Wealth in America*, p. 84.

76. Colin Crouch, *The Strange Non-death of Neoliberalism*; Avner Offer, "Narrow Banking, Real Estate, and Financial Stability in the UK c. 1870–2010"; Monica Prasad, *The Land of Too Much: American Abundance and the Paradox of Poverty*; Sarah Quinn, "The Miracles of Bookkeeping: How Bud get Politics Link Fiscal Policies and Financial Markets."

77. Ismail Erturk, *Post-crisis Central Bank Unconventional Policies and Financialised Transmission Channels.*

78. Gerald Davis, *The Vanishing American Corporation: Navigating the Hazards of a New Economy.*

79. David Autor, David Dorn, Lawrence F. Katz, Christina Patterson, and John Van Reenen, "The Fall of the Labor Share and the Rise of Superstar Firms."

80. Lucio Baccaro and Jonas Pontusson, "Rethinking Comparative Political Economy: The Growth Model Perspective"; Herman Mark Schwartz, "American Hegemony: Intellectual Property Rights, Dollar Centrality, and Infrastructural Power."

81. Ben Bernanke, "The New Tools of Monetary Policy."

82. Ben Bernanke, Timothy F. Geithner, Henry M. Paulson, and J. Nellie Liang, *First Responders: Inside the U.S. Strategy for Fighting the 2007–2009 Global Financial Crisis.*

83. Jens Beckert, "The Exhausted Futures of Neoliberalism: From Promissory Legitimacy to Social Anomy."

84. Éric Tymoigne and L. Randall Wray, *Modern Money Theory 101: A Reply to Critics.*

85. 例如，Paul De Gauwe, "The Need for Monetary Financing of Corona Bud get Deficits."

86. Daniela Gabor, *Revolution without Revolutionaries: Interrogating the Return of Monetary Financing.*

87. Sarah Quinn, *American Bonds: How Credit Markets Shaped a Nation.*

88. Lev Menand, "Unappropriated Dollars: The Fed's Ad Hoc Lending Facilities and the Rules That Govern Them."

結語

1. Margaret Weir, "Ideas and Politics: The Acceptance of Keynesianism in Britain and the United States"; Margaret Weir and Theda Skocpol, "State Structures and the Possibilities for 'Keynesian' Responses to the Great Depression in Sweden, Britain, and the United States."

2. Mark Blyth, "Structures Do Not Come with an Instruction Sheet: Interests, Ideas, and Progress in Political Science."

3. Peter Hall, "Policy Paradigms, Social Learning, and the State: The Case of Economic Policymaking in Britain."

4. Benjamin Braun and Daniela Gabor, "Central Banking, Shadow Banking, and Infrastructural Power," p. 243.

5. Marion Fourcade-Gourinchas and Sarah Babb, "The Rebirth of the Liberal Creed: Paths to Neoliberalism in Four Countries."

6. Anna Cieslak and Annette Vissing-Jorgensen, "The Economics of the Fed Put."

7. Robert Hockett and Saule T. Omarova, "The Finance Franchise"; Martijn Konings, *The Development of American Finance*; Katharina Pistor, "A Legal Theory of Finance."

8. Sarah Quinn, *American Bonds: How Credit Markets Shaped a Nation.*
9. Marius Birk, "Liquidity without Tears: The Paradox of Regulating Liquidity through Designing Liquidity."
10. Daniela Gabor, "The (Impossible) Repo Trinity: The Political Economy of Repo Markets."
11. Bruce Carruthers, "Financialization and the Institutional Foundations of the New Capitalism."
12. Daniel Carpenter, *The Forging of Bureaucratic Autonomy: Reputations, Networks, and Policy Innovation in Executive Agencies, 1862–1928*; Bruce Carruthers, "When Is the State Autonomous? Culture, Organization Theory, and the Political Sociology of the State"; Sarah Quinn, *American Bonds: How Credit Markets Shaped a Nation*; Margaret Weir, and Theda Skocpol, "State Structures and the Possibilities for 'Keynesian' Responses to the Great Depression in Sweden, Britain, and the United States."
13. Saskia Sassen, *Territory, Authority, Rights: From Medieval to Global Assemblages.*
14. Bruce Carruthers, "When Is the State Autonomous? Culture, Organization Theory, and the Political Sociology of the State."
15. Margaret Weir and Theda Skocpol, "State Structures and the Possibilities for 'Keynesian' Responses to the Great Depression in Sweden, Britain, and the United States."
16. Daniel Carpenter, *The Forging of Bureaucratic Autonomy: Reputations, Networks, and Policy Innovation in Executive Agencies, 1862–1928.*
17. Pierre Lascoumes and Patrick Le Galès, "Introduction: Understanding Public Policy through Its Instruments—From the Nature of Instruments to the Sociology of Public Policy Instrumentation."
18. Margaret Weir and Theda Skocpol, "State Structures and the Possibilities for 'Keynesian' Responses to the Great Depression in Sweden, Britain, and the United States."
19. Daniel Hirschman and Elizabeth Popp Berman, "Do Economists Make Policies? On the Political Effects of Economics."
20. Nicolas Rose and Peter Miller, "Political Power beyond the State: Problematics of Government"; Timo Walter and Leon Wansleben, "How Central Bankers Learned to Love Financialization."
21. Benjamin Braun, "Central Banking and the Infrastructural Power of Finance: The Case of ECB Support for Repo and Securitization Markets."
22. Michael Mann, *The Sources of Social Power, Volume 2: The Rise of Classes and Nation States 1760–1914*, p. 59.
23. 同上。
24. Paul Edwards, "Infrastructuration: On Habits, Norms and Routines as Elements of Infrastructure."
25. Paul Edwards, "Infrastructuration: On Habits, Norms and Routines as Elements of Infrastructure."

26. John Meyer, John Boli, George M. Thomas, and Francisco O. Ramirez, "World Society and the Nation-State."
27. Jacint Jordana, David Levi-Faur, and Xavier Fernández i Marín, "The Global Diffusion of Regulatory Agencies: Channels of Transfer and Stages of Diffusion."
28. 例　如，Lucy Barnes and Timothy Hicks, "All Keynesians Now? Public Support for Countercyclical Government Borrowing"; Pablo Beramendi, Silja Häusermann, Herbert Kitschelt, and Hanspeter Kriesi, "Introduction: The Politics of Advanced Capitalism"; Evelyne Hübscher, Thomas Sattler, and Markus Wagner, "Voter Responses to Fiscal Austerity."
29. Pepper Culpepper, *Quiet Politics and Business Power. Corporate Control in Europe and Japan*; Pepper Culpepper, "Structural Power and Political Science in the Post-crisis Era."
30. Paul Pierson, "When Effect Becomes Cause: Policy Feedback and Political Change."
31. Mark Blyth and Matthias Matthijs, "Black Swans, Lame Ducks, and the Mystery of IPE's Missing Macroeconomy."
32. Lucio Baccaro and Jonas Pontusson, "Rethinking Comparative Po liti cal Economy: The Growth Model Perspective."
33. John Harry Goldthorpe, "The Current Inflation: Towards a Sociological Account."
34. Paul Pierson, "When Effect Becomes Cause: Policy Feedback and Political Change," p. 602.
35. Wolfgang Streeck, *Buying Time: The Delayed Crisis of Democratic Capitalism.*
36. 類似的機制加劇了財政國家的危機，因為在成長率下降和人口老齡化的情況下，早期的福利承諾造成了預算壓力（Paul Pierson, "From Expansion to Austerity."）。除了這些國內的意見回應之外，還存在跨國的破壞性回應。美國消費者的需求使歐洲出口經濟體（特別是德國）的崛起變得可能。但是，同樣的要求變成了國際貿易所依據的國際貨幣秩序（布列敦森林制度）的問題。美國不能同時承諾與黃金和其他貨幣保持穩定的匯率，同時為美國的消費和其他經濟體的外部盈餘提供資金；出口導向的經濟體不能無止盡地吸收盈餘美元，到了某個程度，這麼做就會冒著重新做值或通貨膨脹的風險。因此，在一九七〇年代，福特主義政權已經成熟，可以應對一場重大危機，這場危機促成了「資本主義的重新改革」及其與國家的連結（Wolfgang Streeck, *Re-forming Capitalism: Institutional Change in the German Political Economy.*）。
37. Jens Beckert, "The Exhausted Futures of Neoliberalism: From Promissory Legitimacy to Social Anomy"; Gerald Davis, "Is Shareholder Capitalism a Defunct Model for Financing Development?"
38. Lucio Baccaro and Jonas Pontusson, "Rethinking Comparative Political Economy: The Growth Model Perspective."
39. Lukasz Rachel and Lawrence H. Summers, "On Secular Stagnation in the Industrialized World."
40. Mark Blyth and Matthias Matthijs, "Black Swans, Lame Ducks, and the Mystery of IPE's Missing Macroeconomy," p. 213.

參考書目

Abbott, Andrew D. 1988. *The System of Professions: An Essay on the Division of Expert Labor.* Chicago: University of Chicago Press.

———. 1992. "What Do Cases Do? Some Notes on Activity in Sociological Analysis." Pp. 53–82 in *What Is a Case? Exploring the Foundations of Social Inquiry,* edited by Charles C. Ragin and Howard S. Becker. Cambridge: Cambridge University Press.

Abolafia, Mitchell Y. 1996. *Making Markets: Opportunism and Restraint on Wall Street.* Cambridge, MA: Harvard University Press.

———. 2012. "Central Banking and the Triumph of Technical Rationality." Pp. 94–112 in *Handbook of the Sociology of Finance,* edited by Karin Knorr Cetina and Alex Preda. Oxford: Oxford University Press.

———. 2020. *Stewards of the Market: How the Federal Reserve Made Sense of the Financial Crisis.* Cambridge, MA: Harvard University Press.

Acosta, Juan, Beatrice Cherrier, François Claveau, Clément Fontan, Aurélien Goutsmedt, and Francesco Sergi. 2020. *A History of Economic Research at the Bank of England (1960–2019).* Universidad de Los Andes.

Adolph, Christopher. 2013. *Bankers, Bureaucrats, and Central Bank Politics: The Myth of Neutrality.* Cambridge: Cambridge University Press.

Adrian, Tobias, and Nellie Liang. 2016. "Monetary Policy, Financial Conditions, and Financial Stability." *FRBNY Staff Reports,* No. 690, New York.

Adrian, Tobias, and Hyun Song Shin. 2008. "Financial Intermediaries, Financial Stability, and Monetary Policy." *FRBNY Staff Report,* No. 346, New York.

Ahamed, Liaquat. 2009. *Lords of Finance: The Bankers Who Broke the World.* New York: Penguin.

Albertini, Flurin von, ed. 1994. *Schweizer Geldpolitik im Dilemma.* Zurich: Verlag Ruegger.

Allen, Christopher S. 1989. "The Underdevelopment of Keynesianism in the Federal Republic of Germany." Pp. 231–62 in *The Political Power of Economic Ideas: Keynesianism across Nations,* edited by Peter Hall. Princeton, NJ: Princeton University Press.

Allen, Franklin, Michael K. F. Chui, and Angela Maddaloni. 2004. "Financial Systems in Europe, the USA, and Asia." *Oxford Review of Economic Policy* 20(4):490–508.

Allen, William A. 2013. *International Liquidity and the Financial Crisis.* Cambridge: Cambridge University Press.

———. 2014. *Monetary Policy and Financial Repression in Britain, 1951–59.* Basing- stoke, UK: Palgrave Macmillan.

———. 2015. "Asset Choice in British Central Banking History, the Myth of the Safe Asset, and Bank Regulation." *Journal of Banking and Financial Economics* 2(4):18–31.

———. 2019. *The Bank of England and the Government Debt: Operations in the Gilt-Edged Market, 1928–1972.* Cambridge: Cambridge University Press.

Arcand, Jean Louis, Enrico Berkes, and Ugo Panizza. 2015. "Too Much Finance?" *Journal of Economic Growth* 20(2):105–48.

Argy, Victor, Anthony Brennan, and Glenn Stevens. 1990. "Monetary Targeting: The International Experience." *Economic Record* 66(1):37–62.

Auclert, Adrien. 2019. "Monetary Policy and the Redistribution Channel."*American Economic Review* 109(6):2333–67.

Autor, David, David Dorn, Lawrence F. Katz, Christina Patterson, and John Van Reenen. 2020. "The Fall of the Labor Share and the Rise of Superstar Firms." *Quarterly Journal of Economics* 135(2):645–709.

Axilrod, Steven H. 2009. *Inside the Fed: Monetary Policy and Its Management.* Cambridge, MA: MIT Press.

Baccaro, Lucio, and Chris Howell. 2017. *Trajectories of Neoliberal Transformation: European Industrial Relations since the 1970s.* Cambridge: Cambridge University Press.

Baccaro, Lucio, and Jonas Pontusson. 2016. "Rethinking Comparative Political Economy: The Growth Model Perspective." *Politics & Society* 44(2):175–207.

Bagehot, Walter. 1873. *Lombard Street: A Description of the Money Market.* London: H. S. King & Co.

Baldwin, Robert. 2013. "Trade and Industrialization after Globalization's Second Unbundling: How Building and Joining a Supply Chain Are Different and Why It Matters." Pp. 165–212 in *Globalization in an Age of Crisis: Multilateral Economic Cooperation in the Twenty-First Century,* edited by Robert C. Feenstra and Alan M. Taylor. Cambridge, MA: NBER Books.

Baltensperger, Ernst. 1984. "Geldmengenpolitik und Inflationskontrolle." *Mitteilungen der Kommission für Konjunkturfragen,* Bern: Schweizerische Kommission für Konjunkturfragen.

Ban, Cornel. 2016. *Ruling Ideas: How Global Neoliberalism Goes Local.* New York: Oxford University Press.

Barnes, Lucy, and Timothy Hicks. 2021. "All Keynesians Now? Public Support for Countercyclical Government Borrowing." *Political Science Research and Methods* 9(1):180–88.

Barro, Robert J., and David B. Gordon. 1983. "Rules, Discretion and Reputation in a Model of Monetary Policy." *Journal of Monetary Economics* 12:101–21.

Bartscher, Alina K., Moritz Kuhn, Moritz Schularick, and Ulrike I. Steins. 2020. "Modigliani Meets Minsky: Inequality, Debt, and Financial Fragility in America,

1950–2016." *FRBNY Staff Report,* No. 924. New York: Federal Reserve Bank of New York.

Beck, Mareike. 2021. "Extroverted Financialization: How US Finance Shapes European Banking." *Review of International Political Economy:*1–23.

Beckert, Jens. 2016. *Imagined Futures: Fictional Expectations and Capitalist Dynamics.* Cambridge, MA: Harvard University Press.

———. 2020. "The Exhausted Futures of Neoliberalism: From Promissory Legitimacy to Social Anomy." *Journal of Cultural Economy* 13(3):318–30.

Beckert, Jens, and Richard Bronk. 2018. "An Introduction to Uncertain Futures." Pp. 1–36 in *Uncertain Futures: Imaginaries, Narratives, and Calculation in the Economy,* edited by Jens Beckert and Richard Bronk. Oxford: Oxford University Press.

Bell, Daniel. 1967. "The Year 2000: The Trajectory of an Idea." *Daedalus* 96(3):639–51. Beramendi, Pablo, Silja Häusermann, Herbert Kitschelt, and Hanspeter Kriesi. 2015. "Introduction: The Politics of Advanced Capitalism." Pp. 1–64 in *The Politics of Advanced Capitalism,* edited by Hanspeter Kriesi, Herbert Kitschelt, Pablo Beramendi, and Silja Häusermann. Cambridge: Cambridge University Press.

Bernanke, Ben. 2020. "The New Tools of Monetary Policy." *American Economic Review* 110(4):943–83.

Bernanke, Ben, Timothy F. Geithner, Henry M. Paulson, and J. Nellie Liang. 2020. *First Responders: Inside the U.S. Strategy for Fighting the 2007–2009 Global Financial Crisis.* New Haven, CT: Yale University Press.

Bernanke, Ben, and Frederic S. Mishkin. 1997. "Inflation Targeting: A New Framework for Monetary Policy?" NBER Working Paper No. 5893. Cam- bridge, MA: National Bureau of Economic Research.

Bernhard, William, J. Lawrence Broz, and William R. Clark. 2002. "The Political Economy of Monetary Institutions." *International Organization* 56(4):693–723.

Bernholz, Peter. 1974. *Währungskrisen und Währungsordnung.* Hamburg: Hoffmann und Campe.

———. 2007. "Die Nationalbank 1945–1982: Von der Devisenbann-Wirtschaft zur Geldmengensteuerung bei flexiblen Wechselkursen." Pp. 119–213 in *Die Schweizerische Nationalbank 1907–2007,* edited by Schweizerische National- bank. Zürich: NZZ Libro.

Best, Jacqueline. 2019. "The Inflation Game: Targets, Practices and the Social Production of Monetary Credibility." *New Political Economy* 24(5):623–40.

Bibow, Jörg. 2003. "On the 'Burden' of German Unification." *BNL Quarterly Review* 225:137–69.

Bindseil, Ulrich. 2004a. *Monetary Policy Implementation.* Oxford: Oxford University Press.

———. 2004b. *The Operational Target of Monetary Policy and the Rise and Fall of the Reserve Position Doctrine.* Frankfurt: European Central Bank.

———. 2014. *Monetary Policy Operations and the Financial System.* Oxford: Oxford University Press.

Birk, Marius. 2017. "Liquidity without Tears: The Paradox of Regulating Liquidity through Designing Liquidity." Master's thesis, Johann Wolfgang Goethe-Universität, Frankfurt a.M.

Blanchard, Olivier. 2018. "Should We Reject the Natural Rate Hypothesis?" *Journal of Economic Perspectives* 32(1):97–120.

Blinder, Alan S. 2001. *How Do Central Banks Talk?* London: CEPR.

———. 2004. *The Quiet Revolution: Central Banking Goes Modern.* New Haven, CT: Yale University Press.

Blyth, Mark. 2002. *Great Transformations: Economic Ideas and Institutional Change in the Twentieth Century.* Cambridge: Cambridge University Press.

———. 2003. "Structures Do Not Come with an Instruction Sheet: Interests, Ideas, and Progress in Political Science." *Perspectives on Politics* 1(4):695–706.

Blyth, Mark, and Matthias Matthijs. 2017. "Black Swans, Lame Ducks, and the Mystery of IPE's Missing Macroeconomy." *Review of International Political Economy* 24(2):203–31.

Bockman, Johanna, and Gil Eyal. 2002. "Eastern Europe as a Laboratory for Economic Knowledge: The Transnational Roots of Neoliberalism." *American Journal of Sociology* 108(2):310–52.

Bodea, Cristina, and Raymond Hicks. 2015. "International Finance and Central Bank Independence: Institutional Diffusion and the Flow and Cost of Capital." *Journal of Politics* 77(1):268–84.

Boix, Carles. 2015. "Prosperity and the Evolving Structure of Advanced Economies." Pp. 67–88 in *The Politics of Advanced Capitalism,* edited by Pablo Beramendi, Silja Häusermann, Herbert Kitschelt, and Hanspeter Kriesi. Cambridge: Cambridge University Press.

Bonner, Clemens, and Paul Hilbers. 2015. "Global Liquidity Regulation—Why Did It Take So Long?" DNB Working Papers. Amsterdam: De Nederlandsche Bank.

Booth, Alan. 2001. "Britain in the 1950s: A 'Keynesian' Managed Economy?" *History of Political Economy* 33(2):283–313.

Bordo, Michael D., and Harold James. 2007. "Die Nationalbank 1907–1946: Glückliche Kindheit oder schwierige Jugend?" Pp. 29–118 in *Die Schweizeri- sche Nationalbank 1907–2007,* edited by Schweizerische Nationalbank. Zürich: NZZ Libro.

Borio, Claudio. 2011. "Central Banking Post-Crisis: What Compass for Uncharted Waters?" BIS Working Papers. Basel: Bank for International Settlements.

Borio, Claudio, and Haibin Zhu. 2012. "Capital Regulation, Risk-Taking and Monetary Policy: A Missing Link in the Transmission Mechanism?" *Journal of Financial Stability* 8(4):236–51.

Bourdieu, Pierre. 1996 [1989]. *The State Nobility: Elite Schools in the Field of Power.* Cambridge: Polity Press.

———. 2014. *On the State.* Cambridge: Polity Press.

Bowker, Geoffrey C., and Susan Leigh Star. 1999. *Sorting Things Out: Classification and Its Consequences.* Cambridge, MA: MIT Press.

Boyer, Robert. 1990. *The Regulation School: A Critical Introduction.* New York: Columbia University Press.

Boylan, Delia M. 2001. *Defusing Democracy: Central Bank Autonomy and the Transition from Authoritarian Rule.* Ann Arbor: University of Michigan Press.

Braudel, Fernand. 1992 [1979]. *The Wheels of Commerce.* Berkeley: University of California Press.

Braun, Benjamin. 2015. "Governing the Future: The European Central Bank's Expectation Management during the Great Moderation." *Economy and Society* 44(3):367–91.

———. 2018a. "Central Banking and the Infrastructural Power of Finance: The Case of ECB Support for Repo and Securitization Markets." *Socio-economic Review* 18(2):395–418.

———. 2018b. "Central Banks Planning: Unconventional Monetary Policy and the Price of Bending the Yield Curve." Pp. 194–216 in *Uncertain Futures,* edited by Jens Beckert and Richard Bronk. Oxford: Oxford University Press.

Braun, Benjamin, Donato Di Carlo, Sebastian Diessner, and Maximilian Düsterhöftd. 2021. *Polanyi in Frankfurt: Supranational Money and the National Disembedding of Labor.* Cologne: Max Planck Institute for the Study of Societies.

Braun, Benjamin, and Daniela Gabor. 2020. "Central Banking, Shadow Banking, and Infrastructural Power." Pp. 241–52 in *The Routledge International Handbook of Financialization,* edited by Philipp Mader, Daniel Mertens, and Natascha van der Zwan. London: Routledge.

Braun, Benjamin, Arie Krampf, and Steffen Murau. 2021. "Financial Globalization as Positive Integration: Monetary Technocrats and the Eurodollar Market in the 1970s." *Review of International Political Economy.* 28(4):794–819.

Brenner, Robert. 2006. *The Economics of Global Turbulence.* New York: Verso. Broz, J. Lawrence. 1998. "The Origins of Central Banking: Solutions to the Free-Rider Problem." *International Organization* 52(2):231–68.

Brunner, Karl. 1968. "The Role of Money and Monetary Policy." *Federal Reserve Bank of St. Louis Review,* Federal Reserve Bank of St. Louis, St. Louis.

———. 1971. "A Survey of Selected Issues in Monetary Theory." *Schweizerische Zeitschrift für Volkswirtschaft und Statistik* 107(1):1–146.

———. 1996. "My Quest for Economic Knowledge." Pp. 18–30 in *Economic Analysis and Political Ideology: The Selected Essays of Karl Brunner, Volume One,* edited by Thomas Z. Lys. Cheltenham, UK: Edward Elgar.

Brunnermeier, Markus, Andrew Crocket, Charles A. E. Goodhart, Avinash D. Persaud, and Hyun Song Shin. 2009. "The Fundamental Principles of Financial Regulation." *Geneva Reports on the World Economy.* Geneva: ICMB International Center for Monetary and Banking Studies.

Brunnermeier, Markus K., and Lasse Heje Pedersen. 2009. "Market Liquidity and Funding Liquidity." *Review of Financial Studies* 22(6):2201–38.

Buggeln, Marc, Martin Daunton, and Alexander Nützenadel. 2017. "The Political Economy of Public Finance since the 1970s: Questioning the Leviathan." Pp. 1–31 in *The Political Economy of Public Finances,* edited by Marc Buggeln, Martin Daunton, and Alexander Nützenadel. Cambridge: Cambridge University Press.

Bühlmann, Felix, Thomas David, and André Mach. 2012. "The Swiss Business Elite (1980–2000): How the Changing Composition of the Elite Explains the

Decline of the Swiss Company Network." *Economy and Society* 41(2):199–226.

Burgess, W. Randolph 1927. *The Reserve Banks and the Money Market*. New York: Harper & Brothers.

Burn, Gary. 1999. "The State, the City and the Euromarkets." *Review of Interna- tional Political Economy* 6(2):225–61.

———. 2006. *The Re-emergence of Global Finance*. Houndsmills, UK: Palgrave Macmillan.

Burns, Arthur. 1979. *The Anguish of Central Banking*. Belgrade: Per Jacobsson Foundation.

Calomiris, Charles, and Luc Laeven. 2016. "Political Foundations of the Lender of Last Resort: A Global Historical Narrative." *Journal of Financial Intermediation* 28:48–65.

Calomiris, Charles W. 1998. "Universal Banking 'American-Style.'" *Journal of Institutional and Theoretical Economics* 154(1):44–57.

Campbell, John L. 2020. "The Evolution of Fiscal and Monetary Policy." Pp. 787– 811 in *The New Handbook of Political Sociology*, edited by Cedric de Leon, Isaac William Martin, Joya Misra, and Thomas Janoski. Cambridge: Cambridge University Press.

Capie, Forrest H. 2010. *The Bank of England, 1950s to 1979*. Cambridge: Cambridge University Press.

Carpenter, Daniel. 2001. *The Forging of Bureaucratic Autonomy: Reputations, Networks, and Policy Innovation in Executive Agencies, 1862–1928*. Princeton, NJ: Princeton University Press.

Carruthers, Bruce G. 1994. "When Is the State Autonomous? Culture, Organization Theory, and the Political Sociology of the State." *Sociological Theory* 12(1):19–44.

———. 2013. "Diverging Derivatives: Law, Governance and Modern Financial Markets." *Journal of Comparative Economics* 41(2):386–400.

———. 2015. "Financialization and the Institutional Foundations of the New Capitalism." *Socio-economic Review* 13(2):379–98.

Carruthers, Bruce G., Sarah Babb, and Terence C. Halliday. 2001. "Institutionalizing Markets, or the Market for Institutions? Central Banks, Bankruptcy Law, and the Globalization of Financial Markets." Pp. 94–126 in *The Rise of Neoliberalism and Institutional Analysis*, edited by John L. Campbell and Ove K. Pedersen. Princeton, NJ: Princeton University Press.

Cassar, Dylan. 2021. "Down to (a) Science? Epistemic Struggles, Socio-technical Configurations, and the Enacting of Quantitative Easing at the Bank of England." Unpublished manuscript, University of Edinburgh, Edinburgh.

Cieslak, Anna, and Annette Vissing-Jorgensen. 2018. "The Economics of the Fed Put." NBER Working Paper No. 26894. Cambridge, MA: National Bureau of Economic Research.

Cleveland, Harold van B., and Thomas F. Huertas. 1985. *Citibank, 1812–1970*. Cambridge, MA: Harvard University Press.

Clift, Ben. 2018. *The IMF and the Politics of Austerity in the Wake of the Global Financial Crisis.* Oxford: Oxford University Press.

———. 2020. "The Hollowing out of Monetarism: The Rise of Rules-Based Monetary Policy-Making in the UK and USA and Problems with the Paradigm Change Framework." *Comparative European Politics* 18(3):281–308.

Cobham, David P. 2002. *The Making of Monetary Policy in the UK, 1975–2000.* Chichester, UK: J. Wiley.

Collins, Michael, and Mae Baker. 1999. "Bank of England Autonomy: A Retrospective." Pp. 13–33 in *The Emergence of Modern Central Banking from 1918 to the Present,* edited by Carl-Ludwig Holtfrerich, Jaime Reis, and Gianni Toniolo. Aldershot, UK: Ashgate.

Conti-Brown, Peter. 2016. *The Power and Independence of the Federal Reserve.* Princeton, NJ: Princeton University Press.

Copelovitch, Mark S., and David Andrew Singer. 2008. "Financial Regulation, Monetary Policy, and Inflation in the Industrialized World." *Journal of Politics* 70(3):663–80. Coppola, Frances. 2019. *The Case for People's Quantitative Easing.* Cambridge: Polity Press.

Crosignani, Matteo, Miguel Faria-e-Castro, and Luis Fonseca. 2017. "The (Unin- tended?) Consequences of the Largest Liquidity Injection Ever." Finance and Economics Discussion Series No. 2017-011. Washington, DC: Divisions of Research & Statistics and Monetary Affairs Federal Reserve Board.

Crouch, Colin. 2011. *The Strange Non-death of Neoliberalism.* Cambridge: Polity Press.

Culpepper, Pepper D. 2011. *Quiet Politics and Business Power. Corporate Control in Europe and Japan.* Cambridge: Cambridge University Press.

———. 2015. "Structural Power and Political Science in the Post-crisis Era." *Business and Politics* 17(3):391–409.

Cusack, Thomas R. 1999. "Partisan Politics and Fiscal Policy." *Comparative Political Studies* 32(4):464–86.

D'Arista, Jane W. 1994. *The Evolution of US Finance, Volume II: Restructuring Markets and Institutions.* New York: M. E. Sharpe.

Davies, Aled. 2012. "The Evolution of British Monetarism: 1968–1979." Discussion Papers in Economic and Social History. Oxford: University of Oxford.

Davies, Howard, and David Green. 2010. *Banking on the Future: The Fall and Rise of Central Banking.* Princeton, NJ: Princeton University Press.

Davis, Gerald F. 2010. "Is Shareholder Capitalism a Defunct Model for Financing Development?" *Review of Market Integration* 2(2–3):317–31.

———. 2016. *The Vanishing American Corporation: Navigating the Hazards of a New Economy.* Oakland, CA: Berrett-Koehler.

De Gauwe, Paul. 2020. "The Need for Monetary Financing of Corona Budget Deficits." *Intereconomics* 55(3):133–34.

de Roover, Raymond. 1946. "Le contrat de change depuis la fin du treizième siècle jusqu'au début du dix-septième." *Revue Belge de Philologie et d'Histoire* 25(1–2):111–28.

Deeg, Richard. 1999. *Finance Capitalism Unveiled: Banks and the German Political Economy.* Ann Arbor: University of Michigan Press.

Dewey, John. 1915. "The Logic of Judgements of Practise." *Journal of Philosophy, Psychology and Scientific Methods* 12(19):505–23.

Di Maggio, Marco, and Marcin Kacperczyk. 2017. "The Unintended Consequences of the Zero Lower Bound Policy." *Journal of Financial Economics* 123(1):59–80.

Drake, Leigh. 1989. *The Building Society Industry in Transition*. Houndmills, UK: Macmillan.

Edwards, Paul N. 2019. "Infrastructuration: On Habits, Norms and Routines as Elements of Infrastructure." *Research in the Sociology of Organizations* 62:355–66.

Eichengreen, Barry J. 2008. *Globalizing Capital: A History of the International Monetary System*. Princeton, NJ: Princeton University Press.

———. 2010. *The Rise and Fall of the Dollar and the Future of the International Monetary System*. Oxford: Oxford University Press.

El-Erian, Mohamed A. 2016. *The Only Game in Town: Central Banks, Instability, and Avoiding the Next Collapse*. New York: Random House.

Emminger, Otmar. 1988. "The Evolution of the Exchange Rate from 'Sacrosanct' Parity to Flexible Monetary Policy Instrument." Pp. 1–16 in *German Yearbook on Business History 1987*, edited by Hans Pohl and Bernd Rudolph. Berlin: Springer.

Englund, Peter. 1999. "The Swedish Banking Crisis: Roots and Consequences." *Oxford Review of Economic Policy* 15(3):80–97.

Ertman, Thomas. 1997. *Birth of the Leviathan: Building States and Regimes in Medieval and Early Modern Europe*. Cambridge: Cambridge University Press.

Erturk, Ismail. 2016. *Post-crisis Central Bank Unconventional Policies and Financialised Transmission Channels*. Manchester Business School, University of Manchester.

Evans, Peter B. 1995. *Embedded Autonomy: States and Industrial Transformation*. Princeton, NJ: Princeton University Press.

Filc, Wolfgang. 1994. "Die Bundesbank zwischen Geldmengenorientierung und Zinsverantwortung." *Wirtschaftsdienst* 74(6):282–86.

Fisher, Stanley. 1994. "Modern Central Banking." Pp. 262–329 in *The Future of Central Banking: The Tercentenary Symposium of the Bank of England*, edited by Forrest Capie, Stanley Fischer, Charles Goodhart, and Norbert Schnadt. Cambridge: Cambridge University Press.

Fletcher, Gordon Alan. 1976. *The Discount Houses in London: Principles, Operations and Change*. London: Macmillan.

Fligstein, Neil. 2001. *The Architecture of Markets: An Economic Sociology of Twenty- First-Century Capitalist Societies*. Princeton, NJ: Princeton University Press.

Fligstein, Neil, Jonah Stuart Brundage, and Michael Schultz. 2017. "Seeing Like the Fed: Culture, Cognition, and Framing in the Failure to Anticipate the Financial Crisis of 2008." *American Sociological Review* 82(5):879–909.

Fontan, Clément, François Claveau, and Peter Dietsch. 2016. "Central Banking and Inequalities: Taking off the Blinders." *Politics, Philosophy and Economics* 15(4):319–57.

Foucault, Michel. 1991 [1978]. "Governmentality." Pp. 87–104 in *The Foucault Effect: Studies in Governmentality,* edited by Graham Burchell, Colin Gordon, and Peter Miller. Chicago: University of Chicago Press.

———. 2007 [1978]. *Security, Territory, Population: Lectures at the Collège de France, 1977–78.* Basingstoke, UK: Palgrave Macmillan.

Fourcade, Marion. 2006. "The Construction of a Global Profession: The Transnationalization of Economics." *American Journal of Sociology* 112(1):145–94.

Fourcade, Marion. 2009. *Economists and Societies: Discipline and Profession in the United States, Great Britain, and France, 1890s to 1990s.* Princeton, NJ: Princeton University Press.

Fourcade, Marion, and Rakesh Khurana. 2013. "From Social Control to Financial Economics: The Linked Ecologies of Economics and Business in Twentieth Century America." *Theory and Society* 42:121–59.

Fourcade-Gourinchas, Marion, and Sarah Babb. 2002. "The Rebirth of the Liberal Creed: Paths to Neoliberalism in Four Countries." *American Journal of Sociology* 108(3):533–79.

Franzese, Jr., Robert J. 2000. "Credibly Conservative Monetary Policy and Labour-Goods Market Organisation: A Review with Implications for ECB-Led Monetary Policy in Europe." Pp. 97–124 in *The History of the Bundesbank: Lessons for the European Central Bank,* edited by Jakob de Haan. London: Routledge.

Frieden, Jeffry. 2002. "Real Sources of European Currency Policy: Sectorial Interests and European Monetary Integration." *International Organization* 56(4):831–60.

———. 2013. "The Coming Battles over Monetary Policy." Manuscript, Harvard University, Cambridge, MA.

Friedman, Benjamin M. 2002. "The Use and Meaning of Words in Central Banking: Inflation Targeting, Credibility, and Transparency." NBER Working Paper No. 8972. Cambridge, MA: National Bureau of Economic Research.

Friedman, Milton. 1956. "The Quantity Theory of Money—a Restatement." Pp. 3–21 in *Studies in the Quantity Theory of Money,* edited by Milton Friedman. Chicago: University of Chicago Press.

———. 1968. "The Role of Monetary Policy." *American Economic Review* 58(1):1–17.

———. 1970. "A Theoretical Framework for Monetary Analysis." *Journal of Political Economy* 78(2):193–238.

———. 1990 [1961]. "Lag in Effect of Monetary Policy." Pp. 40–65 in *Milton Friedman: Critical Assessments,* edited by John C. Wood and Ronald N. Woods. London: Routledge.

Friedman, Milton, and Anna Jacobson Schwartz. 1963. *A Monetary History of the United States: 1867–1960.* Princeton, NJ: Princeton University Press.

Fullwiler, Scott T. 2013. "An Endogenous Money Perspective on the Post-crisis Monetary Policy Debate." *Review of Keynesian Economics* 1(2):171–94.

———. 2017. "Modern Central-Bank Operations: The General Principles." Pp. 50–87 in *Advances in Endogenous Money Analysis*, edited by Louis-Philippe Rochon and Sergio Rossi. Cheltenham, UK: Edward Elgar.

Funk, Russell J., and Daniel Hirschman. 2014. "Derivatives and Deregulation." *dministrative Science Quarterly* 59(4):669–704.

Gabor, Daniela. 2016. "The (Impossible) Repo Trinity: The Political Economy of Repo Markets." *Review of International Political Economy* 23(6):967–1000.

———. 2021. *Revolution without Revolutionaries: Interrogating the Return of Monetary Financing* Working Paper. Bristol: University of the West of England.

Garbade, Kenneth D. 2006. "The Evolution of Repo Contracting Conventions in the 1980s." *FRBNY Economic Policy Review.*

Gebauer, Wolfgang. 1983. "The Euromarkets and Monetary Control: The Deutsche- mark Case." EUI Working Paper No. 66. Florence: European University Institute.

Geithner, Timothy F. 2014. *Stress Test: Reflections on Financial Crises.* New York: Crown.

George, Alexander L., and Andrew Bennett. 2004. *Case Studies and Theory Development in the Social Sciences.* Cambridge, MA: MIT Press.

Gern, Klaus-Jürgen, Nils Jannsen, Stefan Kooths, and Maik Wolters. 2015. "Quantitative Easing in the Euro Area: Transmission Channels and Risks." *Intereconomics* 50(4):206–12.

Giddey, Thibaud. 2010. *La genèse et les premières années d'activités de la Commission fédérale des banques (1931–1943).* Mémoire de Maitrise universitaire des lettres en histoire contemporaine, Université de Lausanne, Lausanne.

———. 2012. "Gendarme ou médecin des banques? Les premières années d'activité de la Commission fédérale des banques (1935–1943)." *Traverse: Zeitschrift für Geschichte / Revue d' histoire* 19:145–63.

———. 2013. "The Regulation of Foreign Banks in Switzerland (1959–1972)." Pp. 449–85 in *EABH Annual Conference,* edited by Melanie Aspey, Peter Hertner, Krzysztof Kaczmar, Jakub Skiba, Dieter Stiefel, and Nuno Valério. Warsaw, Poland: European Association for Banking and Financial History.

———. 2016. "La surveillance bancaire en Suisse: Mise en place et évolution d'un régime de régulation financière (1914–1975)." In *Faculté des lettres.* Lausanne: Université de Lausanne.

Ginalski, Stéphanie, Thomas David, and André Mach. 2014. "From National Cohesion to Transnationalization: The Changing Role of Banks in the Swiss Company Network, 1910–2010." Pp. 107–24 in *The Power of Corporate Networks: A Comparative and Historical Perspective,* edited by Thomas David and Gerada Westerhuis. New York: Routledge.

Goldthorpe, John Harry. 1978. "The Current Inflation: Towards a Sociological Account." Pp. 186–216 in *The Political Economy of Inflation,* edited by Fred Hirsch and John Harry Goldthorpe. London: Martin Robertson.

Golub, Stephen, Ayse Kaya, and Michael Reay. 2015. "What Were They Thinking? The Federal Reserve in the Run-Up to the 2008 Financial Crisis." *Review of International Political Economy* 22(4):657–92.

Goodfriend, Marvin. 1993. "Interest Rate Policy and the Inflation Scare Problem: 1979–1992." *Federal Reserve Bank of Richmond, Economic Quarterly* 79(1): 1–23.

———. 2007. "How the World Achieved Consensus on Monetary Policy." *Journal of Economic Perspectives* 21(4):47–68.

Goodfriend, Marvin, and Monica Hargraves. 1983. "A Historical Assessment of the Rationales and Functions of Reserve Requirements." *Federal Reserve Bank of Richmond Economic Review,* March/ April, Federal Reserve Bank of Richmond, Richmond, IL.

Goodhart, Charles A. E. 1986. "Financial Innovation and Monetary Control." *Oxford Review of Economic Policy* 2(4):79–102.

———. 1988. *The Evolution of Central Banks.* Cambridge, MA: MIT Press.

———. 1989. "The Conduct of Monetary Policy." *Economic Journal* 99(June): 203–346.

———. 2000. *The Organisational Structure of Banking Supervision.* Basel: Bank for International Settlements.

———. 2002. "The Organizational Structure of Banking Supervision." *Economic Notes* 31(1):1–32.

———. 2004. "The Bank of England over the Last 35 Years." *Bankhistorisches Archiv* Beiheft 43: Welche Aufgaben muss eine Zentralbank wahrnehmen? Histo- rische Erfahrungen und europäische Perspektiven:29–54.

———. 2011a. *The Basel Committee on Banking Supervision: A History of the Early Years, 1974–1997.* Cambridge: Cambridge University Press.

———. 2011b. "The Changing Role of Central Banks." *Financial History Review* 18(2):135–54.

Goodhart, Charles A. E., and Duncan J. Needham. 2018. "Historical Reasons for the Focus on Broad Monetary Aggregates in Post–World War II Britain and the 'Seven Years War' with the IMF." *Financial History Review* 24(3):331–56.

Goodhart, Charles A. E., and Dirk Schoenmaker. 1992. "Institutional Separation between Supervisory and Regulatory Agencies." *Giornale degli Economisti e Annali di Economia* 51(9):353–439.

Goodman, John B. 1992. *Monetary Sovereignty: The Politics of Central Banking in Western Europe.* Ithaca, NY: Cornell University Press.

Gorton, Gary, and Lixin Huang. 2002. "Banking Panics and the Origin of Central Banking." NBER Working Paper No. 9137. Cambridge, MA: National Bureau of Economic Research.

Gorton, Gary, and Andrew Metrick. 2012. "Securitized Banking and the Run on Repo." *Journal of Financial Economics* 104(3):425–51.

Grant, Wyn. 2002. *Economic Policy in Britain.* Houndmills, UK: Palgrave.

Gray, Julia. 2013. *The Company States Keep: International Economic Organizations and Investor Perceptions.* Cambridge: Cambridge University Press.

Gray, William Glenn. 2007. "Floating the System: Germany, the United States, and the Breakdown of Bretton Woods, 1969–1973." *Diplomatic History* 31(2):

295–323.

Green, Jeremy. 2015. "Anglo-American Development, the Euromarkets, and the Deeper Origins of Neoliberal Deregulation." *Review of International Studies* 42(3): 425–49.

Greider, William. 1987. *Secrets of the Temple: How the Federal Reserve Runs the Country.* New York: Simon and Schuster.

Grueter, Andreas. 2016. *Outsiders In: The Secondary Banking Crisis of the 1970s as a Renegotiation of Legitimacy and Control in the British Banking System.* Master's thesis, London School of Economics and Political Science, London.

Guex, Sébastien. 2012. "L'etat fédéral et les crises economiques du début du XXe diècle à nos jours: La Suisse, un bastion anti-Keyneséien." *Annuaire Suisse d'Histoire Économique et Sociale* 27(27):151–69.

Guex, Sébastien, and Malik Mazbouri. 2013. "Une grande association patronale dans la sphère publique: L'exemple de l'Association suisse des banquiers (de 1912 à nos jours)." Pp. 205–35 in *Les organisations patronales et la sphère publique,* edited by Danièle Fraboulet, Clotilde Druelle-Korn, and Pierre Vernus. Rennes: Presses Universitaires de Rennes.

Guex, Sébastien, and Yves Sancey. 2010. "Les dirigeants de la Banque Nationale Suisse au XXe siècle." Pp. 143–79 in *Gouverner une banque centrale: Du XVIIe siècle à nos jours,* edited by Olivier Feiertag and Michel Margairaz. Paris: Albin Michel.

Halbeisen, Patrick. 2005. "Cool Lover? Switzerland and the Road to European Monetary Union." Pp. 99–117 in *European Central Banks and Monetary Cooperation after 1945,* edited by Piet Clement and Juan Carlos Martinez Olivia. Frankfurt: Adelmann.

Halbeisen, Patrick, and Tobias Straumann. 2012. "Die Wirtschaftspolitik im internationalen Kontext." Pp. 977–1075 in *Wirtschaftsgeschichte der Schweiz im 20. Jahrhundert,* edited by Margrit Müller, Béatrice Veyrassat, and Patrick Halbeisen. Basel: Schwabe Basel.

Haldane, Andrew G. 2018. "How Monetary Policy Affects Your Gross Domestic Product." *Australian Economic Review* 51(3):309–35.

Haldane, Andrew G., and Jan F. Qvigstad. 2016. "The Evolution of Central Banks: A Practitioner's Perspective." Pp. 627–71 in *Central Banks at a Crossroads: What Can We Learn from History?,* edited by Michael D. Bordo, Marc Flandreau, and Jan F. Qvigstad. Cambridge: Cambridge University Press.

Hall, Peter A. 1986. *Governing the Economy: The Politics of State Intervention in Britain and France.* Cambridge: Polity Press.

———. 1993. "Policy Paradigms, Social Learning, and the State: The Case of Economic Policymaking in Britain." *Comparative Politics* 25(3):275–96.

Hall, Peter A., and Robert J. Franzese. 1998. "Mixed Signals: Central Bank Independence, Coordinated Wage Bargaining, and European Monetary Union." *International Organization* 52(3):505–35.

Hall, Peter A., and David Soskice. 2001. "An Introduction to Varieties of Capi- talism." Pp. 1–68 in *Varieties of Capitalism: The Institutional Foundations of Comparative Advantage,* edited by Peter A. Hall and David Soskice. Oxford: Oxford University Press.

Hancké, Bob. 2013. *Unions, Central Banks, and EMU: Labour Market Institutions and Monetary Integration in Europe.* Oxford: Oxford University Press.

Hardie, Iain, David Howarth, Sylvia Maxfield, and Amy Verdun. 2013. "Banks and the False Dichotomy in the Comparative Political Economy of Finance." *World Politics* 65(4):691–728.

Hardie, Iain, and Sylvia Maxfield. 2013. "Market-Based Banking as the Worst of All Worlds: Illustrations from the United States and United Kingdom." Pp. 56–76 in *Market-Based Banking and the International Financial Crisis,* edited by Iain Hardie and David Howarth. Oxford: Oxford University Press.

Haubrich, Joseph G., and James B. Thomson. 2008. "Umbrella Supervision and the Role of the Central Bank." *Journal of Banking Regulation* 10(1):17–27.

Häusler, Gert. 1994. "The Competitive Position of Germany as a Financial Centre as Seen by a Central Banker." Pp. 253–63 in *The Competitiveness of Financial Institutions and Centres in Europe,* edited by Donald E. Fair and Raymond Robert. Dordrecht: Kluwer Academic.

Hay, Colin. 2001. "The 'Crisis' of Keynesianism and the Rise of Neoliberalism in Britain: An Ideational Institutionalist Approach." Pp. 193–218 in *The Rise of Neoliberalism and Institutional Analysis,* edited by John L. Campbell and Ove Kaj Pedersen. Princeton, NJ: Princeton University Press.

Haydu, Jeffrey. 1998. "Making Use of the Past: Time Periods as Cases to Compare and as Sequences of Problem Solving." *American Journal of Sociology* 104(2): 339–71.

Hayo, Bernd, and Carsten Hefeker. 2010. "The Complex Relationship between Central Bank Independence and Inflation." Pp. 179–217 in *Challenges in Central Banking. The Current Institutional Environment and Forces Affecting Monetary Policy,* edited by Pierre L. Siklos, Martin T. Bohl, and Mark E. Wohar. Cambridge: Cambridge University Press.

Helleiner, Eric. 1994. *States and the Reemergence of Global Finance: From Bretton Woods to the 1990s.* Ithaca, NY: Cornell University Press.

Hetzel, Robert L. 2008. *The Monetary Policy of the Federal Reserve: A History.* Cambridge: Cambridge University Press.

Hibbs, Douglas A. 1977. "Political Parties and Macroeconomic Policy." *American Political Science Review* 71(4):1467–87.

Hirschman, Daniel, and Elizabeth Popp Berman. 2014. "Do Economists Make Policies? On the Political Effects of Economics." *Socio-economic Review* 12(4):779–811.

Hirshman, Albert O. 1970. *Exit, Voice, and Loyalty: Responses to Decline in Firms, Organizations, and States.* Cambridge, MA: Harvard University Press.

Hockett, Robert C., and Saule T. Omarova. 2017. "The Finance Franchise." *Cornell Law Revue* 102:1143–218.

Holmes, Douglas R. 2013. *Economy of Words: Communicative Imperatives in Central Banks.* Chicago: University of Chicago Press.

Höpner, Martin. 2019. "The German Undervaluation Regime under Bretton Woods: How Germany Became the Nightmare of the World Economy." MPIfG Discussion Paper No. 19 / 1. Cologne: Max-Planck-Institut für Gesellschaftsforschung.

Hotson, Anthony. 2010. *British Monetary Targets, 1976 to 1987: A View from the Fourth Floor of the Bank of England.* London: London School of Economics.

———. 2017. *Respectable Banking: The Search for Stability in London's Money and Credit Markets since 1695.* Cambridge: Cambridge University Press.

Hübscher, Evelyne, Thomas Sattler, and Markus Wagner. 2021. "Voter Responses to Fiscal Austerity." *British Journal of Political Science* 51(4):1751–60.

Hug, Peter. 2002. "Steuerflucht und die Legende vom antinazistischen Ursprung des Bankgeheimnisses. Funktion und Risiko der moralischen Überhöhung des Finanzplatzes Schweiz." Pp. 269–322 in *Gedächtnis, Geld und Gesetz. Zum Umgang mit der Vergangenheit des Zweiten Weltkriegs,* edited by Jakob Tanner and Sigrid Weigel. Zürich: vdf Hochschulverlag.

Hung, Ho-fung, and Daniel Thompson. 2016. "Money Supply, Class Power, and Inflation: Monetarism Reassessed." *American Sociological Review* 81(3):447–66.

Hutter, Bridget M., and Sally M. Lloyd-Bostock. 2017. *Regulatory Crisis: Negotiating the Consequences of Risk, Disasters and Crises.* Cambridge: Cambridge Univer- sity Press.

Ingham, Geoffrey Keith. 2004. *The Nature of Money.* Cambridge: Polity Press. Issing, Otmar. 1997. "Monetary Targeting in Germany: The Stability of Monetary Policy and of the Monetary System." *Journal of Monetary Economics* 39(1): 67–79.

Iversen, Torben. 1998. "Wage Bargaining, Hard Money and Economic Performance: Theory and Evidence for Organized Market Economies." *British Journal of Political Science* 28(1):31–61.

Jahan, Sarwat. 2017. "Inflation Targeting: Holding the Line." Pp. 72–73 in *Back to Basics: Economics Concepts Explained,* edited by International Monetary Fund. Washington, DC: International Monetary Fund.

James, Harold. 2012. *Making the European Monetary Union.* Cambridge, MA: Harvard University Press.

———. 2020. *Making a Modern Central Bank: The Bank of England 1979–2003.* Cambridge: Cambridge University Press.

Janssen, Hauke. 2006. *Milton Friedman und die 'monetaristische Revolution in Deutschland.'* Marburg: Metropolis.

Jobst, Clemens, and Stefano Ugolini. 2016. "The Coevolution of Money Markets and Monetary Policy, 1815–2008." Pp. 145–94 in *Central Banks at a Crossroads,* edited by Michael D. Bordo, Marc Flandreau, Oyvind Eitrheim, and Jan F. Qvigstad. Cambridge: Cambridge University Press.

Johnson, Harry G. 1990 [1971]. "The Keynesian Revolution and the Monetarist Counter-Revolution." Pp. 72–88 in *Milton Friedman: Critical Assessments,* edited by John C. Wood and Ronald N. Woods. London: Routledge.

Johnson, Peter A. 1998. *The Government of Money. Monetarism in Germany and the United States.* Ithaca, NY: Cornell University Press.

Johnson, Simon, and James Kwak. 2010. *13 Bankers: The Wall Street Takeover and the Next Financial Meltdown.* New York: Vintage, 2011.

Jones, Daniel Stedman. 2012. *Masters of the Universe: Hayek, Friedman, and the Birth of Neoliberal Politics.* Princeton, NJ: Princeton University Press.

Jordà, Òscar, Björn Richter, Moritz Schularick, and Alan M. Taylor. 2017. "Bank Capital Redux: Solvency, Liquidity, and Crisis." Federal Reserve Bank of San Francisco Working Paper.

Jordà, Òscar, Moritz Schularick, and Alan M. Taylor. 2014. "The Great Mort- gaging: Housing Finance, Crises, and Business Cycles." NBER Working Paper No. 20501. Cambridge, MA: National Bureau of Economic Research.

Jordana, Jacint, and David Levi-Faur. 2004. "The Politics of Regulation in the Age of Governance." Pp. 1–28 in *The Politics of Regulation: Institutions and Regulatory Reforms for the Age of Governance,* edited by Jacint Jordana and David Levi-Faur. Cheltenham, UK: Edward Elgar.

Jordana, Jacint, David Levi-Faur, and Xavier Fernández i Marín. 2011. "The Global Diffusion of Regulatory Agencies: Channels of Transfer and Stages of Diffusion." *Comparative Political Studies* 44(10):1343–69.

Joyce, Michael, David Miles, Andrew Scott, and Dimitri Vayanos. 2016. "Quantitative Easing and Unconventional Monetary Policy—an Introduction." *Economic Journal* 122:271–88.

Joyce, Patrick. 2013. *The State of Freedom: A Social History of the British State since 1800.* Cambridge: Cambridge University Press.

Joyce, Patrick, and Chandra Mukerji. 2017. "The State of Things: State History and Theory Reconfigured." *Theory and Society* 46(1):1–19.

Kallinikos, Jannis, Hans Hasselbladh, and Attila Marton. 2013. "Governing Social Practice: Technology and Institutional Change." *Theory and Society* 42(4): 395–421.

Kane, Edward J. 1981. "Accelerating Inflation, Technological Innovation, and the Decreasing Effectiveness of Banking Regulation." *Journal of Finance* 36(2):355–67.

Kapstein, Ethan Barnaby. 1992. "Between Power and Purpose: Central Banks and the Politics of Regulatory Convergence." *International Organization* 46(1): 265–87.

Karamouzis, Nicholas, and Raymond Lombra. 1989. "Federal Reserve Policy-making: An Overview and Analysis of the Policy Process." *Journal of Mon- etary Economics* 30(1):7–62.

Katzenstein, Peter J. 1985. *Small States in World Markets: Industrial Policy in Europe.* Ithaca, NY: Cornell University Press.

Keynes, John Maynard. 1973 [1936]. *The General Theory of Employment Interest and Money.* London: Macmillan.

King, Desmond, and Patrick Le Galès. 2017. "The Three Constituencies of the State: Why the State Has Lost Unifying Energy." *British Journal of Sociology* 68(S1):S11–S33.

King, Mervyn A. 1994. "Monetary Policy in the UK." *Fiscal Studies* 15:109–28.

———. 1997. "Changes in UK Monetary Policy: Rules and Discretion in Practice." *Journal of Monetary Economics* 39(1):81–97.

———. 2016. *The End of Alchemy: Money, Banking, and the Future of the Global Economy.* New York: W. W. Norton.

King, Michael. 2005. "Epistemic Communities and the Diffusion of Ideas: Central Bank Reform in the United Kingdom." *West European Politics* 28(1):94–123.

Kirshner, Jonathan. 2003. "Money Is Politics." *Review of International Political Economy* 10(4):645–60.

Knafo, Samuel. 2013. *The Making of Modern Finance: Liberal Governance and the Gold Standard.* London: Routledge.

Kneeshaw, J. T., and P. Van den Bergh. 1989. "Changes in Central Bank Money Market Operating Procedures in the 1980s." BIS Economic Papers. Basel: Bank for International Settlements.

Knorr Cetina, Karin. 2007. "Economic Sociology and the Sociology of Finance. Four Distinctions, Two Developments, One Field?" *Economic Sociology* 8(3):4–10.

Konings, Martijn. 2011. *The Development of American Finance.* New York: Cam- bridge University Press.

Kriesi, Hanspeter. 1980. *Entscheidungsstrukturen und Entscheidungsprozesse in der Schweizer Politik.* Frankfurt: Campus.

Krippner, Greta R. 2005. "The Financialization of the American Economy." *Socioeco- nomic Review* 3(2):173–208.

———. 2011. *Capitalizing on Crisis: The Political Origins of the Rise of Finance.* Cambridge, MA: Harvard University Press.

Kwak, James. 2014. "Cultural Capture and the Financial Crisis." Pp. 71–98 in *Preventing Regulatory Capture: Special Interest Influence and How to Limit It,* edited by Daniel Carpenter and David A. Moss. Cambridge: Cambridge University Press.

Kydland, Finn E., and Edward C. Prescott. 1977. "Rules Rather Than Discretion: The Inconsistency of Optimal Plans." *Journal of Political Economy* 85(3): 473–92.

Laidler, David. 2003. "Monetary Policy without Money: Hamlet without the Ghost." *Research Report, No. 2003-7,* University of Western Ontario, Department of Economics, London (Ontario).

———. 2007. *Successes and Failures of Monetary Policy since the 1950s.* Ontario: RBC Financial Group Economic Policy Research Institute.

Langley, Paul. 2015. *Liquidity Lost: The Governance of the Global Financial Crisis.* Oxford: Oxford University Press.

Lascoumes, Pierre, and Patrick Le Galès. 2007. "Introduction: Understanding Public Policy through Its Instruments—From the Nature of Instruments to the Sociology of Public Policy Instrumentation." *Governance* 20(1):1–21.

Laubach, Thomas, and Adam S. Posen. 1997. "Disciplined Discretion: The German and Swiss Monetary Targeting Framework in Operation." Research Paper. New York: Federal Reserve Bank of New York.

Lawson, Nigel. 1992. *The View from No. 11: Memoirs of a Tory Radical.* London: Bentam Press.

Lebaron, Frédéric. 2010. "European Central Bankers in the Global Space of Central Bankers: A Geometric Data Analysis Approach." *French Politics* 8(3):294–320.

Leeper, Eric M. 2010. "Monetary Science, Fiscal Alchemy." NBER Working Paper No. 16510. Cambridge, MA: National Bureau of Economic Research.

Leutwiler, Fritz. 1971. "Theorie und Wirklichkeit der Notenbankpolitik." *Schweizerisches Journal for Volkswirtschaft und Statistik* 107(1):275–89.

Lindblom, Charles Edward. 1977. *Politics and Markets: The World's Political and Economic Systems.* New York: Basic Books.

Lindow, Wesley. 1972. *Inside the Money Market.* New York: Random House. Lindsey, David E., Athanasios Orphanides, and Robert H. Rasche. 2013. "The Reform of October 1979: How It Happened and Why." *Federal Reserve Bank of St. Louis Review* (November / December):487–542.

Lisle-Williams, Michael. 1984. "Beyond the Market: The Survival of Family Capitalism in the English Merchant Banks." *British Journal of Sociology* 35(2):241.

Loepfe, Willi. 2011. *Der Aufstieg des schweizerischen Finanzplatzes in der Nachkriegs- zeit.* Weinfelden (CH): Wolfan.

Lucas, Jr., Robert E. 1981. *Studies in Business-Cycle Theory.* Cambridge, MA: MIT Press.

Luhmann, Niklas. 2002. *Die Politik der Gesellschaft.* Frankfurt: Suhrkamp. Lynch, Julia. 2020. *Regimes of Inequality: The Political Economy of Health and Wealth.* Cambridge: Cambridge University Press.

Mabillard, Max, and Roger de Weck. 1977. *Scandale au Crédit Suisse.* Geneva: La Tribune de Genève.

Maerowitz, Seth P. 1981. "The Market for Federal Funds." *Federal Reserve Bank of Richmond Economic Review* 67(4):3–7.

Maier, Charles. 2004. "Two Sorts of Crisis? The 'Long' 1970s in the West and the East." Pp. 49–62 in *Koordinaten deutscher Geschichte in der Epoche des Ost-West-Konflikts,* edited by Hans Günter Hockerts. München: R. Oldenbourg.

Majone, Giandomenico. 1994. "The Rise of the Regulatory State in Europe." *West European Politics* 17(3):77–101.

Mallaby, Sebastian. 2017. *The Man Who Knew: The Life and Times of Alan Greenspan.* London: Bloomsbury.

Maman, Daniel, and Zeev Rosenhek. 2009. "The Contested Institutionalization of Policy Paradigm Shifts: The Adoption of Inflation Targeting in Israel." *Socio-economic Review* 7(2):217–43.

Mann, Michael. 1984. "The Autonomous Power of the State: Its Origins, Mechanisms and Results." *European Journal of Sociology / Archives Européennes de Sociologie / Europäisches Archiv für Soziologie* 25(2):185–213.

———. 1996. *The Sources of Social Power, Volume 2: The Rise of Classes and Nation States 1760–1914.* Cambridge: Cambridge University Press.

———. 2011. *The Sources of Social Power, Volume 4: Globalizations, 1945–2011.* Cambridge: Cambridge University Press.

Manow, Philip. 2020. *Social Protection, Capitalist Production: The Bismarckian Welfare State in the German Political Economy, 1880–2015.* Oxford: Oxford University Press.

Marcussen, Martin. 2009. "Scientization of Central Banking: The Politics of A-politicization." Pp. 373–90 in *Central Banks in the Age of the Euro,* edited by

Kenneth Dyson and Marcus Marcussen. Oxford; New York: Oxford Univer- sity Press.

Marsh, David. 1992. *The Most Powerful Bank: Inside Germany's Bundesbank.* London: Times Books.

Masciandaro, Donato, and Marc Quintyn. 2013. "The Evolution of Financial Supervision: The Continuing Search for the Holy Grail." Pp. 263–318 in *50 Years of Money and Finance: Lessons and Challenges,* edited by Morten Balling and Ernest Gnan. Vienna: SUERF.

Maxfield, Sylvia. 1991. "Bankers' Alliances and Economic Policy Patterns: Evidence from Mexico and Brazil." *Comparative Political Studies* 23(4):419–58.

Mayes, David G., and W. A. Razzak. 2001. "Transparency and Accountability: Empirical Models and Policy-Making at the Reserve Bank of New Zealand." Pp. 93–110 in *Empirical Models and Policy-Making: Interaction and Institutions,* edited by Frank A. G. den Butter and Mary S. Morgan. London: Routledge.

Mazbouri, Malik, Sébastien Guex, and Rodrigo Lopez. 2012. "Finanzplatz Schweiz." Pp. 468–518 in *Wirtschaftsgeschichte der Schweiz im 20. Jahrhundert,* edited by Margrit Müller, Béatrice Veyrassat, and Patrick Halbeisen. Basel: Schwabe Basel.

Mazbouri, Malik, and Janick Marina Schaufelbuehl. 2015. "A Legislator under Surveillance: The Creation and Implementation of Swiss Banking Legislation 1910–1934." *European History Quarterly* 45(4):662–88.

McCallum, Bennett T. 1997. "Inflation Targeting in Canada, New Zealand, Sweden, the United Kingdom, and in General." NBER Working Paper No. 5579. Cambridge, MA: National Bureau of Economic Research.

McLeay, Michael, Amar Radia, and Thomas Ryland. 2014. "Money Creation in the Modern Economy." *BoE Quarterly Bulletin* Q1 (March):14–27.

McMichael, Philip. 1990. "Incorporating Comparison within a World-Historical Perspective: An Alternative Comparative Method." *American Sociological Review* 55(3):385–97.

McNamara, Kathleen R. 1998. *The Currency of Ideas: Monetary Politics in the European Union.* Ithaca, NY: Cornell University Press.

Mee, Simon. 2019. *Central Bank Independence and the Legacy of the German Past.* Cambridge: Cambridge University Press.

Mehrling, Perry. 2011. *The New Lombard Street: How the Fed Became the Dealer of Last Resort.* Princeton, NJ: Princeton University Press.

Meltzer, Allan H. 2003. *A History of the Federal Reserve, Volume I, 1913–1951.* Chicago: University of Chicago Press.

Menand, Lev. 2020. "Unappropriated Dollars: The Fed's Ad Hoc Lending Facilities and the Rules That Govern Them." ECGI Law Working Papers No. 518 / 2020. Brussels: European Corporate Governance Institute.

———. 2021. "Why Supervise Banks? The Foundations of the American Monetary Settlement." *Vanderbilt Law Review* 74:951–1021.

Meulendyk, Ann-Marie. 1998. *US Monetary Policy and Financial Markets.* New York: Federal Reserve Bank of New York.

Meyer, John W., John Boli, George M. Thomas, and Francisco O. Ramirez. 1997. "World Society and the Nation-State." *American Journal of Sociology* 103(1):

144–81.

Mian, Atif R. 2019. "How to Think about Finance?" Research brief, Economists for Inclusive Prosperity.

Mian, Atif R., Ludwig Straub, and Amir Sufi. 2020. "The Saving Glut of the Rich." NBER Working Paper No. 26941. Cambridge, MA: National Bureau of Economic Research.

Michie, Ranald C. 2004. "The City of London and the British Government: The Changing Relationship." Pp. 31–58 in *The British Government and the City of London in the Twentieth Century,* edited by Ranald C. Michie and Philip Williamson. Cambridge: Cambridge University Press.iddleton, Peter. 1989. "Economic Policy Formulation in the Treasury in the Post-War Period: NIESR Jubilee Lecture." *National Institute Economic Review* 127:46–51.

Milanovic, Branco. 2019. *Capitalism, Alone.* Cambridge, MA: Harvard University Press.

Minford, Patrick. 1991. *The Supply Side Revolution in Britain.* Cheltenham, UK: Edward Elgar.

Minsky, Hyman P. 1957. "Central Banking and Money Market Changes." *Quarterly Journal of Economics* 71(2):171–87.

———. 1975. *John Maynard Keynes.* London: Macmillan.

———. 1986. *Stabilizing an Unstable Economy.* New Haven, CT: Yale University Press.

———. 1988. "Review of: Secrets of the Temple: How the Federal Reserve Runs the Country." *Challenge* 31(3):58–62.

Mishkin, Frederic S. 2007. *Monetary Policy Strategy.* Cambridge, MA: MIT Press. Mizruchi, Mark S. 2013. *The Fracturing of the American Corporate Elite.* Cambridge, MA: Harvard University Press.

Monnet, Eric. 2015. "La politique de la Banque de France au sortir des trente glorieuses: Un tournant néolibéral et monétariste?" *Revue d'Histoire Moderne et Contemporaine* 62(1):147–74.

Monnin, Pierre. 2019. "The Risks and Side Effects of UMP: An Assessment of IMF Views and Analysis." IEO Background Paper. Washington, DC: Independent Evaluation Office of the International Monetary Fund.

Moran, Michael. 1984. *The Politics of Banking: The Strange Case of Competition and Credit Control.* London: Macmillan.

———. 1991. *The Politics of the Financial Services Revolution: The USA, UK and Japan.* London: Macmillan.

———. 2003. *The British Regulatory State: High Modernism and Hyper-innovation.* Oxford: Oxford University Press.

Morgan, Kimberly J., and Andrea L. Campbell. 2011. *The Delegated Welfare State: Medicare, Markets, and the Governance of Social Policy.* Oxford: Oxford University Press.

Morgan, Mary S. 2006. "Measuring Instruments in Economics and the Velocity of Money." Working papers on the Nature of Evidence: How Well Do "Facts"

Travel? No. 13/06. London: London School of Economics and Political Science.

Morrison, James A. 2016. "Shocking Intellectual Austerity: The Role of Ideas in the Demise of the Gold Standard in Britain." *International Organization: IO* 70(1):175–204.

Mosley, Layna. 2003. *Global Capital and National Governments*. Cambridge: Cambridge University Press.

Mudge, Stephanie L., and Antoine Vauchez. 2016. "Fielding Supranationalism: The European Central Bank as a Field Effect." *Sociological Review Monograph* 64(2):146–69.

Mudge, Stephanie Lee. 2008. "What Is Neo-liberalism?" *Socio-economic Review* 6(4):703–31.

Murau, Steffen. 2017. "Shadow Money and the Public Money Supply: The Impact of the 2007–2009 Financial Crisis on the Monetary System." *Review of International Political Economy* 24(5):802–38.

Needham, Duncan. 2014a. "The 1981 Budget: 'a Dunkirk, not an Alamein.'" Pp. 148–80 in *Expansionary Fiscal Contraction: The Thatcher Government's 1981 Budget in Perspective*, edited by Duncan Needham and Anthony Hotson. Cambridge: Cambridge University Press.

———. 2014b. *UK Monetary Policy from Devaluation to Thatcher, 1967–1982*. Basingstoke, UK: Palgrave Macmillan.

Needham, Duncan, and Anthony Hotson. 2018. *The Changing Risk Culture of UK Banks*. Cambridge: University of Cambridge.

Nelson, Stephen C., and Peter J. Katzenstein. 2014. "Uncertainty, Risk, and the Financial Crisis of 2008." *International Organization* 68(2):361–92.

Nyborg, Kjell G., and Per Östberg. 2014. "Money and Liquidity in Financial Markets." *Journal of Financial Economics* 112(1):30–52.

Oatley, Thomas, and Robert Nabors. 1998. "Redistributive Cooperation: Market Failure, Wealth Transfers, and the Basel Accord." *International Organization* 52(1):35–54.

O'Connor, James. 1973. *The Fiscal Crisis of the State*. New York: St. Martin's Press. Oesch, Daniel. 2011. "Swiss Trade Unions and Industrial Relations after 1990." Pp. 82–102 in *Switzerland in Europe: Continuity and Change in the Swiss Political Economy*, edited by Christine Trampusch and André Mach. London: Routledge.

Offe, Klaus. 1973. *Strukturprobleme des kapitalistischen Staates*. Frankfurt: Suhrkamp.

Offer, Avner. 2014. "Narrow Banking, Real Estate, and Financial Stability in the UK c. 1870–2010." Pp. 158–73 in *British Financial Crises since 1825*, edited by Nicholas Dimsdale and Anthony Hotson. Oxford: Oxford University Press.

———. 2017. "The Market Turn: From Social Democracy to Market Liberalism." *Economic History Review* 70(4):1051–71.

Oliver, Michael J. 2014. "The Long Road to 1981: British Money Supply Targets from DCE to the MTFS." Pp. 210–28 in *Expansionary Fiscal Contraction: The Thatcher Government's 1981 Budget in Perspective*, edited by Duncan Needham and Anthony Hotson. Cambridge: Cambridge University Press.

Orléan, André. 2008. "Monetary Beliefs and the Power of Central Banks." Pp. 7–21 in *Central Banks as Economic Institutions,* edited by Jean-Philippe Touffut. Cheltenham, UK: Edward Elgar.

Orphanides, Athanasios, and John Williams. 2011. "Monetary Policy Mistakes and the Evolution of Inflation Expectations." NBER Working Paper No. 17080. Cambridge, MA: National Bureau of Economic Research.

Özgöde, Onur. 2021. "The Emergence of Systemic Risk: The Federal Reserve, Bailouts, and Monetary Government at the Limits." *Socio-economic Review* (forthcoming).

Parsons, Talcott, and Neil J. Smelser. 1956. *Economy and Society: A Study in the Integration of Economic and Social Theory.* London: Routledge and Kegan Paul.

Payne, Christopher. 2010. *The Consumer, Credit and Debt: Governing the British Economy.* PhD thesis, London School of Economics and Political Science, London.

Peden, George C. 2000. *The Treasury and British Public Policy, 1906–1959.* Oxford: Oxford University Press.

Pepper, Gordon T., and Michael J. Oliver. 2001. *Monetarism under Thatcher: Lessons for the Future.* Northampton, MA: Edward Elgar.

Persson, Torsten, and Guido Tabellini. 1993. "Designing Institutions for Monetary Stability." *Carnegie-Rochester Conference Series on Public Policy* 39:53–84.

Petrou, Karen. 2021a. *Engine of Inequality: The Fed and the Future of Wealth in America.* Hoboken, NJ: John Wiley and Sons.

Petrou, Karen. 2021b. *A Central Bank Mandate for Our Time: The Fed's De Facto Fiscal Role and Its Anti-Equality Impact.* Paper presented at the conference "Populism and the Future of the Fed," Cato Institute, Washington, DC, November 18, 2021.

Pierson, Paul. 1993. "When Effect Becomes Cause: Policy Feedback and Political Change." *World Politics* 45(4):595–628.

———. 2001. "From Expansion to Austerity." Pp. 54–80 in *Seeking the Center,* edited by Martin A. Levin, Marc K. Landy, and Martin Shapiro. Washington, DC: Georgetown University Press.

———. 2004. *Politics in Time: History, Institutions, and Social Analysis.* Princeton, NJ: Princeton University Press.

———. 2014. "Power and Path Dependence." Pp. 123–46 in *Advances in Comparative- Historical Analysis,* edited by James Mahoney and Kathleen Thelen. Cambridge: Cambridge University Press.

Piketty, Thomas. 2014. *Capital in the Twenty-First Century.* Cambridge, MA: Belknap Press of Harvard University Press.

Pincus, Steven C. A., and James A. Robinson. 2011. "What Really Happened during the Glorious Revolution?" NBER Working Paper No. 17206. Cambridge, MA: National Bureau of Economic Research.

Pistor, Katharina. 2013. "A Legal Theory of Finance." *Journal of Comparative Economics* 41(2):315–30.

Pixley, Jocelyn. 2018. *Central Banks, Democratic States and Financial Power.* Cambridge: Cambridge University Press.

Polak, Jacques J. 1997. *The IMF Monetary Model at Forty.* Washington, DC: International Monetary Fund.

Polillo, Simone, and Mauro F. Guillén. 2005. "Globalization Pressures and the State: The Worldwide Spread of Central Bank Independence." *American Journal of Sociology* 110(6):1764–802.

Pozsar, Zlotan, Tobias Adrian, Adam Ashcraft, and Hayley Boesky. 2010. *Shadow Banking.* New York: Federal Reserve Bank of New York.

Prader, Gaudenz. 1981. *50 Jahre Schweizerische Stabilisierungspolitik: Lernprozesse in Theorie und Politik am Beispiel der Finanz- und Beschäftigungspolitik des Bundes.* Zürich: Schulthess.

Prasad, Monica. 2006. *The Politics of Free Markets: The Rise of Neoliberal Economic Policies in Britain, France, Germany, and the United States.* Chicago: University of Chicago Press.

———. 2012. *The Land of Too Much: American Abundance and the Paradox of Poverty.* Cambridge, MA: Harvard University Press.

Preda, Alex. 2009. *Framing Finance: The Boundaries of Markets and Modern Capitalism.* Chicago: University of Chicago Press.

Quinn, Sarah L. 2017. "The Miracles of Bookkeeping: How Budget Politics Link Fiscal Policies and Financial Markets." *American Journal of Sociology* 123(1): 48–85.

———. 2019. *American Bonds: How Credit Markets Shaped a Nation.* Princeton, NJ: Princeton University Press.

Rachel, Lukasz, and Lawrence H. Summers. 2019. "On Secular Stagnation in the Industrialized World." *Brookings Papers on Economic Activity* (Spring):1–54.

Rademacher, Inga. 2020. "One State, One Interest? How a Historic Shock to the Balance of Power of the Bundesbank and the Ministry of Finance Laid the Path for German Fiscal Austerity." Unpublished manuscript, Kings College, London.

Reid, Margaret I. 1982. *The Secondary Banking Crisis, 1973–75: Its Causes and Course.* London: Macmillan.

Reinicke, Wolfgang H. 1995. *Banking, Politics and Global Finance: American Commercial Banks and Regulatory Change, 1980–1990.* Aldershot, UK: Edward Elgar.

Reisenbichler, Alexander. 2020. "The Politics of Quantitative Easing and Housing Stimulus by the Federal Reserve and European Central Bank, 2008–2018." *West European Politics* 43(2):464–84.

Rich, Georg. 1987. "Swiss and United States Monetary Policy: Has Monetarism Failed?" *Federal Reserve Bank of Richmond Economic Review* 73:3–17.

———. 2007. "Swiss Monetary Targeting 1974–1996: The Role of Internal Policy Analysis." *Schweizerische Zeitschrift für Volkswirtschaft und Statistik* 143(3): 283–329.

Ricks, Morgan. 2016. *The Money Problem: Rethinking Financial Regulation.* Chicago: University of Chicago Press.

Riles, Annelise. 2011. *Collateral Knowledge: Legal Reasoning in the Global Financial Markets.* Chicago: University of Chicago Press.

———. 2018. *Financial Citizenship: Experts, Publics, and the Politics of Central Banking.* Ithaca, NY: Cornell University Press.

Roberts, Alasdair. 2011. *The Logic of Discipline: Global Capitalism and the Architec- ture of Government.* Oxford: Oxford University Press.

Roe, Mark J. 2011. "The Derivatives Market's Payment Priorities as Financial Crisis Accelerator." *Stanford Law Review* 63:539–89.

Rogoff, Kenneth. 1985. "The Optimal Degree of Commitment to an Intermediate Monetary Target." *Quarterly Journal of Economics* 100:1169–90.

Rosanvallon, Pierre. 2013. *The Society of Equals.* Cambridge, MA: Harvard University Press.

Rose, Nicolas, and Peter Miller. 1992. "Political Power beyond the State: Problematics of Government." *British Journal of Sociology* 43(2):173–205.

Ross, Duncan M. 2004. "Domestic Monetary Policy 1945–1971." Pp. 298–321 in *The British Government and the City of London in the Twentieth Century,* edited by Ranald C. Michie and Philip Williamson. Cambridge: Cambridge University Press.

Rueschemeyer, Dietrich. 2003. "Can One or a Few Cases Yield Theoretical Gains?" Pp. 305–36 in *Comparative Historical Analysis in the Social Sciences,* edited by James Mahoney and Dietrich Rueschemeyer. Cambridge: Cambridge University Press.

Ruggie, John Gerard. 1982. "International Regimes, Transactions, and Change: Embedded Liberalism in the Postwar Economic Order." *International Organization* 36(2):379–415.

Saad Filho, Alfredo. 2007. "Monetary Policy in the Neo-liberal Transition: A Political Economy Critique of Keynesianism, Monetarism and Inflation Targeting." Pp. 89–120 in *Political Economy and Global Capitalism: The 21st Century, Present and Future,* edited by Bob Jessop, Richard Westra, and Robert Albritton. London: Anthem Press.

Saez, Emmanuel, and Gabriel Zucman. 2019. *The Triumph of Injustice: How the Rich Dodge Taxes and How to Make Them Pay.* New York: W. W. Norton.

Sassen, Saskia. 2006. *Territory, Authority, Rights: From Medieval to Global Assem- blages.* Princeton, NJ: Princeton University Press.

Sayers, Richard S. 1976. *The Bank of England 1891–1944, Volume 1.* Cambridge: Cambridge University Press.

Scharpf, Fritz W. 1976. *Does Organization Matter? Task Structure and Interaction in the Ministerial Bureaucracy.* Berlin: Wissenschaftszentrum Berlin.

———. 1987. *Sozialdemokratische Krisenpolitik in Europa.* Frankfurt: Campus.

———. 2004. "Legitimationskonzepte jenseits des Nationalstaats." MPIfG Working Paper. Cologne: Max Planck Institut für Gesellschaftsforschung.

Schenk, Catherine R. 2010. *The Decline of Sterling: Managing the Retreat of an International Currency, 1945–1992.* Cambridge: Cambridge University Press.

———. 2014. "Summer in the City: Banking Failures of 1974 and the Development of International Banking Supervision." *English Historical Review* 129(540): 1129–56.

Scheve, Kenneth. 2004. "Public Inflation Aversion and the Political Economy of Macroeconomic Policymaking." *International Organization* 58(1):1–34.

Schiltknecht, Kurt. 1979 [1976]. "Monetary Policy under Flexible Exchange Rates: The Swiss Case." Pp. 321–49 in *Inflation, Unemployment, and Monetary Control. Collected Papers from the 1973–1976 Konstanz Seminars,* edited by Karl Brunner and Manfred J. Neumann. Berlin: Duncker and Humblot.

Schularick, Moritz, and Alan M. Taylor. 2012. "Credit Booms Gone Bust: Monetary Policy, Leverage Cycles, and Financial Crises, 1870–2008." *American Economic Review* 102(2):1029–61.

Schwartz, Herman Mark. 2019. "American Hegemony: Intellectual Property Rights, Dollar Centrality, and Infrastructural Power." *Review of International Political Economy* 26(3):490–519.

Schweizerische Nationalbank. 1982. *75 Jahre Schweizerische Nationalbank. Die Zeit von 1957 bis 1982.* Zürich: Schweizerische Nationalbank.

Seabrooke, Leonard, and Eleni Tsingou. 2009. *Revolving Doors and Linked Ecologies in the World Economy: Policy Locations and the Practice of International Financial Reform.* Coventry, UK: University of Warwick.

Seabrooke, Leonard, and Duncan Wigan. 2014. "Global Wealth Chains in the International Political Economy." *Review of International Political Economy* 21(1):257–63.

Shabani, Mimoza, Judith Jan Tyson, Jan Toporowski, and Terry McKinley. 2014. *The Financial System in the U.K.* London: School of Oriental and African Studies.

Sherwin, Murray 2000. "Strategic Choices in Inflation Targeting: The New Zealand Experience." Pp. 15–27 in *Inflation Targeting in Practice: Strategic and Operational Issues and Application to Emerging Market Economies,* edited by Mario Bléjer, Alain Ize, Alfredo Leone, and Sérgio Werlang. Washington, DC: International Monetary Fund.

Siklos, Pierre L. 2002. *The Changing Face of Central Banking: Evolutionary Trends since World War II.* Cambridge: Cambridge University Press.

Simmel, Georg. 1989 [1900]. *Philosophie des Geldes.* Frankfurt: Suhrkamp. Singleton, John. 2011. *Central Banking in the Twentieth Century.* Cambridge: Cambridge University Press.

Sissoko, Carolyn. 2010. "The Legal Foundations of Financial Collapse." *Journal of Financial Economic Policy* 2(1):5–34.

———. 2016. "How to Stabilize the Banking System: Lessons from the Pre-1914 London Money Market." *Financial History Review* 23(1):1–20.

———. 2019. "Repurchase Agreements and the (De)construction of Financial Markets." *Economy and Society:*1–27.

Skocpol, Theda. 1985. "Bringing the State Back In: Strategies of Analysis in Current Research." Pp. 3–37 in *Bringing the State Back In,* edited by Peter B. Evans, Dietrich Rueschemeyer, and Theda Skocpol. Cambridge: Cambridge University Press.

Snowdon, Brian, and Howard R. Vane. 2005. *Modern Macroeconomics: Its Origins, Development and Current State.* Cheltenham, UK: Edward Elgar.

Stasavage, David. 2003. "Communication, Coordination and Common Knowledge in Monetary Policy." Pp. 183–203 in *Institutional Conflicts and Complementarities,* edited by Franzese Robert, Peter Mooslechner, and Martin Schürz. Boston: Springer.

Steinmo, Sven. 1993. *Taxation and Democracy: Swedish, British, and American Approaches to Financing the Modern State.* New Haven, CT: Yale University Press.

Stephens, Philip. 1996. *Politics and the Pound: The Conservatives' Struggle with Sterling.* London: Macmillan.

Stock, James H., and Mark W. Watson. 2003. "Has the Business Cycle Changed and Why?" Pp. 159–230 in *NBER Macroeconomics Annual 2002,* edited by Mark Gertler and Kenneth Rogoff. Cambridge, MA: MIT Press.

Strange, Susan. 1998. *Mad Money.* Manchester: Manchester University Press. Straumann, Tobias. 2010. *Fixed Ideas of Money: Small States and Exchange Rate Regimes in Twentieth Century Europe.* New York: Cambridge University Press. Streeck, Wolfgang. 2009. *Re-forming Capitalism: Institutional Change in the German Political Economy.* Oxford: Oxford University Press.

———. 2014. *Buying Time: The Delayed Crisis of Democratic Capitalism.* London: Verso.

———. 2016. *How Will Capitalism End?* London: Verso.

Streeck, Wolfgang, and Kathleen Ann Thelen. 2005. *Beyond Continuity: Institutional Change in Advanced Political Economies.* Oxford: Oxford University Press.

Suzuki, Yoshio. 1985. "Japan's Monetary Policy over the Past 10 Years." *Bank of Japan Monetary and Economic Studies* 3(2):1–9.

Swank, Duane. 2016. "Taxing Choices: International Competition, Domestic Institutions and the Transformation of Corporate Tax Policy." *Journal of European Public Policy* 23(4):571–603.

Tanner, Jakob. 2015. *Die Geschichte der Schweiz im 20. Jahrhundert.* Muenchen: C. H. Beck.

Taylor, Alan M. 2015. "Credit, Financial Stability, and the Macroeconomy." *Annual Review of Economics* 7(1):309–39.

Thelen, Kathleen. 1999. "Historical Institutionalism in Comparative Politics." *Annual Review of Political Science* 2:369–404.

Thiemann, Matthias. 2014. "In the Shadow of Basel: How Competitive Politics Bred the Crisis." *Review of International Political Economy* 21(6):1203–39.

———. 2018. *The Growth of Shadow Banking: A Comparative Institutional Analysis.* Cambridge: Cambridge University Press.

Thiemann, Matthias, and Jan Lepoutre. 2017. "Stitched on the Edge: Rule Evasion, Embedded Regulators, and the Evolution of Markets." *American Journal of Sociology* 122(6):1775–821.

Thiemann, Matthias, Carolina Raquel Melches, and Edin Ibrocevic. 2021. "Measuring and Mitigating Systemic Risks: How the Forging of New Alliances between Central Bank and Academic Economists Legitimize the Transnational Macroprudential Agenda." *Review of International Political Economy* 28(6):1433–58.

Tilcsik, Andras. 2010. "From Ritual to Reality: Demography, Ideology, and Decoupling in a Post-communist Government Agency." *Academy of Management Journal* 53(6):1474–98.

Tilly, Charles. 1990. *Coercion, Capital, and European States, AD 990–1990.* Cambridge, MA: B. Blackwell.

Tilly, Charles, and Robert Goodin. 2006. "It Depends." Pp. 3–32 in *The Oxford Handbook of Contextual Political Analysis,* edited by Robert Goodin and Charles Tilly. Oxford: Oxford University Press.

Tognato, Carlo. 2012. *Central Bank Independence: Cultural Codes and Symbolic Performance.* New York: Palgrave Macmillan.

Toma, Mark. 1988. "The Role of the Federal Reserve in Reserve Requirement Regulation." *Cato Journal* 7(3):701–25.

Toniolo, Gianni. 2005. *Central Bank Cooperation at the Bank for International Settlements, 1930–1973.* Cambridge: Cambridge University Press.

Tooze, J. Adam. 2018. *Crashed: How a Decade of Financial Crises Changed the World.* New York: Penguin Random House.

Tucker, Paul. 2014. "The Lender of Last Resort and Modern Central Banking: Principles and Reconstruction." BIS Papers. Basel: Bank for International Settlements.

———. 2018. *Unelected Power: The Quest for Legitimacy in Central Banking and the Regulatory State.* Princeton, NJ: Princeton University Press.

Turner, John D. 2014. *Banking in Crisis: The Rise and Fall of British Banking Stability, 1800 to the Present.* Cambridge: Cambridge University Press.

Tymoigne, Éric, and L. Randall Wray. 2013. *Modern Money Theory 101: A Reply to Critics.* Levy Economics Institute of Bard College.

van der Zwan, Natascha. 2014. "Making Sense of Financialization." *Socio-economic Review* 12(1):99–129.

Van Gunten, Tod. 2015. "Cycles of Polarization and Settlement: Diffusion and Transformation in the Macroeconomic Policy Field." *Theory and Society* 44(4):321–54.

van Treeck, Till. 2015. "Inequality, the Crisis, and Stagnation." *European Journal of Economics and Economic Policies* 12(2):158–69.

Vaughan, Diane. 1996. *The Challenger Launch Decision: Risky Technology, Culture, and Deviance at NASA.* Chicago: University of Chicago Press.

Vissing-Jorgensen, Annette. 2020. "Bond Markets in Spring 2020 and the Response of the Federal Reserve." Unpublished manuscript, University of California, Berkeley and NBER, Berkeley, CA.

Walter, Timo, and Leon Wansleben. 2019. "How Central Bankers Learned to Love Financialization: The Fed, the Bank, and the Enlisting of Unfettered Markets in the Conduct of Monetary Policy." Socio-economic Review 18(3):625–53.

Walters, Gary. 1982. "Repurchase Agreements and the Bankruptcy Code: The Need for Legislative Action." *Fordham Law Review* 52(5):828–49.

Wansleben, Leon. 2018. "How Expectations Became Governable: Institutional Change and the Performative Power of Central Banks." *Theory and Society* 47(6):773–803.

———. 2020. "Formal Institution Building in Financialized Capitalism: The Case of Repo Markets." *Theory and Society* 49(2):187–213.

Wasserfallen, Fabio. 2019. "Global Diffusion, Policy Flexibility, and Inflation Targeting." *International Interactions* 45(4):617–37.

Weber, Max. 1976 [1921]. *Wirtschaft und Gesellschaft.* Tübingen: J. C. B. Mohr (Paul Siebeck).

Weir, Margaret. 1989. "Ideas and Politics: The Acceptance of Keynesianism in Britain and the United States." Pp. 53–86 in *The Political Power of Economic Ideas: Keynesianism across Nations,* edited by Peter Hall. Princeton, NJ: Princeton University Press.

Weir, Margaret, and Theda Skocpol. 1985. "State Structures and the Possibilities for 'Keynesian' Responses to the Great Depression in Sweden, Britain, and the United States." Pp. 107–64 in *Bringing the State Back In,* edited by Dietrich Rueschemeyer, Peter B. Evans, and Theda Skocpol. Cambridge: Cambridge University Press.

Wexler, Ralph J. 1981. "Federal Control over the Money Market." *Arizona State Law Journal* 159:159–210.

Wildavsky, Aaron B., and Naomi Caiden. 1992. *The New Politics of the Budgetary Process.* New York: HarperCollins.

Willis, Henry Parker. 1914. "The Federal Reserve Act." *American Economic Review* 4(1):1–24.

Wood, John H. 2005. *A History of Central Banking in Great Britain and the United States.* Cambridge: Cambridge University Press.

Woodford, Michael. 2003a. "Inflation Targeting and Optimal Monetary Policy." Paper prepared for the Annual Economic Policy Conference, Federal Reserve Bank of St. Louis, Princeton University, Princeton, NJ.

———. 2003b. *Interest and Prices.* Princeton, NJ: Princeton University Press.

———. 2009. "Convergence in Macroeconomics: Elements of the New Synthesis." *American Economic Journal: Macroeconomics* 1(1):267–79.

Wooley, John T. 1984. *Monetary Politics: The Federal Reserve and the Politics of Monetary Policy.* Cambridge: Cambridge University Press.

Zimmermann, Hubert. 2012. "No Country for the Market: The Regulation of Finance in Germany after the Crisis." *German Politics* 21(4):484–501.

Zysman, John. 1983. *Governments, Markets and Growth: Financial Systems and the Politics of Industrial Change.* Oxford: Robertson.

中央銀行的崛起：貨幣寬鬆與通膨危機的金融有形之手 / 李昂・韋斯勒班 (Leon Wansleben) 著 ; 呂佩憶譯 . -- 初版 . -- 新北市：臺灣商務印書館股份有限公司 , 2024.09
352　面 ; 17×23　公分 . -- (Trend)
譯自 : The rise of central banks : state power in financial capitalism
ISBN 978-957-05-3583-9(平裝)

1.CST: 中央銀行 2.CST: 金融危機 3.CST: 貨幣政策
4.CST: 資本主義

562.4　113010857

TREND

中央銀行的崛起：

貨幣寬鬆與通膨危機的金融有形之手

The Rise of Central Banks: State Power in Financial Capitalism

作　　者—李昂・韋斯勒班（Leon Wansleben）
譯　　者—呂佩憶
發 行 人—王春申
選書顧問—陳建守　黃國珍
總 編 輯—林碧琪
責任編輯—何宣儀
特約編輯—陳儒玉
封面設計—盧卡斯工作室
內頁設計—菩薩蠻電腦科技有限公司
業　　務—王建棠
資訊行銷—劉艾琳　謝宜華
出版發行—臺灣商務印書館股份有限公司
23141 新北市新店區民權路 108-3 號 5 樓（同門市地址）
電話：（02）8667-3712　傳真：（02）8667-3709
讀者服務專線：0800056196
郵撥：0000165-1
E-mail：ecptw@cptw.com.tw
網路書店網址：www.cptw.com.tw
Facebook：facebook.com.tw/ecptw

局版北市業字第 993 號
初版：2024 年 9 月
印刷廠：鴻霖印刷傳媒股份有限公司
定價：新台幣 690 元
法律顧問：何一芃律師事務所